# NOS GRAND-MÈRES SAVAIENT...

JEAN PALAISEUL

# NOS GRAND-MÈRES SAVAIENT...

*La vérité sur les plantes et la vie naturelle*

France Loisirs
123, boulevard de Grenelle, Paris

Édition du Club France Loisirs, Paris,
avec l'autorisation des éditions Robert Laffont



ISBN 2-7242-1431-5

« Il advient le plus souvent
que le peuple a raison. »

MONTAIGNE

« La raison du plus raisonnable
est toujours la meilleure. »

JULES RENARD

*à la mémoire*
*de ma grand-mère,*

*à mes amis*
*Gertrude et Jean-Pierre.*

Les gravures qui illustrent ce livre sont extraites de :

« *Les commentaires* d'André MATTHIOLE, médecin siénois, *sur les six livres de matière médicale de Dioscoride* », traduits du latin en français. Lyon, 1567.

« *Histoire générale des plantes* », de J. Dalechamps. Lyon, 1615.

SOMMAIRE

1

# LAISSER FLEURIR LA SALADE...

Ce livre, je l'ai commencé à l'époque où j'ai eu la sensation de commencer vraiment à vivre, c'est-à-dire il y a une dizaine d'années.

Sans penser d'ailleurs un seul instant qu'il serait jamais publié, puisqu'il s'agissait, en fait, de réflexions, de notes jetées comme ça, au fil des jours, pour me servir de points de repère dans la nouvelle existence qui s'ouvrait à nous — ma femme, mon chien et moi — au sein de l'univers tout neuf et un peu étrange que constitue, au sortir de quelque trente ans de bagne parisien, un moulin perdu dans une verte vallée auvergnate où les bruits familiers sont — en dehors de quelques passages d'avions — ceux que la nature a inventés : le chant des oiseaux changeant avec les saisons, la stridulation des grillons et des courtilières au plein de l'été, le frou-frou printanier ou le ronflement hivernal du vent dans les aunes et les peupliers, le glissement frais de la rivière au long de nos murs ou son grondement rageur des périodes de crue.

Je venais de découvrir le bonheur — bonheur d'échapper aux contraintes citadines réglées en permanence par des coups d'œil sur la montre et ponctuées de sonneries de téléphone ; bonheur de voir naître le matin sur des collines, des arbres et non sur des toits et des murs ; bonheur du temps retrouvé parce qu'on en est le maître au gré de son humeur ; bonheur d'avoir le luxe de réfléchir et de rêver — et je ne songeais qu'à en marquer les étapes à la manière du Petit Poucet semant sa route de cailloux blancs ou des marins laissant filer le loch pour connaître la vitesse de leur bateau.

Ce que j'écrivais n'intéressait que nous — du moins, je le croyais.

Tantôt c'était une phrase cueillie au hasard d'une lecture ou le plus souvent d'une relecture car relire est aussi un privilège rare dans notre mode de vie, phrase qui concrétisait mon propre sentiment quant au « code de la route » du parfait honnête homme tel que le concevaient Pascal et Molière. Tantôt c'était une recette de santé à base de plantes qui m'avait été communiquée en trinquant avec les gens du pays (lesquels m'ont vite adopté parce qu'ils ont compris que j'étais des leurs) ou qui était tirée des vieux bouquins, transmis de génération en génération, qu'on voulait bien me confier comme on confie ses secrets à un ami. Tantôt enfin c'était une remarque personnelle, ce que j'aurais appelé une « pensée » si j'avais été contaminé par le virus littéraire, une observation dont les meuniers — sans farine et sans ambition — que nous étions devenus pourraient tirer profit, une image née d'une sensation fugitive et qui marquerait un instant, à la manière d'une fleur mise entre les pages d'un livre ou d'une photo collée dans l'album de famille.

S'ébauchait ainsi petit à petit une sorte de bric-à-brac intime dont le brassage et la confrontation finirent par faire surgir un certain nombre d'idées directrices autour desquelles allait s'orienter notre vie. Des idées sur tout ce qui tisse l'existence quotidienne : l'alimentation, le sommeil, la santé, le rôle de l'esprit et celui des remèdes prodigués par la nature, les liens entre l'homme et le cosmos, Dieu enfin puisque c'est toujours à lui qu'on aboutit, pour le nier ou le remercier, dès qu'on fait l'effort de s'interroger au lieu de se comporter en robots téléguidés par de soi-disant maîtres à penser.

Il faut croire que le bonheur, quand on l'a trouvé, se porte sur la figure. Un jour que j'étais allé chez mon éditeur dire un petit bonjour à mon ami Jacques Peuchmaurd au cours d'une de mes rares « montées » à Paris, il laissa tomber au bout de quelques minutes ce diagnostic qui paraissait le ravir autant que moi : « Vous êtes un homme heureux. »

Alors je me mis à lui parler de mon expérience et de ma longue évolution. Parce qu'il avait accroché au mur de son bureau une toile abstraite bleu et blanc dont il m'avait confié qu'elle était pour lui comme une fenêtre ouverte sur le ciel et les nuages, j'essayai, en lui énumérant mes mille petites joies, de les lui faire partager.

Nous n'étions plus bouclés dans un immeuble assailli par le vacarme des travaux du parking qu'on creusait place Saint-Sulpice. Nous regardions danser les flammes d'un bon feu de ceps (puisque maintenant on arrache les vignes et les pommiers pour profiter de primes !) en pensant aux pommes de terre qui cuiraient tout à l'heure sous la cendre ; nous savourions les soupes vertes qui font le ménage de l'organisme au printemps ; nous cueillions des brassées de bonnes herbes, garantes d'un hiver sans soucis de santé ; nous prenions le temps de nous asseoir à l'ombre d'une haie pour rouler une cigarette, bourrer une pipe, manger un morceau en « en buvant une », le petit vin du pays étant tenu au frais depuis les premières heures du matin, quand on s'est attaqué à un coin de verger à faucher ou un bout de jardin à bêcher...

Quelques coups de téléphone avaient bien interrompu mon lyrisme, mais je suis devenu si invulnérable à ce qui ne me paraît pas essentiel que, sitôt que Jacques Peuchmaurd avait reposé l'engin perturbateur, je l'entraînais de nouveau dans le sillage de mes révélations pour en arriver à lui livrer ma conclusion.

La voici : c'est en redécouvrant des vérités toutes simples, nées avec nos plus lointains ancêtres et confirmées par des siècles d'expérience, que se trouve la clé du bonheur. La sagesse et le bon sens ne font qu'un ; on a tort de l'oublier ou de laisser masquer cette réalité par d'ambitieuses constructions intellectuelles participant au grand bluff du progrès à tout prix. La technique, toujours plus poussée, ne résout pas tout et ce n'est pas parce que l'homme transforme en routine l'exploration du cosmos qu'il a le sentiment d'être mieux dans sa peau.

En visant moins haut, en renouant avec des habitudes et des traditions millénaires dont il a accepté, bon gré mal gré, d'être séparé, il reprendrait contact avec un monde taillé à sa mesure — et dont l'« environnement », auquel on consacre aujourd'hui tant de salive et d'encre, fait partie ; il redeviendrait lui-même, se délivrerait de la plupart des faux problèmes qui l'accablent sur tous les plans, et, rééquilibré (« recyclé » pour employer le jargon à la mode), ayant repris conscience de sa juste place dans l'univers en même temps que de tout ce que celui-ci est apte à lui apporter, il se plierait aux règles qui commandent son bien-être d'où découle la joie de vivre. Ce que je résumai d'une phrase : « En somme, il est clair que nous avons désappris ce que nos grand-mères savaient ! »

« Eh bien, voilà le titre, me dit de sa voix tranquille mon ami Peuchmaurd ; il ne vous reste plus qu'à écrire le livre que je vois comme le livre du bonheur ! »

Cette suggestion était si inattendue que j'avoue avoir longuement hésité avant de la suivre. J'estime, en effet, que le bonheur ne s'enseigne pas ; chacun bâtit le sien à sa manière comme les oiseaux bâtissent leur nid de façon différente à partir de matériaux qui sont sensiblement les mêmes.

Quoi qu'en pensent certains, il n'y a pas de formule toute faite et s'il est un domaine dans lequel la standardisation à outrance n'a pas cours, c'est bien celui-là. Qu'il s'agisse de régime alimentaire, de choix d'une profession, d'un conjoint, d'un ami ou d'une religion ; qu'il s'agisse de l'attitude à adopter en face de la maladie, de la politique, de l'argent, de l'amour et de la mort, personne ne peut et ne doit choisir à notre place.

Cependant, il semble bien que si les comportements et les routes ne sont pas identiques, il en est pour les hommes comme pour les oiseaux : les éléments de base sont communs à tous. Ils constituent en quelque sorte les règles du jeu de cette course merveilleuse qu'est la vie. Qui les respecte accomplit aisément son parcours ; qui les ignore ou triche avec elles finit toujours par « porter peine » selon une jolie expression locale, par trébucher, tomber et être éliminé car toutes les fautes se paient un jour, d'une façon ou d'une autre, dans cette impitoyable partie.

Connaître les règles est donc indispensable. Elles ne sont pas cachées ; elles sont là, sous nos yeux, comme ces grandes affiches blanches placardées obligatoirement dans tout débit de boissons mais que personne ne lit. Pourtant les signaux ne manquent pas pour nous contraindre à les apprendre, mais on ne les voit pas davantage que les feux rouges et les « stop » allégrement brûlés chaque jour par des insouciants ou des imbéciles jusqu'au moment où survient la catastrophe, celle-ci n'étant pas, comme on l'imagine souvent, une punition infligée par une force supérieure, un juge suprême qui sanctionnerait nos délits, mais découlant logiquement de notre faute, ce qui revient à dire que nous nous punissons nous-mêmes, Dieu ayant d'autres chats à fouetter que de nous distribuer des bons et mauvais points pendant notre bref passage sur la terre…

Si nous prenions la peine d'ouvrir les yeux, c'est-à-dire de réfléchir, il nous apparaîtrait que la plupart des maux dont nous nous plaignons proviennent de ce que nous n'observons pas ces règles du jeu, les lois rigides et justes qui gouvernent l'univers dont l'homme est partie intégrante bien qu'infime.

Quand des espèces animales ou végétales disparaissent ou, au contraire, prolifèrent dangereusement, c'est qu'on a commis une bévue en détruisant l'équilibre biologique naturel ; quand les oiseaux et les poissons meurent, quand le sol s'appauvrit au point de s'envoler en poussière ou que l'érosion crée de nouveaux déserts, c'est que les insecticides, les engrais chimiques et l'exploitation effrénée de la forêt sont des voies néfastes sur lesquelles on n'aurait pas dû s'engager ; quand la pollution devient la rançon du progrès, c'est que celui-ci est un faux progrès ; quand l'organisme humain — qui est pourtant une extraordinaire machine devant quoi s'extasient ceux qui essaient d'en percer les secrets — est en proie à des désordres et des troubles qu'on appelle « maladies », c'est que l'intéressé ou ses procréateurs ont commis des erreurs dans leur façon de vivre ou de se nourrir ; quand un remède fait taire un symptôme pour en provoquer ensuite d'autres souvent plus graves, c'est qu'on se fourvoie dans le royaume des succès illusoires.

Ce sont là autant de sonnettes d'alarme destinées à nous rappeler à l'ordre et à nous faire toucher du doigt nos errements, un moyen de nous dire clairement : « Attention ! Vous trichez et c'est pourquoi vous êtes pénalisés. Ce n'est pas par hasard que la nature vous devient hostile, que les crises cardiaques, le cancer, les dépressions nerveuses et les maladies chroniques se développent au point que les individus bien portants seront bientôt une exception. C'est parce qu'on ne viole pas impunément les principes qui sont à la base de la création et qui en ont, jusqu'à ces derniers temps, assuré le parfait fonctionnement. »

Bergson a vu juste en disant que « l'intelligence est caractérisée par une incompréhension naturelle de la vie ». Nous sommes sans doute devenus trop intelligents, trop savants, et nous ne comprenons plus la vie. Nous la tuons autour de nous pour des profits ou des commodités immédiates ; nous tuons aussi la nôtre et menaçons celle de nos descendants pour les mêmes motifs. Il faudrait croire alors que nos grand-mères étaient — heureusement — moins « intelligentes » que nous et qu'elles avaient, elles, une « compréhension naturelle » de la vie qui leur faisait « raison garder » sur de nombreux points.

Tel est l'enseignement que j'ai tiré de ma retraite au cœur d'un monde encore très proche des vérités premières. Curieusement, tandis que le contact constant, presque épidermique, avec la nature me poussait à découvrir des évidences qu'un citadin ne peut saisir, je découvrais comme leurs harmoniques dans les ouvrages que j'avais envie de relire.

C'était pour moi une sorte de révélation de constater que j'étais passé, sans les voir, à côté des graines de bonheur semées au fil des siècles par des hommes qui croyaient en faire profiter leurs semblables, ce qui tend à prouver qu'un livre ressemble beaucoup à une auberge espagnole : on n'y trouve que ce qu'on y apporte — il en sera d'ailleurs probablement ainsi de celui-ci...

Je vous offre pourtant une poignée de ces graines qui n'avaient pas germé dans mon esprit en y tombant une première fois : pour que, peut-être, quelques-unes d'entre elles connaissent un meilleur sort dans le vôtre, mais surtout pour qu'elles fixent le décor, qu'elles annoncent les thèmes que vous retrouverez plus loin et qui se mêlent pour orchestrer un hymne à la joie de vivre.

Et puisque je souhaite que ce livre rappelle un peu ces almanachs que nos ancêtres aimaient à feuilleter à temps perdu tout au long de l'année parce qu'ils y trouvaient toujours une pensée à méditer, un dicton à retenir, une charade rimée ou un rébus à déchiffrer, je vous propose de vous amuser à mettre un nom sur leurs auteurs dont je vous livre seulement soit la profession réelle, soit un élément biographique — l'identité exacte, qui a des chances de vous étonner parfois, étant, bien entendu, mentionnée au bas de la page :

1. *« Elle leur cache tout, la vie, aux hommes. Dans le bruit d'eux-mêmes, ils n'entendent rien »* (un médecin).
2. *« La vraie béatitude ici-bas est de se contenter de ce qui suffit »* (un avocat canonisé en 1665).
3. *« Je crois que tout est fait pour que tout le monde soit heureux. Je crois que notre malheur c'est comme une maladie que nous faisons nous-mêmes... Je crois que, si nous savions vivre, nous ne serions peut-être pas malades... »* (un académicien Goncourt, auteur de *Triomphe de la vie*).
4. *« Sans santé, n'est la vie vie, n'est la vie vivable »* (un chanoine, docteur en médecine).
5. *« Nous avons abandonné nature et lui voulons apprendre sa leçon, elle qui nous menait si heureusement et si sûrement »... « Si l'homme était sage, il prendrait le vrai prix de chaque chose selon qu'elle serait la plus utile et propre à sa vie »* (un maire de Bordeaux)[1].

Ainsi, depuis que des êtres humains pensent, réfléchissent sur eux-mêmes et écrivent, des voix se sont élevées pour nous crier que le bonheur après quoi nous aspirons tous réside en quelques règles simples, ces fameuses règles du jeu que j'évoquais plus haut dont l'essentiel tient en une formule : obéir à la nature qui est l'image de la sagesse de la création (donc du Créateur) et la clé de la santé. Peu les ont entendues, moi le premier, sans doute parce que l'expérience des autres est incommunicable et que l'on ne peut en tirer bénéfice que dans la mesure où l'on en a vécu une identique.

A quoi bon le cacher? Je n'accorderais certainement pas autant de confiance aux plantes pour me défendre contre la maladie si je n'avais d'abord vérifié sur moi-même les bienfaits du radis noir, du chou, de l'aubier de tilleul dans des circonstances que j'ai déjà rapportées[2] ou de bien d'autres « herbes à guérir » dont l'usage courant chez les gens de la terre m'a été révélé ces dernières années.

Je ne célébrerais pas les vertus du miel, du « sommeil

1. Les auteurs cités sont : 1. Docteur DESTOUCHES, plus connu sous le nom de Louis-Ferdinand CÉLINE ; 2. Saint François DE SALES. 3. Jean GIONO ; 4. François RABELAIS ; 5. MONTAIGNE.

2. *Tous les espoirs de guérir.*

naturel », du jeûne et d'une alimentation saine dictée par les saisons si je n'en avais éprouvé personnellement les avantages indéniables.

Je ne comprendrais pas encore le sens profond de cette phrase de Giono dans *Que ma joie demeure* : « Vous croyez que c'est ce que vous gardez qui vous fait riche. On vous l'a dit. Moi, je vous dis que c'est ce que vous donnez qui vous fait riche », si je n'avais pris conscience que la nature donne — toujours, et à tout ce qui vit sur notre planète — sans compter et qu'elle est mère inépuisable d'une abondance que nous avons tenté de détruire ou de canaliser à notre profit apparent, en réalité à notre plus grand dam...

Cette prise de conscience, qui a « marqué le tournant de mon évolution » selon la formule consacrée, s'est produite un jour de juin.

Irrité de voir, matin et soir, un énorme corbeau venir se régaler des premières cerises mûres sur les plus hautes branches de l'arbre qui jouxte notre terrasse, j'étais allé chercher et avais chargé la carabine 22 long rifle, prévue uniquement comme arme défensive car je n'ai jamais eu l'âme d'un chasseur.

Je visais déjà Maître Corbeau sur son arbre perché — et sa vie ne tenait qu'à une pression sur la gâchette puisque j'ai brillamment conquis, à l'époque où je servais la France, le titre de « tireur d'élite »! — quand, brusquement, j'ai réalisé que les fruits qu'il me volait avec tant d'impudence, je ne pourrais jamais les atteindre et que c'était peut-être lui que j'avais vu, une semaine plus tôt, en train de régler son compte à une vipère sur le chemin de notre moulin.

Sans marcher sur les brisées de Bernardin de Saint-Pierre qui affirmait que la nature a doté le melon de côtes pour qu'il soit plus aisément mangé en famille, je venais de percevoir qu'elle n'avait certainement pas créé les cerises pour l'usage exclusif de l'homme (« tout est fait pour que tout le monde soit heureux ») et que laisser sa part à mon corbeau n'était jamais que respecter les lois assurant partout un équilibre salutaire : certes, il me privait de cerises qu'il m'eût été d'ailleurs difficile de cueillir, mais il me débarrassait aussi, à l'occasion, de vipères qui eussent pu me mordre...

D'autres « illuminations » du même ordre suivirent : un soir, après une séance de jardinage, je notai cette réflexion (qui fera bondir bien des professionnels et amateurs de culture) dans le style d'un haïkaï japonais : « Pour voir danser des papillons blancs, il ne faut pas tuer toutes les chenilles du chou », et j'en avais effectivement épargné quelques-unes — ce qui achèvera de me déconsidérer aux yeux des précités, comme s'il ne valait pas mieux sacrifier quelques choux pour que l'été garde ses papillons plutôt que de devoir ensuite déverser à la décharge publique des tonnes de surplus qu'on arrose de produits pour les rendre incomestibles !

Je laissai aussi des salades « monter » ; elles firent éclater au-dessus des planches de mon jardin une constellation de fleurs céruléennes, autrement dit couleur de ciel. Et cela renforça encore ma conviction que l'on tire souvent davantage de joies d'un profit auquel on renonce que de ce profit lui-même (« c'est ce que vous donnez qui vous fait riche ») : sans ce « gaspillage », je n'aurais jamais su que la scarole était si jolie quand on ne la mangeait pas, ce qui fait que je me répète maintenant cette formule qui résume pour moi les plaisirs acquis ainsi jour après jour : « Il faut savoir laisser fleurir la salade », au propre et au figuré...

Si je me suis attardé aussi longuement sur mes états d'âme et les étapes de mes dix années de campagne (celles-ci, je peux l'affirmer, comptent double autant que les années de campagnes militaires car c'est vivre deux fois que vivre heureux), ce n'est pas pour me rallier au strip-tease intellectuel que je réprouve ; c'est pour vous éclairer pleinement sur le sens et le but de ce livre.

Il ne s'agit pas pour moi de jouer les prédicateurs ou les prophètes. Notre époque en compte déjà trop qui restituent à des adeptes naïfs ou aveugles des doctrines qu'ils n'ont pas toujours eux-mêmes digérées. Les philosophes authentiques et les vrais sages ne courent pas les rues. N'est pas « maître à penser » ou « gourou » qui veut. Il n'y a qu'un Gandhi, inventeur de la non-violence, mais une floraison de hippies...

Il ne s'agit pas non plus d'ajouter encore à une inflation plus dangereuse que celle qui sévit sur le plan monétaire international. Je veux parler de l'inflation des titres, qui noie sous les mêmes étiquettes ceux qui savent quelque chose et ceux qui se donnent d'abord à eux-mêmes l'illusion de savoir. Dès que quelqu'un se persuade qu'il en connaît un peu plus long que son voisin sur un sujet quelconque, il s'intitule « spécialiste », « professeur » ou « maître » de ceci ou cela. Une publicité habile fait le reste et le bon peuple se repaît de vent en se fiant aux idoles qu'il mérite.

Mon dessein est simplement de vous présenter les ingrédients qui peuvent aider à être heureux et bien portant (« sans santé n'est la vie vivable »), de vous rappeler l'essentiel des règles du jeu, avec la certitude que certaines d'entre elles vous rendront service et avec l'espoir que, peut-être, se déclenchera en vous le petit déclic qui met en route le cours des réflexions aboutissant à la joie de vivre chantée ainsi par Giono (encore lui, mais il était orfèvre en la matière !) : « Je dis qu'on est dans la joie quand tous les gestes habituels sont des gestes de joie, quand c'est une joie de travailler pour sa nourriture. Quand on est dans une nature qu'on apprécie et qu'on aime, quand chaque jour, à tous les moments, à toutes les minutes, tout est facile et paisible. Quand tout ce qu'on désire est là. »

Mon vœu est que le livre de mon bonheur devienne aussi celui du vôtre.

# 2

# DES VÉTÉRANS « BONS POUR LE SERVICE »

Je ne donnerai pas dans le travers un peu puéril qui semble être la marque distinctive des « spécialistes » des plantes. Je ne vous dirai pas que ce que je connais dans ce domaine est un héritage, une sorte de « science infuse... des infusions » acquise dès le berceau au contact de parents privilégiés détenteurs des secrets de la nature.

Ce ne serait pas vrai et la vérité vaut souvent les plus belles légendes.

Bien sûr, ma grand-mère, paysanne transplantée à la ville parce que sa fille y était venue, possédait le bagage thérapeutique commun aux gens de la terre et c'est aux pétales de lis conservés dans l'alcool qu'elle avait recours pour panser mes écorchures tandis que le sirop de mûres, la tisane de quatre-fleurs, associés aux cataplasmes de farine de moutarde, venaient à bout de mes rhumes. Bien sûr, pendant les vacances perpétuellement passées chez des cousins restés au pays, je participais au ramassage des feuilles de cassis destinées à combattre les « malheureux rhumatismes » de ma tante et, dans le clair-obscur humide de la cave, j'assistais, émerveillé, à la mystérieuse préparation de la frênette, cette délicieuse boisson qui pétille comme le champagne et désaltère mieux que lui.

Mais l'enfance n'est pas un âge où l'on se préoccupe beaucoup de la santé : on l'a et on ne songe guère qu'on peut la perdre. Aussi serait-ce gasconner qu'affirmer que j'avais enregistré ces recettes pour les sortir à propos, comme la date de Marignan ou la formule de l'air. Elles n'étaient que des images légèrement estompées dans l'album des souvenirs.

Une rencontre devait les raviver et, cette fois, vraiment m' « accrocher » : j'avais vieilli et, par conséquent, compris que la maladie existe…

Mon enquête sur les guérisseurs me conduisit un jour de 1952 dans une petite herboristerie parisienne dont le propriétaire était naturellement un partisan convaincu de la phytothérapie ou médication végétale. Il ne se contentait pas de débiter les plantes de son officine ; il maniait le pendule et prescrivait des cures de tisanes qu'il appelait « boissons de régime », ce qui lui avait valu une certaine renommée parmi les malades soulagés ou guéris par ses traitements et quelques démêlés avec les tribunaux pour exercice illégal de la médecine et de la pharmacie.

Sa boutique était si chargée de senteurs évoquant la fenaison, les garrigues et le maquis corse, il parlait si bien de ses protégées (dans sa bouche, le nénuphar devenait le « lis des étangs » ou la « lune d'eau », la bryone se transformait en « navet du diable » et l'alchimille en « pied-de-lion »), que, lorsque je passais dans le quartier, je venais respirer chez lui une bouffée de campagne et de poésie. Et c'est ainsi que, pour sceller les liens qui s'étaient noués entre nous, il m'offrit un exemplaire, déjà introuvable à l'époque, du *Guide de l'herboriste-droguiste* de Michel Compain dans lequel il avait, disait-il, « puisé une aide précieuse » et qu'il considérait comme « la somme de tous les travaux sur les plantes depuis la plus lointaine antiquité jusqu'à nos jours ».

Le brave homme exagérait un tantinet, mais il n'en reste pas moins que cet ouvrage est l'un des mieux faits et aussi — je le découvris par la suite — un des plus pillés car sa documentation se retrouve souvent mot à mot sous la plume d'auteurs assez négligents pour oublier de citer leur source…

J'en tirai quant à moi, en même temps qu'un attrait pour les plantes qui n'a fait que grandir, des recettes faciles et souveraines pour vaincre bon nombre de petits ennuis sans faire appel à l'artillerie lourde des spécialités pharmaceutiques dont le tir n'est pas toujours bien ajusté ou entraîne des ravages plus redoutables que l'affection qu'on vise.

Puis vint ma longue enquête, en France et à l'étranger, sur les méthodes de traitement boudées ou ignorées par la médecine dite « officielle ». Elle renforça encore ma conviction sur les bienfaits des « simples » en me mettant en contact avec des chercheurs qui m'ouvrirent de nouveaux horizons et de nouvelles mines de renseignements. Je fus ainsi initié, autant par nécessité professionnelle que par plaisir personnel, aux richesses rassemblées par une lignée de savants, allant d'Hippocrate au docteur Leclerc, en passant par Dioscoride, sainte Hildegarde, l'École de Salerne, Paracelse, Dalechamps, Matthiole, d'Emery, Chomel, Kneipp, Kuhne, Gattefossé, pour ne citer que ceux qui me viennent à l'esprit.

Enfin, j'entrai dans ce que j'appellerai l' « ère des travaux pratiques ». Elle coïncide avec notre installation dans les murs restaurés de notre vieux moulin. Brusquement, c'était le paradis, pour le calme, l'air, le décor, davantage encore pour la flore. Les plus chères de mes amies les plantes étaient là, offertes à profusion au fil des saisons entre les bras d'eau qui forment nos frontières : primevère, lierre terrestre, pulmonaire, pissenlit, ficaire, plantain, armoire, bardane, reine-des-prés, etc., voisinant avec des arbres aussi précieux que le sureau et le frêne, sans parler des cassis, groseilliers, framboisiers que j'avais plantés cinq ou six ans plus tôt et des pommiers de notre verger.

Je pouvais les récolter au moment opportun et en user à la moindre alerte. Une pièce leur fut réservée que nous avons baptisée la « chambre de santé ». Quelques marches de pierres drapées de vigne vierge y conduisent. Elle est fraîche l'été, tiède l'hiver derrière ses parois de forteresse. Nous y gardons nos pommes ; nous y faisons sécher nos plantes à tisanes avant de les laisser dormir dans ces grands bocaux à bonbons qui fascinèrent des générations d'enfants quand ils trônaient à la devanture d'une épicerie de village.

Parce qu'à l'occasion d'une épidémie de grippe, j'avais raconté comment nous nous étions défendus à coups de chlorure de magnésium[1] et d'infusions, il se dit peu à peu dans le pays que « les Parisiens » (c'est ainsi qu'on nous appela jusqu'au

1. Voir *Tous les espoirs de guérir*.

jour où, intégrés dans la communauté, nous sommes devenus « les meuniers ») s'intéressaient, eux aussi, aux « remèdes de bonne femme ».

Chaque famille a les siens qu'elle est prête à divulguer à ceux dont elle sait qu'ils ne hausseront pas les épaules en ironisant sur ces procédés d'un autre âge. On m'en communiqua donc une masse, surtout lorsqu'on apprit le véritable sens de cette expression tenue pour péjorative.

Vous l'ignorez sans doute car il va de soi qu'on ne fait pas grand effort pour qu'il soit connu.

Ce sens, le voici : un « remède de bonne femme » était à l'origine un « remède de bonne fame », autrement dit de « bonne renommée », le mot « fame », en ancien français, venant du latin « fama » : renommée, que l'on retrouve de nos jours dans l'adjectif « fameux » et l'expression « mal famé ».

Évidemment, il était tentant, avec l'évolution du langage et la complicité de l'orthographe, d'exécuter un tour de passe-passe qui attribuerait aux « bonnes femmes », ignardes par définition, des remèdes éprouvés que l'on trouvait vraisemblablement gênants parce que accessibles à tous. Et force est de reconnaître que l'opération a pleinement réussi : qualifier aujourd'hui un traitement de « remède de bonne femme » équivaut à le discréditer alors qu'en fait il est souvent une de ces bonnes vieilles médications, simples et efficaces, dont on s'attache à ternir le renom...

Cette explication fut indéniablement le sésame qui acheva de m'ouvrir les cœurs et les armoires. On mit une sorte de point d'honneur à me faire partager les recettes héréditaires comme on partageait volontiers le jambon conservé dans la cendre ou la fourme de la montagne : on me confia « le livre » qu'on garde avec le missel, à côté des piles de draps du trousseau.

Car c'est légende que d'imaginer que ces recettes de santé ont traversé les siècles en se colportant de bouche à oreille. S'il a pu en être ainsi dans l'antiquité où les prêtres-médecins ne transmettaient leurs secrets qu'aux initiés qui leur succéderaient, les livres sur le bon usage des plantes — et aussi des minéraux et des bêtes de la création — ont fleuri à toutes les époques depuis l'invention de l'imprimerie. C'est dans leurs pages que les générations passées ont glané leur savoir, avec d'autant plus de créance qu'ils avaient généralement pour auteurs des médecins ; c'est toujours à la même source qu'ont puisé nos grand-mères et que se reportent aujourd'hui ceux qui tiennent la nature pour le meilleur des guérisseurs.

Heureusement d'ailleurs, sans quoi que de catastrophes aurait-on eu à déplorer parce que la tradition verbale fait toujours courir le risque d'un nom mal entendu, d'une dose imprécise ou d'une erreur sur les effets escomptés ! Par bonheur, il y a « le livre ».

Il est de tous les âges, de tous les formats. Tantôt, c'est un énorme in-folio, à reliure de parchemin rongée par les rats et fermée par des lanières de cuir. Tantôt c'est un pauvre volume broché, recouvert de papier journal ou protégé par un ancien calendrier vide-poches du *Planteur de Caïffa*. On y trouve parfois des bribes de son histoire : un nom, une date, calligraphiés avec les arabesques qui s'alliaient si bien à la plume d'oie ; des comptes de ménage ou de fermage, alignés pêle-mêle sur les pages de garde ; des annotations dans les marges ; des taches de bougie, de graisse, d'encre et peut-être même de sang.

J'avoue que je n'ai pu m'empêcher de rêver en amassant la moisson de ces ouvrages que j'ai engrangée sur le sol d'Auvergne. Je voyais un aïeul inscrivant, les uns après les autres, les prénoms de ses petits-enfants avec le jour de leur naissance ; un gamin turbulent renversant l'encrier familial sur la gravure qu'il essayait de copier ; une mère affolée feuilletant le livre, sans avoir pris le temps d'essuyer ses mains occupées l'instant d'avant à préparer un plat, pour y trouver le moyen immédiat de soulager une brûlure ou panser une blessure.

Ces vétérans portent sur eux les meurtrissures qui témoignent éloquemment de leurs états de service ; ils n'en sont que plus émouvants et plus dignes de notre confiance car chez les hommes des champs, habitués à vivre durement, on ne fait guère de sentiment : ce qui ne sert à rien, on s'en débarrasse. Or, « le livre », on ne s'en est jamais séparé, sauf pour me permettre d'y prendre des notes...

Telle est donc la « substantifique moelle » réunie depuis une vingtaine d'années que je voudrais partager avec vous.

On est frappé de constater, quand on épluche comme je l'ai fait des dizaines et des dizaines d'ouvrages sur les plantes, qu'ils se rejoignent, à travers les siècles, aussi bien dans leurs indications et formules que dans leur esprit.

Au « très illustre médecin » Matthiole qui observe en 1565 : « Le grand Maître de l'Univers, qui n'a rien jeté à l'aventure... a donné à chaque espèce des qualités différentes pour réparer les fâcheuses brèches que le péché a faites dans notre chair », répond, en 1919, cette phrase du médecin sociologue Gustave Le Bon : « La plante sait fabriquer, avec des composés peu compliqués tels que l'eau et l'acide carbonique, des édifices moléculaires oxydables très compliqués, chargés d'énergie. Avec l'énergie à faible tension qui l'entoure, elle fabrique donc de l'énergie à haute tension. Elle bande le ressort que d'autres êtres débanderont pour utiliser sa force. »

Toujours, à toutes les époques, il s'est trouvé providentiellement des hommes chez qui le savoir n'avait pas éclipsé le bon sens, depuis Hippocrate, baptisé le « père de la médecine », qui fut le premier à conseiller : « Il ne faut pas rougir d'emprunter au peuple ce qui peut être utile à l'art de guérir », jusqu'au docteur Leclerc qui, dans la préface de son *Précis de phytothérapie*[1], ironise sur le dédain de ses confrères envers ce qui paraît trop commun, en s'écriant : « Comment concilier la science avec des pratiques à la portée du premier rustaud venu ? Quel crédit pouvoir accorder à des herbes qu'on foule aux pieds, dont toutes les commères savent les noms et prônent les vertus ? »

Toujours aussi se rencontre le même souci louable de réhabiliter les plantes locales très souvent détrônées par d'autres végétaux qui n'ont de mérites supplémentaires que d'être coiffés de noms étranges et de venir de lointaines contrées.

Le dicton « Nul n'est prophète en son pays » ne s'est jamais autant vérifié, de l'Antiquité à nos jours, qu'en ce qui concerne les remèdes, si bien qu'hier comme aujourd'hui encore, on incline à aller chercher à l'autre bout du monde ce qui se trouve à portée de notre main, en imaginant à tort que ce qui est « plus rare » et « plus cher » est plus efficace.

Pas plus que nos ancêtres n'ont entendu Fontenelle qui déclarait : « La botanique ne serait qu'une simple curiosité, si elle ne se rapportait à la médecine ; et quand on veut qu'elle soit

1. Masson, éditeur.

utile, c'est la botanique de son pays qu'il faut étudier » ou Chomel, conseiller-médecin ordinaire de Louis XV, qui professait : « Tâchons de relever le mérite des plantes de notre climat, dont on néglige injustement l'usage, pour recourir avec tant d'empressement aux drogues étrangères », nous n'avons écouté de nombreux appels du genre de celui-ci, lancé en 1910 par l'auteur d'une *Botanique catalane pratique,* L. Conill : « A grand frais de réclame, des plantes de l'Inde, de l'Amérique, des pays les plus sauvages, sont vantées comme spécifiques de telle ou telle maladie. Autour de nous, nous pouvons avoir des simples tout aussi efficaces, mais ils sont ignorés ou leur connaissance disparaît devant le bruit tapageur de leurs parents exotiques ! » Le snobisme du coûteux et de l'inconnu est de tous les âges et je crains fort qu'il dure tant qu'il y aura des hommes...

Un point cependant sépare les auteurs anciens des modernes. Les premiers songeaient avant tout à honorer le « Souverain monarque de l'Univers » et à fournir aux plus humbles les moyens de se soigner car ils estimaient avec Pline que « les vrais remèdes se trouvent partout à la portée de la classe la plus indigente ». Les professions de foi qui précèdent leur travail sont suffisamment explicites :

« Vous y verrez sortir, dit Matthiole aux usagers de son énorme ouvrage, mille beaux effets des causes qui vous étaient auparavant inconnues. » Jacques Dalechamps promet au lecteur de son *Histoire générale des plantes* indiquant leurs « vertus convenables à la médecine » : « Tu en retireras un merveilleux profit, y trouvant et les remèdes propres à tes indispositions, et les moyens de conserver ta santé » et Chomel, dans son « discours préliminaire » à son *Abrégé de l'Histoire des Plantes Usuelles,* déclare : « Le nombre prodigieux des plantes qui ornent la surface de la terre n'a pas été produit par l'Auteur de la nature pour embellir seulement son ouvrage (...) : elles nous montrent par leurs propriétés merveilleuses la puissance et la bonté de notre Auteur ; et s'il a condamné le premier homme à se procurer par un travail assidu les moyens de conserver sa vie, il lui a du moins laissé dans les productions de la nature une ressource consolante à ses maux. »

La préoccupation des auteurs modernes est différente, exception faite pour deux d'entre eux dont le souci principal rejoignait celui des Anciens — l'abbé Kneipp qui affirmait[1] : « C'est pour les pauvres que je me suis livré à la recherche de toutes les bonnes plantes qui jouissaient de l'estime des hommes... » et le docteur Cazin qui, conscient de la misère de la campagne où il avait longtemps exercé, avouait : « J'ai donc renoncé dans ma pratique rurale aux médicaments d'un prix plus ou moins élevé, et aux préparations pharmaceutiques dont le luxe ne peut être payé que par le riche, pour m'occuper de l'emploi si simple et économique des plantes que la nature fait naître à profusion autour de nous », passage tiré de la préface de son monumental *Traité pratique et raisonné des plantes médicinales indigènes et acclimatées*[2], ouvrage si riche qu'on lui a emprunté encore davantage qu'au guide de Michel Compain et toujours avec la même discrétion quant à l'origine des emprunts...

Légitime et secourable en son temps, cette sollicitude envers les déshérités ne s'impose plus depuis que la Sécurité sociale a comblé le fossé séparant pauvres et riches sans pour autant combler le « trou » de son perpétuel déficit. L'intérêt que l'on peut porter aux plantes n'est donc plus — ou rarement — en liaison avec le porte-monnaie ; il l'est, par contre, avec la défense de notre santé, argument fondamental des modernes.

Sans vouloir diminuer le mérite des ténors de la phytothérapie qui dénoncent avec courage les méfaits des médicaments chimiques, il faut tout de même rappeler que les premières mises en garde dans ce domaine auront bientôt cent ans.

C'est à la fin du siècle dernier que le docteur Madeuf proclame, dans la préface de son ouvrage populaire *La santé pour tous ou la Médecine naturelle et normale* : « Il est temps de revenir à la médecine normale simple et naturelle, celle qui faisait les générations robustes et les longues vieillesses... Le cri d'alarme est depuis longtemps jeté. Le docteur Bonnefoy (du Vexin) qui fut, avec Dujardin-Baumetz, l'apôtre du végétarisme en France, écrivait il y a quelques années : « Le mal augmente et s'aggrave de jour en jour ; il est grand temps de l'enrayer en employant la simple thérapeutique d'autrefois, renouvelée, épurée, éclairée par les découvertes modernes de la science. Ce

1. *Ma cure d'eau*, Retaux & Fils, éditeurs.
2. Asselin & Houzeau, éditeurs.

serait assurément là le plus puissant régénérateur de l'humanité. »

C'est une dizaine d'années plus tard que L. Conill[1] déclare : « Depuis deux siècles, les progrès journaliers des remèdes chimiques tendent à faire délaisser l'étude et l'emploi des plantes médicinales. Phosphates, arséniates, etc., triomphent victorieusement des pauvres végétaux ! Si ces derniers pouvaient protester, ils diraient avec raison : « Nos concurrents activent les guérisons comme le voiturier accélère l'allure de son cheval au moyen de son fouet, car les guéris ne ressentent-ils pas leurs organes engourdis, leurs nerfs délabrés ? Nous, nous guérissons avec plus de lenteur, mais nos sucs naturels, mieux assimilés par le corps humain, ne fatiguent pas les malades et leur donnent, au contraire, force et vigueur ! » C'est pour combattre l'abus de ces remèdes chimiques — nous disons l'abus, car parmi ces remèdes il en est d'excellents — que nous voudrions vulgariser la connaissance des propriétés médicinales des plantes... »

Cet abus n'a fait que s'accentuer, provoquant des formes plus ou moins graves d'intoxication que l'on a baptisées les « maladies médicamenteuses ». Il serait donc souhaitable que, comme le demandent des savants et des médecins beaucoup plus qualifiés que moi, malades et praticiens en reviennent à une salutaire prudence concrétisée par un recours plus fréquent à la médecine de nos grand-mères puisque (le D^r Madeuf *dixit*) « la plante qui sort du laboratoire de la nature contient en réalité tous les principes qu'emploie d'ordinaire la pharmacie ».

1. *Op. cit.*

## 3

# L'ART ET LA MANIÈRE D'ACCOMMODER LES SIMPLES

Cette flânerie à travers des siècles d'expérience et de réflexion nous a conduits à la porte du royaume des plantes. Les longs séjours que j'y ai faits, avec pour mentors des gens aussi compétents que ceux que j'ai cités au chapitre précédent, me permettront de vous servir de guide.

Pour vous présenter les traits généraux des sujets de ce pays aussi riche en couleurs qu'en parfums, c'est encore à un extrait d'un vieux bouquin maltraité par le temps que je ferai appel. Parce que avec une naïveté savoureuse, il dit l'essentiel de ce qu'il faut savoir sur la vie des végétaux, mais aussi parce qu'il nous invite à une méditation sur la relativité des connaissances, bien faite pour nous rendre moins orgueilleux des nôtres.

En effet, comment pourrions-nous affirmer que ce que nous enseignent aujourd'hui les manuels ne fera pas sourire nos descendants de l'an 2200 comme nous sourions devant ce qu'écrivait en 1773 un certain M. Bucquet, nanti du titre ronflant de « Docteur-Régent de la Faculté de Médecine de Paris » ? Peut-être des voies nouvelles ouvertes dans d'autres dimensions feront-elles découvrir que les plantes ont un langage, une mémoire et une parcelle de ce que nous appelons « âme »...

Mais n'anticipons pas ; ne faisons pas de la « plante-fiction » (il y en a déjà assez comme cela de nos jours !) et revenons à ce passage de l'*Introduction à l'étude des corps naturels tirés du règne végétal* datant d'une époque où l'on éprouvait encore quelque difficulté à tracer une ligne de démarcation entre le monde végétal et le monde animal :

« Les Végétaux sont des corps organisés attachés à la surface du globe, ou à peu de profondeur de cette surface. Ils sont composés de tuyaux qui renferment dans leur intérieur des fluides, dont l'usage est de servir à leur accroissement et à leur nutrition. Ils diffèrent des Minéraux, en ce qu'ils ont une sorte de vie ; ils pompent par les bouches de leurs vaisseaux les sucs dont ils se nourrissent, (...) ils élaborent les humeurs qu'ils contiennent et les assimilent à leur propre substance. Ils éprouvent toutes les vicissitudes attachées aux différents âges, et ressemblent assez bien aux animaux, si on en exempte toutefois les mouvements et le sentiment dont ils sont privés ; car la contraction qu'éprouve la sensitive lorsqu'on la touche est fort éloignée du sentiment de l'animal même le moins sensible, et la marche que suivent les racines dans la terre n'a rien de comparable à la progression des animaux (...) Mais on ne peut s'empêcher de convenir que le règne animal et le règne végétal se touchent par un nombre infini de points et qu'il n'y a peut-être rien de si pénible que de poser les barrières qui les séparent...

« La figure, le port, l'odeur et la saveur des plantes sont tellement variés, qu'avec un peu d'habitude et des connaissances de la Botanique, on ne peut pas confondre les espèces même les plus voisines. Le choix du sol est encore particulier aux différentes plantes ; les unes veulent des terrains secs et sablonneux, les autres se plaisent dans les lieux marécageux et humides (...) La plupart des plantes aiment l'aspect du soleil, et ne viennent bien que lorsqu'elles sont frappées de ses rayons. Cependant il y en a un assez grand nombre qui ne croissent que dans des endroits ombreux et parfaitement abrités... »

Ainsi vous est rappelé : 1) que les plantes se livrent à une véritable alchimie en puisant dans leur terre nourricière les substances indispensables qu'elles stockent et transforment, donc qu'elles sont un réservoir naturel d'éléments précieux qu'il ne tient qu'à vous d'utiliser ; 2) que les plantes, comme les humains, ont leurs préférences et leurs signes particuliers, donc qu'il faut les aller chercher là où elles se plaisent et apprendre à les reconnaître, ce qui n'est guère plus difficile que de reconnaître les gens que nous côtoyons souvent.

Si je voulais jouer à bon compte au savant que je ne suis pas, je vous énumérerais pour chaque plante dont je vous parlerai plus loin la longue litanie de ses composants chimiques, allant des glucides, lipides, substances azotées, jusqu'aux huiles essentielles (phénol, terpène, etc.) en passant par la kyrielle des sels minéraux : phosphore, potassium, calcium, sodium, etc., sans oublier, bien entendu, les vitamines, qui finiront par être plus nombreuses que les lettres de l'alphabet.

Je ne le ferai pas, d'une part, parce que je n'ai nullement la prétention de faire un livre de médecine et que nos grand-mères, avec leur bon sens réaliste, se souciaient moins de connaître les éléments actifs d'une tisane que de savoir au soulagement ou à la guérison de quels troubles elles devaient l'employer ; d'autre part, parce que les travaux d'un chercheur français, C. Louis Kervran[1], ont montré que les éléments chimiques ne sont pas immuables dans l'organisme et que la loi de Lavoisier « rien ne se perd, rien ne se crée » devait être revisée, tout au moins en biologie, car on assiste à des transmutations indéniables d'un élément en un autre, ce qui ôte beaucoup d'intérêt aux bilans minutieux dressés par les chimistes à grand renfort d'analyses puisque, par exemple, on constate que ce ne sont pas les plantes les plus riches en calcium qui entraîneront la meilleure recalcification mais celles riches en silice comme la prêle...

Je vous donnerai, en revanche, quelques détails essentiels sur le signalement des moins connues des « herbes à soigner » — inutile, je pense, de décrire l'ortie ou le pissenlit ! — afin de vous en faciliter l'identification, sans toutefois trop m'étendre puisqu'il existe dans ce domaine de nombreux ouvrages fort bien faits, avec des descriptions claires et précises accompagnées de planches en couleurs, notamment les *Petits Atlas* publiés par la librairie Payot de Lausanne (vendus en France) qui, sous un format pratique — on peut aisément les glisser dans sa poche et ils m'ont souvent accompagné dans mes promenades en plaine ou en montagne —, traitent des arbres et arbustes, des fleurs des champs, des bois, des Alpes et des principales plantes médicinales.

1. *Transmutations naturelles*, *Transmutations biologiques*, *Transmutations naturelles en agronomie*, Librairie Maloine, Paris.

Je vous donnerai également pour chaque plante citée la liste la plus complète possible de ses noms et surnoms — le nom savant et latin, qui n'est pas négligeable pour les férus de botanique (il y en a encore, Dieu merci !) ; le nom commun courant, qui permet l'appel éventuel au dictionnaire dans lequel figure généralement, outre une description toujours utile, une gravure qui aide à fixer les idées ; les innombrables surnoms locaux qui sont étroitement liés à l'aspect, l'histoire, la légende ou l'emploi de la plante, et qui vous serviront, selon les régions où vous vous trouverez, à la mieux identifier avec le concours des gens du pays, lesquels, bien souvent, ne la connaissent que sous son appellation folklorique.

La clé des noms nous a été magnifiquement exposée par Rabelais dans son *Tiers Livre.* Quand Pantagruel et Panurge partent visiter l'Oracle de la Dive Bouteille, le bon géant fait charger sur les navires « grande foison de son herbe pantagruelion » (un pur produit de l'imagination rabelaisienne), ce qui conduit le narrateur (qui, comme tous les médecins de son époque, connaissait à fond les simples et leurs vertus) à dresser un tableau magistral — c'est le cas de le dire ! — de l'étymologie végétale :

« Je trouve, écrit-il, que les plantes sont nommées en diverses manières. Les unes ont pris le nom de celui qui premier les inventa, connut, montra, cultiva, apprivoisa et appropria, comme Armoise, de Artémis qui est Diane ; Eupatoire, du roi Eupator ;... Gentiana, de Gentius, roi de Sclavonie...

« Autres ont leur nom par antiphrase et contrariété, comme Absinthe, au contraire de pinte car il est fâcheux de boire... Autres sont nommées par leurs vertus et opérations, comme... Lichen, qui guérit les maladies de ce nom ; Malve (notre mauve), qui mollifie...

« Les autres par les admirables qualités qu'on a vues en elles, comme Héliotrope, c'est souci, qui suit le soleil, car le soleil levant, il s'épanouit ; montant, il monte ; déclinant, il décline ; soi cachant, il se clôt... Autres par métamorphoses d'hommes et femmes de noms semblables, comme Daphné, c'est laurier, de Daphné...

« Autres par similitude, comme Hippurie, c'est prêle, car elle ressemble à queue de cheval ;... Psyllion, qui ressemble à la puce ; Delphinium, au dauphin ; Buglosse, à la langue de bœuf ; Iris, à l'arc-en-ciel, en ses fleurs ; Myosota (notre myosotis) à l'oreille de souris... Les autres de leurs formes, comme Tréfeuil (notre trèfle) qui a trois feuilles ;... Serpolet, qui herpe (herper : ramper) contre terre... »

Je ne vous conseillerai pas de cultiver dans votre jardin les plantes que vous pouvez heureusement trouver encore presque partout pour peu que vous consentiez à vous arracher de votre voiture et à arpenter la campagne au lieu de la contempler à travers votre pare-brise. Ce serait vous exposer à la douce ironie des vrais paysans qui savent mieux que quiconque que la nature est le meilleur jardinier du monde et que, aussi doué et « spécialiste » soit-il, l'homme ne parviendra jamais à choisir avec autant de sûreté qu'elle le terrain et l'exposition (ombre ou soleil) convenant le mieux à telle ou telle espèce.

Si vous voulez des pétales de coquelicot, des fleurs de genêt ou d'églantier, des feuilles de bardane ou de pissenlit, elles sont à votre discrétion dans la précieuse pharmacie de la nature ouverte à tout venant et à toute heure du jour. A vous de faire l'effort — ou de prendre le plaisir, car je ne vous cache pas que c'en est un pour moi — de les ramasser en temps voulu et de les entourer des quelques soins qu'elles exigent pour conserver intactes leurs vertus.

Il est toutefois une recommandation capitale depuis que la chimie triomphante envahit le monde où nous vivons : ne cueillez jamais de plantes poussant sur des terres cultivées ou des vergers ; elles risquent d'être empoisonnées — et, de toute façon, elles ne sont plus telles que la nature les a créées — car le sol qui les nourrit est gorgé d'engrais chimiques, d'hormones de synthèse destinées à détruire ce qu'on appelle les mauvaises herbes, et elles ont subi à maintes reprises les retombées des nuages d'insecticides de tout acabit que l'on « atomise » (un terme significatif, qui fait penser à Hiroshima !) du printemps à la récolte.

Rappelez-vous un fait divers récent : une nuit, on avait dérobé une centaine de poireaux dans les champs d'un maraîcher de la région parisienne et il fallut mobiliser la presse et la radio pour avertir les voleurs que ces légumes avaient été traités la veille avec un produit particulièrement toxique, donc qu'il y allait de leur vie s'ils consommaient leur larcin...

Ne risquez pas la même mésaventure en voulant faire provision de plantes de santé : cueillez-les à l'écart des « bienfaits » de la civilisation ; il reste assez de landes et de friches, de vallées et de montagnes, non encore contaminées, pour satisfaire pleinement tous les amateurs de tisanes.

Il va de soi que le moment de la récolte a son importance. Déjà Dioscoride, le « prince des herboristes », dans la préface de son traité composé sous le règne de Néron, déclarait : « Il faut aviser sur toutes choses de cueillir les herbes chacune en leur saison, et qu'on les garde comme il appartient : car par ce moyen, elles demeurent en leur vertu, ou autrement les médicaments se pourraient abâtarder en leur opération » et son commentateur Matthiole ajoutait, quinze siècles plus tard, que « tous les corps inférieurs étant régis et gouvernés par les supérieurs, la lune qui est la plus prochaine planète de la terre et de plus soudain mouvement, ne peut être sans avoir grande convenance avec les plantes et toutes autres choses de ce bas territoire, quand elle croît et décroît tous les mois. »

Le docteur Leclerc, notre contemporain, abonde dans le même sens dans son *Précis de phytothérapie,* en se fondant non plus sur des observations empiriques mais sur les données fournies par des dosages et analyses. « Les substances actives contenues dans les végétaux, constate-t-il, varient dans des proportions parfois considérables, suivant l'âge de la plante, l'époque de la récolte, la nature du sol et le climat. »

D'où des règles qu'il faut respecter et que j'essayerai de résumer le plus simplement possible pour ne pas vous noyer sous un flot de recommandations compliquées qui diffèrent d'ailleurs souvent selon les régions et les coutumes ou superstitions locales.

**Cueillette**

Elle doit s'effectuer lorsque les plantes sont « dans leur parfaite maturité et dans leur plus grande vigueur », au moment que Van Helmont, le célèbre médecin-alchimiste du début du XVIIe siècle, appelait le « temps balsamique » (balsamique signifiant « qui a des propriétés comparables à celle du baume »).

Pour un certain nombre de plantes, ce temps se situe naturellement en été et, parce que les grands événements cosmiques que sont les solstices ont toujours été considérés depuis la plus lointaine antiquité et chez tous les peuples comme des heures particulièrement propices, la tradition veut que ce soit le jour de la Saint-Jean qu'on se livre à leur collecte, ce qui explique que la désignation « herbe de la Saint-Jean » s'applique dans les campagnes à tant de végétaux différents.

En fait, même s'il a été démontré que les rythmes éternels du cosmos exerçaient une influence sur ce qui vit sur notre « bas territoire », il semble bien que la date de la Saint-Jean ne soit qu'un point de repère mnémotechnique et qu'il importe davantage de tenir compte de la phase de développement atteinte par les fleurs — celles-ci ne devant pas être totalement épanouies, qu'on ne prélève qu'elles ou qu'on récolte les sommités fleuries. Or, suivant les conditions météorologiques de chaque année, suivant la situation géographique, l'orientation et l'altitude, le moment optimal avance ou recule par rapport au solstice d'été et à la Saint-Jean. C'est donc l'examen de la plante qui doit être déterminant et non l'observance d'un rite plus ou moins justifié.

Il est conseillé de profiter d'un jour sec et ensoleillé et de ne pas commencer la récolte trop tôt ni la prolonger trop tard à cause de la rosée — les fleurs et les feuilles humides s'altèrent vite et perdent ainsi la quasi-totalité de leurs vertus. En revanche, les racines et rhizomes, que l'on tire de terre au début du printemps ou à la fin de l'automne, quand la sève n'est pas encore montée ou est redescendue, s'arrachent plus facilement lorsqu'il a plu.

Il est bon de prendre certaines précautions ; par exemple, ne pas garder trop longtemps dans la main ni serrer les fleurs et les feuilles que vous grappillez : échauffées et meurtries, elles seraient privées d'une partie de leurs effets ; ne pas non plus soumettre le même pied à un tribut exagéré : amputé de trop d'écorce, de feuilles ou de rameaux, ou bien il serait incapable de porter ses graines ou fruits à maturité, donc d'assurer la perpétuation de l'espèce, ou bien il s'étiolerait, mourrait et vous ne pourriez plus le mettre à contribution l'année suivante. Pour la même raison, vous avez intérêt à vous montrer circonspect quand vous ramassez des racines, c'est-à-dire à ne pas concentrer cette éradication sur un rayon limité et à opérer toujours dans une zone où l'espèce croît en abondance, la bonne technique étant de la décimer dans le sens exact du terme, soit en sacrifier une sur dix.

### Choix des plantes

Les Anciens, qui n'avaient sans doute pas tort, avaient édicté les principes suivants dont vous pouvez vous inspirer :
1. « La plante sauvage doit toujours l'emporter sur la plante cultivée, parce que c'est la nature qui lui a distribué le lieu et le climat qui lui sont propres et qu'elle contient donc de meilleurs principes actifs. »
2. « On doit préférer les plantes et toutes les parties des végétaux qui croissent éloignés les uns des autres ; ces végétaux sont mieux nourris, plus gros, et ont plus de vertus, parce qu'ils ne s'enlèvent pas mutuellement la nourriture de l'air et de la terre. »
3. « On choisit toujours les plantes qui ont le plus d'odeur, de saveur et de couleur, lorsqu'elles doivent en avoir. »

Il est évident que les sujets chétifs ou ceux dont les feuilles sont tachées, jaunies, attaquées par des insectes ou des maladies, n'entreront pas dans votre collecte, d'une part parce qu'ils se garderaient difficilement, d'autre part parce qu'ils sont obligatoirement moins riches en principes que les sujets sains.

### Séchage

Mal fait, il compromettrait votre récolte en altérant les « corps en voie d'évolution » enfermés dans la plante et qui sont infiniment plus fragiles que les « corps morts » entrant dans la composition des remèdes sortis des laboratoires.

Il est régi par des règles simples mais impératives :
1. Faire sécher les plantes dans un endroit facile à aérer, toujours à l'ombre, à quelques exceptions près (la chaleur du

soleil détruit les principes volatils et les huiles essentielles des plantes aromatiques) et jamais dans une lumière vive qui décolorerait totalement les fleurs, lesquelles déjà perdent leur éclat.

2. Les étaler dès votre retour de promenade : en les laissant dans le sac ou le panier dans lequel vous les avez rapportées, elles fermentent vite et leur séchage serait compromis.

3. Ne jamais les laver avant de les mettre à sécher : elles n'en ont pas besoin puisque vous *devez* les avoir récoltées dans des endroits à l'abri de la poussière des routes et des retombées d'insecticides.

4. Les disposer sur une seule couche ; ne jamais les superposer car elles risquent de fermenter ou de moisir.

5. Les premiers jours, les retourner pour que le séchage soit régulier et total.

6. Quand le séchage est terminé, mais seulement à ce moment, couper la récolte de feuilles, tiges et sommités fleuries en petits morceaux, prêts à être stockés et utilisés.

Pour les racines, on opère différemment : on les lave aussitôt après les avoir arrachées. « Dans cet état, précise une vénérable pharmacopée, l'eau qu'on leur applique à l'extérieur ne pénètre point et ne dissout rien des parties extractives qu'on puisse regretter, car on profite de leur état de fraîcheur et de plénitude où elles se trouvent sortant de la terre. » On peut, au début, pour accélérer la dessiccation, les exposer quelques heures au soleil. Enfin, il est préconisé de les couper en morceaux avant le séchage car, après, il est pratiquement impossible de le faire.

**Stockage**

Lorsque fleurs, feuilles, tiges et racines sont parfaitement sèches (il faut bien vérifier qu'elles le sont, parce que la moindre trace d'humidité déclencherait un processus de moisissure qui rendrait l'ensemble de la récolte inutilisable), vous les conserverez à l'abri de l'air et au sec, soit dans des sacs de papier, soit dans des boîtes de fer-blanc ou des bocaux de verre fermés par un bouchon de liège ou un morceau de toile.

Si vous optez, comme moi, pour cette dernière formule qui a

l'avantage d'assurer la meilleure protection contre l'humidité et de permettre de veiller facilement à la bonne conservation, vous devrez ranger vos bocaux dans un endroit sombre (un placard, par exemple). En effet, vous le verrez plus loin, c'est la lumière (et aussi la chaleur) qu'on utilise pour que les plantes transfèrent leurs principes actifs à de l'huile, du vin ou de l'alcool, et en y exposant vos bocaux, ils subiraient obligatoirement les effets de cette mystérieuse alchimie.

Mais surtout — et je ne saurais trop insister sur ce point — ne conservez jamais vos plantes, fraîches ou sèches, dans des emballages de plastique. Ceux-ci sont peut-être parfaits et très pratiques pour couvrir des matières inertes (des chemises ou des casseroles) ; ils ne le sont pas pour des matières vivantes comme les simples. Des expériences scientifiques ont démontré qu'ils entraînaient des modifications et que les végétaux qui y avaient séjourné n'avaient plus la même efficacité.

Éclairé par ces conseils pratiques, il ne vous reste plus qu'à profiter de vos vacances et de vos week-ends pour constituer une petite herboristerie familiale dont la composition vous sera dictée par les troubles auxquels les vôtres et vous-même êtes le plus souvent sujets et par les indications afférentes à chaque plante étudiée dans notre « guide vert » répertoire. (J'en ai exclu des végétaux toxiques tels que la belladone, le bouton-d'or, la digitale, l'ellébore ou l'aconit, qui sont d'un maniement délicat pour un profane et dont l'emploi doit être réservé aux médecins.)

Vous pouvez aussi, si vous ne vous sentez pas l'âme bucolique ou s'il ne vous est pas possible de jouer les « ramasseurs de simples », vous procurer la matière première nécessaire à la préparation des bonnes tisanes de nos grand-mères chez l'herboriste — s'il en existe encore un dans votre voisinage, cette profession étant vouée à disparaître par l'extinction de ses derniers représentants puisqu'une loi absurde en a décidé ainsi.

Il y a longtemps que j'ai perdu le goût de la polémique qui mène rarement à des résultats positifs, mais, au nom du bon sens qui a été la règle d'or de nos ancêtres, je voudrais montrer ce qu'il y a d'illogique et de contraire à l'intrêt général dans une telle décision.

De tout temps, il y a eu des gens qui ont connu les vertus

bienfaisantes des plantes médicinales et qui les ont ramassées pour les vendre. En Grèce, les herboristes ou *rhizotomes* concurrençaient les *pharmacopoles,* comme à Rome les *herbarii* se disputaient le client avec les *pharmacotribès.* Chez nos ancêtres les Gaulois, une catégorie spéciale de druides, les *eubages,* étudiait la botanique et en tirait des recettes médicales dont la célèbre potion d'Astérix est certainement aujourd'hui l'exemple le plus connu.

Au fil des siècles, la profession d'herboriste s'organise donc chez nous ; un diplôme est créé, faute de quoi on ne peut l'exercer, ce qui ne l'empêche pas d'être l'objet de certaines attaques dont elle sort généralement victorieuse devant les tribunaux.

Mais ce que la Royauté, la Révolution et les Républiques successives avaient mis sur pied parce qu'elles estimaient que c'était servir la communauté nationale, le régime de Vichy, profitant des circonstances exceptionnelles qui musellent l'opinion, va le détruire d'un trait de plume : une loi du 11 septembre 1941 décide qu'*il ne sera plus délivré d'inscription pour le diplôme d'herboriste,* seuls pourront continuer à exercer ceux qui ont déjà le diplôme.

Ainsi, depuis trente ans, dans la France « retrouvée » qui annonçait la couleur aux prisonniers qui, comme moi, rentraient après cinq ans de barbelés par des pancartes proclamant aux frontières « Ici commence la terre de la liberté », dans ce pays qui effaçait si allégrement et impitoyablement tout ce qui avait été promulgué par un régime honni, se perpétuent les méfaits de la plus injuste des « lois scélérates » de l'ère Pétain et voit-on se fermer, les unes après les autres, au fur et à mesure de la retraite ou de la mort de leur propriétaire, ces boutiques qui embaumaient tout le voisinage et où la santé, sous forme de plantes, se débitait à bas prix — ce qui fait évoquer, avec une certaine tristesse, ce mot d'Alphonse Allais (à moins qu'il ne soit d'Alfred Capus ) : « On aura beau dire et beau faire, plus on ira, moins on rencontrera de gens qui ont connu l'Empereur... » Plus nous irons, moins nous rencontrerons d'herboristes et moins nous aurons de chances, par conséquent, de nous soigner par des remèdes simples, naturels et peu coûteux.

Il semble d'ailleurs que cette liquidation à long terme des

herboristes n'ait pas laissé bonne conscience. Vous remarquerez qu'on n'y fait jamais allusion ; on s'indigne ici et là contre des lois, qu'on baptise « de circonstance », parce qu'elles menacent les libertés individuelles, mais on ne voit personne se lever pour exiger qu'on conserve à l'individu la liberté de se soigner comme il l'entend et à peu de frais car ce n'est pas dans les pharmacies qui ont pris, en principe, la relève des herboristeries qu'il trouvera toutes les plantes qu'il désire et il en sera bientôt réduit à s'adresser à des gens qui souvent n'ont pas la compétence voulue et ont malheureusement davantage l'amour de l'argent que celui de la nature et des plantes.

Faites l'expérience que j'ai faite à maintes reprises : allez demander à un pharmacien, par exemple, de la bétoine, de l'aunée, de l'érysimum ou du lierre terrestre ; il vous dira, avec juste raison d'ailleurs, qu'il n'a pas un débit suffisant, ni la place pour stocker une marchandise si encombrante et qui se détériore d'une année à l'autre, et il vous proposera soit une tisane passe-partout comme la menthe, la verveine ou le tilleul, soit une des innombrables spécialités qui chargent les rayons de son officine. Du reste, il est clair que les plantes ne comptent guère pour le pharmacien de notre temps : une étudiante qui termine ses études me disait récemment que les plantes médicinales sont rapidement expédiées dans le programme de la première année, l'enseignement présent étant axé avant tout sur la chimie, laquelle forme effectivement la base de la pharmacopée actuelle.

Même le dictionnaire paraît s'associer au silence général. Dans l'édition du *Larousse du xx^e siècle* que je possède et qui date de 1959, à la rubrique « herboriste », on ne trouve aucune mention de la suppression du diplôme et tout l'article, qui parle de l'école particulière d'herboristerie créée en 1927, de l'examen et de l'âge des candidats, porte à croire que l'on fabrique toujours des herboristes.

Cela dit avec l'espoir de réveiller quelques consciences — et puis aussi parce qu'on ne le dira jamais assez —, il nous reste encore suffisamment de liberté (jusqu'au jour où il sera peut-être interdit de ramasser les plantes dans les champs, pourquoi pas ?) pour que nous puissions choisir la voie que nous jugeons la meilleure à la sauvegarde de notre santé.

J'en reviens donc aux plantes pour aborder un dernier point

que l'on prend trop souvent à la légère ; je veux parler de la façon de les accommoder.

C'est à dessein que j'emprunte ce terme au vocabulaire culinaire car la « cuisine » des plantes, si elle offre moins de subtilités que la cuisine des aliments, n'en a pas moins des règles fondamentales que l'on ne saurait transgresser sans porter atteinte à la saveur de la préparation — ce qui est déjà regrettable — et à son efficacité — ce qui est beaucoup plus grave...

Il y a tout un art de la tisane qui est, selon la définition la plus récente donnée par le *Robert,* une « boisson contenant une faible proportion d'une substance médicamenteuse, végétale, obtenue par macération, solution, infusion ou décoction de plantes », et ce n'est pas par pure fantaisie que l'on emploie tantôt l'un, tantôt l'autre des procédés d'extraction énumérés ; c'est parce qu'il est indispensable de tenir compte des caractéristiques de la plante et de l'action qu'on attend d'elle.

Ainsi, « on doit éviter avec grand soin de faire bouillir les substances aromatiques et celles qui contiennent des principes volatils, tels que le cerfeuil, les plantes antiscorbutiques, etc., parce que c'est dans ces principes volatils que réside la plus grande vertu de ces ingrédients ». On ne doit pas non plus, sauf quelques rares exceptions, faire bouillir les fleurs.

Par conséquent, pour elles, ainsi que pour les plantes aromatiques dont les huiles essentielles odorantes se dissipent entièrement au-delà d'un certain degré, il faut s'en tenir à l'infusion ou à la macération. En revanche, pour les parties dures (racines, rhizomes, tiges) et pour les plantes — non dégradables par chauffage excessif — dont on désire une plus grande concentration, c'est la décoction qui est préconisée.

Voici les recettes de ces différents procédés :

### Infusion

Mettez les plantes dans une théière, versez sur elles la quantité indiquée d'eau bouillante ; couvrez et laissez infuser le temps nécessaire qui peut être plus ou moins long suivant la nature de la plante ou l'effet que vous souhaitez ; passez.

**Décoction**

Mettez dans une casserole (de préférence émaillée ou en acier inoxydable, l'aluminium étant généralement déconseillé par les phytothérapeutes et les diététiciens qualifiés) les quantités voulues de plante et d'eau froide ; couvrez et portez doucement à ébullition ; laissez bouillir à petit feu le temps indiqué ; retirez du feu et laissez infuser encore selon les prescriptions ; passez.

**Macération**

Mettez, dans une quantité donnée d'un liquide quelconque (eau, huile, vin, vinaigre, alcool), la quantité indiquée de plante ; laissez tremper pendant un temps déterminé (de quelques heures à plusieurs semaines, selon les cas) ; filtrez, en ayant soin d'exprimer le jus qui reste dans les plantes à l'aide d'un linge propre. Il est à noter que l'eau est rarement utilisée car elle présente l'inconvénient de fermenter très vite (c'est un « bouillon de culture de microbes » disait le docteur Besançon qui affirmait qu'elle avait tué plus de gens que le vin !). Quant au vin, le but que l'on vise dicte le choix de sa couleur : rouge, il a un effet astringent (il est riche en tanin) ; blanc, il est diurétique.

J'ajoute que l'homéopathie[1] se sert de la macération pour extraire les substances d'origine végétale (et même certains produits d'origine minérale), ce qui donne ses « teintures-mères » à partir desquelles sont préparées les basses, moyennes et hautes dilutions prescrites, soit en liquide (gouttes), soit en solide (granules). J'indiquerai donc pour chaque plante de notre « guide de santé » le nom du médicament homéopathique correspondant — s'il existe, ce qui est le cas le plus souvent, les plantes, exotiques ou indigènes, étant en majorité parmi les 1 500 médicaments ordonnés par les disciples du docteur Hahnemann.

Encore trois petites recommandations :

1. Préparez vos tisanes avec de l'eau aussi pure que possible — celle qui coule du robinet dans la plupart des grandes villes ne répond pas précisément à cette définition, compte tenu des

1. Voir *Tous les espoirs de guérir*.

opérations chimiques qu'elle a subies pour devenir potable —, mais des eaux faiblement minéralisées comme Évian ou Volvic conviennent parfaitement (des eaux chargées en calcaire durcissent les plantes et les empêchent de livrer totalement leurs principes actifs.

2. Sucrez de préférence vos tisanes avec du miel ; tiré des plantes, il s'harmonise admirablement avec elles, en renforce la saveur et vraisemblablement les effets.

3. Souvenez-vous qu'une infusion ou une décoction ne doit pas être préparée trop longtemps d'avance car, je l'ai souligné plus haut, les éléments que contiennent les végétaux ne sont pas des « corps morts » mais des « corps vivants », donc en évolution constante et, au bout de vingt-quatre heures, ils sont modifiés dans leur structure intrinsèque ; naturellement, il est déconseillé, pour les mêmes raisons, de faire réchauffer ces préparations (on peut à la rigueur les faire tiédir au bain-marie lorsqu'elles ne doivent pas être bues froides).

Je crois enfin qu'il est bon de rappeler qu'il faut respecter les doses prescrites et ne pas tomber dans des abus sous prétexte que, comme on l'entend répéter souvent, « si cela ne fait pas de bien, cela ne fera pas de mal ».

Certes, les plantes n'entraînent pas les mêmes dégâts que les drogues chimiques fréquemment toxiques, mais elles stimulent ou freinent les principales fonctions organiques — c'est là le secret de leur efficacité — et continuer des cures lorsqu'il n'en est plus besoin équivaut à fatiguer inutilement les reins, l'estomac, les intestins, le foie, le cœur, c'est-à-dire à aller contre la nature, et vous reconnaîtrez que ce serait paradoxal quand on fait confiance à la nature pour défendre sa santé... Quoi qu'en disent les détracteurs de la phytothérapie dont le docteur Leclerc a rapporté la formule, les tisanes ne sont pas « de l'eau chaude dont on a altéré la pureté en la salissant avec des herbes plus ou moins actives ».

En guise de conclusion à ces conseils, je livrerai à votre réflexion trois textes qui se passent de commentaires.

Le premier est d'un médecin, le docteur Paul Fruictier[1] — un

1. « Guide pratique de phytothérapie » dans la revue *Les monographies médicales*, 1958, 1959, 1960.

nom qui semblait devoir le prédestiner à s'intéresser au monde végétal ! :

« Les progrès spectaculaires accomplis en thérapeutique depuis quelques années par l'industrie chimique ont tendance à faire oublier les services que peuvent rendre les plantes en médecine. Or, ceux-ci ne sont pas négligeables, loin de là. Grâce à leurs principes actifs multiples et bien équilibrés, les plantes permettent à qui sait les employer judicieusement de mettre en pratique une thérapeutique souple, efficace, exempte de réactions dangereuses, bien adaptée aux besoins de chaque malade en particulier. En marge des grands remèdes spécifiques, le médecin peut ainsi instituer un traitement personnel très apprécié du malade qui a l'impression d'être soigné pour lui et non comme n'importe qui… »

Le second est tiré d'un des livres les moins connus de l'Ancien Testament, *l'Ecclésiastique*, qui est un recueil de maximes et de conseils sur la pratique des vertus et la conduite de la vie, en somme un livre de bon sens :

« Le Seigneur fait sortir de terre les simples ; l'homme sensé ne les méprise pas. »

Le dernier est un quatrain, découpé apparemment dans un journal, sans nom d'auteur, que j'ai trouvé entre les pages d'une des bibles familiales sur les plantes qui m'ont été confiées :

Passant, aime et connais les végétaux
Car il en existe un pour chaque maladie.
Pénètre leur secret, ils guériront tes maux
Et leur emploi suivi prolongera ta vie.

# 4

# LE GUIDE VERT DE LA SANTÉ

## Dictionnaire des plantes

# A

## ABSINTHE

***Artemisia absinthium.*** *Armoise absinthe, absinthe commune ou officinale, absinthe suisse, armoise amère, aluine, alvuine, herbe sainte, herbe aux vers.*

Il est difficile d'imaginer quand on la rencontre au bord des chemins ou dans les lieux incultes secs et caillouteux qu'elle affectionne, que cette plante a pu, au début du siècle, être à l'origine d'un fléau social plus redoutable que ne l'est aujourd'hui l'extension de la drogue.

Pourtant, jusqu'à ce que la fabrication en soit interdite, en mars 1915, la liqueur préparée avec son essence a fait des ravages considérables dans toutes les classes de la société (la consommation en France était passée de 6 713 hectolitres en 1873 à 360 000 en 1911).

« L'abus de la liqueur d'absinthe, dit le docteur Cazin[1], produit à la longue des phénomènes cérébraux plus marqués, plus durables, un abrutissement plus profond que ceux de l'alcoolisme ordinaire... Stupeur, hébétude, hallucinations terrifiantes, affaiblissement intellectuel rapide, nous paraissent spéciaux à cette substance : l'alcoolisme est doublé de l'absinthisme... »

Mais si l'absinthe, à forte concentration et à hautes doses,

1. *Op. cit.*

devient un poison mis à juste titre hors la loi, elle n'en reste pas moins une plante médicinale précieuse que vous pouvez utiliser sans danger.

Vous la reconnaîtrez à sa taille (de 0,50 m à un mètre et plus), à ses feuilles d'un gris blanchâtre, garnies d'un fin duvet soyeux, très découpées pour les inférieures, moins divisées pour les supérieures ; à ses fleurs jaunes, petites, globuleuses, accrochées comme des pompons en une jolie grappe terminale ; et

surtout à l'odeur forte et aromatique qu'elle dégage quand on la froisse entre ses doigts.

Ses vertus sont connues depuis la plus haute antiquité. Galien la tient pour un puissant tonique, Avicenne pour un remarquable stimulant de l'appétit. L'École de Salerne la recommande comme préventif du mal de mer, ajoutant qu'elle « conforte l'estomac et les nerfs », chasse les serpents, émousse les effets du poison qu'on a pu boire et, mêlée au fiel de bœuf, fait merveille contre les bourdonnements d'oreille. Matthiole la préconise contre l'hydropisie et, tout au long des siècles, de nombreux auteurs vantent son action comme fébrifuge, apéritif, digestif, vermifuge et emménagogue, c'est-à-dire qui provoque ou facilite les règles.

Elle s'emploie soit en infusion, soit en vin ou bière, soit en cataplasmes, selon les prescriptions suivantes qui concernent les feuilles et sommités fleuries séchées :

*Infusion :* 5 g de plante pour un litre d'eau, 2 ou 3 tasses par jour, comme tonique, digestif, fébrifuge, vermifuge et emménagogue. Elle élimine les gaz de l'estomac et est conseillée contre la fétidité de l'haleine d'origine stomacale. On peut s'en servir également comme eau ophtalmique dans les maladies oculaires (lavage matin et soir) et aussi pour nettoyer les plaies atones. Contre l'hydropisie, l'infusion se prépare avec du vin blanc bouillant (30 g de plante pour un demi-litre) ; une cuillerée à bouche matin et soir.

*Vin :* faire macérer 30 g de plante dans 60 g d'alcool à 60° pendant vingt-quatre heures ; ajouter un litre de vin blanc et laisser encore macérer le tout pendant dix jours ; passer en exprimant et filtrer. Un verre à liqueur avant les deux grands repas est apéritif ; après, il est digestif. Il est aussi tonique, vermifuge et emménagogue.

*Bière :* faire macérer pendant quatre jours 30 g de plante dans un litre de bière ; contre les ascarides et les oxyures, un verre à madère le matin à jeun pendant trois ou quatre jours une demi-heure avant le petit déjeuner.

*Cataplasmes :* une poignée de feuilles d'absinthe (fraîches de préférence) écrasées dans du lait avec une gousse d'ail, à appliquer sur le ventre contre les ascarides et oxyures, conjointement ou non avec le vin ou la bière.

Il faut cependant rappeler que l'absinthe — qui entre dans la fabrication du vermouth (son nom allemand est d'ailleurs *Wermut,* mot qui signifie également « amertume ») — ne doit jamais être utilisée pendant trop longtemps (huit à dix jours au maximum) parce que, d'une part, ses effets thérapeutiques deviendraient nuls, d'autre part, elle risquerait de donner lieu à une irritation de la muqueuse gastrique et d'influencer le système nerveux comme le faisait la « fée verte ».

## AIGREMOINE

***Agrimonia eupatoria.*** *Eupatoire des Grecs, herbe de Saint-Guillaume, thé des bois, thé du Nord, sorbelette, agrimoine, ingremoine.*

Célébrée par Pline qui la considérait comme une « herbe d'un pouvoir souverain » en soulignant que la « décoction de ses feuilles est bonne pour ceux qui ont mauvais foie », l'aigremoine a tenu pendant des siècles une place importante en médecine. Elle entrait dans de nombreux onguents, baumes et vulnéraires en raison de son action astringente et de son odeur agréable légèrement aromatique (qu'elle perd malheureusement en séchant, ce qui n'enlève cependant rien à ses propriétés). Puis on l'oublia ; seuls les paysans lui restèrent fidèles car ils savaient les services qu'elle peut rendre.

Fraîche, en infusion légère (3 g de feuilles par tasse), elle remplace le thé dans certaines régions, surtout dans le Nord (d'où ses surnoms de « thé des bois » et « thé du Nord »). Dalechamps vantait déjà cette boisson « plaisante parce qu'elle est de la couleur du vin clairet » et utile parce qu'elle exerce une heureuse action sur les troubles chroniques du foie, des reins et de la vessie (incontinence d'urine). Toutefois, il ne faut pas oublier qu'elle est astringente et que, par conséquent, si elle est salutaire en cas de diarrhée et de dysenterie, elle est déconseillée aux sujets enclins à la constipation.

En fait, voici ses principales indications :

Asthme, crachements et vomissements de sang, diarrhée, dysenterie : infusion ou décoction légère de feuilles séchées (3 à 5 g pour 100 g d'eau), trois à cinq fois par jour, entre les repas ou immédiatement après.

Aphtes, stomatite, gingivite, inflammations de la gorge et des amygdales, angine pharyngienne chronique des orateurs et des chanteurs : gargarismes quatre à cinq fois par jour avec une décoction de 100 g de feuilles pour un litre d'eau qu'on laisse bouillir jusqu'à réduction d'un tiers, avec ou sans addition de 5 g de miel rosat[1] et de quelques gouttes de vinaigre.

Plaies fermant mal, ulcères variqueux, contusions, entorses : faire bouillir cinq minutes, laisser ensuite infuser pendant une heure, 200 g de feuilles séchées dans un litre de vin rouge ; nettoyer les plaies avec cette décoction tiède, puis l'appliquer en compresses. Naturellement, cette formule est bonne pour les plaies des animaux.

Les signes distinctifs de l'aigremoine eupatoire (noms qui viennent, le premier du grec « argemos » : taie, parce qu'elle passait pour guérir les taies de l'œil, l'autre de Mithridate Eupator, roi de Pont, qui l'introduisit dans la médecine) sont les suivants : ses feuilles, qui peuvent atteindre jusqu'à 20 cm de long, sont élégamment découpées, très velues, vertes sur le dessus, blanchâtres en dessous, entremêlées de folioles très petites ; ses fleurs jaunes, à cinq pétales, sont disposées en épi étiré au sommet de la tige ; elles fleurissent les unes après les autres, de bas en haut, durant tout l'été pour donner de petites graines qui s'accrochent aux vêtements ; elle atteint 40 à 60 cm de haut et croît pratiquement sur tous les sols, le long des chemins et des haies, sur les talus, en lisière des bois, dans les prairies comme dans les terrains vagues.

## AIL

***Allium sativum.***

Il ne devrait pas y avoir de journée sans ail. C'est ce que me répète souvent un vieux paysan qui affirme lui devoir sa santé et sa vigueur exceptionnelles, ajoutant : « Mon père qui est mort à quatre-vingt-neuf ans et ma mère a quatre-vingt-douze avaient toujours mangé beaucoup d'ail ; dès ma plus tendre enfance, ils m'ont appris à le considérer comme une nourriture aussi indispensable que le pain. C'est un véritable bouclier contre les maladies et la vieillesse. »

C'est aussi ce qui ressort des études scientifiques modernes :

1. *Voir la recette à la rubrique* ROSE.

l'ail est bel et bien l'un des plus remarquables « aliments-remèdes » que nous possédions.

Un rapide coup d'œil sur son palmarès historique montre d'ailleurs que l'ail, originaire d'Asie (où il est toujours utilisé à hautes doses, notamment en Chine), a tenu, à toutes les époques et dans la plupart des pays, une place importante tant en thérapeutique qu'en religion ou en magie.

Les Égyptiens l'élèvent au rang de divinité ; ils en suspendent des colliers au cou des enfants pour chasser les vers (nos grand-mères, dans certaines régions, utilisaient aussi ce procédé) ; le pharaon Chéops en fait distribuer une ration journalière aux ouvriers qui construisent la Grande Pyramide pour leur donner des forces et les protéger des épidémies ; et les papyrus nous révèlent de curieuses recettes : pour empêcher un serpent de sortir de son trou, il faut placer une gousse d'ail à l'orifice (Papyrus Ebbers) et pour distinguer une femme qui enfantera d'une qui sera inapte à la génération, il faut utiliser l'ail en pessaire (Papyrus de Kahoun et de Carlsberg), méthode reprise par Hippocrate dans son traité *Sur les femmes stériles* et traduite ainsi par Littré : « gousse d'ail, la nettoyer, en ôter les peaux, l'appliquer en pessaire et voir le lendemain si la femme sent l'ail par la bouche ; si elle le sent, elle concevra ; sinon, non[1] ».

Les Grecs, qui l'appellent « rose puante », en font une grosse consommation, surtout les Athéniens, ce qui ne les empêche pourtant pas d'interdire l'accès des temples de Cybèle, la Mère des dieux, à ceux qui en ont usé, sans doute parce que l'odeur est peu favorable aux pratiques magiques : Hermès ne conseilla-t-il pas à Ulysse de recourir à l'ail pour échapper aux enchantements de Circé qui avait transformé ses compagnons en pourceaux ? Avant de se mesurer sur le stade ou de descendre dans l'arène, les athlètes et les lutteurs en croquent quelques gousses pour avoir plus de force et de courage.

Chez les Romains, le peuple, les soldats, les moissonneurs se nourrissent d'ail, toujours parce qu'il est tenu pour un puissant tonique. On en mêle à la pâtée des coqs de combat et

1. Gustave LEFEBVRE, *Essai sur la médecine égyptienne de l'époque pharaonique*, Presses Universitaires de France.

Galien le baptise la « thériaque des paysans », la thériaque étant considérée dans l'ancienne médecine comme une panacée.

En France enfin, Charlemagne (ou son fils Louis le Pieux) en recommande la culture dans ses Capitulaires ; les moines du Moyen Age le font pousser en abondance dans les jardins de leurs couvents ; il est aussi l'antidote des buveurs qui, pour prévenir l'ivresse, en font macérer quelques gousses dans les énormes brocs qu'ils lampent, ou en frictionnent vigoureusement leur pain ; et il est vraisemblable que si, comme on le dit, le grand-père du futur Henri IV lui frotta à sa naissance les lèvres d'une gousse d'ail et lui fit boire quelques gouttes de Jurançon, ce fut à la fois pour qu'il devienne un franc-buveur et aussi par respect d'une certaine magie sur le rôle protecteur de l'ail, magie qui se prolonge jusqu'en Suède où l'on en attache une gousse au cou des bestiaux pour les préserver contre les troll, méchants lutins qui vont, la nuit, traire les vaches et blesser les chevaux...

Il va de soi qu'en raison de ses nombreuses propriétés, confirmées aujourd'hui par la science, l'ail constitue un des atouts majeurs de la médecine populaire. On le met, si l'on peut dire, à toutes les sauces, en dehors de la cuisine où il est « de rigueur » (entre autres pour certains plats : gigot, brandade, ailloli) et les recettes foisonnent. Les énumérer toutes n'aurait qu'un intérêt folklorique et je me bornerai à vous communiquer celles qui ont été, en quelque sorte, plébiscitées par les siècles, non sans vous avertir que l'ail ne convient pas aux personnes atteintes de maladies de peau (eczéma, dartres, etc.) et aux nourrices — rares, il est vrai, à notre époque ! — car il altère leur lait et donne des coliques aux nouveau-nés.

Pour faire baisser la tension : une gousse écrasée et mise à macérer le soir dans un verre d'eau qu'on boit le matin à jeun.

Pour faire avorter un rhume de cerveau : respirer plusieurs fois par jour de l'ail écrasé ou coupé en morceaux ; ce qui rappelle qu'au temps des grandes épidémies de peste, choléra, typhus et fièvre thypoïde, on mettait à profit son remarquable pouvoir antiseptique et bactéricide en conseillant à ceux qui approchaient les malades soit d'en mâcher, soit d'en garnir leur masque.

Pour faciliter la digestion, supprimer les fermentations et les gaz intestinaux : infusion légère (5 à 10 g pour un litre d'eau) en ajoutant un peu de mélisse et d'angélique, une tasse après les repas.

Contre les vers intestinaux et aussi l'hydropisie : deux fois par jour, une décoction de 25 g d'ail pour un verre d'eau ou de lait (laisser cuire à petits bouillons pendant vingt minutes). Pour les oxyures, il est conseillé de faire ce traitement pendant trois ou quatre jours, à la lune descendante, plusieurs lunaisons de suite. On peut aussi faire des lavements tièdes, matin et soir, avec une décoction de 6 à 8 gousses pour un demi-litre d'eau, ou frictionner le ventre avec un liniment préparé en broyant intimement 2 gousses dans 2 à 3 cuillerées d'huile d'olive.

Contre la coqueluche, la toux, le catarrhe des bronches et, en général, les affections pulmonaires : verser 250 g d'eau bouillante sur une quantité variable d'ail pilé (pour les adultes 50 à 60 g ; pour les enfants : jusqu'à un an, 15 g ; jusqu'à cinq, 25 g ; jusqu'à douze, 40 g) ; laisser macérer douze heures ; à prendre toutes les deux heures, aux doses suivantes : une cuillerée à café jusqu'à cinq ans, une cuillerée à dessert jusqu'à douze ans, une cuillerée à soupe au-delà de douze ans.

Contre l'enrouement et l'extinction de voix : manger une gousse quatre ou cinq fois par jour (Dioscoride prescrivait déjà pour éclaircir la voix un cocktail de lait — ou d'eau —, d'ail et de miel).

Vous pouvez aussi profiter des bienfaits de l'ail, soit en l'intégrant largement (cru, de préférence, car la cuisson lui fait perdre une partie de ses principes volatils) dans votre alimentation quotidienne : coupé fin dans votre potage, sur votre steak ou vos légumes, dans votre salade (mélangé à la sauce ou frotté sur des croûtons de pain, les « chapons » comme on dit en province) ou encore en choisissant des fromages à l'ail tels que le « gaperon », spécialité d'Auvergne ; soit en prenant quatre ou cinq fois par jour dans un peu d'eau 30 gouttes de teinture d'ail dont voici la recette : hachez très fin 50 g d'ail que vous laisserez macérer pendant une dizaine de jours dans un décilitre d'eau-de-vie ou de cognac ; exprimez et filtrez au moyen d'un linge fin et conservez dans un flacon bien bouché.

L'ail s'emploie également en usage externe :

Le vinaigre d'ail (obtenu en faisant macérer 30 g d'ail pilé dans un demi-litre de vinaigre pendant dix jours) sert à désinfecter et panser les ulcères et les plaies « de mauvaise nature ». Il soulage les douleurs rhumatismales.

L'onguent — appelé « huile d'ail », « moutarde de curé » ou « moutarde du diable » suivant les régions (il se prépare simplement en broyant de l'ail avec du saindoux et de l'huile) — soulage, en frictions ou massages, les foulures, les douleurs musculaires et rhumatismales, les névrites ; appliqué sur la plante des pieds et sur la colonne vertébrale, il agit favorablement pour dégager les poumons dans les cas d'asthme, de coqueluche et de catarrhe.

Sachez encore que l'ail peut remplacer la colle (il suffit de frotter, avec une gousse coupée en deux, les parties à recoller, puis de les maintenir en place jusqu'à ce que le suc soit sec) et qu'il constitue un excellent coricide : le soir, appliquez sur le cor, en prenant soin de ne pas déborder sur le reste du pied, une gousse écrasée ou une rondelle d'ail que vous fixerez avec du sparadrap ou une bande ; renouvelez ce cataplasme quotidiennement jusqu'à la chute du cor ou du durillon (huit à dix jours généralement).

Reste, bien sûr, en ce qui concerne l'usage de l'ail par voie interne, ce qu'un arbitre des bonnes manières qualifie d'« odeur antisociale » près de deux millénaires après le poète latin Horace qui souhaitait déjà à son protecteur Mécène, s'il sacrifiait à la mode gastronomique du temps : « Que ta maîtresse repousse de sa main tes baisers, et s'enfuie loin de toi ! »

Voici quelques solutions pratiques pour supprimer les effets de la « rose puante » ; les unes anciennes : mâcher pendant quelques minutes et avaler ensuite un morceau de pomme, du persil, une fève crue, quelques grains d'anis ou de café ; les autres modernes : se rincer la bouche avec de l'eau additionnée de chloramine, d'alcool de menthe ou d'un produit à la chlorophylle.

Le vieux paysan dont je vous ai rapporté les propos tout à l'heure en a une autre, adoptée depuis longtemps dans le Midi : « Si tout le monde mangeait de l'ail, dit-il, personne n'en serait gêné... »

## ANGÉLIQUE

***Angelica archangelica.*** *Angélique officinale, angélique cultivée, archangélique, angélique de Bohême, herbe ou racine du Saint-Esprit, herbe aux anges.*

J'ai appris à connaître l'angélique dès ma plus tendre enfance : semblables aux cabochons d'émeraude des pièces d'orfèvrerie moyenâgeuse, ses morceaux de tige confits décoraient les pains d'épice de luxe trônant dans les vitrines de Dijon, ma ville natale. Cependant, ce ne fut que beaucoup plus tard que je sus qu'elle n'est pas seulement une friandise pour les gourmands, mais aussi une plante médicinale d'une telle valeur qu'elle a motivé les réflexions suivantes : « Si cette plante avait le mérite d'être étrangère, elle serait aussi précieuse pour nous que le ginseng l'est chez les Chinois ; elle se vendrait à prix d'or » (Bodart) et « Nous voyons avec peine qu'une plante si active et si riche en propriétés soit si peu usitée de nos jours, tandis qu'on adopte avec enthousiasme quelques remèdes exotiques dont la nouveauté, la rareté, la cherté font seules tout le mérite » (Roques).

Ces remarques, qui datent du siècle dernier, n'ont rien perdu de leur actualité et si l'angélique n'était encore utilisée en confiserie-pâtisserie (notamment dans les cakes) ainsi que dans la préparation de certaines liqueurs, il est probable qu'elle ne serait connue que de quelques amateurs de jardin qui la cultivent pour son aspect décoratif.

C'est, en effet, une magnifique ombellifère qui atteint jusqu'à 2 mètres de haut ; ses tiges creuses et finement striées sont garnies sur leur partie inférieure de grandes feuilles élégamment découpées au dessous blanchâtre et portent en été de grandes ombelles en forme de boule, avec des fleurs blanches ou légèrement rosées qui donnent des graines ovoïdes. Toutes les parties de la plante répandent une odeur aromatique suave et musquée qui, selon les uns, lui aurait valu son nom, alors que d'autres soutiennent qu'il est dû à ses vertus médicinales.

Elle croît spontanément en Norvège, en Autriche, en Suisse, en Silésie, sur les versants des Alpes et des Pyrénées, ainsi que le long des fleuves qui avoisinent ces montagnes. Il existe aussi une autre espèce, moins haute, moins parfumée et moins riche en principes actifs, l'angélique sauvage ou des bois *(Angelica sylvestris)* que l'on rencontre un peu partout en France dans les prairies un peu humides, les bois, les lieux ombragés et au bord des ruisseaux.

Les médecins de la Renaissance appellent sa racine « racine du Saint-Esprit » en raison des « grandes et divines propriétés » qu'elle a contre de très graves maladies et Paracelse

raconte qu'elle fut un « médicament merveilleux » à Milan où sévissait une épidémie de peste en 1510. Elle entre donc dans la confection de la plupart des grandes spécialités de jadis et passe même pour être, comme le ginseng, un élixir de longue vie.

Ce qui est sûr, c'est que l'angélique est un stimulant digestif de premier ordre (elle est l'ingrédient principal d'une sorte de ratafia dont le nom — vespétro — évoque clairement les effets puisqu'il est formé des premières syllabes des mots vesser, péter, roter !) ; un excellent tonique général indiqué contre l'anémie, le manque d'appétit, les migraines, les vertiges, les défaillances (les Anciens disaient qu'elle était « propre à recréer le cœur ») ; un antispasmodique qui facilite et calme les règles difficiles ; enfin un antiglaireux très efficace à recommander en cas d'asthme nerveux, de bronchite chronique, de toux des fumeurs.

L'angélique se prépare en infusion (20 g de racine séchée coupée en menus morceaux ou 15 g de semences pour un litre d'eau bouillante), une tasse après les repas. Il est toutefois recommandé de respecter ces prescriptions car, à haute dose, l'angélique devient excitante pour le système nerveux et, surtout le soir, risque de provoquer de l'insomnie.

Vous pouvez aussi confectionner un punch original et délicieux en versant un litre d'eau bouillante sur 30 g de racine coupée ; vous ajouterez 4 centilitres de bonne eau-de-vie (ou de rhum blanc) et servirez avec des rondelles de citron.

## ARMOISE

***Artemisia vulgaris.*** *Armoise commune, artémise, absinthe sauvage, herbe ou ceinture de la Saint-Jean, couronne de Saint-Jean ou de Jean-Baptiste, herbe de feu, herbe aux cent goûts.*

C'est à Artémis, déesse lunaire des Grecs qui se confond avec la Diane des Romains, que l'armoise doit son nom savant et son nom courant qui n'est d'ailleurs qu'une déformation du précédent.

Elle fut baptisée ainsi moins parce que la légende veut qu'elle ait été créée par cette divinité que parce qu'elle exerce une action identique à celle d'Artémis dont la mission principale, en dehors de la chasse, était de porter secours aux femmes dans leurs maladies, tant en régularisant leur cycle qu'en les assistant lors des accouchements. En somme, son nom — qui évoque la lune et la déesse protectrice du sexe dit faible — indique clairement ses utilisations essentielles et explique pourquoi, depuis Hippocrate, Pline et Dioscoride, elle est considérée comme la « plante féminine » par excellence.

On lui attribua même longtemps des vertus magiques qui s'ajoutaient à ses indiscutables propriétés thérapeutiques. Par exemple, elle passait pour être un talisman contre la fatigue : Pline est le premier à le signaler dans son *Histoire Naturelle* en conseillant au voyageur d'en porter toujours un rameau sur lui et de nombreux siècles plus tard, on retrouve une suggestion parallèle dans un dicton français « Qui portera armoise par le chemin ne se sentira jamais las ».

On croyait aussi qu'elle avait le pouvoir d'écarter la plupart des dangers qui menacent les pauvres humains. « Celui qui a soin d'avoir toujours sur lui cette herbe, lit-on dans un des plus célèbres grimoires de sorcellerie *Les Secrets du Grand Albert,* ne craint point le mauvais esprit, ni le poison, ni l'eau, ni le feu et rien ne peut lui nuire. De plus, si on en tient dans sa maison, le tonnerre ne tombera point dessus, ni aucun air venimeux ne l'infectera pourvu qu'on la mette à l'entrée. » Au Moyen Age, elle entrait dans la composition des philtres propres à « dénouer l'aiguillette » et la tradition voulait qu'on en portât soit une couronne sur la tête, soit une guirlande autour de la taille pour danser devant le feu de la Saint-Jean, puis qu'on la jetât ensuite dans les flammes afin d'être immunisé contre la maladie pendant l'année à venir, d'où ses surnoms. Aujourd'hui encore, dans nos campagnes, court toujours ce vieux proverbe « Si tu connaissais les vertus de l'artémise, tu la porterais dedans ta chemise ».

Ces pratiques étaient d'autant plus suivies que l'armoise est facile à trouver. On la rencontre en effet partout en Europe — et aussi dans le nord de l'Asie, de l'Amérique et de l'Afrique —, tout particulièrement sur les friches, les talus, les décombres, les terrains caillouteux et les rives des cours d'eau. Elle se signale par sa taille qui dépasse souvent celle d'un homme. Ses tiges sont rigides, anguleuses et généralement teintées de rouge ; ses feuilles sont très découpées, leur face supérieure est vert foncé et lisse, leur face inférieure blanchâtre et feutrée ; quand on les froisse entre les doigts, elles dégagent une odeur aromatique rappelant celle de l'absinthe qui appartient d'ailleurs à la même famille. Ses fleurs sont petites, jaune verdâtre ou rougeâtre, disposées en longs épis au sommet des tiges.

On utilise les sommités fleuries et les feuilles séchées, rarement les racines qui ont tendance à moisir.

Son indication majeure est évidemment celle qui concerne les règles difficiles, irrégulières, douloureuses, et les troubles de la ménopause. Les Grecques et les Romaines s'en servaient déjà à cet effet et bien des femmes de la campagne lui doivent d'avoir franchi avec un minimum d'ennuis cette période souvent pénible qu'on appelle l'âge critique. Il est conseillé de boire dans la journée un litre d'infusion préparée avec 20 g de plante séchée et de commencer ce traitement dix à douze jours avant l'époque habituelle des règles. Arrêter ensuite car un usage prolongé peut nuire au système nerveux.

La même infusion (une tasse midi et soir avant le repas) est un excellent stimulant général préconisé en cas de manque d'appétit, de digestions difficiles, de troubles circulatoires. Elle est considérée également comme un des meilleurs vermifuges contre ascarides et oxyures ; elle est même parfois utilisée pour faire tomber la fièvre.

A dose plus faible (10 g de plante pour un litre d'eau, deux tasses par jour), elle exerce une action antispasmodique et sédative qui la fait recommander dans les cas de diarrhée chronique, de vomissements nerveux, de névroses hystériques et épileptiques.

Une dernière recette, « remède éprouvé maintes fois par un chirurgien du roi », en signale les effets bienfaisants contre les crises de goutte : on fait bouillir une poignée d'armoise dans un demi-litre d'huile d'olive jusqu'à réduction du tiers et on applique ce liniment sur la partie malade.

Enfin, l'armoise a sa place dans l'art culinaire en raison de ses qualités aromatiques et de son action stimulante sur les fonctions digestives. Si on ne l'emploie plus pour parfumer la bière depuis que le houblon l'a remplacée, on l'utilise toujours dans certaines contrées, notamment en Angleterre et en Allemagne, pour accommoder les viandes et je ne peux que faire chorus avec Robert Landry qui, dans son passionnant dictionnaire des épices, aromates, condiments[1], regrette qu'elle soit « trop dédaignée de nos compatriotes » alors qu'elle est « à recommander pour toute cuisson à l'étouffée de l'oie et des grosses volailles » dont elle rend la chair plus tendre et plus savoureuse.

1. *Les soleils de la cuisine*, éd. Robert Laffont.

D'ailleurs, une autre armoise jouit déjà d'une célébrité incontestée en gastronomie : il s'agit de l'*Artemisia dracunculus,* c'est-à-dire l'estragon...

## ARNICA

***Arnica montana.*** *Arnique des montagnes, bétoine des Vosges ou des montagnes, souci ou plantain des Alpes, herbe aux pécheurs, tabac des Savoyards ou des Vosges, quinquina des pauvres, herbe sainte, herbe aux chutes, herbe à éternuer.*

De cette litanie de surnoms, il est facile de déduire que l'arnica croît sur les montagnes (exactement entre 1 200 et 2 800 mètres d'altitude), qu'elle offre des points communs avec la bétoine, le souci et le plantain présentés plus loin (couleur des fleurs et odeur aromatique avec les deux premiers, disposition en rosette des feuilles de base avec le troisième), qu'elle fournit un ersatz de tabac (ce sont ses feuilles séchées que l'on fume), qu'elle provoque l'éternuement (lorsqu'on respire ses fleurs fraîches écrasées) et qu'elle est indiquée aussi bien contre la fièvre que contre les séquelles habituelles d'une chute ou des menus péchés des bons vivants.

« L'arnica, disait l'abbé Kneipp, possède dans le monde entier la réputation d'une excellente plante médicinale. Pourquoi beaucoup de personnes qui pourraient et devraient savoir cela le contestent-elles ? C'est ce que je ne puis comprendre. »

Je ne le comprends pas davantage un demi-siècle plus tard car j'ai beau me dire que certains incidents dus au non-respect des doses prescrites ont pu lui faire du tort et que notre monde supercivilisé ne croit plus qu'à la chimie compliquée des laboratoires, je n'arrive pas à m'expliquer qu'un tel produit ait pratiquement disparu de l'armoire à pharmacie familiale.

Il mérite pourtant d'y avoir sa place en raison des services qu'il est à même de vous rendre. Profitez donc de vos promenades en montagne, à l'époque des vacances qui est aussi celle de sa floraison, pour cueillir ses fleurs (recherchées seulement par les chèvres) qui ressemblent à des marguerites jaune-orange (elles atteignent 40 à 60 cm de haut, et leur tige velue porte des feuilles opposées 2 par 2 alors que les autres composées avec lesquelles on pourrait les confondre ont toute des feuilles alternées). Ce sont ces capitules floraux, détachés de leur calice vert, que vous ferez sécher à l'ombre et utiliserez soit en infusion, soit en teinture.

L'infusion pour l'usage externe (compresses chaudes) se prépare à la dose de 10 à 15 g de fleurs séchées pour un litre d'eau bouillante — en Allemagne, on remplace l'eau par la bière. L'infusion pour l'usage interne ne doit pas excéder la dose infime de 1 g (une petite pincée) par tasse et on doit se limiter à une tasse par jour, en prenant soin de la filtrer à travers un linge fin pour éliminer de minuscules aigrettes qui s'arrêtent dans la gorge et provoquent des nausées.

Pour la teinture, on procède de la façon suivante : faire macérer 100 g de fleurs séchées dans un demi-litre d'alcool à 60° pendant dix jours dans un vase clos que l'on agite de temps à autre ; passer en exprimant à travers un linge et conserver dans un flacon teinté bien bouché. (La teinture-mère utilisée en homéopathie — *Arnica montana* — est préparée, elle, avec la plante entière.)

A l'extérieur, on emploie l'arnica en compresses trempées dans l'infusion à forte dose ou dans une dilution de la teinture (une cuillerée à soupe pour un quart de litre d'eau — la teinture ne doit jamais être utilisée pure car elle est très active) pour les contusions, les ecchymoses, les foulures, les luxations, ainsi que contre les maux de gorge, irritations du larynx et angines.

A l'intérieur, on a recours — avec prudence, ne l'oubliez pas ! — soit à l'infusion à dose minime, soit à la teinture (3 à 4 gouttes dans un verre d'eau tiède) pour combattre la fièvre, stimuler le cœur, la circulation, le système nerveux, les voies digestives et la sécrétion biliaire. En homéopathie, l'arnica est préconisée en cas de traumatisme, de grande fatigue musculaire, de fièvre, d'affections cardiaques (sensation que le cœur est serré dans un étau), de vertiges, d'enrouement (comme préventif pour les chanteurs et les conférenciers).

Il paraît enfin — mais je ne l'ai pas expérimenté personnellement car je tiens trop à ma pipe — qu'un petit flacon de teinture d'arnica porté dans la poche fait perdre l'habitude de fumer...

## ASPÉRULE ODORANTE

***Asperula odorata.*** *Reine des bois, mère des forêts, muguet des bois, petit muguet, hépatique étoilée ou des bois, belle étoile, aspérinette.*

Haute de 15 à 50 cm, avec des feuilles lancéolées vert foncé disposées en étoile de place en place le long de la tige quadrangulaire et des petites fleurs blanches au parfum délicat groupées en bouquet au sommet des tiges, l'aspérule odorante s'épanouit au printemps dans les sous-bois humides qu'elle affectionne et y forme, ainsi que l'a dit si poétiquement un botaniste, « des voies lactées en miniature ».

Exception faite pour la lavande, aucune herbe sèche ne dégage un parfum aussi agréable que le sien qui évoque l'odeur de vanille, de foin frais et de miel. Elle le doit à la présence, dans ses feuilles et ses tiges, de coumarine, substance que l'on trouve également dans la fève tonka et qui est utilisée en parfumerie ou pour aromatiser certains tabacs comme l'Amsterdamer (il faut préciser qu'aujourd'hui la coumarine se fabrique synthétiquement, comme tant d'autres choses...)

Toutefois ne vous étonnez pas de ne pas sentir cette odeur si caractéristique lorsque vous froisserez entre vos doigts des feuilles d'aspérule que vous viendrez de cueillir : le principe odoriférant se développe par dessiccation ; par conséquent, il n'est perceptible et n'atteint sa plénitude qu'en faisant sécher la plante. C'est cette particularité qui a inspiré à un auteur anglais la réflexion suivante : « L'aspérule, comme les actions des personnes de bien, réjouit surtout après sa mort... »

Pendue en guirlandes ou en bottes aux poutres des maisons, « elle est l'agrément de l'hiver » et « pendant les chaleurs de l'été, elle tempère l'air et rafraîchit la pièce », tel était l'avis de nos grand-mères qui ne manquaient jamais d'en mettre aussi un bouquet dans leur armoire pour embaumer le linge et protéger les habits contre les mites. Mais elles en faisaient surtout ample provision en raison de ses nombreuses propriétés médicinales : elle est antispasmodique, hypnotique, anesthésique, antiseptique, astringente, diurétique, tonique, digestive, dépurative.

Ses feuilles fraîches, appliquées sur le front, sont antinévralgiques ; elles calment les douleurs et les élancements consécutifs à un coup, une bosse par exemple.

La plante entière séchée, en décoction légère (30 à 40 g pour un litre d'eau, faire bouillir quelques minutes), s'emploie, tiède, en lotions contre les dartres et, chaude, en injections contre les affections gynécologiques ainsi qu'en cataplasmes contre l'engorgement du foie.

En infusion (5 g pour 100 g d'eau, trois ou quatre fois par jour), elle est recommandée « aux femmes de tous âges, affligées de douleurs de la menstruation, de troubles de la ménopause, de contractions utérines douloureuses et de prurit ». On la conseille aussi contre les maladies de foie (jaunisse), les calculs des reins et de la vessie (coliques néphrétiques), l'hydropisie (elle augmente le volume de l'urine et la rend plus limpide), la mauvaise digestion. Le roi de Pologne Stanislas déclarait qu'il devait sa robuste santé (il est mort à quatre-vingt-neuf ans) à l'infusion d'aspérule qu'il prenait chaque matin.

Cependant, c'est son action sur les nerfs qui rend les plus signalés services car elle apaise, détend, « relaxe », exactement comme les « tranquillisants » dont on abuse tant à l'heure actuelle, mais avec l'avantage sur eux de ne provoquer aucun effet secondaire et de n'être pas toxique. On peut donc en toute quiétude faire boire l'infusion d'aspérule à tous ceux qui sont victimes de troubles du sympathique — y compris les enfants et les vieillards — et qui souffrent d'insomnie, de vertiges, d'angoisses, de névralgies et de nervosité excessive. Avec une ou deux tasses dans le courant de la journée et surtout une dernière au coucher, ils retrouveront le sommeil et le calme d'une façon naturelle, sans que leur organisme en subisse le moindre préjudice.

L'aspérule a aussi sa place en gastronomie : dans les pays germaniques et nordiques, elle entre dans la fabrication de saucisses et en Belgique, en Allemagne et certaines régions de France (Bourgogne, Lorraine, Alsace) on prépare ce qu'on appelle le « vin de mai » en faisant macérer pendant une semaine ou deux dans un bon vin sucré (60 g de sucre par litre) des fleurs d'aspérule (60 g par litre). Ce vin — qui devient légèrement mousseux après la mise en bouteilles — est non seulement d'une saveur aromatique très agréable mais il est aussi un excellent tonique. Il « rafraîchit le cœur et rétablit le foie abîmé » affirme un auteur du XVIe siècle. (Il est prudent de capsuler les bouteilles comme pour le champagne afin d'éviter que le bouchon saute spontanément...)

## AUBÉPINE

***Crataegus oxyacantha.*** *Épine blanche, blanche épine, épine de mai, noble épine, mai, sable épine.*

Chaque printemps, en passant au dernier tournant qui mène à notre moulin, je pense au petit chemin de Proust « tout bourdonnant de l'odeur des aubépines » et je me répète cette phrase qui peint si bien le tableau : « La haie formait comme une suite de chapelles qui disparaissaient sous la jonchée de leurs fleurs amoncelées en reposoirs. »

Tout y est, même le côté sacré de l'aubépine qui, aussi loin qu'on remonte dans le temps, a toujours été considérée, d'un bout à l'autre de l'Europe, comme la « plante protectrice » par excellence.

Longtemps avant notre ère, aux repas de noces qui se déroulent à Athènes, chaque convive porte une branche d'aubépine, gage de bonheur et de prospérité pour l'avenir des époux. A Rome, c'est le marié lui-même qui en agite un rameau en conduisant sa femme vers la chambre nuptiale, et on attache de l'aubépine au berceau des nouveau-nés pour les mettre à l'abri des mauvais sorts et des maladies.

L'avènement du christianisme ne fait que confirmer ces croyances. C'est, en effet, l'aubépine qui aurait servi à tresser la couronne du Christ et on dit même que cette plante est entrée dans l'Écriture sainte bien avant la Passion puisque le célèbre « buisson ardent » près duquel Moïse eut son premier entretien avec Dieu sur le mont Horeb n'en serait qu'une autre variété, le *Crataegus pyracantha* ou buisson ardent, originaire du pourtour de la Méditerranée et introduit en France en 1629.

A l'époque des croisades, le chevalier partant pour la Terre sainte offre à sa dame un rameau d'aubépine, lié d'un ruban incarnat, signe qu'il « vivra en espérance ». Pendant des siècles, les flambeaux qui éclairent la chambre nuptiale sont de bois d'aubépine conservé spécialement pour cette occasion solennelle. Dans de nombreuses régions, on tresse au printemps des couronnes d'aubépine pour que les fées ou les anges qui viennent danser la nuit autour des buissons embaumés puissent s'en coiffer et témoignent leur reconnaissance en répandant leurs bienfaits sur ceux qui ont eu cette attention à leur égard.

En Bourgogne, les mères portent leur enfant malade devant les haies fleuries car elles pensent que leurs prières monteront mieux au ciel en même temps que le parfum des fleurs. En Normandie, encore aujourd'hui, on affirme que la foudre épargne l'aubépine (ou la maison qui en est ornée) parce que la foudre est l'œuvre du Diable et qu'elle ne peut frapper une plante qui a touché le front du fils de Dieu, croyance partagée par la Bretagne qui la complète par une vénération particulière pour le rouge-gorge, car, dit-on, c'est en cassant avec son bec une épine de la couronne de Jésus qu'un peu de sang a taché sa poitrine.

Si l'on passe maintenant aux propriétés thérapeutiques de l'aubépine, on constate qu'elles rivalisent avec ses pouvoirs magiques. Les Anciens l'utilisaient contre la goutte, la pleurésie, les vertiges, l'insomnie, les angoisses ; et la science moderne a confirmé que ses composants chimiques sont effectivement antispasmodiques, calmants, diurétiques et surtout constituent un remarquable régulateur de la tension artérielle en même temps qu'un précieux toni-cardiaque ayant d'excellents effets sédatifs sur le système cardio-vasculaire, donc sur les palpitations, l'angine de poitrine, les troubles circulatoires consécutifs ou non à la ménopause.

D'ailleurs, bien avant qu'elle soit entrée dans la pharmacopée classique (elle existait déjà en homéopathie sous le nom de *Crataegus oxyacantha*), le docteur Ch. Fiessinger a qualifié l'aubépine de « valériane du cœur », expression si parlante qu'elle a été reprise ensuite à son compte par le professeur Binet[1]. Quant au docteur Leclerc, il écrit dans son « précis »[2] ces lignes qui laissent le champ libre à la médecine empirique

1. *Les plantes et la santé des hommes,* Librairie Maloine.
2. *Op. cit.*

familiale : « L'expérimentation que j'ai faite de l'aubépine, basée sur une observation clinique de plus de vingt ans, m'a prouvé que son manque de toxicité permet d'en continuer l'usage pendant longtemps, même chez les malades dont la fonction rénale est entravée, sans crainte d'accumulation dans l'organisme. »

Chaque fois qu'il s'agit de combattre les symptômes énumérés ci-dessus, de rétablir l'équilibre du système nerveux sympathique et parasympathique dont dépendent le le bon fonctionnement de tous nos organes et notre repos, vous pourrez donc faire appel à une infusion (une bonne cuillerée à café par tasse, deux à trois fois par jour, dont une au coucher en cas d'insomnie) de fleurs ou de pétales d'aubépine (la façon la plus simple de récolter ces derniers est de secouer les branches lors de la floraison au-dessus d'une toile ou d'un carton). Cette infusion a aussi une action élective contre l'angine simple et passe pour la faire avorter si elle est prise dès les premiers symptômes.

Les petits fruits ovoïdes d'un beau rouge luisant, appelés cenelles ou « poires à Bon Dieu », peuvent aussi rendre des services. Récoltés en septembre-octobre, séchés au soleil ou au four à basse température, vous les concasserez au moment de l'emploi en décoction : 10 g pour un litre d'eau à boire en deux jours contre certaines formes d'albuminurie ; 20 à 30 g par litre contre la diarrhée, la dysenterie et les calculs ; 50 g pour un litre en gargarismes (avec du miel) contre maux de gorge et angine.

La décoction de fleurs et fruits (20 g pour un demi-litre d'eau) s'utilise en lotions contre les rougeurs du visage et la couperose.

Dernier emploi de l'aubépine — beaucoup moins sûr que les précédents car il rejoint les pratiques magiques du passé : transformer l'humeur d'un mari. C'est ce que croient les femmes kabyles qui lui adressent l'invocation suivante : « Les hommes t'ont appelée « aubépine » ; moi, je t'appelle le « caïd qui commande » ; fais que mon mari ne me batte plus et change-le en âne à qui je ferai porter la paille... »

## AUNÉE

***Inula helenium.*** *Aunée commune officinale, inule campagne ou héléniaire, hélénine, lionne, œil-de-cheval, ail de cheval, laser de*

*Chiron, astre de chien, soleil vivace, aromate germanique ou germain.*

La légende, dans ses deux versions, la rattache à la Belle Hélène, soit que celle-ci ait tenu un bouquet d'aunée au moment de son enlèvement par Pâris, soit qu'elle ait versé des larmes dont serait née la plante.

Hippocrate, Dioscoride et Galien signalent ses bons effets sur l'utérus, les voies urinaires et l'appareil respiratoire. Plus tard, on découvre son action sur les organes digestifs. D'où ses indications ainsi résumées dans un ancien traité : « Elle fait cracher les asthmatiques et soulage fort les pulmoniques. Elle est très utile dans les maladies de l'estomac. Elle est aussi hystérique et apéritive ; elle divise les matières épaissies et emporte les obstructions. C'est pour cela qu'elle pousse les règles et les vuidanges supprimées. » On ne l'emploie pas autrement de nos jours.

L'aunée est une belle plante vivace à fleurs jaunes, une sorte de modèle réduit du soleil de nos jardins. Elle pousse dans les prairies grasses et ombragées, au bord des rivières garnies d'aunes (ce qui lui a valu son nom), dans les fossés, à l'orée des bois, mais elle tend à disparaître et on ne la trouve plus guère que dans les jardins — ou chez les herboristes.

Sa tige épaisse et velue atteint souvent plus d'un mètre ; ses feuilles en ovale allongé sont vertes et ridées de nervures sur le dessus, cotonneuses et blanchâtres en dessous ; sa racine charnue, brune à l'extérieur, blanche à l'intérieur, peut peser plusieurs kilos ; c'est elle seule qu'on utilise, concassée et après le séchage qui lui donne une couleur grisâtre et une odeur de violette.

L'infusion très aromatique (40 à 50 g pour un litre d'eau, laisser bien infuser) ou la décoction assez amère (30 g pour un litre ; faire tremper les racines a froid pendant une heure au moins, chauffer jusqu'à ébullition maintenue une minute, laisser infuser dix minutes), 3 tasses par jour, avant les repas, décongestionne les bronches, calme la toux, favorise l'expectoration (trachéite, bronchite grippale ou non, asthme humide, coqueluche) et influence favorablement les troubles digestifs (gastrite, entérite) — l'École de Salerne disait « aux entrailles, l'aunée est saine et bienfaisante ».

Contre l'anémie des jeunes filles non réglées ou souffrant de leucorrhée, la décoction (à la dose de 12 g dans 125 g d'eau), prise le matin à jeun, donne toujours, selon le docteur Cazin, de « grands avantages » ; dans l'exemple qu'il cite : amélioration en huit jours, guérison en un mois.

La décoction — à dose plus forte : 50 g pour un demi-litre d'eau —, appliquée en lotions ou en compresses chaudes, calme les démangeaisons de l'herpès et les dartres.

Enfin, vous pouvez préparer du « vin d'aunée » qui est apéritif, tonique, stomachique, diurétique et béchique. En voici la recette : faites macérer 80 g de racine dans un litre de bon vin blanc ou rouge pendant dix jours en agitant fréquemment le bocal ; filtrez en ajoutant ou non du sucre selon votre goût ; un verre à bordeaux avant le repas midi et soir.

## AVOINE

***Avena sativa.***

Qui, à notre époque de chevaux-vapeur, pense encore à l'avoine pour soulager et guérir ? Si, sous forme de flocons, elle a conquis les diététiciens en tant qu'alimentation tonique et reminéralisante, elle a pratiquement perdu sa place en médecine, à part quelques rares spécialités et l'homéopathie qui emploie la teinture-mère — *Avena sativa* — de plante fraîche, récoltée au moment de la floraison, dans l'épuisement nerveux avec insomnie, le manque d'appétit et toutes les convalescences.

Cette désaffection n'est pas récente. Elle existait avant la disparition des fiacres et le brave abbé Kneipp, dès 1890, écrivait : « Je regrette souvent que l'on serve aux pauvres malades, dont il faudrait purifier ou renouveler le sang, toutes sortes de boissons, mais jamais la décoction d'avoine » dont il énumérait les vertus : « facile à digérer », « rafraîchissante dans les échauffements internes », « excellent réconfort pour les convalescents épuisés par une grave maladie ».

« La préparation est simple, ajoutait-il. On lave six-huit fois un litre d'avoine dans l'eau fraîche, on la cuit ensuite dans 3 litres d'eau et on laisse ébouillir jusqu'à la moitié. On décante alors l'eau, on y mélange 2 cuillerées de miel et on fait encore cuire pendant quelques minutes. »

Vous pouvez, bien entendu, préparer cette boisson — qui est non seulement rafraîchissante et fortifiante mais aussi diurétique et légèrement laxative — en utilisant des flocons d'avoine.

La tisane d'avoine (2 grosses poignées dans un litre et demi d'eau, réduire à un litre, à boire dans la journée) est indiquée aussi dans le traitement de l'hydropisie.

Avec l'avoine torréfiée et réduite en poudre, on prépare un café laxatif qui soulage les personnes atteintes d'hémorroïdes ou sujettes à la constipation. « Deux à trois tasses prises le matin à jeun, pendant deux ou trois jours, dit le docteur Cazin, produisent ordinairement un effet salutaire. » On peut y ajouter un peu de lait et de sucre.

Pour les points de côté et le lumbago, des cataplasmes d'avoine entière cuite avec un peu de vinaigre apportent un soulagement rapide et appréciable.

# B

## BARDANE

***Arctium lappa.*** *Herbe aux teigneux, herbe aux pouilleux, chou d'âne, glouteron, bouillon noir, coupeau, oreille de géant, napolier, gratteron, peignerolle.*

Elle fait la joie des enfants qui se bombardent ou décorent leurs vêtements avec ses fruits, hérissés de petits crochets, qu'il appellent « balles collantes » et « boutons de pompier » ou « de mendiant ». Elle fait aussi celle des grandes personnes lorsqu'elles savent les services qu'elle peut leur rendre.

Considérée à juste titre comme l'un de plus beaux spécimens de notre végétation indigène, la bardane est commune sous presque tous les climats (Virgile conseillait d'en débarrasser les prairies car elle est un mauvais fourrage) et s'accommode de tous les terrains. Elle se signale par sa taille (jusqu'à 2 mètres), ses fleurs purpurines et ses énormes feuilles au dessous blanchâtre. Sa racine volumineuse (elle atteint 5 à 6 cm de diamètre) s'enfonce verticalement dans le sol jusqu'à un mètre de profondeur.

Ce sont les feuilles et la racine qu'on utilise en thérapeutique ou… en gastronomie : en effet, dans le midi de la France, en Italie, dans les pays scandinaves et au Japon, on déguste ses jeunes feuilles en salade et on mange sa racine, bouillie puis passée au beurre comme les salsifis ; ce qu'en dit Robert

Landry[1] : « une valeur discrètement cotée à la bourse des gastronomes » n'est cependant pas tellement encourageant...

En revanche, sa cote à la bourse des remèdes est confortable et ce depuis que le roi Henri III fut guéri, grâce à elle, de la syphilis disent les uns, d'une maladie de peau disent les autres, par son médecin Pena. Ce qui est certain, c'est que la bardane a permis au docteur Cazin de guérir effectivement un cas de syphilis tertiaire et qu'elle est un des meilleurs remèdes contre les affections cutanées. Mais ses indications ne se bornent pas là ainsi que nous allons le voir par l'énumération de ses nombreuses recettes.

Contre la goutte, les rhumatismes, l'arthritisme en général : sur 40 à 50 g de racine fraîche coupée en tranches, versez 3/4 de litre d'eau bouillante ; laissez refroidir ; passez ; ajoutez 4 ou 5 cuillerées de miel et un 1/2 litre de lait. Cette préparation doit être bue dans la journée, la moitié le matin, le reste le soir. En même temps, appliquez sur les articulations touchées des cataplasmes de feuilles fraîches cuites dans très peu d'eau ou encore de feuilles fraîches macérées douze heures dans de l'eau salée ou du vinaigre salé à 8 pour 1 000. A garder deux à trois heures au plus.

Contre la furonculose, l'acné, l'impétigo, les dartres et les éruptions cutanées : décoction dépurative de racine (40 à 60 g pour un litre d'eau), 4 ou 5 petites tasses dans la journée à intervalles réguliers. Il est conseillé également de faire des lavages ou des applications locales avec cette même décoction ou une autre à base de feuilles fraîches (3 cuillerées de feuilles coupées fin pour 1/2 litre d'eau ; laisser bouillir dix minutes). La pulpe de racine fraîche, écrasée avec un peu d'eau, s'utilise de la même manière.

Contre les vieux rhumes, les affections chroniques des bronches, les maladies des voies respiratoires : des feuilles fraîches, placées entre les deux épaules et appliquées du côté duveteux, enlèvent l'irritation.

Contre le diabète : une décoction de 60 g de racine fraîche, bouillie dix minutes dans un litre d'eau, fait baisser le taux de sucre ; 3 tasses par jour — non sucrées, bien entendu.

1. *Op. cit.*

Contre la rougeole : faire bouillir 25 à 30 g de racine fraîche dans 1/2 litre d'eau ; passer ; ajouter du miel et donner cette préparation par cuillerées à dessert de cinq minutes en cinq minutes. En quelques heures, l'éruption est complète et, en tenant chaudement le petit malade, il est guéri en trois ou quatre jours.

Contre les coups, les « bleus », les contusions : appliquer des cataplasmes de feuilles fraîches bouillies cinq minutes dans de l'eau légèrement salée.

Contre la chute des cheveux : 1) soit lotions ou compresses répétées avec une décoction de feuilles fraîches (15 à 20 g pour un litre d'eau) ; 2) soit massage quotidien du cuir chevelu avec une lotion capillaire obtenue en faisant macérer pendant huit jours 100 g de racine de bardane fraîche et 50 g de racine d'ortie fraîche (toutes deux coupées en petits morceaux) dans 500 g de rhum ; passer en exprimant à travers un linge ; 3) soit friction matin et soir avec un mélange en quantités égales de décoction (racine ou feuilles) et de vinaigre de vin.

## BASILIC

***Ocymum basilicum.*** *Basilic officinal, herbe ou plante royale, oranger des savetiers.*

Je n'insisterai pas sur ses vertus gastronomiques. Elles sont suffisamment connues des gourmets et chacun est conscient que sans basilic il n'y aurait ni minestrone ni soupe au pistou. Matthiole notait déjà au XVI$^e$ siècle : « Il y a bien peu de jardins et de fenêtres de salles qui ne soient tapissés de basilic qu'on nourrit en caisses de bois ou en pots de terre » et Chomel, sous Louis XV, constatait : « Il y a des cuisiniers assez habiles pour employer avec tant d'art le basilic, le thym, le laurier, le serpolet, la sarriette et nos autres herbes aromatiques que les mets qu'ils préparent avec ces assaisonnements sont aussi agréables au goût que s'ils y employaient les épices des pays étrangers » — ce qui, soit dit en passant, est une vérité qui n'a pas vieilli et que les amateurs de grande cuisine feraient bien de méditer...

Comme la plupart des plantes aromatiques les plus parfumées, le basilic s'est vu associer à des rites religieux ou magiques.

Dans son pays d'origine, l'Inde, la religion brahmanique le disait imbu de l'essence divine des « trois épouses » ; chaque famille possédait son basilic sacré auquel on rendait un culte quotidien par des offrandes de fleurs et de riz.

Dans l'Europe du Moyen Age, on affirmait que « si, l'ayant pilé, on le met sous une pierre, il engendrera un scorpion et que, étant mâché et mis au soleil, il engendre des vers ». On lui attribuait aussi le pouvoir de soulager la femme en couches si elle en tient une racine avec une plume d'hirondelle et d'être l'antidote des piqûres de scorpion (il est d'ailleurs probable que ces croyances étaient nées de son homonymie avec le basilic, serpent fabuleux sorti d'un œuf de coq cassé par un crapaud, qui se tuait lui-même s'il se regardait dans une glace et dont le regard foudroyait celui qui le croisait...).

En thérapeutique, Pline l'indique contre l'épilepsie. De la Renaissance à la Révolution, les médecins le conseillent « pour réveiller les esprits et rétablir le mouvement des humeurs qui composent le sang » et « pour décharger le cerveau, en faisant couler par le nez beaucoup de sérosité » car « les qualités du basilic sont amies du corps ».

Il a, en fait, une action calmante et antispasmodique indéniable qui s'ajoute à ses propriétés digestives, d'où son indication en cas de nervosisme, de troubles de l'estomac et d'insomnie d'origine nerveuse, de vertiges, de migraines, d'angoisses, bref une sorte de « tranquillisant » naturel et non toxique.

Vous pourrez l'employer soit en infusion (3 à 5 g de feuilles ou sommités fleuries pour 100 g d'eau, deux à trois fois par jour après les repas), soit en vin (faire macérer pendant trois jours une poignée de feuilles dans un litre de vin, passer en exprimant et sucrer ou non selon vos goûts ; un petit verre à bordeaux après le repas). Ce vin, mélangé en quantité égale avec de l'huile d'olive (3 à 4 cuillerées à soupe du mélange dans la journée) fait « cesser la constipation la plus opiniâtre et remet l'estomac et les intestins en bon ordre ».

Le suc de feuilles fraîches agit favorablement contre les inflammations d'oreille (quelques gouttes dans l'oreille) et la poudre de feuilles séchées, prisée comme le tabac, est, selon le docteur Cazin, « un agréable sternutatoire employé avec succès dans la perte de l'odorat causée par l'épaississement de la muqueuse pituitaire ou la concrétion du mucus nasal, dans le coryza chronique ».

Il est intéressant de signaler enfin que le basilic (dont il existe plus de 100 variétés) est cultivé aussi en Afrique noire où on l'utilise comme condiment et comme médecine : on l'administre aux enfants contre les vers, aux adultes contre les maux de tête opiniâtres, les migraines et certaines affections rhumatismales. Chez les tribus Fang, les « orateurs » mastiquent ses feuilles avant de jouer leur rôle dans les « palabres » (cérémonies indigènes) pour se donner des idées et de l'aplomb : c'est, pour eux aussi, un « tranquillisant »...

## BENOITE

***Geum urbanum.*** *Herbe de Saint-Benoît, herbe du bon soldat, avence, herbe bénite, racine de giroflée, gariot, galiote, récise, bonnette.*

On a dit qu'elle est une plante « qui n'est pas appréciée à sa juste valeur ». C'est vrai car, contre les fièvres intermittentes, les coliques, la diarrhée, la dysenterie, les troubles hépatiques et circulatoires, la débilité gastrique consécutive à une maladie aiguë, les états d'épuisement, elle est une alliée qui a, en plus, le mérite de se trouver partout.

Elle est commune dans les bois, le long des haies et des fossés, dans les terrains ombragés et frais, au pied des murs, au bord des ruisseaux. Ses tiges, rougeâtres à leur base et légèrement velues, atteignent 40 à 60 cm ; elles portent des feuilles dont les folioles inférieures sont petites, ovales, dentées, la terminale ressemblant à une feuille de fraisier. Ses fleurs comptent 5 pétales jaune clair ; elles donnent naissance à des fruits hérissés de barbes brunâtres. Sa racine horizontale — brune à l'extérieur, blanche ou rougeâtre à l'intérieur — s'épaissit avec l'âge pour former une sorte de moignon en forme de cône, recouvert d'écailles minces et d'une chevelure de radicelles ; lorsqu'on l'écrase fraîche, son odeur rappelle celle du clou de girofle ; on la récolte à l'automne et on la fait sécher à l'ombre, à une chaleur douce afin de lui garder une partie de son arôme qui disparaît progressivement au bout d'un an (il est préférable, si l'on en a la possibilité, de l'utiliser fraîche).

Paracelse recommandait la racine de benoîte dans les catarrhes de l'estomac et de l'intestin. Ses successeurs la considéraient comme « propre pour fortifier l'estomac et pour déboucher le foie » en même temps qu' « utile à guérir promptement la fièvre », indication qui fut largement mise à profit par les médecins de l'armée du Rhin, en l'an IV et en l'an V de la République, puisque, le quinquina étant rare, c'est grâce à elle qu'ils guérirent un grand nombre de soldats atteints de fièvres intermittentes.

Elle s'administre : *a*) en infusion ou décoction légère (30 à 40 g pour un litre d'eau, 3 tasses par jour) ; *b*) en vin aromatique (40 à 50 g de racine à macérer huit jours ou à faire bouillir dix minutes dans un litre de bon vin ; filtrer en exprimant ; 2 à 3 verres à bordeaux par jour). Ce vin est tonique, digestif, dépuratif : il « réjouit le cœur et fait sortir des yeux, du nez, des dents, du cerveau, du cœur, tout ce qui ne doit pas s'y trouver », affirme un ouvrage du siècle dernier.

J'ai relevé également une recette originale, sinon d'une efficacité garantie (elle est cependant encore pratiquée dans certaines régions) : la racine de benoîte, cueillie avant le lever du soleil et mise dans un sachet de toile porté au cou en guise d'amulette, arrête toutes les hémorragies, surtout celles des hémorroïdes, guérit l'ophtalmie, fortifie la vue, réprime les larmes et les humeurs âcres qui coulent des yeux. « Cela, est-il précisé, réussit aussi bien sur les gens que sur les chevaux. »

## BÉTOINE

***Betonica officinalis****. Bétoine officinale, bétoine pourpre.*

Elle est un exemple frappant du snobisme thérapeutique : après avoir été considérée pendant des siècles comme une panacée, elle fut ensuite complètement abandonnée parce qu'on la dit privée de toute vertu. En fait, ces deux attitudes sont également stupides — comme tout ce qui est excessif — car si elle n'est pas, ainsi que l'affirmait l'écrivain latin Lucius Apulée, le « remède infaillible » contre 46 maladies graves ou incurables (entre autres, rage et paralysie), elle contribue néanmoins à soulager quelques-unes de nos petites misères.

De l'Antiquité jusqu'au XIX^e siècle, on ne tarit pas d'éloges sur son compte. Dioscoride et Galien en célèbrent les extraordinaires propriétés. Antonius Musa, le médecin de l'empereur Auguste, lui consacre un traité dans lequel il déclare que la bétoine est indiquée aussi bien pour les accouchements difficiles que pour les suites des accidents de voiture (ce sont des chars, bien entendu !), ajoutant même qu' « elle contregarde et les âmes et les corps des personnes et même garde ceux qui vont de nuit de tous charmes et dangers ». Au Moyen Age, on l'ordonne dans la goutte, la sciatique, le rhumatisme, les douleurs d'estomac, des reins, du foie, les maladies du cerveau et on la dit « bonne à ceux qui ont courte haleine et qui vont toujours soufflant ». Puis vient le temps où la médecine la rejette sans appel ; on écrit qu'elle « n'est plus exploitée que par les mauvais plaisants : une pincée de sa poudre provoque autant de spasmes sternutatoires qu'on lui comptait de mérites au temps passé »...

Ce n'était pas l'avis de nos grand-mères ni des ouvrages de médecine familiale qui estiment que « le thé de bétoine ne devrait manquer dans aucun ménage ». Ce thé, ce sont les feuilles et les sommités fleuries séchées de la plante dont voici le signalement : tige de 30 à 60 cm, carrée, un peu velue ; feuilles opposées légèrement dentées dégageant une odeur aromatique (on dit que ceux qui récoltent la bétoine ont parfois des vertiges, une sorte d'ivresse) ; fleurs purpurines disposées en épis terminaux (elles ressemblent à celles de l'ortie blanche qui appartient, elle aussi, à la famille des labiées). La bétoine se trouve dans les lieux ombragés, les bois, les taillis, les prairies.

La décoction (20 à 25 g de plante séchée et coupée pour 1/2 litre d'eau ; faire bouillir deux à trois minutes ; laisser reposer dix minutes ; 4 ou 5 demi-tasses dans la journée) est utilisée dans le traitement des états inflammatoires et congestifs (irritation de la gorge, asthme, catarrhes des voies digestives et urinaires), contre l'insuffisance hépatique et biliaire, la faiblesse de la vessie, les douleurs goutteuses et rhumatismales, la nervosité et les migraines nerveuses. Sous forme de fumigations prolongées (au moins une demi-heure, deux fois par jour), elle est souveraine contre les catarrhes pulmonaires et les « empâtements » des voies respiratoires.

A l'extérieur, les feuilles fraîches (trempées pendant quelques minutes dans du vin rouge bouillant) appliquées directement sur les plaies purulentes et les ulcères, sont vulnéraires et décongestionnantes. On peut aussi faire des compresses imbibées d'une décoction de 100 g de feuilles sèches bouillies quatre à cinq minutes dans un litre de vin rouge.

La poudre de feuilles séchées — qui fait éternuer — dégage le cerveau en cas de rhume ou de grippe et arrête le hoquet (les feuilles séchées servent d'ersatz de tabac dans certaines contrées d'Europe).

Et, encore une fois, la sagesse populaire semble avoir vu juste puisqu'en Italie, quand on veut exprimer les qualités rares dont est douée une personne, on dit qu' « elle est encore plus vertueuse que la bétoine »...

## BISTORTE

***Polygonum bistorta.*** *Renouée bistorte, serpentaire rouge, couleuvrine, polygone, feuillotte, fouillotte, grande oseille, langue de veau ou de bœuf, andrille.*

Son nom et deux de ses surnoms les plus communs lui viennent de la forme de sa racine brunâtre, longue d'un doigt, contournée généralement deux fois (parfois trois) sur elle-même comme un serpent.

C'est la seule partie utilisée en raison de sa richesse en tanin (20 %) qui en fait un très puissant astringent ; mais pour la déterrer, encore faut-il que vous sachiez à quoi ressemble la plante proprement dite très répandue dans les prairies humides des régions montagneuses au sol siliceux : sa tige (40 à 50 cm de haut) est noueuse, droite et cylindrique ; elle porte des feuilles alternes, en fer de lance, au bord légèrement ondulé, vert foncé sur le dessus, vert bleuâtre sur le dessous ; celles du haut n'ont pas de queue et engainent la tige ; ses fleurs, rose vif à rose pâle, très petites, hérissées d'étamines, sont groupées en épi terminal de 5 cm environ.

Si le bétail — sauf les chevaux — s'en régale, les humains, à l'automne, font provision de racine, non plus pour soigner, comme aux XVIe et XVIIe siècles, la petite vérole, les fièvres malignes et « pousser par les sueurs le venin de la peste », mais

pour avoir sous la main un des plus puissants toniques astringents indigènes dont l'action est comparable à celle de la célèbre racine de ratanhia importée d'Amérique de Sud.

En usage interne, on l'emploie en décoction (40 à 50 g de racine coupée pour un litre d'eau froide ; chauffer doucement jusqu'à ébullition ; laisser infuser un quart d'heure ; 4 ou 5 tasses par jour entre les repas) ou en macération (60 g pour un litre d'eau froide ou tiède ; laisser macérer six à dix heures ; 4 ou 5 tasses, toujours entre les repas) contre la dysenterie, la diarrhée, les coliques, les hémorragies passives (saignements de nez, métrorragie), les affections veineuses (varices, hémorroïdes, phlébites).

On prépare aussi du vin de bistorte (faire macérer 125 g de racine coupée dans 250 g d'alcool à 45° pendant vingt-quatre heures ; ajouter un litre de bon vin rouge — bordeaux de préférence — et laisser macérer encore pendant quatre jours en remuant souvent ; filtrer) qui est conseillé aux personnes sujettes aux maux de ventre, diarrhée et entérite (un verre à madère avant le repas de midi et du soir). Le docteur Leclerc le prescrivait à la dose de 50 à 150 g par jour aux tuberculeux et aux « candidats à la tuberculose » en raison de son « action tonique manifeste ».

En usage externe, la décoction ou la macération, en bains de bouche ou en gargarismes, fortifie les gencives, fait disparaître les aphtes, la stomatite, la gingivite, l'inflammation de la bouche et de la gorge ; en injections, elle est préconisée contre la leucorrhée, la métrite et les hémorragies utérines. On peut enfin l'appliquer en compresses sur les plaies purulentes pour décongestionner les tissus et activer la cicatrisation.

## BLÉ

***Triticum sativus****. Froment.*

Maintenant que le pain n'est plus un aliment (de nombreux médecins le déconseillent) et que le blé, cultivé à grand renfort de produits chimiques, a cessé d'« être pour l'adulte ce que le lait est pour le nourrisson », on a du mal à croire qu'ils ont joué un rôle non négligeable en thérapeutique classique ou familiale.

Pourtant, voici ce que nous dit un traité médical du XVIIIe siècle : « Personne n'ignore l'usage ordinaire du blé qui fournit une nourriture aussi utile qu'elle est agréable ; il fournit aussi la farine et la mie de pain qu'on en prépare, l'écorce de la semence écrasée qu'on appelle son et l'amidon qui sont employés tous les jours dans la médecine. »

Pourtant, nos grand-mères faisaient entrer le blé, sous une forme ou une autre, dans leurs bonnes recettes de santé. Alors pourquoi ne feriez-vous pas comme elles, à condition toutefois d'utiliser du vrai blé, c'est-à-dire du blé biologique, poussé sans engrais chimiques et sans désherbants, que vous trouverez dans les magasins de produits diététiques ?

Dans la gastro-entérite des nourrissons et la convalescence des maladies graves, le bouillon de céréales est un excellent agent de nutrition. Il se prépare en broyant dans un moulin du blé, de l'avoine et de l'orge à parts égales et en faisant bouillir doucement 4 cuillerées à soupe de ce mélange dans un litre et demi d'eau jusqu'à réduction à un litre. On passe et on sucre avec du miel de préférence.

Pour les « rhumes invétérés » et la toux opiniâtre, vous serez étonné des effets émollients et adoucissants de la « tisane de son » que vous obtiendrez en faisant bouillir une bonne cuillerée à soupe de son dans un litre d'eau ; vous écumerez, laisserez reposer quelques minutes et, après l'avoir passée, y ajouterez une grosse cuillerée de miel. A boire chaud, par petites tasses, au cours de la journée.

La mie de pain a donné son nom au cataplasme de *mica panis* de l'ancienne pharmacopée, cataplasme qui se fait simplement avec du lait, de la mie de pain, un ou deux jaunes d'œufs et qui est indiqué pour calmer les inflammations ou faire mûrir les furoncles, anthrax et panaris[1].

Le pain, desséché au four, réduit en poudre et bouilli dans l'eau avec du beurre et du sel, constitue l'« eau panée », une des meilleures tisanes dans les pleurésies et pneumonies (il existe encore, heureusement, du pain fait de bon blé, de bonne farine et cuit comme autrefois).

Enfin, pour les troubles de la prostate, la recette suivante a toujours donné d'excellents résultats à ceux à qui je l'ai indiquée, spécialement lorsque le malade se trouve en état de rétention aiguë : mettre 250 g de blé dans un litre d'eau froide ; couvrir ; amener doucement à ébullition et laisser bouillir à petits bouillons pendant vingt minutes ; retirer du feu ; verser dans un récipient de faïence (une soupière, par exemple) et laisser macérer, couvert, jusqu'au lendemain ; filtrer. En cas de crise : un grand verre à jeun pendant trois jours ; en cure d'entretien : deux fois par an, pendant trois semaines, un petit verre à bordeaux le matin à jeun.

1. Voir également page 364.

## BLEUET

***Centaurea cyanus.*** *Aubifoin, casse-lunettes, blavette, blaverolle, blavéole, barbeau.*

Pour les Russes, il perpétue le souvenir d'un beau jeune homme qu'une nymphe séduisit et entraîna avec elle dans la houle blonde des moissons mûrissantes avant de le transformer sur place en une plante, cela pour empêcher qu'il fasse jamais battre un autre cœur que le sien. La malheureuse victime de ce drame de la jalousie se nommait Vassili ou Basile, et c'est la raison pour laquelle les Russes appellent le bleuet *basilek.*

Pour les Grecs, c'est un enfant poète du nom de Cyanos, chantre de la terre et de ses richesses, que la déesse Flore métamorphosa après sa mort en bleuet pour que, jusqu'à la fin des temps, l'humanité se souvienne de celui qui avait si bien célébré la nature.

Cependant si, d'un bout à l'autre de l'Europe, les légendes varient sur l'origine du bleuet, l'usage qu'on en fait est le même partout : plaisir des yeux, il en est aussi le protecteur attitré.

En décoction légère (2 à 3 g de fleurs séchées dans 100 g d'eau froide ; chauffer à feu doux jusqu'à ébullition ; laisser reposer dix minutes), il s'emploie tiède en lavages, compresses ou bains avec une œillère contre la conjonctivite, l'irritation des paupières et la faiblesse de la vue (les Anciens affirmaient — ce qui n'est pas vérifié — qu'il « mange peu à peu les taies des yeux »).

La tradition veut que le bleuet soit plus spécialement indiqué pour les yeux bleus alors que le plantain — dont les semences sont brunes — le serait pour les yeux noirs. Le meilleur moyen de mettre toutes les chances de votre côté si la couleur de vos yeux n'est pas nettement définie est donc d'avoir recours à la recette donnée par le professeur Binet[1] : sur 10 g de feuilles de plaintain, 5 g de fleurs de bleuet et 5 g de fleurs de mélilot, verser 150 g d'eau bouillante ; laisser infuser 1/4 d'heure ; passer le tout à travers un linge en exprimant légèrement.

La décoction de fleurs de bleuet est également indiquée en

1. *Op. cit.*

bains de bouche contre les inflammations de la muqueuse buccale (gingivite, stomatite ulcéreuse, aphtes) et elle constitue une excellente lotion pour le visage dont elle raffermit, rafraîchit et tonifie l'épiderme, « au même titre que les lotions de beauté affichant de grandes marques et de savantes formules » déclare l'herboriste suisse Jos. Triponez[1].

Sachez encore que le bleuet s'emploie aussi en usage interne : ses fleurs séchées en infusion (20 à 30 g pour un litre d'eau, une tasse trois fois par jour avant ou entre les repas) sont conseillées pour les inflammations des reins, la goutte, les rhumatismes (dans le Nord, on prépare d'ailleurs une bière antirhumatismale en faisant macérer pendant quelques jours 25 g de fleurs séchées ou de plante entière réduite en poudre dans un litre de bière — un verre avant les repas) ; ses graines (2 g dans un peu de miel, le matin à jeun) sont purgatives et on les préconise également dans la jaunisse (4 g dans du miel, quatre jours de suite).

## BOUILLON-BLANC

***Verbascum thapsus.*** *Molène, bonhomme, herbe à bonhomme, grand chandelier, cierge de Notre-Dame, herbe de Saint-Pierre, bouillon ailé, oreille de Saint-Cloud, queue de loup.*

Son premier mérite — il en a de nombreux autres — est qu'on n'a pas besoin de se donner la peine de le chercher : il s'impose de lui-même à notre attention par sa taille exceptionnelle.

Il faudrait, en effet, être particulièrement myope ou distrait pour ne pas remarquer, le long des routes, sur les talus ou les terrains caillouteux bien exposés au soleil, sa haute hampe florale, atteignant souvent 2,50 m, qui se dresse vers le ciel de juin à octobre. Sur une longueur d'un mètre environ, la partie terminale est garnie de fleurs, serrées les unes contre le autres, dont l'éclosion s'échelonne durant tout l'été. Elles sont d'un joli jaune clair avec une corolle de 3 à 5 cm de diamètre que les botanistes qualifient d'infudibuliforme, ce qui veut dire tout

1. *Trésors au bord du chemin*, Éditions Ed. Cherix et Filanosa S.A., Nyon.

simplement qu'elle ressemble à un entonnoir : *infudibulum* en latin.

Les feuilles aussi retiennent le regard par leur aspect ornemental. Le bouillon-blanc étant une plante bisannuelle, elles constituent la première année une imposante rosette basale qui s'étoffe encore l'année suivante quand paraît la hampe florale sur laquelle elles sont disposées de façon alternée (il n'est pas rare qu'elles recouvrent alors, au pied de la plante, plus d'un

demi-mètre carré de terrain) ; elles sont ovales, larges, molles et tapissées de poils laineux de couleur gris blanchâtre, d'où le nom de ce végétal qui peut paraître insolite quand on ne pense qu'à la teinte de ses fleurs…

Ses vertus sont connues de longue date. Dioscoride prescrivait ses racines dans les affections pulmonaires, Pline ses feuilles pour guérir les bronches des humains et les chevaux poussifs ;

sainte Hildegarde tenait la décoction de fleurs et feuilles pour un véritable spécifique de l'enrouement.

Au Moyen Age, en dehors des utilisations qui sont restées courantes aujourd'hui, les médecins conseillaient le suc de bouillon-blanc pour la goutte et les hémorroïdes, cela après une curieuse préparation qui consistait à piler ensemble les feuilles et les fleurs, puis à les laisser pourrir dans une « tinette » de bois fermée hermétiquement avec du plâtre, récipient que l'on exposait au soleil ou que l'on enfouissait dans du fumier ; au bout de trois mois de ce qu'on appelait une « digestion », on exprimait le suc qu'on conservait dans des flacons bien bouchés et qu'on appliquait sur les régions douloureuses.

Rassurez-vous, les recettes que je vais vous donner sont beaucoup moins compliquées tout en étant aussi efficaces. Elles ont pour base les fleurs (récoltées par temps sec, au fur et à mesure qu'elles s'épanouissent car elles tombent rapidement, séchées le plus vite possible à l'ombre afin de les empêcher de virer au brun) et les feuilles, fraîches ou séchées.

L'infusion (3 g de fleurs séchées pour 100 g d'eau, trois ou quatre fois par jour) a une saveur agréable et sucrée car les pétales contiennent jusqu'à 10 % de glucose ; elle est indiquée contre la bronchite, les rhumes tenaces, l'asthme, les refroidissements, la toux sèche ; elle est adoucissante, calmante — parce que légèrement narcotique ; elle facilite l'expectoration et est aussi sudorifique. Plusieurs auteurs la conseillent même en cas de gastro-entérite, de maux de reins et de vessie en raison de son action diurétique (que d'autres mettent en doute), mais surtout de l'effet bénéfique qu'elle exerce « dans tous les états inflammatoires de nos viscères ».

La décoction de fleurs et feuilles (30 g pour un litre d'eau ; faire bouillir trois à quatre minutes) en gargarismes (toutes les demi-heures) est salutaire contre les affections de la gorge et plus spécialement les enrouements (c'est la recette de sainte Hildegarde).

La décoction de feuilles fraîches (100 g bouillies dans un litre de lait, puis infusées encore dix minutes) passe en Irlande et dans certaines régions d'Angleterre pour un remède infaillible contre la tuberculose si l'on en boit journellement 2 à 3 litres (avec les feuilles sèches, ramener la dose à 30 g par litre).

Les feuilles fraîches, bouillies cinq minutes dans du lait, sont utilisées en cataplasmes sur les panaris, clous, anthrax, ulcères, hémorroïdes, engelures : elles apportent un soulagement immédiat et accélèrent l'évacuation du pus (il est recommandé de faire boire le lait au malade car il constitue un excellent dépuratif). En décoction dans de l'eau (60 g pour un litre, faire bouillir cinq minutes), elles agissent, en lotions ou compresses, sur les dartes, les brûlures et les ulcères douloureux. Séchées, elles peuvent remplacer le tabac et sont souvent fumées par les asthmatiques qu'elles soulagent.

Vous pouvez également employer contre les hémorroïdes et les engelures l'huile de bouillon-blanc : une partie de fleurs fraîches pour deux parties d'huile d'olive ; faire macérer à feu doux, puis cuire jusqu'à consommation de l'humidité ; passer en exprimant ; mettre dans un flacon bien bouché ; en lotions ou frictions légères.

J'ajoute enfin une recommandation capitale — c'est pourquoi je lui ai gardé la « vedette américaine » : il est indispensable de toujours passer infusion et décoction sur un linge très fin ou mieux encore du coton hydrophile pour éliminer les poils minuscules qui recouvrent toute la plante (fleurs et feuilles) et qui, sans cette précaution, irriteraient la gorge...

## BOULEAU

***Betula alba.*** *Bois néphrétique d'Europe, biole, boule, bouillard, bouillon, arbre de la sagesse, sceptre des maîtres d'école.*

Aucun arbre n'a rendu autant de services aux hommes, surtout dans les pays nordiques où sa silhouette élancée, avec son tronc blanc marqué de noir et ses rameaux pendants garnis de feuilles dentées, est partie intégrante du décor.

On en a fait des jantes de roues, des arceaux pour les futailles, des sabots, des balais et des verges pour les maîtres d'école. En Suède et en Laponie, sa sève a remplacé le sucre et servi à préparer du vin ; avec son écorce, on a couvert les cabanes, fabriqué des corbeilles, des cordes, des chaussures tressées, des filets, des bouteilles, des assiettes, des torches ; on en a extrait une huile utilisée pour le tannage qui donne au cuir de Russie une qualité supérieure et une odeur particulière ; on en a fait de la bière et une pâte alimentaire que certaines populations russes mêlaient à leur caviar ; enfin, la peau très fine et résistante tirée de l'écorce a longtemps tenu lieu de parchemin ou de papier.

Si beaucoup de ces utilisations ont été abandonnées — on n'arrête pas le progrès, c'est bien connu —, celle du bouleau en thérapeutique n'a rien perdu, elle, de son actualité bien qu'elle soit aussi ancienne que les précédentes.

Déjà en 1565, le médecin siennois Matthiole écrit : « Si on perce le tronc du bouleau avec une tarière, il en sort une grande quantité d'eau laquelle a grande propriété et vertu à rompre la pierre tant aux reins qu'en la vessie si on continue d'en user. Cette eau ôte les taches du visage et rend la peau et charnure belle. Si on s'en lave la bouche, elle guérit les ulcères qui sont dedans. » Et trois siècles plus tard, le baron Pierre-François Percy, chirurgien militaire et inspecteur général du service de santé des armées de Napoléon, déclare : « Dans tout le nord de l'Europe, à commencer par nos départements du Rhin jusqu'aux confins de la Russie la plus septentrionale, l'eau de bouleau est l'espoir, le bonheur et la panacée des habitants riches et pauvres, grands et petits, seigneurs et serfs... Les maladies de la peau, les boutons, dartres, couperoses, etc., lui résistent rarement. C'est un remède précieux dans les affections rhumatismales, dans les reliquats de goutte, dans les embarras de la vessie, et dans une foule de maux chroniques contre lesquels la science médicale est si sujette à échouer... »

Toutes les vertus de cette eau, appelée parfois « sang de bouleau », ont été maintes fois vérifiées par les gens de la campagne qui ne manquent jamais d'en faire provision au printemps. Avant le développement des feuilles, ils percent avec une petite vrille un trou dans le tronc des jeunes arbres en pleine croissance ; ils y enfoncent une paille par laquelle s'écoule la sève recueillie dans un récipient couvert d'un linge pour empêcher insectes et poussières d'y tomber. Pour ne pas épuiser l'arbre, ils ne prolongent guère cette extraction plus de deux ou trois jours et bouchent le trou en y enfonçant une cheville de bois. Ils assurent la bonne conservation de ce liquide soit en le stérilisant, soit en mettant 4 à 6 clous de girofle et un peu de cannelle dans chaque bouteille. Cette eau se prend à la dose de 4 à 6 cuillerées à soupe par jour. C'est aussi avec elle, lorsqu'on en a suffisamment, qu'on fabrique un vin pétillant et sucré qui évoque le champagne : on met la sève dans un petit tonneau ; on y ajoute du miel, des raisins secs et quelques aromates (sauge, thym, cannelle, par exemple) ; on laisse fermenter, bien fermé, pendant un mois ; on soutire et on met en bouteilles capsulées.

Si vous êtes citadin, ne vous désolez pas en disant que ces recettes vous sont interdites. Vous pourrez obtenir les mêmes bienfaits en utilisant des feuilles de bouleau, cueillies au printemps et séchées à l'ombre, que vous préparerez en décoction : 30 à 60 g de feuilles pour un litre d'eau, faire bouillir doucement deux à trois minutes ; retirer du feu et, quand la température est descendue aux environs de 40°, ajouter une pincée de bicarbonate de soude qui facilite la dissolution des principes actifs ; laisser encore infuser plusieurs heures. Cette tisane (qui quadruple ou quintuple le taux urinaire), à la dose de 4 ou 5 tasses par jour entre les repas, est indiquée contre les maladies de la peau, l'albuminurie, l'hydropisie, l'obésité par rétention d'eau, la goutte, les rhumatismes, les calculs rénaux et biliaires, les œdèmes cardio-rénaux. Elle s'applique également en lotions et compresses désinfectantes sur les affections cutanées (dartres, eczéma, boutons, etc.) et les taches du visage.

L'écorce en décoction (30 à 60 g dans un litre de vin blanc ou d'eau ; faire bouillir cinq minutes et infuser au moins autant), un petit verre matin et soir, est conseillée dans les fièvres intermittentes.

Je vous donne enfin deux recettes plus folkloriques mais qui ont, paraît-il, fait leurs preuves (je les ai retrouvées dans plusieurs ouvrages) :

La peau de bouleau, portée dans les souliers, détermine une transpiration qui peut devenir salutaire dans plusieurs maladies chroniques.

Les paysans affectés de douleurs rhumatismales, arthritiques, ou atteints d'engorgements séreux, œdémateux, se couchent dans un lit bien bassiné et rempli de feuilles de bouleau ; des couvertures ou un bon édredon ajoutés par-dessus provoquent une transpiration abondante qui soulage le malade.

## BOURDAINE

***Rhamnus frangula.*** *Bourgène, bois noir, aulne noir, frangule, nerprun.*

Son action, bien connue aujourd'hui, est signalée pour la première fois au Moyen Age par Pierre de Crescences qui parle d'un petit arbre dont « l'écorce du milieu, donnée à boire ou en viande, lâche le corps merveilleusement ».

C'est, en effet, un des meilleurs remèdes contre la constipation spasmodique ou par insuffisance biliaire, qui peut, selon le docteur Leclerc, être prescrit sans irritation ou intolérance aussi bien aux enfants qu'aux femmes enceintes ou aux malades ayant subi une opération abdominale.

La bourdaine est un arbuste pouvant atteindre 2 à 3 mètres de haut qui pousse spontanément dans les haies, les taillis, au bord des cours d'eau, sur les terrains humides, et qu'on cultive aussi comme plante d'ornement. Son écorce noirâtre est parsemée de taches plus claires; ses feuilles ovales sont marquées de nervures profondes et ressemblent à celles de l'aune ; ses fleurs blanc verdâtre — situées, par touffes de 2 à 8, à l'aisselle des feuilles — donnent naissance à des baies bleu-noir un peu plus petites que des myrtilles.

Avec ses tiges, très flexibles et droites, on fait de la vannerie domestique ; avec le suc de ses fruits, mélangé à de l'eau de chaux et de la gomme arabique, on obtient le vert de vessie employé pour la peinture à la détrempe et son charbon entre dans la composition de la poudre de chasse.

Mais seule la seconde écorce, prélevée au moment de la floraison et séchée pendant un an au moins, nous intéresse.

Pour obtenir un laxatif léger — en même temps stimulant biliaire et rénal —, vous pourrez soit en faire une décoction (faire bouillir pendant un quart d'heure 2 à 5 g d'écorce sèche dans 200 g d'eau ; laisser macérer à froid de quatre à six heures ; décanter et aromatiser au besoin avec de la menthe ou un zeste d'orange ; à boire le soir au coucher ou par fractions en trois fois dans la journée, avant les repas) ; soit préparer du vin de bourdaine (100 g d'écorce sèche en décoction dans un litre de vin rouge ; faire bouillir dix minutes ; laisser infuser encore plusieurs heures ; un verre à madère avant les deux repas). Si vous désirez un effet purgatif, doublez la dose d'écorce — soit 10 g au moins — pour la décoction.

En usage externe, la décoction (100 g pour un litre d'eau, en laissant toujours macérer ensuite) s'emploie en lotions ou compresses contre les dartres rebelles.

J'insiste toutefois sur le fait qu'*il ne faut jamais utiliser l'écorce fraîche* : elle contient un ferment qui provoque des nausées, des vomissements et des coliques, ferment qui ne disparaît par oxydation à l'air sec qu'après un an ou encore au chauffage à 100° pendant une heure. D'ailleurs, l'écorce vendue en herboristerie est toujours vieille de plusieurs années, ses propriétés se conservant longtemps.

## BOURRACHE

***Borrago officinalis.*** *Boursette, bourraiche, langue de bœuf, bourse à berger, buglosse à larges feuilles.*

Pour les uns, son nom vient de l'arabe : il lui aurait été donné par les Maures d'Espagne qui connaissaient ses vertus sudorifiques et l'appelaient *abou-rach* : père de la sueur. Pour les autres, il vient du latin : *borrago* serait une altération des mots *cor ago* : je stimule le cœur, car les Anciens croyaient que la bourrache, comme sa cousine la buglosse, dissipait la mélancolie et donnait une telle euphorie que « si ta femme et tes enfants, ton père et ta mère, ton frère et ta sœur et tous tes amis mouraient devant toi, tu ne pourrais t'attrister ni verser un pleur sur eux... ».

Ce n'est pas pour cette vertu imaginaire que je vous conseillerai de cueillir la bourrache, mais pour ses autres propriétés, bien réelles celles-là, de plante adoucissante, émolliente, rafraîchissante, dépurative, sudorifique et diurétique.

Vous la trouverez un peu partout, surtout dans des lieux ensoleillés (elle est originaire d'Orient !) et la reconnaîtrez à ses tiges cylindriques creuses et velues de 30 à 70 cm de haut ; à ses feuilles alternes, larges et hérissées de poils sur les deux faces ; à ses fleurs, légèrement retombantes, perchées au sommet des tiges, dont les cinq pétales en forme d'étoile à cinq branches passent du rouge au bleu foncé, et qui sont généralement très fréquentées par les abeilles en raison de leur richesse en liquide sucré.

On a constaté qu'elle est plus émolliente quand elle commence à pousser (c'est alors qu'on la mange en salade, en potage ou en légume comme les épinards dans certaines régions) ; plus apéritive, dépurative et sudorifique quand elle est en fleur ; plus diurétique enfin quand ses fruits — quatre petits akènes contenant des graines noires — mûrissent. Ce sont là des nuances subtiles moins importantes que le fait qu'il faut cueillir et faire sécher *la plante entière* car, contrairement à une opinion assez répandue, ce n'est pas la fleur qui est la plus riche en principes actifs, mais la tige et ensuite les feuilles.

Vous l'utiliserez en décoction (20 à 25 g de plante séchée pour un litre d'eau ; chauffer doucement jusqu'à ébullition ; laisser bouillir deux à trois minutes, puis infuser pendant un quart d'heure ; 4 ou 5 tasses par jour) pour toutes les affections fébriles dues aux refroidissements, à la grippe et autres épidémies (rougeole, scarlatine, varicelle), comme dépuratif et diurétique dans les maladies de la peau, les rhumatismes et certaines affections des voies urinaires.

La décoction à plus forte dose (80 à 100 g de plante pour un litre d'eau) est indiquée en fumigations contre les affections des bronches.

Vous pourrez aussi renouer avec la tradition en préparant, au printemps (feuilles fraîches écrasées avec celles du cresson et du pissenlit), le « jus d'herbes dépuratif » que vendaient autrefois les apothicaires et herboristes.

## BOURSE A PASTEUR

***Thlaspi bursa pastoris.*** *Bourse à berger, boursette, capselle, tabouret, molette, thlaspi, malène ou malette à berger, mille-fleurs, moutarde sauvage, moutarde de Mithridate.*

Rien n'a changé depuis l'époque de Louis XV où un auteur écrivait : « Les vieilles murailles et les masures sont couvertes de cette plante, qui se multiplie merveilleusement. » Cette crucifère se trouve partout et si vous ne l'avez jamais remarquée, c'est qu'elle ne possède guère d'atouts pour attirer l'attention, bien qu'elle fleurisse du printemps à l'automne.

Ses tiges dépassent rarement 50 cm de haut ; ses feuilles velues, d'un vert grisâtre, sont de forme variable : très découpées et allongées à la rosette de base, elles deviennent courtes et entières à la partie supérieure des tiges ; ses petites fleurs, à

4 pétales d'un blanc sale, sont disposées en grappe terminale dont le sommet est encore en fleur alors que le bas porte déjà des graines parvenues presque à maturité ; ses fruits, fixés au bout d'une queue de 2 cm de long, lui ont valu son nom car ils ressemblent par leur forme triangulaire — et leur platitude — à la bourse qui pendait autrefois à la ceinture des bergers.

De préférence, elle s'emploie fraîche, la dessiccation la privant d'une partie de ses propriétés ; mais, récoltée et séchée au moment où elle commence à fleurir, elle n'en donne pas moins d'excellents résultats. Elle agit sur les troubles de la circulation, l'inflammation des muqueuses, la température.

Contre les règles trop abondantes, la métrorragie, hémorragies, les crachements de sang, l'hémoptisie en général : une poignée de plante fraîche pour un litre d'eau en décoction en faisant réduire d'un tiers, une tasse toutes les deux heures (la plupart du temps, dès la première tasse, l'hémorragie s'arrête).

Pour régulariser les règles et les rendre moins douloureuses (puberté et ménopause) : faire macérer 180 g de plante fraîche coupée en petits morceaux dans un litre de vin (rouge ou blanc) pendant huit jours ; passer en exprimant ; une cuillerée à soupe toutes les heures. Ou encore : faire tremper à froid, pendant deux heures, 50 g de plante séchée (ou 25 g de bourse à pasteur et 25 g d'armoise) dans un litre d'eau ; faire bouillir ensuite une minute, laisser reposer un quart d'heure ; 3 ou 4 tasses au cours de la journée pendant les dix jours précédant l'époque présumée des règles. (Il faut signaler qu'en homéopathie *Thlaspi bursa pastoris* est prescrit précisément aux femmes dont les règles sont trop abondantes et qu'il est considéré comme « un bon draineur utérin ».)

Pour arrêter les hémorragies nasales : mettre dans le nez un tampon imbibé de la décoction ou du suc de la plante fraîche.

Pour les blessures extérieures et les contusions : laver d'abord la partie intéressée avec la décoction, puis y appliquer des compresses imbibées de cette décoction ; la blessure commencera à se fermer dès les douze ou quatorze premières heures du traitement.

Contre les troubles circulatoires (varices, hémorroïdes, artériosclérose, hypertension) et l'inflammation des muqueuses (respiratoires, digestives et urinaires) : cure de 3 semaines à raison soit de 2 tasses par jour de décoction, soit de 2 ou 3 cuillerées à soupe par jour de vin ; recommencer si nécessaire après un arrêt de deux semaines.

Contre les fièvres intermittentes : dès les premiers frissons, coucher chaudement le malade et appliquer sur ses poignets des cataplasmes de plante fraîche pilée avec des feuilles de plantain, une cuillerée de vinaigre et une grosse pincée de sel ; à laisser en place vingt-quatre heures et à renouveler si la fièvre revient.

La bourse à pasteur est aussi un excellent tonique général et dépuratif de printemps (décoction de 30 à 50 g de plante fraîche pour un litre d'eau, à boire par tasses en deux jours) ; enfin mélangée aux épinards, elle en facilite la digestion, souvent pénible pour certaines personnes.

## BRUYÈRE

***Erica vulgaris.*** *Bregotte, brégère, bucane.*

Si l'on peut douter de sa vertu de briser ou dissoudre la pierre de la vessie qu'indique son nom savant choisi par les Anciens (*erica* est dérivé d'un mot grec qui veut dire « briser »), il est certain qu'elle exerce un rôle indiscutable sur les voies urinaires tant par ses propriétés antiseptiques que diurétiques.

On l'emploie donc avec succès dans la néphrite, la cystite des prostatiques ou la cystite avec muco-pus (« Les urines troubles et fétides s'éclaircissent, perdent leur mauvaise odeur et leur quantité augmente » dit Michel Compain), ainsi que dans la gravelle, l'albuminurie et même les rhumatismes (elle a aussi le mérite de donner de l'appétit).

Ce sont les sommités fleuries, tellement appréciées par les abeilles, que l'on fait sécher pour les utiliser en décoction prolongée : 30 à 40 g pour un litre d'eau, faire bouillir jusqu'à réduction d'un tiers, à boire par tasses en vingt-quatre heures.

En bain, les sommités fleuries (qui peuvent remplacer le houblon dans la préparation de la bière) sont « propres à relever le tonus musculaire ». Ces bains, plusieurs fois par semaine, sont conseillés aux goutteux, paralytiques et rhumatisants.

## BRYONE

***Bryonia alba.*** *Couleuvrée, navet galant, navet du diable, vigne blanche, vigne du diable, racine vierge, colubrine, feu ardent, ipécacuanha indigène.*

Ceux d'entre vous qui font confiance à l'homéopathie pour soulager leurs maux la connaissent bien : c'est elle qui donne

*Bryonia,* un des médicaments les plus importants de la doctrine médicale fondée par Hahnemann puisqu'il est une sorte de spécifique des inflammations séreuses, d'où son indication dans la broncho-pneumonie, la pleurésie, le rhumatisme articulaire aigu, les coliques intestinales, la constipation.

On peut dire que la bryone est une plante « empoisonnante » dans tous les sens du mot. Ses tiges grimpantes, dotées de vrilles, envahissent les haies et se lancent à l'assaut des arbres comme les lianes équatoriales, les drapant d'un manteau de feuilles hérissées de petits poils, semblables à celles de la vigne, avec çà et là selon la saison, des grappes de fleurs d'un blanc verdâtre à cinq pétales en forme d'étoile ou des bouquets de fruits, de la taille d'un pois, verts d'abord puis rouge vif. Sa racine — gris jaunâtre à l'extérieur, blanche à l'intérieur — ressemble à un énorme navet (elle atteint parfois la grosseur de la cuisse) et elle contient des principes actifs qui, à forte dose, donnent tous les symptômes de l'empoisonnement (vomissements, douleurs gastriques et intestinales, syncopes).

C'est elle cependant que l'on emploie — avec circonspection et à doses minimes, ce que fait précisément l'homéopathie — soit fraîche (elle se conserve très bien dans du sable, comme les carottes), soit sèche (on l'arrache en automne ou en hiver, on la coupe en rondelles qu'on fait sécher à l'étuve, sur des claies ou enfilées en chapelet).

Elle est dotée de propriétés purgatives violentes, mais est aussi diurétique et cholagogue, ce qui justifie son utilisation depuis la plus lointaine antiquité (les Égyptiens la faisaient entrer dans plusieurs préparations) tant pour « lâcher le ventre » que pour soigner la jaunisse, l'hydropisie, les rhumatismes et les affections catarrhales aiguës ou chroniques.

Pour aider le foie et l'intestin, vous aurez recours à la décoction (10 g de racine sèche pour un litre d'eau ; porter à ébullition ; laisser infuser dix minutes ; une demi-tasse deux ou trois fois par jour).

Pour faciliter l'expectoration dans les affections chroniques de la poitrine, suivez la recette d'oxymel du docteur Cazin : 45 g de racines sèches concassées, 500 g de miel, 750 g de vinaigre ; faire bouillir ensemble pendant vingt minutes ; une cuillerée à café toutes les deux heures.

Comme purgatif « lent et assuré », je vous propose la technique fréquemment utilisée dans les campagnes : on fait dans la racine un trou qu'on remplit de sucre en poudre ; après douze heures, on recueille un sirop que l'on prend à la dose de 2 cuillerées à soupe dans la journée.

Contre l'hydropisie, les paysans font aussi confiance au vin de bryone : faire macérer 50 à 60 g de racine sèche dans un litre de vin blanc pendant quatre à cinq jours ; filtrer ; 2 cuillerées à soupe par jour avant le repas (ce vin diurétique est également laxatif).

Enfin, la racine fraîche, coupée en deux, en frictions sur les rhumatismes articulaires procure un soulagement rapide alors que la pulpe fraîche, appliquée en cataplasmes, est indiquée contre les contusions, les ecchymoses et les attaques de goutte.

## BUGLOSSE

***Anchusa officinalis.*** *Buglosse d'Italie, langue de bœuf, orcanette, vipérine.*

Pour les botanistes, la langue de bœuf n'est pas l'orcanette, qui n'est pas non plus la buglosse d'Italie ou la vipérine ; mais pour nos grand-mères, elles se valaient toutes et elles les employaient indifféremment sachant que leur ressemblance avec la bourrache s'étend aussi bien à leur aspect extérieur qu'à leur action.

Vous pourrez donc faire comme elles et utiliser la buglosse de la même façon et dans les mêmes cas que la bourrache. Son signalement est identique ; même taille, mêmes poils sur toute la plante, même couleur bleue pour les fleurs avec cependant deux légères différences : d'une part, leurs cinq pétales sont arrondis au lieu d'être pointus ; d'autre part, elles sont toutes orientées d'un même côté sur l'épi terminal.

Il est intéressant de préciser que son nom savant dérive du grec *anchura :* teindre, car sa racine donne un colorant rouge dont on se servait comme teinture pour les tissus et également comme cosmétique, notamment dans le fard pour les joues.

## BUGRANE

***Ononis spinosa.*** *Arrête-bœuf, ononie, bougrane, bougrande, bugrave, tenon, tendon, tabouret du diable, épine de bœuf, mâche noire, herbe aux ânes.*

Deux citations vous feront apprécier le bien-fondé de la plupart de ses surnoms. La première est de Matthiole (fin du

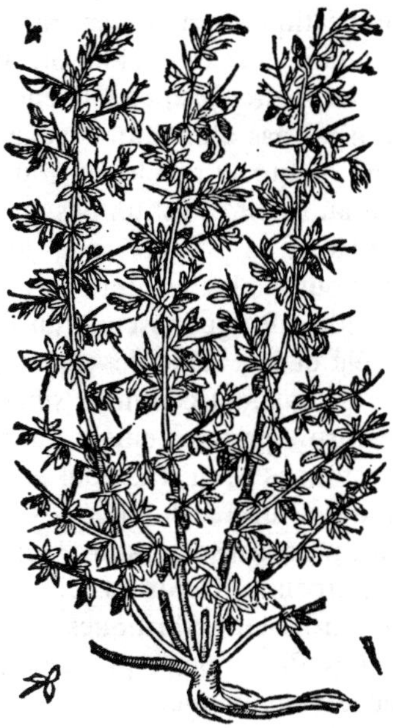

XVIe siècle) : « Les paysans ne la connaissent que trop pour ce qu'elle arrête souvent la charrue en dépit des bœufs et des bouviers, à cause de ses racines fortes et de ses branches qui s'entrelacent dont elle a pris le non d'arrête-bœuf et empêche fort les faucheurs à couper l'herbe des prés et à faner car pour dure qu'ils aient la peau, néanmoins cette herbe les fâche fort en les piquant. » L'autre est d'Olivier de Rawton (fin du XIX^e siècle) : « Les bœufs, les moutons, les chevaux n'y touchent pas ; les chèvres la broutent, les ânes en font leur régal et se plaisent à se rouler dessus, peut-être à cause des piquants qui grattent leur dos et leurs côtes. »

La bugrane, en effet, n'est pas une plante très accueillante. Arbrisseau nain (20 à 60 cm) poussant surtout au bord des chemins, dans les friches, les champs incultes, les prairies pauvres, elle est jolie à regarder avec ses fleurs rouge rosé, rarement blanches, striées de veines pourpres, ressemblant à celles du pois domestique ; mais ses rameaux sont garnis d'épines acérées et qui veut la cueillir ou arracher sa racine pivotante pouvant atteindre jusqu'à 50 cm de long constate rapidement qu'elle n'est pas d'un abord facile...

Pourtant sa racine — qui se récolte en toute saison et se fait sécher à l'ombre ou au soleil — est un des meilleurs diurétiques connus. Galien la plaçait au premier rang, loin devant tous les autres, et, de nos jours, elle est une des principales armes (secrètes, bien entendu) des guérisseurs qui l'associent souvent au bouleau, à la prêle et à la reine-des-prés.

Les vieux traités la signalent comme « singulière à rompre la pierre et à la faire sortir, principalement quand les conduits où passe l'urine sont estoupés », et il est bel et bien établi qu'elle augmente le volume de l'urine, diminue les troubles inflammatoires, d'où son indication dans la cystite, la néphrite calculeuse, l'engorgement de la prostate, l'hydropisie, l'albuminurie chronique, la gravelle, les troubles arthritiques et rhumatismaux, les œdèmes, les maladies de la peau provenant d'une mauvaise élimination des déchets organiques.

Elle se prend en décoction : 20 à 30 g de racine séchée pour un litre d'eau ; faire bouillir à petit feu jusqu'à réduction d'un quart ; ajouter éventuellement 5 g de semences de fenouil ou de la menthe pour la parfumer ; à boire, dans la journée, tiédie au préalable et sucrée avec du miel, par petites tasses, à intervalles réguliers.

Les feuilles et les fleurs séchées en décoction (30 g pour un litre ; faire bouillir dix minutes ; ajouter une cuillerée à soupe de miel) donnent un excellent gargarisme contre angine et maux de gorge.

## BUIS

***Buxux sempervirens.*** *Buis bénit, buis toujours vert, guézette.*

Au XVIII^e siècle, un charlatan (au premier sens du mot, c'est-à-dire un homme qui arrache les dents ou vend des drogues sur la place publique à grand renfort de boniment) avait, en Allemagne, l'exclusivité d'un « produit miracle » contre la fièvre. L'empereur Joseph II lui acheta son secret 1 500 florins et le fit publier afin que tout le monde puisse en bénéficier — c'était de la teinture alcoolique de buis. Et le texte rapportant l'anecdote ajoute : « Dès lors, dépouillé de son prestige, ce médicament tomba dans l'oubli. »

Il n'en reste pas moins que le buis est un excellent fébrifuge, spécialement conseillé aux malades réfractaires au quinquina, en décoction : 30 g de racine râpée (ou de bois) pour un litre d'eau ; faire bouillir jusqu'à réduction de moitié ; sucrer avec du miel ; à boire en trois doses dans la journée.

Il a aussi une forte action sudorifique et diurétique, en même temps que des effets cholagogues incontestables. Il est donc indiqué au début des affections grippales, en cas de paresse du foie, de troubles fonctionnels des voies urinaires, pour les rhumatismes, la goutte, l'œdème et les maladies de la peau. « Que tous ceux qui souffrent du foie ou du paludisme, recommande un traité, en fassent l'essai pendant quelques jours. »

Faute de racine fraîche, vous pourrez employer, en les concassant en petits morceaux, les feuilles et les sommités des tiges séchées, en décoction (40 à 50 g pour un litre d'eau ; faire bouillir de cinq à dix minutes ; laisser infuser encore une demi-heure ; sucrer ; 4 ou 5 petites tasses par jour, entre les repas). J'ajoute que cette tisane est également purgative.

Ce qui est assez curieux, c'est que le buis — originaire de Perse — n'a pas tellement retenu l'attention des Anciens. Ils lui reconnaissaient certes des vertus sudorifiques et dépuratives (sainte Hildegarde le conseillait contre la variole, puis il fut préconisé contre la vérole, les rhumatismes), mais ils se préoccupaient surtout de son influence fâcheuse, disant : « Il est fort dangereux pour le cerveau de dormir sous cet arbre, d'autant qu'il a une odeur du tout ennemie de nature ; on dit qu'un serpent qui aura été blessé est incontinent guéri s'il peut manger de la racine du buis. »

Ils en vantaient cependant les vertus pour teindre les cheveux et les faire repousser. Matthiole déclare que « l'on fait de la lessive avec les esciures pour faire les cheveux roux » et Bosinus Centilius affirme que le buis non seulement a permis à une paysanne de retrouver une épaisse toison mais qu'elle vit aussi sa face et son cou, qu'elle avait aussi lotionnés, se couvrir de poils qui « lui donnaient une ressemblance parfaite avec une guenon »...

Sans espérer de tels résultats, il est certain que le buis à une action bénéfique sur le cuir chevelu (évoquée d'ailleurs par le professeur Binet, sous forme de friction quotidienne avec la lotion suivante : faire macérer pendant dix à quinze jours 50 g de feuilles fraîches finement hachées dans un demi-litre d'alcool à 45° (ou encore du marc ou du rhum) ; filtrer ; ajouter éventuellement un peu d'essence parfumée naturelle (lavande, romarin). « Je pense, dit Jos. Triponez qui donne cette formule[1], qu'il n'existe guère de meilleur remède contre les pellicules. »

1. *Op. cit.*

# C

## CAILLE-LAIT

***Gallium verum.*** *Gaillet, gaillet jaune, herbe ou fleur de la Saint-Jean, herbe à cailler, bon sang, petit muguet.*

Malgré son nom, il n'a aucune action sur le lait. En revanche, il en a une sur notre organisme puisqu'il est sudorifique, antispasmodique, légèrement diurétique et astringent.

Il est très commun dans les prairies sèches (notamment celles des Alpes et du Jura), à la lisière des bois. Il a des tiges grêles et carrées (30 à 50 cm de haut), garnies de feuilles étroites, au dessous blanchâtre, disposées autour d'elles en étoile par groupes de 6 à 8 ; ses fleurs forment des grappes terminales, elles sont petites (2 à 3 mm de large) et d'une belle couleur jaune d'or. Toute la plante exhale une odeur aromatique qui rappelle celle du miel ou des fleurs de tilleul.

Autrefois, il a été tenu pour le spécifique de l'épilepsie, mais aujourd'hui on le conseille seulement dans les troubles d'origine nerveuse (douleurs d'estomac, insomnie, vertiges, hystérie) et comme draineur dans l'hydropisie, l'obésité et les maladies de la peau.

Il se prend en infusion (20 à 30 g de feuilles et sommités fleuries séchées pour un litre d'eau ; 3 tasses par jour entre les repas).

Il est cependant une utilisation qui pourrait justifier son nom : en Angleterre, dans le comté de Chester, on le mêlait à la présure pour donner aux fromages une couleur et une saveur particulières.

## CAMOMILLE

***Matricaria chamomilla.* Anthemis nobilis.** *Camomille ordinaire, camomille allemande, petite camomille. Camomille noble, camomille romaine, camomille double.*

Comme il y a deux Allemagnes, il y a deux camomilles : l'une est généralement sauvage, c'est l'allemande ; l'autre presque toujours cultivée, c'est la romaine.

Leurs propriétés sont sensiblement identiques, mais les avis sont partagés sur leur degré d'efficacité, certains affirmant que la romaine est la plus forte alors que d'autres accordent la palme à l'allemande. En fait, l'expérience a prouvé qu'elles se valent et, personnellement, j'ai opté pour l'allemande parce qu'elle est agréable à boire tandis que la romaine n'est pas spécialement réjouissante pour les palais délicats (j'ai découvert cette nuance en Suisse et en Allemagne où l'on prend volontiers une infusion de camomille au café, au restaurant ou chez soi).

J'abandonnerai donc la romaine à grosses têtes aux masochistes de la tisane et vous parlerai de l'allemande, qui est d'ailleurs celle dont les Anciens louaient les vertus : les Égyptiens l'avaient dédiée au soleil en raison de son efficacité contre les fièvres ; Dioscoride et Galien la préconisaient dans le même domaine et aussi contre les courbatures ou les troubles féminins (d'où son nom savant de *Matricaria chamomilla*).

Elle pousse sur tous les terrains et même dans les décombres. C'est une plante annuelle — alors que la camomille romaine est vivace — qui est classée parmi les « mauvaises herbes » par les manuels d'agriculture. Elle peut atteindre 60 cm de haut ; ses tiges sont dressées et ramifiées ; ses feuilles sont petites, odorantes quand on les froisse, et pennées par deux fois (« bipennatiséquées » disent les botanistes), leur découpure faisant penser à certaines fougères ou certaines algues ; ses fleurs ressemblent à des marguerites de dimension réduite, toutefois le cœur jaune est fortement bombé, en forme de pain de sucre, et la couronne de pétales blancs retombe autour de lui comme un tutu de danseuse ; leur floraison s'étend de juin à septembre ; ce sont elles qu'on utilise, récoltées lorsqu'elles ne sont pas encore en plein épanouissement et séchées à l'ombre au-dessous de 35° (on dit que leur odeur empêche les abeilles de piquer les récolteurs de miel).

Les médecins d'autrefois tenaient la camomille pour « un médicament précieux » et la prescrivaient souvent, mais à des doses beaucoup plus concentrées que celles auxquelles on a habituellement recours et qui, ainsi préparées, donnent une tisane « résolument inerte », selon le docteur Leclerc qui la définit comme une « mixture anémique qu'on obtient en semant parcimonieusement quelques fleurs à la surface d'un océan d'eau chaude »...

Voici, par conséquent, comment l'utiliser judicieusement :

Contre la paresse d'estomac, les ballonnements, les digestions difficiles, l'insomnie : en infusion (5 à 10 g de fleurs séchées pour 100 g d'eau [une tasse] ; laisser infuser dix à quinze minutes) ; à boire de préférence *avant le repas.*

Contre la fièvre, les névralgies du trijumeau, les courbatures grippales, les migraines à l'approche des règles, les règles douloureuses : en infusion concentrée (une cuillerée à soupe pour 100 g d'eau bouillante ; laisser infuser une heure ; passer en exprimant) — « les douleurs sont calmées, dit le docteur Leclerc, en moins d'une heure ». Vous pouvez ajouter quelques gouttes de jus de citron qui éclaircissent la tisane et, paraît-il, en renforcent l'action.

Contre les crampes, les douleurs des rhumatismes et de la goutte : préparer de l'huile de camomille en mettant dans un flacon de verre 50 à 60 g de fleurs pour un 1/2 litre d'huile d'olive ; boucher ; exposer deux ou trois jours au soleil, puis faire macérer encore pendant deux heures au bain-marie, couvert, en remuant de temps en temps ; passer en exprimant. Utiliser, très chaude, en frictions sur les parties intéressées. La même huile, en compresses très chaudes autour de la gorge, est indiquée contre l'extinction de voix.

Comme tonique et apéritif : dans un litre de bon vin (rouge ou blanc), faire macérer pendant dix jours 50 g de fleurs, 10 g d'écorce d'orange ou de citron (venant de fruits garantis non traités au diphényle, produit hautement toxique[1] utilisé couramment maintenant pour empêcher les moisissures pendant le stockage), 10 à 15 morceaux de sucre (roux de préférence) ; filtrer ; un verre à porto avant les repas.

Pour combattre l'inflammation des paupières, la conjonctivite, les infections de la peau (dartres, eczéma) : lotions ou compresses avec une décoction de 50 à 60 g de fleurs pour un litre d'eau, porter à ébullition et laisser infuser une vingtaine de minutes. Mêlée à l'eau d'un bain, cette décoction décontracte et efface la fatigue ; elle soulage aussi les hémorroïdes, calme les prurits et les douleurs rhumatismales.

Enfin, les blondes pourront tirer profit d'une recette de beauté bien connue de l'élément féminin d'Europe centrale : un shampooing, effectué avec un litre d'eau dans lequel a bouilli pendant vingt minutes un sachet contenant 100 g de fleurs, donne aux cheveux de magnifiques reflets dorés.

## CAPUCINE

***Tropaeolum majus.*** *Cresson du Pérou, cresson d'Inde, cresson du Mexique.*

Vivace dans la Cordillère des Andes d'où les « conquistadores » de Pizarre la rapportèrent en même temps que l'or des Incas, elle est annuelle chez nous. Son nom savant lui vient du grec *tropaion* : trophée parce que la fleur et la feuille évoquent le casque et le bouclier composant les trophées dont on décore les monuments ; son nom commun découle simplement de ce que l'éperon de sa fleur est en forme de capuce ou capuchon.

« Elle est d'un usage plus familier dans les aliments que dans les remèdes », note un traité du XVIII^e^ siècle. Effectivement, si à l'époque on la substitue parfois au cresson comme antiscorbutique, on accommode surtout ses jeunes feuilles et ses fleurs en salade pour donner du piquant à la laitue ou à la romaine, et on confit dans le vinaigre ses boutons floraux et ses graines encore vertes pour être mangés comme les câpres, recettes qui sont toujours en vigueur aujourd'hui dans certaines régions.

Mais depuis qu'Élisabeth-Christine, la fille du célèbre bota-

1. *Voir* page 133.

niste suédois Linné, fut la première à signaler qu'au crépuscule des chaudes journées d'été des éclairs s'échappaient du cœur de la fleur, à partir des étamines et des styles, les savants se sont intéressés à la composition chimique de la plante (selon eux, cet étrange phénomène est lié à sa richesse en acide phosphorique) et on en a tiré des conclusions thérapeutiques (on sait, par exemple, maintenant qu'elle est un puissant antibiotique naturel qui a le mérite de ne pas détruire la flore intestinale, d'où sa commercialisation comme tel par un laboratoire allemand, et qu'elle possède également des vertus rajeunissantes et aphrodisiaques, signalées par le professeur Binet[1] qui l'appelle « une fleur d'amour »).

Elle est conseillée aux sujets atteints de bronchite chronique, de catarrhe pulmonaire, d'emphysème : infusion de feuilles fraîches, 2 à 3 g pour 100 g d'eau bouillante, laisser infuser cinq minutes ; deux ou trois fois par jour.

Ses fruits, mûrs et desséchés (à la dose de 0,60 g, écrasés et pris dans une cuillerée de miel ou dans 1/2 verre d'eau sucrée) sont purgatifs et ont l'avantage de ne donner aucune colique.

Elle est surtout « la plante pour les cheveux » — sans doute en raison de sa forte teneur en soufre : 100 g de feuilles en contiennent jusqu'à 0,17 g — car elle arrête leur chute et favorise leur croissance en tonifiant le cuir chevelu.

Voici la recette d'une lotion capillaire que vous pouvez préparer vous-même : feuilles, fleurs et semences fraîches de capucine 100 g ; feuilles fraîches d'ortie 100 g ; feuilles fraîches de buis 100 g ; alcool à 90° 500 g ; hacher les plantes ; les faire macérer quinze jours dans l'alcool ; passer en exprimant ; parfumer avec quelques gouttes d'essence de lavande ou de romarin ; à utiliser en massages fréquents et énergiques du cuir chevelu ou encore en frictions avec une brosse un peu dure.

## CARLINE

***Carlina acaulis.*** *Carline des Alpes à tige courte, chardon d'argent, cardousse, chardon doré, caméléon blanc, chardonnerette, baromètre, loque, artichaut sauvage.*

1. *Op. cit.*

Elle se trouve dans la moitié sud de la France, sur les pentes ensoleillées des monts d'Auvergne, du Jura et des Alpes, dans les prairies maigres du Languedoc et de Provence. Les paysans se servent de ses feuilles pour faire cailler le lait et dans certaines régions mangent son réceptacle qui est aussi charnu que le cœur d'artichaut ; ils la prennent aussi pour baromètre : si sa fleur se ferme, la pluie n'est pas loin. Les chèvres sont

seules à la rechercher... avec les promeneurs avertis qui savent que, une fois sèche, elle leur donnera des bouquets décoratifs qui se garderont tout l'hiver comme des immortelles.

La carline a une grosse racine pivotante brûnatre s'enfonçant de 20 à 25 cm dans le sol, une tige presque inexistante ou ne dépassant guère 20 cm, des feuilles disposées en rosette serrée dont les dentelures sont autant de piquants acérés ; ses fleurs — ou plutôt ses capitules floraux — ont une sorte de cœur jaunâtre (ce sont les fleurons fertiles qui donneront des aigrettes plumeuses) entouré d'une couronne de sépales raides, argentés, qui rappellent les pétales des marguerites ; elles atteignent 10 à 15 cm de diamètre et lorsqu'elles brillent au soleil, elles font penser à des constellations qui seraient tombées dans l'herbe.

La médecine d'autrefois classait la racine de carline parmi les alexitères ou alexipharmaques, c'est-à-dire dans les antidotes ou contrepoisons, en foi de quoi elle l'incorporait dans la plupart des préparations destinées à lutter contre les empoisonnements ou les morsures de serpents. A l'origine de cette croyance en une vertu que l'expérience n'a d'ailleurs pas vérifiée se trouve la légende selon laquelle un ange aurait « divinement révélé cette herbe à Charlemagne pour chasser la peste de son camp comme étant singulière contre la contagion d'icelle maladie », d'où le nom de carline qui évoque celui de l'empereur Carolus Magnus.

En revanche, il est établi que la racine de carline, récoltée en automne, séchée et coupée en morceaux, est apéritive, tonique, sudorifique, digestive et fortement dépurative. Elle s'emploie en décoction (30 à 40 g pour un litre d'eau, faire bouillir doucement cinq minutes, laisser infuser dix minutes ; 3 ou 4 demitasses par jour entre les repas).

Vous pouvez aussi préparer un vin apéritif et dépuratif (contre les maladies de la peau telles que dartres, eczéma, prurit) en faisant macérer, pendant huit jours, 15 à 30 g de racine dans un litre de vin rouge ou blanc ; un verre à porto avant le repas.

## CAROTTE

***Daucus carota.***

Quand j'ai lu sous la plume du professeur Binet[1] qu'elle « donne du sang à l'organisme », il m'a semblé entendre de nouveau le bon accent bourguignon d'une de mes grand-tantes — l'accent de Colette — qui, chaque fois qu'elle nous servait

1. *Leçons de biologie dans un parc*, Magnard édit.

pendant les vacances un énorme plat de carottes (presque toujours à la crème, pour me régaler !) ne manquait jamais de me dire : « Manges-en beaucoup, mon lapin : elles te feront les cuisses roses et le teint frais ! » Si je suivais son conseil, j'avoue que c'était davantage pour la saveur du plat que pour les heureux effets annoncés ; or, il est établi scientifiquement maintenant que la carotte augmente le nombre des globules rouges et qu'elle est le meilleur aliment-remède pour le foie...

La faire figurer souvent sur votre table — soit en boisson (jus cru), soit en hors-d'œuvre (râpée crue, en salade), soit en potage ou légume — est donc prendre une assurance contre de nombreuses affections (anémie, troubles du foie et de l'intestin, maladies de peau, déminéralisation, etc.), surtout si elle a poussé biologiquement, c'est-à-dire sans produits chimiques toxiques. Mais vous pourrez aussi l'employer utilement dans les cas suivants :

Contre les troubles de croissance, les maladies infectieuses, les insuffisances hépato-biliaires, les affections cutanées (vitiligo notamment) : prendre chaque jour, le matin à jeun de préférence, le jus de 3 ou 4 carottes moyennes. « Les habitués de cette méthode, note le docteur Pierre Oudinot[1], ont acquis une intéressante immunité à l'égard des affections aiguës. Telles personnes qui ne passaient pas un hiver sans grippe, rhume ou bronchite ne connaissent plus ces inconvénients. Les engelures habituelles sont aussi favorablement influencées. »

Contre la constipation : une soupe faite d'un kilo de carottes bouillies pendant deux heures dans un litre d'eau et passées à la moulinette.

Contre la diarrhée infantile : « La soupe de carottes, dit Léonce Carlier[2], est un vieux remède, toujours très en honneur. » Voici sa recette : gratter et couper en morceaux 500 g de carottes bien rouges ; les faire bouillir dans un litre d'eau jusqu'à ce qu'elles soient parfaitement amollies ; les passer à la moulinette ; ajouter de l'eau bouillante en quantité suffisante pour faire un litre et saler avec 3 g de sel ; conserver dans un lieu frais et employer dans les vingt-quatre heures ; agiter la

1. *La conquête de la santé*, Édit. Dangles.
2. *Les légumes et les fruits qui guérissent*, Édit. La Diffusion Nouvelle du Livre.

soupe avant de remplir le biberon ; donner à la cuiller le fond du biberon. On nourrira l'enfant exclusivement avec cette soupe jusqu'à la première évacuation qui se produit généralement le deuxième ou le troisième jour du régime. Progressivement, on ajoutera du lait en diminuant d'autant la quantité de soupe pour arriver, après 5 ou 6 jours, à la ration de lait normale (pendant cette période de réadaptation, la soupe deviendra de moins en moins riche, passant de 400 à 100 g de carottes par litre d'eau).

Contre l'extinction de voix, la toux opiniâtre, l'asthme : faire cuire 3 carottes dans l'eau pendant un quart d'heure ; les râper entièrement ; tordre la pulpe dans un linge pour en extraire le suc ; ajouter 2/3 d'eau et boire chaud, 1/2 verre cinq ou six fois par jour.

En cas d'ulcère de l'estomac, adopter comme boisson pendant les repas le bouillon de carottes (une 1/2 livre, coupées en rondelles, pour 1,5 l d'eau ; cuire une demi-heure, saler normalement) à boire chaud.

Contre les vers intestinaux : pendant trois ou quatre jours, manger des carottes crues avant de prendre un vermifuge plus énergique ; l'effet de celui-ci sera plus certain et plus complet.

Pour calmer la douleur des brûlures et empêcher la formation de cloques, pour supprimer les démangeaisons dans les maladies de la peau (dartres, prurit, eczéma), diminuer les élancements des ulcères variqueux, des abcès, des panaris, des furoncles : râper des carottes et appliquer la pulpe fraîche en cataplasmes.

Pour éclaircir le teint, faire disparaître rougeurs et petits boutons, combattre les rides : faire un masque de beauté avec des carottes crues, râpées avec leur peau et humectées d'un jus de citron ; à garder une demi-heure.

J'ajoute encore deux conseils d'ordre culinaire : 1°) les carottes doivent êtres grattées ou brossées, jamais pelées (la partie externe est la plus riche en principes actifs) ; 2°) elles fournissent un excellent colorant naturel pour les sauces et le bouillon : faire sécher au four, jusqu'à ce qu'elles aient pris une teinte brun foncé, des petites carottes que vous garderez à l'abri de l'humidité et que vous incorporerez le moment venu à votre préparation.

## CASSIS

***Ribes nigrum****. Groseillier noir, cassissier.*

Le chanoine Kir, qui fut un pittoresque député-maire de Dijon, a certainement plus fait pour sa gloire que tous les ouvrages qui lui avaient été jusqu'alors consacrés, entre autres un traité de 1722 intitulé *Des propriétés admirables du cassis* qui le présentait comme une panacée. Personne n'ignore plus aujourd'hui le charme du « vin blanc cassis » (à condition que vin et cassis soient de qualité !) que j'ai toujours connu comme étant l'apéritif préféré de mes compatriotes bourguignons ; malheureusement, il n'en est pas de même pour les vertus de la plante, ce qui est regrettable car elles sont nombreuses et exceptionnelles.

Sans faire montre de chauvinisme de clocher, je peux vous dire en effet que rarement végétal a donné d'aussi bons résultats dans une série aussi longue d'affections : rétention d'urine, goutte, rhumatismes, gravelle, inflammation des voies urinaires (cystite, néphrite), coliques néphrétiques, hydropisie, fièvres éruptives, diarrhée chronique, fatigue générale, albuminurie, œdème, douleurs arthritiques, inflammations de l'estomac et de l'intestin.

Tous ceux qui y ont eu recours le couvrent d'éloges, du docteur Durville qui affirme que l'infusion de feuilles (un verre matin et soir ou dans le vin des repas) « calme les aigreurs d'estomac et remplace avantageusement la magnésie et le bicarbonate de soude » au docteur Cazin qui constate que l'infusion à froid de feuilles de cassis « est de toutes les boissons la plus convenable et la moins dispendieuse pour se désaltérer pendant les chaleurs de l'été et les pénibles travaux de la récolte ».

Vous pouvez l'utiliser au choix :

En infusion : 40 à 50 g de feuilles fraîches ou séchées (dans ce dernier cas, les tremper à froid pendant une heure dans l'eau qui servira à l'infusion) pour un litre d'eau ; chauffer à feu doux jusqu'à ébullition ; retirer du feu ; laisser infuser dix minutes ; 3 ou 4 tasses par jour, avant, après ou entre les repas. Si vous voulez renforcer encore l'action antirhumatismale, vous préparerez le mélange suivant : feuilles de cassis sèches 100 g, feuilles de frêne sèches 50 g, sommités fleuries séchées de reine-des-prés 50 g ; une bonne cuillerée à soupe de ce mélange pour une tasse d'eau bouillante, chaque soir.

En vin : une vingtaine de feuilles fraîches dans un litre de bon vin blanc ; faire macérer dix à quinze jours ; filtrer et ajouter éventuellement du sucre — personnellement, je n'en mets pas pas, j'ajoute une larme de crème de cassis, ce qui fait un Kir médicinal ! — ; un verre à bordeaux au début des repas.

En boisson rafraîchissante et diurétique : 30 g de feuilles fraîches ou sèches (ces dernières toujours à faire tremper), 30 g de réglisse pour un litre d'eau ; porter à ébullition ; laisser infuser dix minutes ; filtrer ; à boire à volonté.

Il est aussi une vertu non négligeable que l'on prête au cassis : depuis des siècles, il passe pour être un facteur de longévité et de lutte contre le vieillissement. « Il est, dit un texte de 1753, un très excellent élixir de vie, qui entretient la santé et qui fait que les personnes âgées paraissent plus jeunes qu'elle ne sont. »

## CENTAURÉE (PETITE)

***Gentiana centaurium ou Erythrosa centaurium.*** *Herbe au centaure, gentiane centaurée, herbe à Chiron, herbe à la fièvre, quinquina d'Europe, fiel de terre, chironde, chironée, gentianelle, centaurelle.*

« C'est un purifiant universel », telle est la définition — un peu exagérée — qu'en donne un vieil ouvrage qui voit en elle un spécifique des maladies contagieuses, un fébrifuge par excellence, un vulnéraire, un détersif, un apéritif, ajoutant qu'« elle est aussi propre à emporter les obstructions des viscères, faire couler la bile par le ventre, guérir la jaunisse, désopiler le foie, pousser les ordinaires, fortifier l'estomac, et faire mourir les vers. »

La légende rapporte que le centaure Chiron — lequel enseigna la chirurgie au dieu de la médecine Esculape — fut le premier à l'utiliser pour guérir la blessure qu'Hercule lui avait faite avec une flèche empoisonnée, ce qui valut à la plante d'être tenue pour magique : chez les Romains, on la brûlait pour chasser les serpents et les Gaulois l'employaient comme antidote.

Vous la rencontrerez aussi bien en plaine qu'en montagne (jusqu'à 1 400 m), dans les clairières, les prairies ensoleillées, au long des chemins, sur les terres sablonneuses. Elle a des tiges carrées, de 25 à 50 cm de haut, ramifiées seulement à la partie

supérieure, portant des petites feuilles ovales et opposées ; ses petites fleurs rouge pâle, dont la base est tubulaire et le haut déployé en étoile à cinq branches, forment de jolis bouquets au sommet des tiges.

Ce sont les sommités fleuries qu'on récolte et fait sécher à l'ombre au moment de leur plus grande vigueur florale (juillet-septembre) pour préparer une tisane indiquée dans les cas suivants : contre la fièvre (elle a remplacé le quinquina aux époques où il est venu à manquer), le manque d'appétit et les digestions pénibles (pour être apéritive, elle se prend avant le repas et pour être digestive, après), l'insuffisance hépatique avec constipation, l'infection des voies biliaires, l'anémie, l'hydropisie, les oxyures et les ascaris (elle n'est pas suffisante pour les détruire, mais elle renforce l'action des véritables vermifuges), les dermatoses.

La dose habituelle pour l'infusion est de 30 g de sommités fleuries pour un litre d'eau (laisser infuser cinq à dix minutes), 3 tasses par jour, de préférence avant le repas ; la saveur étant assez amère, vous pourrez y ajouter de la menthe ou de l'angélique.

Comme tonique (anémie, convalescence) et apéritif, adoptez le vin de centaurée : 60 g de plante dans un litre de bon vin blanc, quelques baies de genièvre ; faire macérer huit jours ; filtrer ; sucrer (avec du miel de préférence) ; un verre à bordeaux avant les repas.

En usage externe, la décoction (60 g pour un litre ; faire bouillir quelques minutes) est indiquée en lotions et compresses sur les ulcères variqueux et les plaies atones ; en lotions, elle passe pour arrêter la chute des cheveux.

## CERFEUIL

***Choerophyllum sativum*** ou ***Anthriscus cerefolium***. *Cerfeuil officinal ou commun, herbe aiguillée ou à l'aiguillette.*

La médecine du Moyen Age le prescrivait pour « déboucher le foie et les reins, pousser les urines et le gravier, faciliter le mouvement des liqueurs, entretenir la circulation du sang et le purifier », dans la jaunisse, les pâles couleurs et l'enflure, en fomentation sur le ventre pour la colique ; on en bassinait les femmes accouchées et les parties menacées d'érysipèle ou d'inflammation ; on le faisait prendre après les chutes et les coups violents pour dissoudre le sang caillé.

De toutes ces vertus, celles qui se sont confirmées par l'expérience et que la médecine populaire a retenues sont son action stimulante, diurétique et résolutive ; d'où son indication en usage interne contre les troubles de la circulation, les affections hépatiques, la jaunisse, le catarrhe chronique, les engorgements lymphatiques, les troubles urinaires, les obstructions viscérales ; en usage externe, contre les affections de la peau, les inflammations des yeux, les hémorroïdes.

Il s'emploie toujours frais car la dessiccation lui fait perdre la quasi-totalité de ses principes actifs — comme la cuisson le prive de sa saveur aromatique et c'est pourquoi, en cuisine, il ne faut jamais le faire cuire.

L'infusion (30 à 40 g pour un litre d'eau bouillante ; couvrir, laisser infuser dix minutes) se prend à la dose de 3 tasses par jour, entre les repas de préférence.

En usage externe, la décoction (40 à 60 g pour un litre d'eau ; porter à ébullition et laisser infuser pendant une demi-heure) sert en lotions et en compresses (trois fois par jour) dans l'ophtalmie et les inflammations des paupières. Elle s'utilise aussi pour les soins du visage (lotions ou compresses) car elle assouplit la peau et retarde l'apparition des rides.

Le cerfeuil — cuit dix minutes dans du lait ou pilé frais —, appliqué en cataplasmes, soulage les douleurs hémorroïdales.

Mais surtout songez à l'incorporer, le plus souvent possible et abondamment, à votre alimentation en le semant, finement haché, sur vos hors-d'œuvre, vos salades et vos légumes ; ou encore sous forme d'un délicieux potage dont je me régale souvent : faire cuire à l'eau, avec une pointe d'ail, des pommes de terre pelées ; les passer à la moulinette et les remettre dans l'eau de cuisson en y ajoutant 1 à 2 cuillerées de crème fraîche ; faire cuire un tour sur le feu et, au moment de servir, ajouter une bonne poignée de cerfeuil haché fin.

## CERISIER

***Prunus cerasus.***

Vous souvenez-vous de ce passage des *Confessions* où Rousseau parle de son séjour au château de Thônes avec M^lle^ de Graffenreid et M^lle^ Galley ? « Nous allâmes dans le verger achever notre dessert avec des cerises. Je montai sur l'arbre, et je leur en jetais des bouquets dont elles me rendaient les noyaux à travers les branches. Une fois, Mlle Galley, avançant son tablier et reculant la tête, se présenta si bien, et je visai si juste, que je lui fis tomber un bouquet dans le sein ; et de rire. Je me disais en moi-même : « Que mes lèvres ne sont-elles des cerises ! Comme je les leur jetterais ainsi de bon cœur. »

Il me revient automatiquement à l'esprit, en même temps, bien sûr, que l'inoubliable *Temps des cerises* du poète communard Jean-Baptiste Clément, chaque fois que mes yeux tombent sur le bocal où sont stockées nos queues de cerises car j'ai toujours une réserve de cet extraordinaire diurétique « qui réussit là où les drogues chimiques du médecin ont échoué ». Je garde celles de nos « pendants d'oreille » — non traitées, autrement ce serait courir le risque de faire une tisane d'insecticide ! —, le seul problème étant de les bien faire sécher, sans quoi elles moisissent et sont inutilisables.

Il nous faut donc remercier le général-gastronome romain Lucullus d'avoir rapporté du royaume de Pont le cerisier qu'il introduisit en Europe ; parce que les cerises sont délicieuses et excellentes pour l'organisme en raison de leur richesse vitaminique (écrasées et appliquées sur la peau en emplâtres, elles tonifient aussi les tissus fatigués ; sur le front, elles chassent la migraine) ; parce que leurs pédoncules — pour employer le terme exact — sont d'un précieux secours dans l'inflammation des voies urinaires (coliques néphrétiques, cystite), la grippe, la jaunisse, l'arthritisme, les rhumatismes, la goutte, l'hydropisie.

La meilleure façon de préparer la décoction est la suivante : faire macérer à l'eau froide, pendant douze heures, 30 à 50 g de queues de cerises pour un litre d'eau ; faire bouillir quelques minutes ; verser bouillant sur une 1/2 livre de cerises entières ou de pommes coupées en rondelles (selon la saison) ; laisser macérer le tout encore vingt minutes ; passer à travers un linge en exprimant légèrement ; 4 ou 5 petites tasses par jour.

## CHÉLIDOINE

***Chelidonium majus.*** *Grande chélidoine, grande éclaire, herbe à hirondelle, herbe à cors, herbe à verrues, herbe dentaire, felougne, félougène.*

Il n'y a guère aujourd'hui que quelques paysans qui veulent gentiment se « payer la tête » des citadins en vacances ou d'aimables fantaisistes pour affirmer que les hirondelles cassent avec leur bec des brins de chélidoine pour en frotter les yeux de leurs petits menacés de cécité.

Cette légende — que rapporte le Larousse et qui remonte loin dans le temps — n'a pas plus de fondement que celle qui veut

que le basilic pilé, mis sous une pierre, engendre un scorpion et, dès le Moyen Age (où l'on admettait pourtant cette histoire de génération spontanée de scorpion !), on avait renoncé à croire de telles balivernes. Matthiole, en 1565, explique d'ailleurs que si « chélidoine » vient du grec *khélidon :* hirondelle, c'est tout simplement parce que la plante « commence à sortir quand les hirondelles viennent et se sèche quand elles s'en vont »...

Ce qui est cependant beaucoup plus grave, c'est qu'en

présentant à la légère la chélidoine comme une sorte de panacée, on risque de provoquer des accidents catastrophiques. Elle renferme en effet des poisons violents : son suc tue un chien de forte taille à la dose de 80 g et « l'extrait aqueux préparé avec la plante fraîche, dit le docteur Cazin[1], est tout aussi vénéneux ; il détermine une vive inflammation des organes digestifs et, secondairement, une irritation du système nerveux ».

Pour avoir mal lu ou entendu vanter ses vertus, des gens sont venus en demander à une herboriste de mes amies — en même temps que du bouton d'or, tout aussi toxique — prêts à se fabriquer des infusions miraculeuses. Heureusement pour eux, elle les en a dissuadés (ce qui démontre, en passant, l'erreur monumentale — on pourrait même dire le crime — que l'on a commis en vouant cette profession à la disparition) et leur a épargné ainsi de gros ennuis.

Certes, la chélidoine a été et est encore employée en usage interne, mais son maniement est si délicat et comporte tant de risques par une simple erreur de dosage qu'il vaut mieux la laisser aux médecins, lesquels l'ont préconisée, autrefois contre la peste, la cécité et l'hydropisie, naguère contre le cancer, tandis que les pratiques magiques affirmaient que « touchée à pied nu et portée dans le soulier, elle guérit la jaunisse », que « si quelqu'un la porte sur soi avec le cœur d'une taupe, il sera au-dessus de ses ennemis et se tirera de ses procès » et qu' « elle chante quand le malade doit mourir et pleure lorsqu'il doit guérir »...

Aujourd'hui, elle entre dans le traitement de l'hydropisie, de la gravelle, des engorgements abdominaux, des affections du foie. C'est dans ce dernier domaine qu'elle occupe une place de choix en homéopathie sous son nom savant de *Chelidonium majus,* remède de l'hépatisme, toujours indiqué « depuis la simple et passagère congestion du foie jusqu'aux plus graves cirrhoses, surtout quand on constate la présence d'une douleur à l'angle inférieur de l'omoplate droite et que les selles sont jaune d'or », écrit le docteur André Thibault[2]. Donc, si vous voulez

1. *Op. cit.*
2. *Initiation pratique à l'homéopathie*, Édit. Farnèse.

profiter des propriétés thérapeutiques de la chélidoine, sans courir le moindre danger grâce aux doses infinitésimales propres à l'homéopathie, c'est à cette méthode que je vous conseille de vous adresser.

Toutefois, la plante fraîche a un usage externe irremplaçable : le suc jaune orangé qui suinte quand on coupe une de ses tiges justifie pleinement ses surnoms d' « herbe à verrues » et d' « herbe à cors » car, en applications quotidiennes — strictement limitées aux parties intéressées, autrement il attaque la peau saine —, il fait généralement disparaître ces vilaines excroissances en une huitaine de jours.

Vous n'aurez d'ailleurs pas à chercher bien loin la matière première pour ce traitement : la chélidoine pousse partout, sur les tas de gravats, dans les fentes des vieux murs. Elle se signale par ses tiges duveteuses, ses feuilles, également velues, très découpées et ses fleurs jaune doré à quatre pétales.

## CHÊNE

***Quercus robur.*** *Chêne rouvre, chêne mâle, quesne, rouvre, roi des forêts.*

Parce qu'il a un aspect imposant (il peut atteindre 40 m de haut et 7 m de circonférence) et une longévité exceptionnelle (plus de deux mille ans), on en a fait, de l'Antiquité au Moyen Age, un arbre sacré : les Grecs et les Romains le consacraient à Zeus et Jupiter, rendaient des oracles en interprétant le bruit du vent dans son feuillage et en tressaient des couronnes pour récompenser les vainqueurs, sportifs ou militaires ; les Gaulois le vénéraient et les druides lui devaient leur nom dérivé du mot celte *deru* : chêne. Enfin, ce n'est pas par hasard que Saint Louis rendait la justice sous un chêne ou que Jeanne d'Arc y entendit pour la première fois ses voix, ce que la verve de Joseph Delteil — que je relis de temps à autre — transposa en ouvrant sa *Jeanne d'Arc* par cette étonnante image : « Jeanne vint au monde à cheval, sous un chou qui était un chêne... »

Écorce, feuilles et glands sont utilisés dans les campagnes pour leurs vertus astringentes et toniques dues à leur richesse en tanin. (On a recours aussi à la sciure de chêne, avec de l'eau et du vinaigre, pour nettoyer les bouteilles.)

L'écorce se récolte au printemps sur les rameaux de quatre à cinq ans et se fait sécher au soleil ou à l'ombre dans un courant d'air. Coupée en morceaux, en décoction (80 à 100 g pour un litre d'eau ; faire bouillir dix minutes), elle s'emploie en gargarismes et bains de bouche contre les inflammations de la gorge (pharyngite, amygdalite) et des muqueuses buccales ; en injections pour le traitement des métrites, fibromes utérins et leucorrhées ; en bains chauds et prolongés (vingt à trente minutes) contre les engelures, la transpiration excessive et les gelures ; en compresses sur les hernies, les glandes enflammées et les hémorroïdes. Moulue et réduite en une poudre fine appelée « tan », elle arrête — prisée comme du tabac — les saignements de nez ; elle cicatrise — saupoudrée sur le drap — les escarres des « malades qui s'entament par un séjour trop prolongé au lit » ; elle est indiquée enfin (2 à 3 g de poudre dans une cuillerée à soupe de miel le matin à jeun) contre les règles trop abondantes ou prolongées ; le docteur Cazin signale avoir guéri grâce à elle des hémorragies utérines « qui n'avaient cédé à aucun autre moyen ».

Les jeunes feuilles, cueillies au printemps et séchées, en décoction (30 g pour un litre d'eau — ou 20 g plus 10 g d'un mélange à parts égales de centaurée et d'absinthe — faire bouillir quelques minutes ; laisser infuser dix minutes ; une tasse par jour, sucrée au miel) sont conseillées aux personnes faibles, aux tuberculeux et en cas de dysenterie. Associées à la feuille d'ortie blanche, à l'eucalyptus (10 g de chaque pour un litre d'eau ou de vin, toujours en décoction), elles s'emploient contre les pertes blanches à la dose d'un verre à bordeaux avant les repas.

Les glands — qui présentent la particularité de respirer tout au long de leur conservation hivernale et qui, selon Pline, auraient été utilisés pour la nourriture de l'homme avant que celui-ci connaisse le blé — donnent, torréfiés, le « café de gland » qui fut la boisson nationale des Allemands pendant les restrictions de la Première Guerre mondiale. Ce café est stomachique ; il possède des qualités « essentiellement hygiéniques et alimentaires », ce qui le fait recommander aux personnes dont les digestions sont laborieuses et en cas de coliques, diarrhée et dysenterie. Il a, en outre, le mérite de n'être pas un excitant.

## CHÈVREFEUILLE

***Lonicera periclymenum.*** *Périclymène, saute-buisson, herbe de la Pentecôte, fleur de miel, herbe de chèvre.*

Après avoir été prescrit pendant des siècles en médecine comme plante « vulnéraire détersive », il fut peu à peu abandonné, si bien que Roques constate en 1837 : « Les médecins ont laissé le chèvrefeuille dans les buissons, et ils ont bien fait. Heureux les malades qui peuvent, quand vient leur convalescence, aller respirer son doux parfum dans quelque joli paysage ! La pureté de l'air, les émanations balsamiques des fleurs sont aussi de fort bons remèdes. »

Aujourd'hui, on pourrait dire : « Les paysans ont néanmoins continué à se servir du chèvrefeuille, et ils ont bien fait », car des travaux récents ont établi qu'il se signalait par sa richesse en acide salicylique (l'élément essentiel de nombreuses spécialités pharmaceutiques, l'aspirine[1] notamment) et, comme le souligne le professeur Binet[2], « aussi la puissance de ses substances antibiotiques, actives sur le colibacille et le staphylocoque ».

Il est évident que le bon peuple ne se soucie guère de ces hautes notions scientifiques ; ce qui le conduit à utiliser une plante, ce sont les résultats qu'il en obtient (qu'ils soient ou non justifiés par la chimie) et c'est pourquoi il est resté fidèle au chèvrefeuille.

Avec les feuilles — récoltées avant la floraison et séchées —, il fait une infusion (10 g pour un litre d'eau ; laisser infuser une dizaine de minutes) qu'il sait bonne contre les calculs des reins et les ennuis intestinaux, ou qu'il emploie en gargarismes contre l'angine.

Avec les fleurs — récoltées au moment de leur plein épanouis-

1. *Voir* REINE-DES-PRÉS.
2. *Op. cit.*

sement et séchées à l'ombre —, il prépare une infusion (10 à 15 g pour un litre d'eau ; laisser infuser dix minutes ; 2 ou 3 tasses par jour) qui agit sur les bronches (toux, asthme, catarrhe) et également comme antispasmodique. Associées aux fleurs de pêcher (3 g de chaque espèce en infusion pour une tasse d'eau bouillante), elles sont aussi conseillées pour la toux (coqueluche notamment) des enfants.

Avec l'écorce — récoltée au printemps — et la racine — récoltée en automne —, il confectionne une décoction (20 à 30 g de drogue pour un litre d'eau ; faire bouillir trois ou quatre minutes ; laisser infuser dix minutes) qui, à la dose d'une tasse avant les repas, est tonique, diurétique (goutte) et cholagogue (affections du foie).

## CHICORÉE SAUVAGE

***Cichorium intybus.*** *Chicorée amère, cheveux de paysan, écoubette, yeux de chat, herbe à café, laideron.*

La publicité faite régulièrement en faveur de la chicorée comme succédané du café me dispense d'insister sur les vertus toniques, reconstituantes, dépuratives et digestives de cette boisson préparée avec la racine séchée et torréfiée de la plante. C'est certainement là une excellente solution de rechange pour ceux à qui le café ne convient pas.

Toutefois, je partage pleinement l'opinion du docteur Leclerc qui écrivait[1] : « On prétend que cette substance, mêlée au café légitime, lui ôte ses propriétés nuisibles ; ce qui est beaucoup plus certain, c'est qu'elle transforme le plus délicieux moka en un breuvage âcre et pharmaceutique qui fait se hérisser d'horreur les papilles gustatives des gourmets. »

Cela dit au nom de la gastronomie offensée, il n'en demeure pas moins que la chicorée est une amie précieuse — l' « amie du foie », disait Galien — que nous aurions tort de négliger lorsqu'elle pousse à l'état sauvage alors que nous l'apprécions sous sa forme cultivée de barbe-de-capucin, chicorée frisée, scarole et endive.

1. *Op. cit.*

On la trouve un peu partout, mais elle n'a pas été gâtée par la nature. Elle a une allure squelettique avec ses tiges raides et anguleuses qui peuvent atteindre un mètre de haut et qui semblent desséchées sur pied avec leurs moignons de feuilles accrochés à la naissance de rameaux ayant la grâce industrielle d'un « mobile » de Calder. A sa base, les feuilles, disposées en rosette, sont plus grandes et on voit mieux leur découpure qui fait penser à une feuille de chardon. Sa racine brunâtre est pivotante et très cassante (c'est pourquoi il vaut mieux l'arracher lorsqu'il a plu — en septembre de préférence —, d'autant plus que la chicorée affectionne particulièrement les terrains caillouteux : talus, bordure de route, lieux incultes). Ses fleurs sont l'unique élément qui lui confère un peu de charme : elles comptent une quinzaine de pétales, tronqués à leur extrémité avec des dentelures qui font comme une frange minuscule, et forment de juillet à septembre, selon le degré de leur épanouissement, de petits entonnoirs ou des cocardes couleur d'azur.

On utilise la plante entière, y compris la racine, fraîche ou séchée à l'ombre, récoltée au moment de la floraison. Elle se prépare en décoction (15 à 30 g pour un litre d'eau ; faire bouillir cinq minutes, puis infuser dix à quinze minutes) et se prend à la dose de 3 tasses par jour, à boire avant les repas.

Elle ouvre l'appétit, combat l'anémie, stimule l'estomac et l'intestin, purifie le sang, le foie, la rate et les reins, en somme fait le ménage de notre organisme et lui redonne une nouvelle vigueur.

Elle est donc recommandéee aux personnes qui se plaignent de troubles digestifs (lourdeurs et douleurs après les repas, constipation chronique, etc.) ; aux surmenés ; aux victimes d'infections urinaires ; aux diabétiques (elle fait baisser le taux de sucre) ; dans les cas d'hydropisie, de goutte, d'arthritisme ; aux sujets atteints de dermatose (boutons, eczéma, etc.) provenant d'une mauvaise élimination des déchets cellulaires ; enfin et surtout à tous ceux qui ont des ennuis d'origine hépatique (congestion, calculs, jaunisse ou simple insuffisance biliaire) car la preuve scientifique de son action dans ce domaine a été établie : on a constaté qu'en injectant par voie intraveineuse une solution de chicorée, on double et même quadruple le volume de la bile excrétée en une demi-heure...

J'ajoute encore quelques recettes auxquelles nos grand-mères avaient recours :

Comme dépuratif idéal pour les bébés et les enfants : le « sirop de chicorée » qui se prépare en faisant cuire à feu doux, jusqu'à consistance sirupeuse, 500 g de suc extrait par broyage de la racine fraîche puis filtré et 500 g de sucre ; conserver en flacon bien bouché ; une cuillerée à café une à trois fois par jour, selon l'âge.

Comme boisson pendant les repas pour les personnes souffrant de maladies de la peau : infusion de feuilles séchées (10 à 15 g pour un litre d'eau ; porter à ébullition, infuser dix minutes), à boire à volonté.

En cas de jaunisse, faire bouillir pendant cinq minutes 30 à 40 g de plante (feuilles, tiges, racines) pour un litre d'eau ; passer en exprimant à travers un linge ; 3 verres à porto par jour et, avant chaque verre, manger une feuille de sauge ; à répéter trois jours de suite.

Pour tonifier les membres paralysés et « en arrêter l'amaigrissement et le dépérissement » : frictions, une à deux fois par jour, avec de l'alcool dans lequel on a fait macérer pendant un mois (en agitant de temps à autre) de la racine fraîche coupée en rondelles (une grosse poignée pour un litre).

## CHIENDENT

***Triticum repens.*** *Froment ou blé rampant, vagon, salade ou laitue de chien, gramon, tranuge, sainte-neige, herbe à deux bouts.*

C'est un fléau qu'il faut bénir car s'il est certainement la mauvaise herbe la plus difficile à extirper, il est aussi un ami irremplaçable pour notre santé.

Tous les paysans et les jardiniers du dimanche connaissent son rhizome rampant blanc jaunâtre — appelé à tort « racine » — qui ressemble à de la ficelle ; ils savent que s'ils en laissent le moindre morceau en bêchant, bientôt une mince feuille d'un joli vert vif pointera du sol, suivie très vite de plusieurs autres, puis se formera une tige qui donnera plus tard un épi aplati à grains séparés tandis que d'autres ramifications du rhizome multiplieront alentour le même phénomène.

Les jeunes tiges et les feuilles (que les chiens et les chats recherchent d'instinct pour vomir et se purger) sont, d'après Fourcroy, le célèbre médecin-chimiste de l'époque révolutionnaire, « un des fondants biliaires les plus actifs en même temps que les plus doux ». On a remarqué, en effet, que les bouchers, qui trouvent souvent en hiver des pierres biliaires dans la vésicule des bœufs, n'en trouvent plus à partir du printemps quand les bêtes broutent en abondance du chiendent dans les pâturages. D'ailleurs, comme le note le docteur Cazin, « autrefois, les citadins échauffés par les plaisirs de l'hiver, les goutteux, les graveleux, les hémorroïdaires, les dartreux, les couperosés, etc., prenaient chaque printemps des jus d'herbes, se mettaient au « vert », et s'en trouvaient très bien ».

Ces « jus » se composaient généralement de feuilles et de jeunes tiges de chiendent, de feuilles de pissenlit et de feuilles de plantain, en quantités égales, broyées ensemble pour en extraire le suc, et ils étaient ingurgités plusieurs jours de suite, à jeun de préférence, à des doses allant de 100 à 500 g. Pourquoi ne pas renouer avec cette tradition ?

Vous pouvez aussi prendre le suc de chiendent pur (30 à 100 g pendant une semaine) ou encore incorporer quotidiennement dans votre salade une bonne poignée de feuilles fraîches coupées comme des fines herbes ; ces deux recettes sont spécialement indiquées en cas d'insuffisance biliaire, de calculs et de gravelle.

Quant au rhizome (récolté au printemps ou en automne, époques où ses principes actifs sont au maximum, lavé, bien séché au soleil — ou au four — et coupé en morceaux), il donne en toute saison une tisane qui fut pendant des siècles la boisson classique des malades des hôpitaux.

Prescrit par Dioscoride contre la difficulté d'uriner, vanté par Pline comme un spécifique des calculs urinaires et des ulcères de la vessie, tenu au XVIIIe siècle pour un des plus puissants dissolvants de la lithiase biliaire, le chiendent est conseillé contre la goutte et le rhumatisme, dans les affections des reins et de la vessie (coliques néphrétiques et cystite en particulier), dans l'engorgement du foie, la jaunisse et les calculs de la vésicule, contre l'inflammation de l'estomac et de l'intestin, les fièvres inflammatoires, les éruptions cutanées, le catarrhe chronique des voies respiratoires.

Il serait évidemment exagéré de prétendre que tous ces maux disparaissent comme par enchantement, mais ce qui est certain, c'est que la cure de chiendent apporte toujours — et dans un laps de temps assez court — un réel soulagement et qu'elle aboutit souvent, si on la prolonge, à la suppression totale des symptômes.

La dose moyenne est de 3 à 5 tasses, au cours de la journée, d'une décoction préparée de la façon suivante : faire tremper quelques heures 30 g de rhizome, puis les faire bouillir une minute ; jeter la première eau, très amère ; écraser légèrement les rhizomes avant de les remettre dans 1,25 l d'eau chaude ; les faire bouillir jusqu'à réduction à un litre et laisser reposer jusqu'à tiédissement. Pour adoucir l'amertume, on peut ajouter, vers la fin de l'ébullition, 10 g de réglisse (mise à tremper en même temps que le chiendent) et, au moment, de l'absorber, aromatiser la tisane avec une rondelle de citron ou d'orange.

## CHOU

***Brassica oleracea.***

Dans la plaquette qu'il a publiée en 1881 pour faire connaître à ses confrères les effets thérapeutiques de la plante sur laquelle il avait essayé en vain d'attirer l'attention de l'Académie de médecine, le docteur Blanc, directeur de l'Hôtel-Dieu de Romans (Drôme), écrivait : « Le chou, c'est le médecin des pauvres, c'est un médicament providentiel... »

J'ai déjà montré à quel point il avait raison[1] ; je me bornerai donc à rappeler quelques-uns des services que peut vous rendre la plus commune des crucifères.

En cas d'ulcère variqueux, d'eczéma, de gangrène, de brûlures, de plaies ou contusions, d'anthrax ou phlegmon, de bronchite, pleurésie, douleurs rhumatismales, névralgies, migraines, d'entorse ou foulure, de sciatique ou lumbago, faire des

1. *Tous les espoirs de guérir.*

applications, à renouveler matin et soir, de feuilles de chou (de Milan de préférence), « les plus vertes, les plus fraîches, les mieux nourries » étant les plus actives, en opérant ainsi : bien les laver (surtout à notre époque d'agriculture chimique), enlever la partie saillante de la nervure centrale, écraser avec une bouteille ou tout autre objet propre à cet effet les nervures collatérales ; faire tiédir les feuilles sur une source de chaleur (poêle, radiateur) ; les appliquer en plusieurs couches sur la partie intéressée et les maintenir en place par un bandage.

Contre l'enrouement, les affections des bronches, la toux rebelle, la coqueluche : boire à volonté une décoction concentrée (5 ou 6 feuilles pour un litre d'eau, faire bouillir une demi-heure au moins ; sucrer avec du miel) ou 1 ou 2 verres par jour de suc de chou saturé au maximum de miel ; ou encore prendre trois ou quatre fois par jour, dans une tisane pectorale de votre choix, une cuillerée à soupe de sirop de chou rouge qui a été préconisé au XVIII^e siècle comme remède secret de la phtisie sous le nom de « sirop de Boerhaave » ; ce sirop se prépare facilement : pilez des feuilles de chou rouge, puis pressez-les dans une serviette pour en tirer le jus ; pesez le jus, ajoutez-y moitié de son poids de miel et faites cuire à feu doux, en écumant, jusqu'à consistance de sirop. J'ajoute que pour les personnes fragiles des bronches, une cuillerée à soupe de ce sirop le matin à jeun constitue un excellent préventif.

Contre les vers intestinaux des enfants : le matin à jeun, trois jours de suite, 20 à 30 g de suc de chou fraîchement extrait.

Pour soigner les ampoules, faire cuire des feuilles de chou dans du lait, les laisser refroidir et les appliquer sur la peau endommagée.

Contre le lumbago et les points douloureux, faire bouillir des feuilles de chou dans du lait jusqu'à obtention d'une marmelade que l'on étend sur un morceau de toile ou de flanelle ; appliquer cet emplâtre bien chaud ; quand on l'enlève au bout de dix heures, la douleur a généralement disparu.

Sachez encore — car cela peut toujours être utile, même à une époque où la propreté est assurée par l'apparition quasi quotidienne d'un nouveau « produit miracle » d'entretien — qu'un cœur de chou, coupé en deux et dont on se sert comme d'une brosse, faisait partie des secrets ménagers de nos aïeules pour rénover et nettoyer leurs tapis.

## CITRONNIER

***Citrus medica*** **ou** ***Citrus limonum*****.**

Son pays d'origine est la Médie, c'est-à-dire la partie de l'Iran actuel située entre le bassin du Tigre et la Caspienne, d'où le nom de « pomme médique » donné au citron par les croisés et ces vers de Virgile évoquant son usage :

*... Pour adoucir l'haleine*
*Et le souffle puant, les Mèdes par la plaine*
*Soigneux vont le cueillant ; et les vieillards tremblants*
*Pour apaiser leurs pouls qui se vont redoublant*
*Trop soudain, vont prenant cette médecine...*

Ce qui confirme le bien-fondé de la formule « rien de nouveau sous le soleil », puisque la médecine moderne considère le citron comme un antiseptique et un hypotenseur indiqué contre l'artériosclérose.

Pourtant, pendant longtemps, on ne l'employa guère que comme antimites et contrepoison. « On tient, dit Matthiole, qu'il contregarde les habillements d'être mangés des vers si on le met aux coffres ou garde-robes où ils seront », ajoutant qu'il « permet de résister grandement aux poisons et venins ». Selon lui — ou plutôt Athénée, médecin grec qui exerçait à Rome au Iᵉʳ siècle de notre ère, qu'il cite —, cette propriété aurait été découverte par les Égyptiens dans les circonstances suivantes : un gouverneur avait condamné deux malfaiteurs à être livrés aux serpents ; alors qu'on les menait au supplice, une femme « ayant compassion d'eux », leur donna des citrons qu'ils mangèrent chemin faisant et lorsqu'ils furent « grièvement assaillis et mordus des bêtes affamées, ils n'en valurent rien moins ». Le gouverneur, étonné, s'informa de la raison de cette extraordinaire résistance et, mis au courant de l'incident des citrons, renvoya le lendemain les patients au même supplice « ayant au préalable baillé du citron à manger à l'un des malfaiteurs et à l'autre non » : celui-ci « devint incontinent terni et mourut sur-le-champ » tandis que son compagnon « échappa sans avoir aucun mal ».

Vraie ou non, cette histoire fit que le citron, rangé parmi les alexitères, entra dans la confection de la plupart des mixtures compliquées tenues pour antidote et qu'il prit place en cuisine pour atténuer les effets des viandes faisandées ou des poissons qui ne l'étaient guère moins. Il est certain d'ailleurs qu'il empêcha ainsi bien des intoxications, comme il le fait encore aujourd'hui lorsqu'on en ajoute quelques gouttes aux huîtres et coquillages (on sait maintenant que le jus de citron, à dose infime, tue le bacille du choléra, de la diphtérie et de la typhoïde ; en un quart d'heure, il débarrasse les huîtres de 92 % de leurs bactéries).

Donc, le citron est antiseptique et bactéricide, mais il est aussi antiscorbutique (la marine anglaise a été la première à en distribuer des rations quotidiennes aux équipages restant plus de quinze jours en mer), antirhumatismal, diurétique, astringent, vermifuge, rafraîchissant, fébrifuge, tonique, hépatique, antinévralgique, et j'en passe.

Il est normal, par conséquent, qu'il figure dans de nombreuses recettes familiales de santé, nées à une époque où les fruits étaient encore tels que la nature les faisait pousser, ce qui n'est pas le cas aujourd'hui, d'où la nécessité de n'employer que des citrons « biologiques », autrement dit non traités aux pesticides et non protégés en vue de leur conservation par le redoutable diphényle qui ne se contente pas d'empoisonner l'écorce et de la rendre impropre à la consommation mais contamine aussi la partie externe de la pulpe. Vous trouverez ces fruits vierges de tout produit chimique dans les magasins de régime et de diététique.

Pour désaltérer les malades, surtout ceux qui ont de la fièvre, préparer une citronnade en mélangeant le jus d'un citron à un 1/2 l d'eau légèrement sucrée, maintenue à la température de la chambre.

Pour les affections du foie, verser sur un citron coupé en rondelles (et non épluché) un litre d'eau bouillante édulcorée avec une cuillerée à soupe de miel ; laisser infuser et boire tiède, par petites tasses, au cours de la journée.

Pour combattre la grippe et les coups de froid, boire, en se mettant au lit, le jus d'un citron mêlé à une tasse de café très chaud ; cette boisson provoque une abondante transpiration (c'est un fébrifuge populaire en Grèce, alors qu'à la Guadeloupe on absorbe l'écorce de racine de citronnier réduite en poudre).

Contre les vers intestinaux (oxyures), faire prendre aux enfants — qui acceptent facilement ce remède — chaque matin à jeun pendant plusieurs jours, les pépins d'un citron broyés dans une quantité suffisante de miel.

Contre les maux de gorge, angine, aphtes, stomatites : gargarismes ou bains de bouche (plusieurs fois par jour) avec le jus d'un citron dans un verre d'eau tiède dans laquelle vous aurez délayé une cuillerée à café de miel ; vous pourrez également appliquer sur la gorge des compresses de jus de citron légèrement salé.

Pour arrêter un rhume de cerveau ou un écoulement nasal

trop abondant, aspirez par le nez du jus de citron d'abord étendu d'eau, puis pur.

Pour arrêter les hémorragies nasales, appliquer un tampon d'ouate imbibé de jus de citron.

Pour dissiper les maux de tête et migraine : soit couper un citron en deux, appliquer une moitié sur chaque tempe et maintenir en place avec un foulard pendant dix à quinze minutes ; soit mettre sur le front des compresses de jus de citron légèrement salé.

Contre les douleurs névralgiques ou rhumatismales, frictionner doucement les parties douloureuses avec la moitié d'un citron.

Pour faire digérer en cas de lourdeurs d'estomac, mettre une cuillerée à soupe de jus de citron dans un verre d'eau chaude ; boire par petites gorgées en vingt minutes.

J'en viens maintenant aux utilisations du citron pour les soins de beauté et l'entretien de la maison :

*Beauté* : un mélange en parties égales de jus de citron, glycérine et eau de Cologne (ou eau de rose) en lotions, chaque soir, sur les mains leur conserve leur douceur ; des applications, matin et soir, pendant huit jours, de jus de citron évite aux ongles d'être cassants ; des lotions, trois fois par jour, avec du jus de citron légèrement salé font disparaître les taches de rousseur ; enfin, des lotions, plusieurs fois par semaine, avec du coton imbibé de jus de citron sont indiquées contre les peaux grasses (laisser sécher vingt minutes avant tout maquillage) et également contre les rides (elles éclaircissent en même temps le teint).

*Maison* : des sachets d'écorce de citron séchée suspendus dans les placards éloignent les mites ; les taches d'encre ou de légumes sur les doigts s'enlèvent avec du jus de citron ; pour faire disparaître une tache de rouille sur le linge blanc, poser sur la tache une rondelle de citron enfermée entre deux couches de tissu, appuyer un fer à repasser très chaud, recommencer jusqu'à disparition de la tache ; pour nettoyer les cuivres noircis, les frotter avec une moitié de citron dont la section a été saupoudrée de gros sel ; pour nettoyer les bijoux d'argent, les frotter avec une tranche de citron, rincer ensuite à l'eau chaude et sécher à la peau de chamois.

## CONSOUDE

***Symphytum officinale.*** *Consoude officinale, grande consoude, langue de vache, oreille d'âne, herbe aux coupures, herbe aux charpentiers, herbe à la couture, toute-bonne.*

Souder est, évidemment, sa vertu principale. Pline affirmait que si on met sa racine à bouillir avec de la viande hachée, celle-ci sera reconstituée en un seul morceau et les anciens traités médicaux la disent « propre à réunir les plaies ». Depuis des millénaires, on l'emploie donc pour cicatriser les blessures et les ulcères, également pour consolider les fractures, cette dernière indication étant celle qui est retenue par l'homéopathie, laquelle définit *Symphytum officinale* comme « remède important dans les traumatismes osseux ».

La consoude, qui atteint jusqu'à 80 cm de haut, pousse de préférence dans les prairies humides, au bord des ruisseaux et des fossés. Ses tiges raides, anguleuses et creuses, sont recouvertes de poils rudes que l'on retrouve également sous la face inférieure des feuilles, allongées et pointues, disposées de façon alternée ; ses fleurs, à corolle tubulaire rouge violacé ou blanc jaunâtre, forment des petits bouquets serrés s'inclinant au bout d'une tige, elle aussi, très velue. Sa racine, épaisse, noire extérieurement, blanche et visqueuse intérieurement, est la seule partie qu'on utilise, fraîche ou séchée.

En macération à froid ou à une température ne dépassant pas 30° (100 à 150 g de racine coupée en morceaux pour un litre d'eau, laisser macérer trois heures environ, 3 ou 4 tasses par jour), elle est indiquée pour ses propriétés émollientes, rafraîchissantes et astringentes, contre l'hémoptysie, la diarrhée, l'entérite, la dysenterie, et également en cas d'ulcère de l'estomac car « elle favorise la venue et la croissance de tissus nouveaux » aussi bien à l'intérieur qu'à l'extérieur.

D'où son emploi en usage externe en compresses (soit avec

des racines fraîches râpées, soit avec de la racine séchée et pulvérisée délayée dans de l'eau) pour calmer les brûlures, cicatriser les plaies, hâter la guérison des foulures et entorses, soulager les articulations enflammées (goutte), résorber les hématomes consécutifs à un coup ou une chute, enfin en cas de phlébite.

Un conte du Moyen Age met d'ailleurs en évidence ses vertus astringentes. Il rapporte qu'une servante, la veille de son mariage, s'était préparé un bain avec une forte décoction de consoude afin de retrouver sa virginité depuis longtemps perdue ; or, ayant omis de tenir sa maîtresse au courant du but essentiel de cette opération, celle-ci se plongea dans le même bain — l'eau était rare à l'époque ! — et obtint un tel résultat que son mari « ne fut pas médiocrement surpris de lui trouver une virginité nouvelle »...

## COQUELICOT

***Papaver rheas.*** *Pavot des champs, pavot rouge, coq, mahon, ponceau.*

Jusqu'au XVI^e siècle, on l'appela « coquerico », comme le coq, cela parce que la couleur éclatante de sa fleur évoquait la crête du roi de la basse-cour et que celui-ci avait reçu pour nom l'onomatopée imitant son chant. Puis, pour éviter les confusions et aussi parce que c'était plus facile à prononcer, il devint « coquelicot ».

Cependant son histoire commence bien avant ces péripéties linguistiques. Les Égyptiens en font des guirlandes (on en a trouvé dans les tombeaux du temps des pharaons) et utilisent ses graines comme condiment, imités plus pard par les Grecs et les Romains qui les mêlent à leurs gâteaux tant par goût que par hygiène car elles ont, selon Dioscoride, la vertu de « lâcher modérément le ventre ». Quant aux fleurs, elles ont leur place en médecine sous forme de sirop dont « les médecins-savants se servent grandement aux pleurésies, à leur grand honneur et au grand profit des patients », écrit Matthiole.

Aujourd'hui encore, ce sont les fleurs qu'on utilise. Les pétales se récoltent pendant tout le temps que dure la floraison ; on les fait sécher immédiatement en les disposant, sans les froisser, sur du papier (plus ils sèchent vite, moins leur couleur vire au noir et c'est pourquoi on les met souvent à l'étuve), puis on les conserve dans des bocaux bien fermés, à l'abri de l'humidité.

On les prend en infusion (5 à 10 g pour un litre d'eau, 4 ou 5 tasses par jour) contre les mauvais rhumes, les catarrhes, les bronchites, les angines, l'asthme, les coliques, les fièvres éruptives, les insomnies, la coqueluche (il est curieux de noter à ce sujet que cette maladie se caractérise précisément par une toux qui rappelle le « chant du coq » !).

Le coquelicot facilite la transpiration, apaise la toux et calme l'agitation, cela grâce à ses propriétés adoucissantes et à son pouvoir légèrement narcotique (il appartient à la famille du pavot dont on tire l'opium), ce qui explique qu'on mélangeait jadis son suc à la bouillie des enfants pour les faire dormir (c'était tout de même mieux que de leur donner des biberons au calvados comme cela s'est fait en Normandie !).

A l'extérieur, l'infusion à dose plus forte (10 à 20 g pour un litre) s'emploie en compresses dans les abcès dentaires, les maux d'yeux et aussi comme lotion de beauté pour combattre les petites rides.

## COURGE

***Cucurbita pepo.*** *Citrouille, potiron.*

Originaire de l'Inde, elle est cultivée depuis fort longtemps dans la plupart des régions chaudes ou tempérées du globe, mais c'est seulement au début du siècle dernier que l'on eut connaissance de la plus précieuse de ses vertus thérapeutiques.

C'est en 1820, en effet, que le docteur Mongenay, médecin à Cuba, signala l'efficacité de sa graine dans le traitement du ver solitaire. Plusieurs de ses confrères de la métropole expérimentèrent sa recette et furent si enthousiasmés par les résultats qu'ils communiquèrent leurs observations aux sociétés de médecine, faisant remarquer que « notre matière médicale indigène n'est pas aussi pauvre qu'on la fait ».

Mais la formule « nul n'est prophète en son pays » est peut-être encore plus vraie en médecine qu'ailleurs et, quelques décennies plus tard, le docteur Cazin — qui a obtenu des succès dans plusieurs cas où tous les remèdes connus avaient échoué — constate à son tour[1] : « L'humble citrouille n'a pas le bonheur d'être étrangère... Si elle se présentait métamorphosée en flacons de 20 f. élégamment étiquetés, nos citadins atteints du ver solitaire s'empresseraient de l'acheter et d'en louer les heureux effets. Les médecins de campagne se serviront de la semence de citrouille telle qu'elle est, et leurs clients, dont le bon sens n'a pas été faussé par l'imagination, l'accepteront avec reconnaissance comme tout ce qui se rapproche de la simplicité de la nature. »

Voici donc la recette de ce vermifuge (ascaris) et surtout

1. *Op. cit.*

ténifuge (ver solitaire) qui a le double mérite de n'être ni irritant ni toxique, ce qui permet de l'administrer plusieurs jours de suite sans inconvénient : la veille du traitement et pendant sa durée (trois jours), rester à la diète lactée ; piler 30 à 40 g de graines de courge dépouillées de leur première enveloppe pour en faire une pâte que l'on mêle à une quantité égale de miel ; absorber ce mélange, le matin à jeun, en trois fractions espacées de vingt à trente minutes ; le dernier jour, trois à quatre heures après la dernière dose, prendre soit 40 g d'huile de ricin, soit une décoction de bourdaine (10 g d'écorce pour 250 g d'eau, laisser bouillir cinq minutes et infuser autant). Il est conseillé, naturellement, d'aller à la selle sur un seau de toilette à moitié rempli d'eau afin de vérifier si le ver est expulsé intégralement, y compris la tête.

Les graines — que les Anciens classaient parmi les « quatre semences froides majeures » et qu'ils préconisaient pour réprimer les ardeurs de la chair — servent aussi (pilées avec de l'huile d'amandes douces ou de l'huile d'olive) à faire une pâte qui entretient la douceur de la peau et enlève les taches de rousseur.

Quant à la pulpe de courge crue, appliquée à froid en cataplasmes, elle procure un soulagement instantané sur les brûlures du premier degré, les ophtalmies et les maux de tête.

## CRESSON

***Sisymbrium nasturtium.*** *Cresson de fontaine, cresson d'eau, cresson officinal, santé du corps.*

Je me demande si lorsqu'on dit d'un chauve qu'il n'a guère de « cresson sur le caillou », cette expression argotique n'est pas née du fait que cette crucifère passe depuis des siècles pour un excellent tonique capillaire...

Déjà l'École de médecine de Salerne, qui fut le phare scientifique du Moyen Age, affirme dans un de ses aphorismes :

*Prenez jus de cresson, frottez-en vos cheveux ;*
*Ce remède les rends plus forts et plus nombreux...*

et l'une des recettes les plus communément conseillées par la médecine populaire pour faire repousser les cheveux consiste toujours en frictions avec une lotion obtenue en mélangeant 100 g de jus de cresson à 100 g d'alcool à 90° et 10 g d'essence de géranium.

De même, un traitement de beauté contre les taches de rousseur et pour éclaircir le teint (mélanger 60 g de jus de cresson et 30 g de miel ; passer à travers un linge ; se lotionner avec un tampon de coton matin et soir) découle, lui aussi, des indications des médecins salernois qui disaient :

*Dartres farineuses, ou vives,*
*S'en vont, quand par son suc, avec miel apprêté,*
*On corrige leur âcreté.*

Mais ce n'est évidemment pas pour ces emplois mineurs que le cresson a été baptisé « santé du corps » (c'est ainsi que le présentent encore quelques marchands des quatre-saisons restés fidèles à la tradition). Ses vertus sont nombreuses : Hippocrate le tient pour stimulant et expectorant, Dioscoride pour aphrodisiaque, Ambroise Paré pour spécifique de la gale des enfants ; d'autres, moins célèbres, l'utilisent contre les maladies de la peau, le diabète, le scorbut et la faiblesse du poumon.

En usage interne, soit sous forme de salade, de garniture pour les plats ou en potage, soit sous forme de jus (80 à 120 g de suc — extrait en l'écrasant ou en le passant au mixer — pur ou mélangé à autant de lait ou de bouillon froid, pris à jeun le matin), il est indiqué en tant que dépuratif (un des meilleurs parmi les végétaux), apéritif, diurétique, stomachique, reminéralisant, hypoglycémiant, en cas de manque d'appétit, d'anémie (il renferme fer, cuivre, calcium, potassium et est spécialement riche en iode), de faiblesse nerveuse, de lymphatisme, de catarrhe pulmonaire, de bronchite chronique, d'hydropisie, de maladies des voies urinaires, de troubles biliaires, de diabète (il fait baisser le taux du sucre sanguin).

Mâché cru, il raffermit les gencives et les empêche de saigner ; il agit aussi sur les aphtes.

En usage externe, les cataplasmes (500 g de pulpe broyée avec 30 g de sel de cuisine, à renouveler toutes les douze heures) constituent un excellent résolutif et détersif contre les ulcères atones, les tumeurs glandulaires ou scrofuleuses, les engorgements lymphatiques ou œdémateux, l'hygroma.

J'ajoute trois remarques importantes :

1° Le cresson sauvage peut être contaminé par un redoutable parasite, la douve du foie, qui se trouve dans les déjections du bétail ; par conséquent, mieux vaut s'en tenir au cresson cultivé en cressonnière.

2° Il faut toujours employer le cresson frais et cru ; la cuisson et la dessiccation lui font perdre une partie de ses principes actifs, lesquels sont à leur période optimale en mai et juin.

3° Chez certains sujets, l'abus de cresson entraîne parfois des troubles vésicaux (cystite ou strangurie) déjà signalés par Aristophane.

## CYPRÈS

***Cupressus sempervirens.*** *Cyprès toujours vert, cyprès pyramidal, cyprès d'Italie.*

Il n'a pas bonne réputation parce que c'est l'arbre des cimetières et c'est pourquoi le docteur Leclerc, qui en a vanté les effets thérapeutiques à ses confrères, leur conseille de ne le prescrire que sous son nom latin pour ne pas donner des idées noires au malade...

Son bois jaune rougeâtre, dur, odorant et imputrescible, a été utilisé par les Égyptiens pour fabriquer des sarcophages et par les Grecs pour sculpter les statues des dieux. Son feuillage et ses fruits servaient aux Assyriens pour calmer les douleurs hémorroïdaires, indication donnée également par Hippocrate qui y ajoute les affections utérines et Galien la diarrhée. Plus tard, on le signale comme fébrifuge plus spécialement conseillé contre les fièvres quartes.

Ses indications actuelles sont sensiblement les mêmes, toutefois on n'utilise plus que ses fruits, appelés galbules ou noix de cyprès, cueillis quand ils sont encore verts :

A l'intérieur, en raison de son rôle astringent et surtout vasoconstricteur, on l'emploie en décoction (20 à 30 g de noix brisées en petits morceaux pour un litre d'eau ; faire bouillir cinq minutes ; laisser infuser dix minutes ; une tasse, un quart d'heure avant le repas, midi et soir) contre les troubles de la ménopause, les affections du système veineux (varices, hémorroïdes), les métrorragies, l'incontinence d'urine.

A l'extérieur, la décoction (préparée de la même façon, mais avec 50 g de noix) s'applique en compresses chaudes à garder quelques minutes sur les hémorroïdes douloureuses ; en bains de pieds prolongés (dix à quinze minutes), elle combat la transpiration fétide.

# D

## DOUCE-AMÈRE

***Solanum dulcamara.*** *Morelle grimpante, herbe à la quarte ou à la fièvre, vigne sauvage, vigne de Judée, crève-chien, crève-chemin, bourreau des arbres, réglisse sauvage.*

Membre de la grande famille des solanacées — qui compte dans ses rangs la belladone, la jusquiame, le datura et... la pomme de terre, plantes qui contiennent toutes dans leurs tiges et leurs feuilles un alcaloïde, la solanine, entraînant des troubles plus ou moins marqués sur le système nerveux —, elle a été tour à tour trop vantée et trop décriée.

On lui a attribué des succès qui n'étaient qu'accidentels et des méfaits qui ne l'étaient pas moins ; ainsi, son action sur la syphilis ou la pleurésie n'a pas été davantage vérifiée que le fait qu'une trentaine de ses fruits tuent un chien en quelques heures (des animaux de taille moyenne auxquels on en avait fait absorber jusqu'à 150 ont manifesté aucun symptôme). Il faut donc ne pas lui demander plus qu'elle ne peut donner — elle n'est pas une panacée — et la manipuler avec quelques précautions.

Elle pousse dans les haies, les fossés humides, au bord des ruisseaux. Ses tiges sarmenteuses et grimpantes peuvent atteindre 2 mètres ; elles portent des feuilles alternes qui sont ovales dans la partie inférieure des rameaux, avec trois lobes (un grand, encadré de deux petits) dans la partie supérieure ; ses fleurs, perchées au sommet par groupes de 6 à 8, s'épanouissent de juin à septembre ; elles ont 5 pétales d'un violet très pur entourant un cône jaune d'or formé par les étamines (« une pépite d'or dans un écrin violet », dit joliment Jos. Triponez) ; elles se transforment en automne en petits fruits ovoïdes d'un beau rouge vif qui forment des grappes très décoratives.

Ce sont les tiges de l'année, récoltées en mai et juin ou vers la fin de l'été, que l'on utilise, séchées à l'ombre (à la campagne, les enfants en mâchent parfois parce que leur saveur, d'abord amère, devient ensuite sucrée, comme la racine de réglisse).

Son indication principale, liée à ses qualités dépuratives, concerne les maladies de la peau (dartres, eczéma, herpès), mais aussi les rhumatismes et la goutte. La formule la plus courante consiste à faire bouillir 20 à 30 g de tiges séchées dans un litre d'eau jusqu'à réduction d'un tiers, à boire entre les repas en deux ou trois jours.

En usage externe, les applications de feuilles de douce-amère bouillies dans du vin sont utilisées dans certaines régions pour soulager les entorses ; quant aux compresses imbibées de décoction, elles amènent une amélioration immédiate en cas d'hémorroïdes non saignantes. Enfin, le suc frais efface les taches du visage.

# E

## ÉGLANTIER

***Rosa canina.*** *Rosier des chiens, rosier sauvage, rosier des haies, rosier de la Vierge.*

Les savants, il faut le reconnaître, semblent s'être plu à nous compliquer les choses pour ce qui touche à cette version champêtre de la reine des fleurs : parce que sa racine passait dans l'Antiquité pour guérir la rage, ils lui ont donné un nom latin qui se dispense de traduction ; mais pour baptiser son fruit rouge communément appelé gratte-cul, ils ont été chercher le mot grec *kunos* : chien, ce qui nous vaut le nom bizarre de *cynorrhodon* ; enfin, pour pimenter encore cette salade latino-grecque, ils nous font savoir par le truchement de la botanique que ce gratte-cul n'est qu'un « pseudo-fruit », les fruits véritables étant les petits noyaux ou akènes, entourés de duvet argenté, qui se trouvent à l'intérieur de la capsule rouge dont les enfants s'amusent à faire des pipes !

Les feuilles rappellent celles du rosier ; les fleurs à 5 pétales blanc-rose, sont ravissantes (Proust parle de « la soie unie de leur corsage rougissant qu'un souffle défait »), mais les unes et les autres ne présentent pas grand intérêt pour la santé. En revanche, les divers éléments des cynorrhodons possèdent de nombreuses propriétés.

Le duvet qui, appliqué sur la peau, provoque une démangeaison désagréable — autrement dit, c'est un excellent poil à gratter bien connu des joyeux drilles des noces et banquets — est un vermifuge idéal contre les ascarides lombricoïdes, parasites qui vivent dans l'intestin grêle de l'homme et du porc : administré à jeun à la dose de 15 centigrammes, enrobé dans du miel, il agit immédiatement et mécaniquement sur les vers qu'il tue sans provoquer la moindre irritation de la muqueuse intestinale et sans aucun danger pour le sujet. D'ailleurs, dans certaines régions, en Catalogne notamment, les mères de famille font une confiture de cynorrhodons, cuits avec leur duvet, qu'elles donnent aux enfants qui ont des vers.

Les graines ou akènes, séchées au soleil puis réduites en poudre, sont un vieux remède contre la gravelle, les calculs du rein et les coliques néphrétiques : 3 g de poudre dans un petit verre de vin blanc ; laisser infuser pendant sept à huit heures ; à prendre une demi-heure avant le coucher en remuant bien, un jour sur deux, de préférence « au décours de la lune » comme on disait jadis, c'est-à-dire à la lune descendante.

L'enveloppe charnue se récolte en automne ; on l'ouvre en deux pour en extraire noyaux et duvet, puis on la met à sécher dans un endroit aéré au-dessous de 45°. Elle est dépurative et conseillée comme telle au début du printemps où l'on a intérêt à « nettoyer le sang » des toxines de l'hiver. Elle est tonique et augmente la résistance de l'organisme aux maladies infectieuses, la grippe en particulier, cela en raison de son extraordinaire teneur en vitamine C : 100 g en contiennent autant qu'un kilo de citron. Elle a une influence indiscutable sur les saignements de gencives et aussi sur les muqueuses intestinales, ce qui lui vaut d'être indiquée contre la diarrhée. La dose à respecter pour tous ces cas est la même : une tasse midi et soir, après le repas, avec 3 à 5 g d'écorce de cynorrhodon coupée en petits morceaux pour 100 g d'eau qu'on laisse bouillir au moins cinq minutes et infuser autant.

En décoction plus corsée (75 g par demi-litre d'eau, faire bouillir pendant une bonne demi-heure) à laquelle on ajoute du miel, elle est recommandée contre les œdèmes et les affections des reins (calculs, coliques néphrétiques).

Voici enfin la recette de la confiture de cynorrhodon dont les paysannes de l'Est de la France, d'Allemagne et de Suisse ne manquent jamais de préparer quelques pots en automne (elle est délicieuse et constitue un des meilleurs traitements contre les débâcles intestinales — diarrhée, dysenterie — car elle est légèrement astringente) : récolter les baies lorsqu'elles ont déjà subi quelques gels matinaux ; couper les deux extrémités ; les fendre en deux ; enlever graines et duvet, et les laisser au frais pendant quarante-huit heures ; faire cuire comme les autres confitures dans les proportions suivantes : une livre et demie de sucre par livre de fruits.

## ÉPINE-VINETTE

***Berberis vulgaris.*** *Berberis, épine-crête, vinettier.*

Pour les homéopathes, c'est une plante précieuse qui leur fournit *Berberis,* remède de valeur pour les sujets atteints d'insuffisance hépato-rénale. Ils le prescrivent en cas de calculs du foie ou des reins (surtout comme draineur entre les crises de coliques néphrétiques) ainsi qu'aux rhumatisants ou aux goutteux ayant des réactions urinaires ou des douleurs lombaires.

Pour les cultivateurs, c'est une plante nuisible qui transmet la rouille aux céréales qui sont dans son voisinage et c'est pourquoi ils ne la laissent subsister que dans les lieux où elle n'occasionne pas de dégâts, le long des bois, dans les haies jouxtant des pâturages ou la cour de leur ferme.

Pour les amateurs de jardin et de curiosités naturelles, c'est un arbrisseau d'ornementation qui prend de magnifiques tons rouges en automne et qui se signale par une particularité assez rare chez nos végétaux : les étamines de ses fleurs se contractent au moindre attouchement et se portent brusquement vers le pistil central « où elles demeurent fixées pendant un certain temps, comme pour le garantir de toute atteinte extérieure ».

Comme son nom l'indique, l'épine-vinette porte des épines à la base de ses rameaux et rappelle la vigne tant par le coloris automnal de ses feuilles que par la grappe de ses fruits rouges. Ses tiges souples peuvent atteindre plus de 2 mètres ; ses feuilles sont ovales, lisses, dentelées sur les bords et groupées par bouquets ; ses fleurs, jaune pâle, sont disposées à l'aisselle des feuilles en grappes pendantes qui donneront des baies ovoïdes écarlates avec un point noir à leur extrémité.

On extrait de la plante entière (tige et racine) un colorant jaune utilisé pour teindre la laine, le coton, le lin et certains bois entrant dans les travaux de marqueterie (en Pologne, on se servait de l'écorce pour lustrer les cuirs auxquels elle donne de beaux reflets fauves).

La seconde écorce de la tige et de la racine est tenue pour un spécifique des fonctions du foie, de la vésicule, de la rate et du pancréas ; on l'emploie de la façon suivante : faire macérer à froid, pendant un quart d'heure, 30 à 40 g dans un litre d'eau ; chauffer doucement jusqu'à ébullition ; retirer immédiatement du feu et laisser infuser encore vingt minutes ; une tasse (matin, midi et soir) après le repas. Ce traitement est indiqué, bien entendu, en cas de troubles hépatiques (jaunisse, calculs) ou digestifs (dyspepsie), mais aussi contre l'hydropisie et comme draineur antirhumatismal.

Dans les métrorragies survenant plus spécialement à l'époque de la ménopause, le docteur Leclerc préconise une décoction légère de 2 à 5 g d'écorce et de la même quantité de noix de cyprès dans 200 g d'eau, à prendre par cuillerée à soupe toutes les deux heures.

Les baies, séchées et concassées (40 à 60 g pour un litre d'eau ; faire tremper à froid pendant deux heures ; porter à ébullition ; laisser bouillir à peine une minute et infuser jusqu'à tiédissement, 3 ou 4 demi-tasses dans la journée) donnent une boisson légèrement acidulée et rafraîchissante pour les malades qui ont de la fièvre ; elle est indiquée également contre la dysenterie.

## ÉRYSIMUM

***Erysimum*** ou ***Sisymbrium officinale***. *Sisymbre, vélar, grand vélar, herbe au chantre, tortelle, herbe à la gorge, julienne jaune, moutarde des haies.*

A son ami Boileau — qui avait une extinction de voix —, Racine écrit :

« Le sirop d'érysimum n'est point assurément une vision. M. Dodart, à qui j'en parlai il y a trois jours, me dit et m'assura en conscience que M. Morin, qui m'a parlé de ce remède, est sans doute le plus habile médecin qui soit dans Paris et le moins charlatan. Ce médecin m'a assuré que si les eaux de Bourbonne ne vous guérissent pas, il vous guérirait infailliblement. Il m'a cité l'exemple d'un chantre de Notre-Dame, à qui un rhume avait fait perdre entièrement la voix depuis six mois, et il était prêt à se retirer. Ce médecin l'entreprit, et avec une tisane d'une herbe qu'on appelle, je crois, érysimum, il le tira d'affaire en telle sorte que non seulement il parle, mais il chante, et a la voix aussi forte qu'il l'ait jamais eue. J'ai conté la chose aux médecins de la cour ; ils avouent que cette plante d'érysimum est très bonne pour la poitrine. »

Avant cet éloge dû à une aussi glorieuse plume, différents auteurs avaient déjà vanté les mérites de ce végétal, signalant des guérisons obtenues dans des cas d'enrouements — chez des prédicateurs — contre lesquels « on avait inutilement employé une foule de remèdes ».

L'érysimum est donc le spécifique des cordes vocales et si vous avez une profession qui vous oblige à les soumettre à dure épreuve (avocat, chanteur, enseignant, représentant, etc.), vous tirerez le plus grand bien, soit de la tisane (40 à 60 g de feuilles séchées pour un litre d'eau tiède ; laisser macérer toute la nuit ;

passer et boire dans la journée 4 ou 5 tasses entre les repas, en faisant tiédir avant d'absorber et en sucrant au miel), soit du suc de feuilles fraîches (15 à 30 g) mélangé à du lait et sucré au miel.

L'infusion de feuilles — fraîches de préférence — est indiquée également (6 g pour une tasse d'eau bouillante ; laisser infuser vingt minutes) contre les engorgements du foie et plus particulièrement les coliques hépatiques, car elle supprime le réflexe tendant à l'expulsion des calculs, par conséquent soulage la douleur.

Ne croyez pas que ce végétal doté de telles vertus soit rare : il se rencontre partout, le long des haies et des murs, au bord des chemins, dans les décombres et les terrains vagues. Ses tiges, squelettiques et d'apparence désordonnée (elles se tordent dans tous les sens), atteignent 40 à 70 cm ; ses feuilles vert foncé bleuâtre sont très déchiquetées — un peu comme celles du chardon — dans la partie inférieure, plus petites et en forme de pointe de flèche au sommet des rameaux ; ses fleurs jaunes, très petites, à quatre pétales (c'est une crucifère), sont disposées en épis grêles le long des rameaux et s'épanouissent de mai à septembre avant de donner naissance à des fruits en forme de cosses très minces et allongées.

## ESTRAGON

***Artemisia dracunculus.*** *Herbe dragonne; arragone, dragon, fargon, serpentine.*

« Cette plante qu'on élève dans les jardins potagers est d'un usage plus familier dans la cuisine et pour les salades que dans la médecine. » C'est ce que constate un traité médical d'il y a deux siècles et ce qui reste vrai aujourd'hui.

Pourtant, ce cousin germain de l'armoise[1] peut rendre d'autres services que ceux — gastronomiques — qu'on lui demande habituellement (vinaigre à l'estragon, poulet à l'estragon, sauces béarnaise, gribiche, ravigote, etc.). Quand il fut introduit en Europe par les Maures conquérants de l'Espagne (il est originaire de Sibérie ou de Tartarie), on lui a attribué de nombreuses vertus, pour ne retenir finalement que celles qui font sa valeur en tant que condiment : il est apéritif, digestif, stomachique et stimulant.

Il est donc conseillé dans les digestions difficiles, les ballonnements intestinaux, les nausées, les coliques venteuses, les flatulences, l'aérophagie, les douleurs rhumatismales et névralgi-

1. *Voir* page 62.

ques, en infusion (25 à 30 g de plante pour un litre d'eau ; laisser infuser dix minutes ; une tasse après les repas ou dans le courant de la journée). Son emploi — frais, haché fin comme le persil ou le cerfeuil, ou séché et réduit en poudre, saupoudré sur les viandes et légumes — est recommandé par le professeur Binet « aux dyspeptiques et malades justiciables du régime dit sans sel » car, la stimulation qu'il exerce sur les organes digestifs ne s'accompagnant pas d'effet irritant, « il peut, dans une certaine mesure, remplacer le poivre, le vinaigre et le sel ».

Vous pourrez aussi préparer un excellent digestif (un petit verre après le repas) en mettant dans un litre d'alcool (à 45 ou 50°) 30 ou 40 g de feuilles fraîches, un bâton de vanille et 300 g de sucre ; laisser macérer un mois (en agitant de temps à autre), filtrer.

Pour les amateurs d'étymololie et de « petite histoire », je signale qu'il existe deux versions quant à l'origine de son nom : la première soutient qu'il dérive du mot arabe *tharkhoum* devenu « targon » puis « dragon », terme sous lequel il fut désigné jusqu'au XVIIe siècle ; la seconde — aussi plausible — déclare qu'il vient de la forme de sa racine qui fait plusieurs tours sur elle-même comme un dragon, d'où également son surnom de « serpentine »...

## EUCALYPTUS

***Eucalyptus globulus.** Gommier bleu de Tasmanie, gommier bleuâtre, arbre à la fièvre.*

Dès qu'une épidémie de grippe était signalée ou qu'il y avait un malade dans la famille, ma grand-mère installait sur la cuisinière et le poêle de la salle à manger de petites casseroles dans lesquelles mijotait jour et nuit une décoction de feuilles d'eucalyptus. Cela nous faisait sourire, mais je pense aujourd'hui qu'elle nous a épargné ainsi bien des ennuis.

L'eucalyptus contient en effet une huile essentielle puissamment antiseptique dont le composant principal est l'eucalyptol et il est certain que cette technique d'évaporation permanente est un des meilleurs moyens pour assainir une pièce et protéger l'organisme contre les maladies contagieuses de l'hiver.

D'ailleurs, l'arbre tout entier dégage une odeur balsamique qui exerce une influence favorable sur la salubrité des régions où on le multiplie ; à cette action s'ajoute encore le fait qu'il absorbe de grandes quantités d'eau et c'est pourquoi, dès son introduction en Europe en 1856 (sa terre natale est la Tasmanie), on l'a utilisé pour l'assèchement et l'assainissement des zones marécageuses où sévissaient les fièvres, d'où son surnom d' « arbre à fièvre », d'autant que ses feuilles en décoction (15 à 20 g pour un litre d'eau ; faire bouillir une minute ; laisser infuser dix minutes, 4 ou 5 tasses par jour) sont fébrifuges et conseillées dans les cas rebelles à la quinine.

Cette même décoction (toujours à la dose de 4 ou 5 tasses par jour) est indiquée également contre la grippe et les refroidissements, les affections des voies respiratoires (bronchite, catarrhe), les affections des voies urinaires (infections diverses, colibacillose, leucorrhée), en raison de ses propriétés antiseptiques et bactéricides.

En inhalations (deux ou trois fois par jour), elle dégage les bronches et facilite l'expectoration (toux rebelle, coqueluche) ; elle décongestionne aussi et combat l'inflammation des muqueuses dans les maux de gorge.

Les feuilles séchées, fumées en cigarettes, donnent de bons résultats dans l'asthme.

Sachez encore que l'eucalyptus est apéritif et digestif pris sous la forme de vin : faire macérer pendant dix à quinze jours, en agitant de temps en temps, 30 à 40 g de feuilles dans un litre de bon vin (rouge ou blanc) ; passer en exprimant ; un verre à madère avant ou après les repas selon qu'on attend qu'il incite à manger ou aide à digérer.

## EUPHRAISE

***Euphrasia officinale.*** *Herbe aux myopes, herbe à l'ophtalmie, casse-lunettes, brise-lunettes, luminet.*

Qui a raison? Le docteur Cazin qui considère qu'elle est « presque dénuée de vertus » et qui reproche à des médecins célèbres d'en avoir loué les effets, ajoutant « quand les grands noms accréditent l'erreur, elle marche, traverse les siècles, et vient s'asseoir gravement à côté de la science » ou l'abbé Kneipp qui déclare : « Elle est une plante médicinale qui fortifie la vue ; quand tous les moyens sont épuisés, elle procure souvent aux yeux un dernier soulagement ; je l'ai prescrite maintes fois avec succès » ?

N'ayant pas eu l'occasion de vérifier personnellement son efficacité, je me suis posé la question et finalement j'ai opté pour l'abbé en raison du poids des témoignages favorables à son opinion.

Il est certain que l'euphraise n'est pas « singulière pour ôter tous empêchements contraires à la vue » comme l'affirmait Matthiole ; elle ne guérit ni la cataracte ni la cécité et il est douteux que si on l'utilisait davantage « cela gâterait par moitié le commerce des marchands de lunettes ». Mais il est non moins certain qu'une longue expérimentation populaire et plus récemment les études de pharmacologues allemands ont confirmé ses vertus dans le traitement de différentes affections des yeux, notamment la conjonctivite, le larmoiement, les ophtalmies légères ou chroniques, la fatigue et baisse de la vue.

Elle a aussi d'autres indications : dans certaines de nos régions, on l'utilise contre la toux ; les Américains l'emploient contre le rhume de cerveau ; l'abbé Kneipp la recommande comme « un bon remède stomachique, facilitant la digestion et bonifiant les sucs gastriques », concluant : « Faites un essai, ami lecteur, et vous en ressentirez l'action bienfaisante » ; quant à l'homéopathie, elle prescrit *Euphrasia* dans tous les coryzas, dans le catarrhe oculo-nasal du début de la rougeole, dans les conjonctivites à condition que « l'écoulement nasal soit doux et le larmoiement irritant ».

L'euphraise (dont le nom, dérivé du grec, exprime la joie et le plaisir — une des trois Grâces s'appelait Euphrosine) est un végétal semi-parasite qui pousse dans les prairies ensoleillées, les clairières, les marais et les buissons, de préférence sur les terrains maigres. Ses tiges brunâtres, souvent très ramifiées et velues, ont de 5 à 30 cm de haut ; ses feuilles, opposées, sont ovales et pointues, dentées et duveteuses ; ses fleurs, qui forment des espèces d'épis à l'extrémité des tiges, sont petites, bleu pâle ou blanches, avec la lèvre supérieure en forme de casque et l'inférieure divisée en trois lobes à la base desquels se trouve une tache jaune, plus foncée vers le milieu, qui ressemble un peu à un œil (c'est cette ressemblance qui, selon la théorie des signatures chère aux alchimistes, signale que l'euphraise agit sur la vue).

Ce sont les tiges fleuries (elles le sont de juin à septembre), séchées à l'ombre, que l'on emploie :

A l'intérieur, contre les affections des yeux, la toux, le coryza, les digestions difficiles, en décoction légère (30 à 50 g pour un litre d'eau ; faire bouillir une minute ; laisser infuser cinq minutes ; une tasse trois fois par jour entre les repas).

A l'extérieur, contre les affections des yeux (« ce remède épure les yeux et augmente la force visuelle », dit l'abbé Kneipp) : faire bouillir une minute et laisser infuser ensuite une demi-heure au moins, 50 g de plante sèche dans un demi-litre d'eau ; passer à travers un linge fin ; imbiber de ce liquide une compresse couvrant les yeux et les tempes, compresse à appliquer vingt à trente minutes matin et soir (en position couchée de préférence) pendant dix à quinze jours ; s'arrêter dix jours, et recommencer.

Il va de soi que l'euphraise a aussi, comme la chélidoine, sa petite légende poétique et fausse : on disait autrefois que la linotte s'en servait pour s'éclaircir la vue...

# F

## FENOUIL

***Fœniculum vulgare*** ou ***Anethum fœniculum.*** *Fenouil commun, fenouil doux, aneth doux, anis doux.*

L'essentiel de ce que vous pouvez attendre de cette ombellifère à l'odeur anisée est résumé en six vers par l'École de Salerne :

*Le fenouil fait en nous quatre effets différents ;*
*Il purge l'estomac, il augmente la vue,*
*De l'urine aisément il procure l'issue,*
*Du fond des intestins il fait sortir les vents ;*
*Mais sa graine a surtout la vertu singulière*
*De les pousser par le derrière.*

Il est trop connu pour qu'il soit nécessaire de le décrire ; originaire de l'Europe méridionale, il pousse spontanément sur les talus, les terrains pierreux et les décombres dans le midi de la France et en Italie ; mais on le cultive un peu partout — même en Angleterre et en Allemagne — comme plante potagère, pour manger ses côtes charnues au gratin, au jus ou les servir en garniture avec le poisson (les tiges séchées sont, bien sûr, l'élément majeur du fameux loup grillé de la Côte d'Azur).

Ses usages culinaires et médicaux remontent à l'Antiquité ; Égyptiens, Grecs et Romains l'incorporaient à leurs mets ; Hippocrate et Dioscoride le recommandaient aux nourrices pour activer la sécrétion du lait ainsi qu'aux personnes menacées de cécité ; Chinois et Hindous l'estimaient propre à neutraliser les morsures de serpents et de scorpions ; enfin, la magie et la sorcellerie le tenaient pour une herbe bénéfique dont les rameaux, accrochés en bouquet aux poutres d'une maison, chassaient les mauvais esprits alors que les graines, glissées dans le trou des serrures, barraient la route aux revenants.

En dehors de la cuisine où vous utiliserez ses feuilles (soit fraîches et hachées menu comme le cerfeuil, soit sèches et réduites en poudre) ou ses graines (séchées et moulues comme du poivre) pour saupoudrer ragoûts, poissons et légumes farineux qui deviennent ainsi plus digestes, le fenouil vous rendra de nombreux services.

Les semences séchées sont indiquées contre les lourdeurs d'estomac, l'aérophagie, les digestions difficiles, la paresse intestinale, le manque d'appétit, les inflammations des muqueuses internes (bronchite, gastrite, entérite, cystite, etc.), en infusion (25 à 40 g pour un litre d'eau ; laisser infuser dix à quinze minutes ; une tasse après les deux principaux repas).

« Les graines de fenouil, écrit l'abbé Kneipp[1], ne doivent faire défaut dans aucune pharmacie de famille, parce que le mal qu'elles soulagent survient très fréquemment ; je veux parler des coliques venteuses et des spasmes. Sans retard, la mère de famille fait cuire, pendant cinq à dix minutes, une cuillerée de fenouil dans une tasse de lait et donne au malade la potion aussi chaude que possible... La réaction est habituellement rapide et excellente, la chaleur s'étend vite par tout le corps, calmant les spasmes et faisant passer les coliques. » Ce même traitement est également, selon Oertel-Bauer[2], « un remède sûr et rapide contre la grippe ».

En usage externe, la décoction de semences (30 à 50 g pour un litre d'eau ; faire bouillir cinq minutes environ) s'emploie en bains de vapeur (se mettre la tête sous une serviette avec le récipient de liquide sortant du feu) pour les affections des paupières et des yeux ; en lotions, tièdes ou froides, trois fois par jour sur le front et les tempes, pour « fortifier les nerfs », c'est-à-dire combattre les maux de tête et migraines chroniques.

1. *Op. cit.*
2. *La santé par les plantes*, Édit. Alsatia.

Toujours avec les semences, vous pourrez préparer un excellent apéritif et reconstituant conseillé en cas d'anémie, de fatigue générale : 60 à 80 g de semences macérées pendant huit à dix jours dans un litre de bon vin (rouge ou blanc) ; filtrer ; un verre à bordeaux après le repas, midi et soir.

Quant à la racine de fenouil, en décoction (20 à 30 g pour un litre d'eau ; faire bouillir cinq minutes ; laisser infuser autant), elle est également apéritive (un verre à bordeaux avant chaque repas) ; elle est aussi un excellent diurétique que Dioscoride prescrivait à « ceux qui ne peuvent pisser que goutte à goutte » et que de nombreux spécialistes recommandent contre les troubles de la vésicule (calculs et insuffisance biliaire) et les affections des reins et de la vessie (un verre à bordeaux après chaque repas).

## FICAIRE

***Ranunculus ficaria.*** *Bassinet, petite chélidoine, petite éclaire, éclairette, herbe au fic, herbe aux hémorroïdes.*

Elle appartient à la famille nombreuse — 150 espèces différentes — des renonculacées dont le nom vient de *rana :* grenouille, parce qu'elles affectionnent les lieux humides et marécageux.

Comme son frère, plus connu, le bouton-d'or, et ses sœurs la renoncule bulbeuse et la renoncule scélérate, elle se signale par ses fleurs d'un jaune éclatant et elle contient, elle aussi, dans ses feuilles et ses tiges fraîches (mais, il est vrai, à une dose moindre) une substance très irritante, utilisée autrefois par les paysans pour empoisonner les rats et par les mendiants pour produire des plaies factices particulièrement réussies et bien faites pour attirer la commisération.

Vous l'identifierez facilement : elle fleurit la première, au début du printemps, bien avant le bouton-d'or ; ses feuilles sont épaisses et luisantes, en forme de cœur, avec des bords légèrement crénelés, presque au ras du sol qu'elles recouvrent d'un tapis serré car la ficaire vit presque toujours en colonies ; ses fleurs, perchées à l'extrémité des tiges dépassant rarement 10 à 15 cm de haut, avec leurs pétales pointus, ressemblent à des étoiles d'or ; enfin, ses racines sont constituées de petits bulbes blanchâtres qui ressemblent à des hémorroïdes, affection contre laquelle on les utilise précisément avec succès.

C'est, semble-t-il, Thomas Burnet qui a le mérite de signaler la valeur de ce traitement dès 1672, après avoir constaté les succès obtenus par un charlatan qui guérissait ses patients en

leur donnant à boire de la bière dans laquelle il faisait macérer secrètement des feuilles et des racines de ficaire et en leur conseillant des applications externes de la même plante.

Couramment employée par les anciens médecins, cette méthode a été pratiquement abandonnée au profit d'autres dites « scientifiques ». Pourtant les observations médicales ne laissent aucun doute sur ses résultats : « Sous son influence (celle de l'infusion de racine), lit-on, les selles deviennent régulières, ont lieu sans douleurs et s'accompagnent de beaucoup de mucosités ; si l'on en continue pendant un certain temps l'usage, l'affection hémorroïdale perd de son intensité, et les accidents qui l'accompagnent d'ordinaire finissent par disparaître. »

Ladite infusion est, en réalité, une décoction : 15 à 20 g de racine pour un demi-litre d'eau ; faire bouillir une minute ; laisser reposer cinq minutes ; à boire en trois fois dans la journée.

On l'associe généralement à un traitement externe consistant : soit en compresses imbibées d'une décoction plus concentrée (30 à 40 g de racine pour un demi-litre d'eau) et très chaude, appliquées sur les hémorroïdes ; soit d'onctions douces, matin et soir, avec un onguent préparé selon la recette que voici : broyer des racines fraîches, récoltées au printemps ou en automne, avec trois fois leur poids de beurre frais ou de saindoux ; laisser ce mélange dans un pot de grès ou un récipient de verre pendant quatre ou cinq jours ; puis mettre sur un feu doux pour faire fondre la matière grasse ; passer en exprimant à travers un linge fin et conserver dans un pot bien fermé.

## FIGUIER

***Ficus carica.*** *Arbre à carique.*

Avec la vigne et l'olivier, il se partage l'honneur d'être le plus souvent cité dans la Bible et s'il est un arbre dont on peut dire qu'il « appartient à l'histoire de l'humanité », c'est bien lui.

On suppose qu'Adam et Ève se servirent de ses feuilles pour couvrir leur nudité (d'autres soutiennent que ce premier vêtement fut emprunté à la vigne). Les Égyptiens estimaient que son fruit avait succédé au gland comme nourriture de nos plus lointains ancêtres et ils accordaient une vénération spéciale à la figue qu'ils faisaient entrer dans de nombreux remèdes.

Les Hébreux, les Grecs et les Romains le cultivaient — on dit que c'est sous un figuier que les futurs fondateurs de Rome, Romulus et Rémus, furent abandonnés et trouvés par la louve qui les allaita — et si l'on en croit les historiens, plusieurs guerres n'eurent d'autre mobile que la conquête de terres produisant d'aussi délicieux fruits.

Consommée à longueur d'année, fraîche ou séchée au soleil, par les peuples du pourtour de la Méditerranée, la figue leur fut aussi un précieux atout thérapeutique. L'Ancien Testament en signale l'emploi en cataplasmes contre les abcès des gencives et les inflammations de la bouche ; il rapporte aussi ce qui peut être considéré comme l'un des plus antiques cas de guérison : en ce temps-là, lit-on dans le Livre d'Isaïe, Ézéchias, roi de Juda, fut « malade à mort » d'une grave tumeur et Isaïe le prophète avait dit « Qu'on apporte une masse de figues et qu'on les étende sur l'ulcère et Ézéchias vivra » ; ce qui fut fait et ce qui se réalisa.

Platon appelle les figues les « amies des philosophes » parce qu'elles « renforcent l'intelligence » (les travaux modernes ont établi qu'il voyait juste puisqu'on les recommande en cas d'asthénie physique et nerveuse !). Dioscoride les conseille, mangées avec des noix, pour se protéger contre d'éventuels empoisonnements. Quant à l'École de Salerne, elle déclare que la figue « nourrit, engraisse (on sait maintenant que 100 g de figues fraîches donnent 100 calories et 100 g de figues séchées 250 calories), lâche le ventre, adoucit la poitrine et guérit beaucoup de tumeurs », indications qui se retrouvent dans la vieille pharmacopée qui classe la figue parmi les quatre fruits pectoraux (avec la datte, le jujube et les raisins secs), la préconise contre la toux, les rhumes opiniâtres, les maladies des poumons en général, les maux de gorge et la constipation.

Plusieurs de ces usages, passés de longue date dans la médecine populaire, sont à retenir :

Contre la constipation : laver 5 ou 6 figues sèches, les mettre dans un bol et les couvrir d'eau tiède ; les laisser tremper toute la nuit et le matin, à jeun, manger les figues et boire l'eau (ce sont les graines — ou pépins — qui ont un effet stimulant et laxatif sur l'intestin).

Contre les irritations de la gorge (angine, notamment) les inflammations de la bouche (abcès dentaires, stomatite, gingivite) : gargarismes ou bains de bouche avec une décoction chaude obtenue en faisant bouillir pendant quelques minutes 5 ou 6 figues dans un litre d'eau ou de lait.

Contre les affections pulmonaires (toux, bronchite chronique, coqueluche, catarrhe, pneumonie, trachéite) : boire dans la journée la même décoction.

Pour calmer la douleur des brûlures, abcès, furoncles (et, pour ceux-ci, hâter leur mûrissement) : appliquer des cataplasmes de figues (fraîches ou sèches) cuites dans du lait (pour un abcès dentaire, la moitié d'une figue cuite et chaude constitue le seul cataplasme pratique et efficace).

Contre les engelures et les hémorroïdes : torréfier des figues, les réduire en poudre que l'on malaxe avec du miel pour en faire un onguent à appliquer en onctions légères (cette poudre, utilisée comme du café, est indiquée également contre les affections pulmonaires).

Les figues sèches ont aussi fourni pendant longtemps une excellente boisson de santé dont la recette se trouve dans la plupart des ouvrages (guides et almanachs) destinés à la famille. La voici : mettre dans un petit tonneau 1 kilo de figues, quelques grains de genièvre et 10 litres d'eau ; laisser macérer une semaine ; mettre en bouteilles en ficelant les bouchons ; attendre encore une semaine avant de consommer.

Enfin, si vous avez la chance de vivre dans une région où pousse le figuier, sachez que les feuilles fraîches en infusion (25 à 30 g par litre d'eau) s'emploient contre la toux et agissent sur la circulation du sang (elles facilitent les règles difficiles) ; quant au suc laiteux qui coule lorsqu'on casse une tige, appliqué matin et soir sur les cors et les verrues, il les fait disparaître.

## FOUGÈRE MALE

***Polypodium filix mas*** ou ***Dryopteris filix mas****. Faillière, fayère, faussette, ptéris, porte-aigle.*

On imagine difficilement aujourd'hui le président de la République ou le ministre de la Santé achetant à prix d'or à un guérisseur un de ses secrets afin de le publier pour que tout le monde en profite — ce serait un beau tollé parmi ceux qui se sont assuré le monopole des soins.

C'est pourtant ce que les rois n'hésitaient pas à réaliser à l'occasion et c'est ainsi que Louis XVI paya 1 800 francs pour « un remède célèbre contre le tænia ou ver solitaire, que la dame Nouffer, après la mort de son mari, a pratiqué depuis vingt ans, à Morat, en Suisse, sur un grand nombre de malades, et toujours avec un succès très heureux et très prompt ». Après que plusieurs médecins eurent été chargés de vérifier l'efficacité de ce remède, le roi confia à Turgot le soin de le divulguer ; mais, comme le note non sans humour le docteur Cazin, son « importance diminua dès qu'il fut connu »...

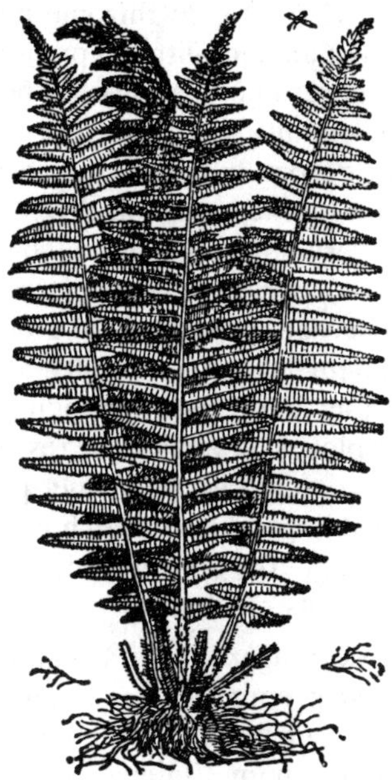

En réalité, ce « secret » n'en était un que dans la mesure où — avec le temps et le sentiment d'orgueil imbécile qui veut que chaque époque méprise au nom du progrès ce qui a été fait avant elle — on avait oublié que la fougère mâle était un vermifuge très employé depuis l'Antiquité, entre autres par Dioscoride, Galien et Avicenne qui l'utilisaient contre « les vers larges ou grêles », c'est-à-dire le tænia et les lombrics. Le remède de la dame Nouffer consistait, en effet, à administrer au patient — qui, la veille, n'avait mangé qu'une panade — 12 g de poudre de racine (ou plutôt de rhizome) de fougère mâle dans 190 g d'eau de tilleul, puis à lui donner deux heures plus tard un « bol purgatif » à base de plantes.

Ce traitement étant formellement déconseillé aux enfants au-dessous de trois ans, aux cardiaques, aux hépatiques, aux femmes enceintes et aux sujets délicats, de nombreuses autres formules ont été proposées qui réduisent les risques tout en conservant les effets. J'en citerai deux ; celle de Michel Compain[1] : décoction de 15 à 50 g de rhizome pour un litre d'eau ; réduire par ébullition à un demi-litre ; à prendre le matin à jeun ; absorber une heure après une décoction de bourdaine, 10 à 15 g dans 500 cc d'eau, réduite à 250 cc par ébullition ; et celle d'Hector Durville[2] : décoction de 15 g de rhizome dans un litre d'eau, à boire dans la journée pendant deux ou trois jours (cette phase du traitement est suffisante, seule, contre les lombrics et petits vers) ; puis le troisième et le quatrième jour, prendre le matin à jeun, une décoction de 15 à 20 g de rhizome dans un demi-litre d'eau et, deux heures après, 40 à 50 g d'huile de ricin.

J'ajouterai toutefois que ces traitements ne doivent être raisonnablement employés qu'en dernier ressort, quand d'autres vermifuges, faciles à administrer et ne provoquant aucune réaction secondaire désagréable, ont échoué ; je pense notamment aux semences de courge dont j'ai déjà parlé et qui donnent généralement d'excellents résultats.

Mais le rhizome de fougère mâle a d'autres utilisations : sa décoction (150 à 200 g pour un litre d'eau ; faire bouillir dix minutes et laisser infuser autant), en compresses chaudes, fait disparaître les douleurs rhumatismales ou névritiques ; en bains de pieds, elle est indiquée contre les crampes et les crises de goutte ; ajoutée à l'eau du bain, elle agit sur l'arthrite et les rhumatismes.

Les feuilles, séchées, servent à la confection de matelas et de coussins qui, dans les campagnes, passent pour avoir les mêmes vertus antirhumatismales et pour guérir les enfants rachitiques ou qui font pipi au lit. Ce sont elles qui permettent de différencier la fougère mâle des autres espèces de fougères

1. *Op. cit.*
2. *Bréviaire de la santé et de la médecine par les simples*, H. Durville éditeur, Paris.

apparemment identiques mais inactives : leurs folioles, disposées de façon alterne sur la nervure centrale, sont encore divisées et les plus petites divisions sont *arrondies* et non *pointues*.

Des croyances — qui subsistent encore dans les régions où la magie n'a pas perdu ses droits — voulaient qu'on ne coupe les feuilles de fougère que pendant la nuit de la Saint-Jean en récitant des formules spéciales destinées à chasser les esprits qui en ont la garde. On disait aussi que si une femme enceinte marche sur une fougère, elle avortera.

## FRAISIER

***Fragaria vesca.*** *Fraisier des bois, capredon.*

Voici ce qu'en disait Matthiole il y a quatre siècles : « Il m'a semblé bon de recevoir en la bourgeoisie de notre jardin cette herbe tant joyeuse et profitable et en parler comme suit : les feuilles et la racine font uriner et servent grandement à la rate ; la décoction de la racine, prise en breuvage, sert aux inflammations du foie et nettoie reins et vessie ; le jus de fraises guérit les taches du visage. »

Le temps, puis la science (par ses analyses des composants chimiques des différentes parties de la plante), n'ont pu que confirmer ces indications du fraisier — sauvage ou cultivé, le premier passant pour être plus actif — dont nous allons voir ensemble le détail.

Les fraises, riches en fer, sont recommandées aux anémiques. Elles le sont aussi aux hépatiques, aux rhumatisants, aux auto-intoxiqués, aux goutteux, pour leur richesse en acide salicylique, lequel agit favorablement sur le foie, les reins et les articulations. Le célèbre botaniste Linné affirmait qu'elles étaient un « bienfait des dieux » depuis qu'il s'était guéri de la goutte en en mangeant de grosses quantités matin et soir, presque comme seul aliment ; quant à Fontenelle — qui mourut centenaire —, il attribuait sa longévité à sa grande consommation de fraises (on sait maintenant qu'elles exercent un rôle bénéfique sur la tension : l'expérience a démontré que l'injection intraveineuse d'un extrait de fraise entraîne une baisse immédiate de la tension).

Elles sont conseillées (en cure d'un mois, 300 à 500 g par jour) contre la gastro-entérite chronique ; elles combattent la constipation : leurs graines (ou akènes) — qui ne sont pas attaquées par les sucs gastriques — exercent une action irritante sur l'intestin et provoquent ses contractions.

En usage externe, elles prennent place dans les soins de beauté visant à tonifier la peau, combattre les rides, les taches de rousseur et éclaircir le teint : le soir, au coucher, se barbouiller le visage avec quelques fraises écrasées ; laisser sécher ; garder ce masque toute la nuit et le lendemain matin, l'enlever à l'eau tiède ou, mieux encore, à l'eau de cerfeuil. Elles constituent aussi un excellent préventif contre les engelures : celles-ci ne réapparaîtront pas en hiver si, en été, on frotte les régions intéressées avec des fraises écrasées et si on applique pendant la nuit des emplâtres de fraises réduites en bouillie.

Les feuilles, séchées, donnent un thé dont l'abbé Kneipp a vanté les mérites pour la santé des enfants. « La mère de famille, écrit-il, en prend une quantité, autant qu'elle peut en saisir dans 3 ou 4 doigts ; puis elle verse dessus environ une demi-chopine d'eau bouillante (soit approximativement un quart de litre) et recouvre le tout. Après quinze minutes, elle décante l'infusion et elle est en possession du pur thé de fraisier. Elle y mêle alors du lait chaud et un peu de sucre, et voilà une bonne boisson hygiénique. »

Fraîches, les feuilles en décoction (une poignée par litre d'eau ; faire bouillir quatre à cinq minutes) sont indiquées contre les diarrhées chroniques et un médecin américain du siècle dernier, le docteur Blackburn, nous a laissé une recette maintes fois éprouvée contre la dysentrie : mettre 375 g de feuilles vertes de fraisier sauvage dans un litre d'eau, 15 centilitres de bonne eau-de-vie ; faire bouillir jusqu'à ce que le liquide soit réduit à 55 centilitres ; filtrer ; administrer cette potion à la dose d'une cuillerée à soupe toutes les trois heures jusqu'à ce que les symptômes aient disparu (8 à 10 cuillerées conduisent généralement à la guérison).

Enfin, les racines en décoction (25 à 30 g pour un litre d'eau ; faire bouillir au moins dix minutes ; boire à volonté) s'emploient aussi contre les troubles de l'intestin (entérite diarrhéique, dysenterie, hémorragies internes) mais sont également préconisées contre les affections inflammatoires des reins et de la vessie (cystite, calculs), du foie (jaunisse), l'arthritisme, la bronchite, l'hydropisie, la goutte (à signaler qu'elles rougissent les selles et donnent une teinte rose à l'urine).

En usage externe, la décoction de feuilles ou de racines (30 à 50 g pour un litre d'eau ; faire bouillir environ dix minutes) est utilisée, en raison de ses propriétés astringentes, en gargarismes dans l'angine et en injections tièdes dans la leucorrhée.

## FRAMBOISIER

***Rubus idœus****. Ronce du mont Ida.*

Du temps que nos ancêtres chassaient les ours et la peste, la framboise leur était précieuse dans les deux cas : comme appât pour les premiers (« ils en sont fort friands, déclare un docte traité, ainsi ils sont aisés à trouver quand ce fruit est mûr ») ; comme préservatif contre la seconde sous forme de vinaigre de framboises.

Ses emplois actuels sont moins spectaculaires : elle donne — fraîche ou en confitures — un dessert délectable et aussi une des meilleures boissons, rafraîchissante et tonique, à conseiller aux malades ayant de la fièvre, le sirop de framboise (une cuillerée à soupe dans un verre d'eau).

Voici deux recettes pour préparer ce sirop : l'une est ancienne et officinale puisqu'elle était pratiquée par les apothicaires (mettre ensemble sur le feu 500 g de framboises bien mûres, 500 g de vinaigre de vin et 500 g de sucre ; chauffer doucement en remuant jusqu'à ébullition ; passer en exprimant à travers un linge fin et conserver dans une bouteille bien bouchée) ; l'autre est classique et familiale (écraser les fruits et les laisser fermenter pendant cinq jours ; passer en exprimant à travers un linge fin ; peser le jus ainsi obtenu et ajouter du sucre dans la proportion suivante : 700 g pour 500 g de jus ; chauffer à feu doux jusqu'à ce que le sucre soit fondu ; ne pas cuire ; garder en flacon bien fermé).

Quant aux feuilles de framboisier, elles ont sensiblement les mêmes propriétés et donc les mêmes indications que les feuilles de fraisier ; mais elles sont, en plus, sudorifiques, ce qui les fait recommander plus spécialement en cas de refroidissement et de grippe (40 à 50 g en infusion pour un litre d'eau ; à boire à volonté dans la journée en sucrant au miel).

La décoction de feuilles (50 g pour un litre d'eau ; faire bouillir deux à trois minutes, puis infuser cinq minutes) est utilisée en gargarismes dans les affections de la gorge et en compresses contre les dartres, les éruptions de la peau et l'inflammation des yeux.

Enfin, Jos. Triponez[1] recommande à ceux qui souffrent de nervosité, d'insomnie, de remplacer le thé noir par un thé de famille « qui, à un arôme délicieux, joint un triple effet calmant, somnifère et digestif, convenant à tous les âges » dont la formule est la suivante : mélange à parts égales de feuilles de framboisier, de fraisier, de ronce, de mélisse, d'aspérule et de fleurs de tilleul ; en infusion, une pincée pour une tasse.

## FRÊNE

***Fraxinus excelsior****. Quinquina d'Europe.*

On ne prête qu'aux riches, c'est bien connu, et cet arbre, que l'on rencontre partout en Europe, est si riche en propriétés réelles qu'on lui en prête volontiers d'autres beaucoup plus illusoires.

Les anciens Germains lui attribuaient des pouvoirs magiques ; convaincus qu'un de ses spécimens géants soutenait le toit du Monde, ils l'avaient dédié au dieu Thor et c'est à son ombre que leurs prêtres-sorciers accomplissaient les sacrifices humains destinés à leurs nombreuses divinités ; ils utilisaient son bois pour fabriquer des lances qui devaient les rendre invincibles (il est curieux de noter que, selon Homère, le javelot d'Achille était aussi en frêne).

Ailleurs, il passait pour l'antiserpent par excellence. On

1. *Op. cit.*

affirmait que si l'on en portait une feuille sur soi ou si l'on en suspendait des branches dans les étables, aucun reptile ne pourrait vous mordre ou s'attaquer au bétail. Matthiole dit qu'il « sert de contrepoison aux morsures de serpents, desquels il est tant ennemi que, ni le matin ni le soir, jamais le serpent n'approchera son ombre, en quoi Nature se montre bien mère, car avant que les serpents sortent de terre, elle fait fleurir le frêne et lui maintient les feuilles jusqu'à ce que le froid renvoie les serpents manger de la terre en leurs trous », croyance qui est certainement à l'origine d'un remède populaire encore en vigueur en certaines régions contre une morsure de vipère : boire une infusion de 250 g de feuilles de frêne et appliquer leur marc sur la plaie... On déclarait aussi — Dioscoride ayant été le premier à le signaler — que « ses feuilles pilées en vin amaigrissent peu à peu ceux qui sont trop gras » et que sa semence « provoque à la luxure » ou « rend l'homme plus vaillant envers les dames ».

Ce qui est sûr, c'est que cet arbre facilement reconnaissable (par son écorce gris cendré ; ses bourgeons noirs ; ses fleurs sans pétales, aux étamines rouge-brun, qui apparaissent en bouquets, avant les feuilles, à l'extrémité des rameaux ; ses feuilles comportant 7 à 13 folioles ovales au bord finement dentelé et ses fruits en grappes, logés dans une enveloppe membraneuse qui les fait appeler « langue d'oiseau ») est une véritable providence thérapeutique pour les gens de la campagne.

L'écorce, prélevée sur les rameaux au printemps, a été couramment utilisée comme fébrifuge contre les fièvres intermittentes avant la découverte du quinquina. Elle reste un remède familial classique des poussées fébriles chroniques, soit en décoction (15 à 60 g pour un litre d'eau ; faire bouillir cinq minutes ; une tasse avant les trois repas), soit en poudre (une dose de 10 à 20 g dans du miel, trois ou quatre fois par jour, loin des repas, plusieurs jours consécutifs).

Les feuilles — qui sont plus actives sèches que fraîches et qui doivent être cueillies quand elles laissent suinter une sorte de gomme visqueuse, c'est-à-dire en mai, juin ou juillet suivant les régions — ont valu au frêne d'être qualifié d'« arbre antigoutteux et antirhumatismal » par le professeur Binet. En infusion ou décoction légère (30 à 40 g pour un litre d'eau, plus 3 ou

4 feuilles de menthe pour aromatiser), elles éliminent les urates, donc sont conseillées en cas de gravelle, de coliques néphrétiques, de goutte et de rhumatismes. On préconise généralement une tasse toutes les trois heures en cas de crise, et pour éviter les attaques, une cure de quinze jours (une tasse le matin à jeun et boire le reste du litre dans la journée) à répéter ensuite régulièrement tous les deux mois. J'ajoute qu'une infusion de feuilles de frêne (25 g pour 1/2 l d'eau) bue chaque matin, fait partie des innombrables recettes garantes d'une longévité exceptionnelle ; il paraît que « celui qui a donné ce secret a vécu cent sept ans »...

Les graines, dont on disait jadis qu'elles « aident fort ceux qui ne peuvent uriner », sont effectivement un remarquable diurétique indiqué en cas d'hydropisie, soit en décoction avec leur enveloppe (10 à 30 g pour un litre d'eau ; faire bouillir deux à trois minutes ; à boire dans la journée), soit réduites en poudre (5 à 15 g par jour, mélangés à du miel ou dans la boisson).

Mais cet éloge du frêne serait incomplet si je n'évoquais la frênette ou frênée qui, du temps de ma jeunesse, était encore la boisson de ménage de nombreuses familles citadines ayant des attaches paysannes et aussi la chance d'avoir une bonne cave. Bien que je n'aie jamais manqué d'assister à sa préparation — me menacer de me priver de ce spectacle était un des meilleurs moyens utilisés par ma grand-mère pour me faire filer doux ! —, j'en avais oublié la recette précise. Heureusement, mon confrère Jean Mary l'a recueillie[1] et je vous la communique telle qu'il l'a transcrite :

1° Faire une décoction de 90 g de chicorée (torréfiée) dans de l'eau bouillante ; 2° faire dissoudre 3 kg de sucre et 45 g d'acide tartrique dans plusieurs litres d'eau bouillante ; 3° arroser 60 g de feuilles de frêne (cueillies en été et séchées à l'ombre) avec une quantité suffisante d'eau bouillante ; laisser infuser deux heures ; passer.

Verser ensuite ces trois préparations dans un tonneau de 60 litres ; ajouter un complément d'eau sans toutefois remplir complètement. Quand le mélange est refroidi, y ajouter 60 g de levure délayée à l'eau froide. La fermentation commence et doit

1. *L'armoire aux herbes*, Édit. Les Écrits de France.

se poursuivre pendant onze jours au moins, la bonde du tonneau ouverte.

Au bout de ce temps, mettre en bouteilles soigneusement bouchées et ficelées (cette opération-là non plus, je ne l'aurais pas manquée pour un empire !). Consommer à partir du quinzième jour.

Mary souligne très justement que les composants de la frênette lui communiquent leurs qualités médicinales : la chicorée est tonique, apéritive, diurétique et fébrifuge ; l'acide tartrique est rafraîchissant et les feuilles de frêne sont laxatives, diurétiques et sudorifiques. En somme, une vraie boisson de santé qu'on aurait intérêt à remettre à la mode...

## FUMETERRE

***Fumaria officinalis.*** *Fumée de terre, fiel de terre, fleur de terre, fine terre, pied de géline, herbe à la veuve, herbe à la jaunisse, pisse-sang, lait-battu.*

On discute encore sur l'origine de son nom et les versions qui en furent successivement proposées : 1) il découle du fait que les Anciens croyaient que la fumeterre « naît des vapeurs de la terre » ; 2) il indique simplement qu'elle pousse volontiers dans les champs cultivés, les vignes, les jardins, c'est-à-dire en « terre fumée » ; 3) il rappelle que son suc, employé jadis pour éclaircir et purifier la vue, « faisait venir les larmes à l'œil ni plus ni moins que la fumée » ; 4) il traduit l'impression qu'elle donne, vue de loin, d'une fumée s'échappant du sol tant son feuillage grisâtre est léger et vaporeux.

Mais on ne discute pas ses propriétés reconnues depuis des millénaires. Tout le monde s'accorde pour la déclarer apéritive, tonique, dépurative, diurétique et cholagogue, ce qui en dicte l'emploi dans les affections du foie (jaunisse notamment), l'atonie de l'appareil digestif, l'artériosclérose, l'arthritisme, les rétentions d'urine, les maladies de la peau (dartres, eczéma, etc.). Elle se prend en infusion ou décoction légère (20 à 30 g pour un litre d'eau ; laisser infuser dix à quinze minutes) à la dose d'une tasse avant les trois repas.

Cependant, elle présente une particularité dont vous devrez tenir compte selon le but que vous visez : si elle est apéritive, tonique et dépurative pendant les huit premiers jours de traitement, elle devient ensuite calmante et hypnotique, avec tendance à provoquer le sommeil et à ralentir la circulation. Par conséquent, lorsqu'il s'agit de stimuler la digestion, de nettoyer le foie et de débarrasser l'organisme de ses toxines, vous suivrez

le traitement pendant huit jours, puis vous vous reposerez dix jours avant de le reprendre ; vous vous soignerez au contraire sans interruption pendant vingt jours si vous en attendez des effets calmants et hypnotiques.

La fumeterre s'utilise également à l'extérieur. Autrefois, on en faisait une eau cosmétique pour purifier la peau et les jeunes paysannes la mettaient à bouillir dans du lait pour se laver le visage afin que « parte le hâle de leur joue estivale ». Aujourd'hui, elle sert en lotions et compresses contre les dartres et les affections cutanées (60 g pour un 1/2 l de lait ; faire bouillir cinq minutes et laisser infuser dix à quinze minutes).

Les tiges entières se récoltent au mois de juin quand les fleurs commencent à s'ouvrir ; elles doivent être séchées à l'ombre, le plus rapidement possible. La plante est facile à identifier : elle a des tiges grêles et rameuses de 25 à 30 cm de haut, des feuilles vert grisâtre très découpées (leur dessin rappelle l'empreinte que laisse une patte de poule, d'où son surnom de « pied de géline »), des petites fleurs blanc-rose, tachetées de pourpre à leur sommet, formant des grappes terminales assez lâches.

# G

## GENÊT

***Sarothamnus scoparius*** ou ***Spartium scoparium***. *Genêt à balais, spartier à balais, jumette, juniesse, genettier.*

Lors de la fuite en Égypte, raconte la légende, toutes les plantes écartaient leurs rameaux pour laisser passer la Vierge Marie portant l'Enfant Jésus et les refermaient derrière elle pour cacher sa piste aux soldats d'Hérode ; une seule resta insensible et raide, le genêt, et c'est pourquoi il fut condamné à demeurer dur et sec jusqu'à la fin des temps...

En raison de quoi il servit à faire des balais — y compris ceux que chevauchaient les sorcières moyenâgeuses ! —, à construire des cabanes, à chauffer le four des potiers et des boulangers, tandis que son écorce était utilisée pour fabriquer des cordages et des fils assez résistants. En raison de quoi, aussi, il conserva longtemps une mauvaise réputation, d'autant qu'on savait qu'il entrait dans la préparation de nombreuses mixtures et philtres magiques.

Finalement, on découvrit ses remarquables propriétés thérapeutiques, d'abord comme diurétique d'une puissance exceptionnelle (des travaux modernes ont montré qu'il triple l'élimination rénale), puis comme tonique du cœur, enfin récemment comme antivenin (les recherches dans ce domaine ont eu pour point de départ l'observation des bergers d'Auvergne qui avaient remarqué que les moutons ayant brouté du genêt résistaient aux morsures de vipères ; on constata en effet que la spartéine, extraite du genêt, rend inoffensif le venin de vipère et même celui du cobra).

En tant que diurétique contre l'hydropisie, l'œdème, l'albuminurie, l'insuffisance rénale, la néphrite, l'urémie, les affections des voies urinaires, l'engorgement intestinal, le mauvais fonctionnement du foie et de la vésicule biliaire, les calculs vésicaux, les rhumatismes, la goutte, on utilise soit les cendres de la plante entière fleurie (faire brûler et recueillir les cendres), soit les fleurs fraîches ou séchées.

La technique des cendres est celle qu'emploient le plus souvent les guérisseurs de campagne — elle fait partie de leurs « remèdes secrets » ! —, suivant ainsi une tradition fort ancienne puisque le remède de Mme Fouquet, célèbre au XVII^e^ siècle contre l'hydropisie, n'était pas autre chose que des cendres de genêt macérées dans du vin blanc et que c'est un traitement identique qui débarrassa au siècle suivant le maréchal de Saxe, bourreau des cœurs armoriés et vainqueur de Fontenoy, d'une hydropisie « contre laquelle on avait inutilement mis en usage les ordonnances des plus célèbres médecins de l'armée et de la Faculté de Paris ».

La recette de choc appliquée à l'époque était la suivante : 500 g de cendres et deux poignées de feuilles d'absinthe macérées dans 2 litres de vin du Rhin ; boire chaque matin à jeun 125 g de ce vin. Aujourd'hui, on s'en tient à une formule moins brutale mais tout aussi active : 60 g de cendres de genêt infusées à froid pendant quarante-huit heures dans un litre de vin blanc ; filtrer ; 60 à 90 g de ce vin deux ou trois fois par jour, avant le repas.

Cependant, les fleurs — « qu'on prendrait pour des papillons d'or » comme l'a écrit Chateaubriand dans sa description du printemps en Bretagne *(Mémoires d'outre-tombe)*, dictée classique entre toutes pour les écoliers de la communale de naguère — sont d'un usage plus facile et conduisent également à d'excellents résultats. Cueillies lorsqu'elles ne sont pas encore complètement épanouies et séchées à l'ombre, elles s'emploient en décoction (25 à 30 g pour un litre d'eau ; faire bouillir une minute) à la dose de 3 ou 4 tasses par jour pour les troubles signalés plus haut. Comme tonique cardiaque, la dose est de 1 ou 2 tasses.

Vous obtiendrez aussi une excellente tisane diurétique, stomachique, digestive, tonique et hépatique — c'est un « secret », jalousement gardé par certains ! — en procédant ainsi : mettre dans 750 g d'eau, 15 g de fleurs de genêt, 15 g de racine de pissenlit, 15 g de baies de genièvre ; faire bouillir jusqu'à réduction d'un tiers ; boire 2 ou 3 tasses dans la journée.

## GENÉVRIER

***Juniperus communis.*** *Genièvre, ginébré, genibre, péket, pétrot, pétron, thériaque des paysans.*

Ce dernier surnom indique que ce conifère odorant, aux aiguilles piquantes et toujours vertes, dont la silhouette pyramidale décore les terrains marécageux, les friches, les coteaux et les pentes arides des montagnes, est une sorte d'arbre à tout faire, un « remède universel » et une providence pour les humains.

Dans les pays méditerranéens où il atteint 12 à 15 mètres de haut, son bois qui « dure plus d'un siècle sans se corrompre » est utilisé pour les constructions (Annibal, selon Pline, ordonna que les poutres du temple de Diane Ephésienne fussent de genévrier). Les alchimistes l'employaient pour chauffer leurs cornues, affirmant qu'un charbon, allumé et recouvert de cendres de genévrier, « garde son feu un an entier ». Ses branches, accrochées à la porte des maisons, passaient pour éloigner les serpents par leur odeur et on en faisait brûler sur les places publiques, dans les rues et les habitations pour combattre les épidémies de peste et de choléra : Hippocrate protégea ainsi Athènes contre un de ces fléaux et on fit de même dans les hôpitaux de Paris pendant l'épidémie de variole de 1870.

Ses fruits enfin, appelés « baies de genièvre », ont depuis longtemps leur place dans l'alimentation familiale et gastronomique. On en met dans la choucroute, les salaisons, les marinades et les courts-bouillons. On s'en sert pour accommoder les grives, les bécasses, les poissons grillés, les sauces ; pour parfumer le *gin* (Grande-Bretagne), le *péquet* (Belgique), le *schiedam* (Pays-Bas), l'*aquavit* (Danemark) et faire des alcools appréciés dans les pays du Nord, en foi de quoi, dit-on, les habitants de ces contrées humides sont préservés des rhumatismes et de la goutte...

Ces deux affections figurent en effet dans la longue liste des maladies heureusement influencées par le genévrier, qu'il soit utilisé à l'intérieur ou à l'extérieur.

A l'intérieur, il est considéré comme un spécifique des affections des voies urinaires et biliaires (gravelle, calculs, coliques néphrétiques, cystite, prostatite, cirrhose, albuminurie, diabète) car il est antiseptique et augmente le volume des urines auxquelles il communique une odeur de violette. Il est conseillé également dans l'arthritisme et le rhumatisme chronique (il favorise l'élimination de l'acide urique), les catarrhes pulmonaires (c'est un modificateur des excrétions), les fièvres intermittentes (il facilite la transpiration), en cas de lassitude générale, d'atonie du système nerveux et de l'estomac, d'inappétence (il est fortifiant, tonique, apéritif), de digestion difficile et de fermentation intestinale (il est digestif et dissipe les gaz), d'affections cutanées (il est dépuratif). Quant à l'homéopathie, elle en fait, sous le nom de *Sabina juniperus,* un remède féminin très indiqué dans les métrorragies et lorsqu'il y a menace d'avortement en cours de grossesse.

Ce sont les baies — c'est-à-dire les fruits, contenant 3 petites graines dures, qui restent verts pendant deux ans et ne mûrissent en prenant une teinte bleu-noir que la troisième année — qu'on emploie après les avoir récoltées en octobre-novembre et séchées à l'air en les remuant souvent. Vous avez le choix entre les diverses formules suivantes :

*La tisane :* 30 à 40 g de baies concassées en infusion (laisser infuser dix minutes) pour un litre d'eau bouillante, 3 tasses par jour.

*Le vin :* 50 à 60 g de baies concassées dans un litre de bon vin blanc ; laisser macérer quinze jours en remuant de temps en temps ; filtrer ; sucrer éventuellement au miel ; un verre à bordeaux le matin à jeun ou 1 ou 2 verres par jour loin des repas.

*La teinture :* faire macérer pendant quatre ou cinq jours 100 g de baies concassées dans un 1/2 l d'alcool à 45 ou 50° ; filtrer ; 15 à 20 gouttes par jour, soit sur un morceau de sucre, soit dans un 1/2 verre d'eau.

*La cure Kneipp :* préconisée par le célèbre abbé, elle est couramment pratiquée en Allemagne et consiste à manger des doses progressives de baies : 4 le premier jour, en augmentant d'une par jour jusqu'à 15, pour redescendre ensuite jusqu'à 4, soit en tout une cure de vingt-trois jours. Mâcher des baies est recommandé également aux personnes qui sont en contact avec des malades ou qui veulent se préserver contre les fièvres dans les pays marécageux.

A l'extérieur, la décoction de jeunes rameaux ou de baies concassées (250 g de rameaux ou 100 g de baies pour 2 litres d'eau ; faire bouillir pendant une heure et demie à deux heures) en compresses, soulage les douleurs sciatiques, les rhumatismes et le lumbago. Elle s'emploie aussi pour laver les ulcères anciens et les plaies atones dont elle favorise la cicatrisation.

Des frictions avec la teinture indiquée plus haut ou avec de l'huile de genièvre (100 g de baies concassées pour un 1/2 litre d'huile d'olive ; faire macérer quinze jours à un mois dans un flacon transparent en agitant de temps à autre et en ayant soin d'exposer le mélange à la chaleur du soleil) calment également les douleurs névralgiques ou rhumatismales, le lumbago, la sciatique, les points de côté et les douleurs musculaires en général. On peut, bien sûr, appliquer ensuite sur les parties intéressées de la ouate imprégnée de ces préparations et la laisser en place, recouverte d'un morceau de laine.

Les fumigations et vapeurs de genièvre (faire bouillir des baies dans une casserole comme pour l'eucalyptus ou jeter les baies dans le feu) sont un excellent désinfectant pour les locaux et leurs hôtes ; le docteur Cazin les recommande, « reçues dans les narines », contre le coryza chronique rebelle et voici l'éloge qu'en fait l'abbé Kneipp, fervent défenseur du genévrier :

« Je ne comprendrais pas un père, une mère de famille qui mettraient tout le soin possible à confire au sel et aux baies de genièvre leur viande et leur choucroute, qui parfumeraient exactement et méticuleusement avec ces mêmes graines leurs demeures, mais qui, d'autre part, laisseraient croupir dans la poussière et l'ordure le corps, qui est l'habitation de l'âme. C'est cette habitation qui, elle aussi, a besoin, quelquefois dans l'année, de fumigations et de vapeurs de genièvre : cela purifie l'organisme et soulage l'appareil respiratoire. »

**GENTIANE**

***Gentiana lutea.*** *Gentiane jaune, grande gentiane, jansonna, insanna, gentis, quinquina indigène, quinquina du pauvre.*

Peut-être vous souvenez-vous encore d'un fait divers qui remonte à quelques années : une commerçante de la région parisienne offre à un livreur de goûter avec elle l'apéritif-maison qu'elle a préparé avec des racines de gentiane qu'elle a récoltées elle-même pendant ses vacances en Auvergne ; à la suite de quoi, ils sont transportés tous deux d'urgence à l'hôpital pour une grave intoxication (vomissements, diarrhée, troubles cardiaques) qui sera heureusement vite jugulée : la commerçante avait pris pour de la gentiane le vératre ou ellébore blanc dont le surnom de « tue-loup » indique bien la toxicité...

Si j'évoque cet accident, ce n'est pas pour vous détourner de la gentiane dont l'usage est agréable et précieux pour la santé, mais pour vous mettre en garde contre pareille erreur due uniquement à une mauvaise connaissance des plantes. En effet, si la gentiane et le vératre ont le tort de fréquenter les mêmes endroits (les pâturages calcaires des montagnes : Alpes, Jura, Massif Central) et d'avoir des points communs (racine épaisse, taille élevée — 1,25 m à 1,50 m —, tige cylindrique, rosette basale et feuilles à nervures saillantes), on peut aisément les différencier grâce à deux éléments caractéristiques qui évitent toute confusion : d'une part, leurs fleurs — celles de la gentiane sont jaunes et groupées en bouquets à l'aisselle des feuilles tandis que celles du vératre sont blanc verdâtre et forment un long panicule au sommet de la tige ; d'autre part, leurs feuilles — celles de la gentiane sont opposées par 2 tandis que celles du vératre sont alternées par 3 sur la tige.

Cela posé, utilisez la gentiane (dont il existe environ 200 espèces) sans arrière-pensée comme l'ont fait d'innombrables générations. Le premier à l'employer, selon Dioscoride, fut Gentius, roi d'Illyrie, qui au IIe siècle avant Jésus-Christ s'allia à Persée, roi de Macédoine, contre les Romains qui le battirent et l'emmenèrent à Rome ; mais le docteur Leclerc déclare que sa découverte est due à un médecin de l'Antiquité du même nom. Quoi qu'il en soit, le sien vient indiscutablement de Gentius.

Au Moyen Age, elle était tenue pour une panacée et on l'intégrait à toutes les drogues miracles, aux noms glorieux : thériaque d'Andromaque, mithridat, orviétan, opiate de Salomon. Elle entrait en jeu contre les troubles de l'estomac, du foie, du cœur, de l'intestin ; on la disait propre à neutraliser les poisons et à prolonger la vie ; jusqu'à l'apparition du quinquina, c'était elle qu'on utilisait pour combattre avec succès les accès de fièvre tierce et quarte (dans certaines régions montagneuses où elle pousse, on prépare encore un vinaigre de gentiane dont on use comme fébrifuge et préventif des maladies contagieuses).

Aujourd'hui, elle est considérée comme « le plus parfait des amers purs », dépourvue d'astringence, ce qui fait qu'elle tonifie sans irriter. Elle est conseillée contre le manque d'appétit (elle entre d'ailleurs dans différentes boissons alcoolisées — apéritifs, liqueurs — couramment consommées tant au café que chez soi), les maux d'estomac, les troubles de la digestion, les malaises et syncopes, la faiblesse générale et aussi, selon certains auteurs, l'excitabilité sexuelle. Elle augmente la sécrétion de la salive et des sucs gastriques, dissipe les spasmes et tonifie les nerfs.

C'est la racine seule qu'on emploie (l'excellent livre, documenté et distrayant, de Jean Anglade[1] m'a appris qu'autrefois la tige creuse, découpée entre deux nœuds et séchée, servait aussi de bobines aux fileuses). Elle atteint facilement la grosseur du bras (la gentiane vit plus de cinquante ans !) et se récolte à l'automne. Après l'avoir mondée — et non lavée pour qu'elle n'absorbe pas d'humidité —, on la coupe en rondelles et on la met à sécher à l'étuve ou au soleil.

Elle s'utilise soit en infusion (3 à 4 g pour une tasse (100 g) d'eau bouillante ; laisser infuser dix à quinze minutes ; trois fois par jour avant les repas) ; soit en macération à froid (3 à 4 g pour 100 g d'eau ou de vin ; laisser macérer pendant quatre heures ; trois fois par jour avant les repas, en faisant tiédir avant l'emploi) ; soit en teinture (30 à 50 g de racine dans un litre d'alcool à 45° ou d'eau-de-vie ; laisser macérer quinze jours ; filtrer ; 20 à 30 gouttes dans un verre d'eau ou de vin, avant les repas ou, en cas de malaise ou d'indigestion, 10 gouttes sur un morceau de sucre) ; soit en vin (30 g de racine dans 40 g d'alcool à 45° ou d'eau-de-vie ; laisser macérer vingt-quatre heures ; ajouter ensuite un litre de vin rouge ou blanc ; laisser macérer dix jours ; passer à travers un linge fin ; un petit verre avant chaque repas). Les autres gentianes — généralement à fleurs bleues — ne sont pas employées.

## GÉRANIUM

***Geranium robertanium.*** *Géranium Robert, herbe à Robert, géranion, géraine robertin, herbe à l'esquinancie, bec de grue, fourchette du diable.*

Il y a géraniums et géraniums, autrement dit, les vrais et les faux. Et par un curieux paradoxe qui complique encore les choses, ce sont généralement les faux qu'on appelle géraniums

1. *La vie quotidienne dans le Massif Central au XIX^e^ siècle*, Hachette.

alors que les vrais ne sont connus que sous d'autres noms...

Les faux, ce sont les quelque 400 espèces qu'on cultive, soit pour leur caractère ornemental qui leur assure une place de choix sur les balcons et dans les jardins, soit pour leurs propriétés odorantes utilisées en parfumerie, tel le géranium rosat qu'on exploite en Provence ; en réalité, ce sont des pélargoniums. Les vrais, ce sont ceux dont une centaine d'espèces poussent à l'état sauvage sur les vieux murs et les rochers, en lisière de forêt, dans les haies et les prairies ombragées des pays tempérés et qu'on baptise plutôt herbe à Robert ou bec de grue.

Toutefois, ces espèces différentes appartiennent toutes à la famille des gérianacées ; elles ont toutes un fruit de forme identique qui ressemble à un long bec effilé évoquant celui de la grue ou de la cigogne et il n'est pas jusqu'à leurs noms, tirés du grec, qui ne traduisent une similitude évidente puisque géranium vient de *géranos* : grue et pélargonium de *péragos* : cigogne.

Les Anciens connaissaient déjà le géranium sauvage, celui qui nous intéresse (le géranium cultivé — le pélargonium — ne fut importé en Europe depuis Le Cap qu'en 1690). Ils l'appelaient *ruberta* (de *ruber* : rouge) parce que ses tiges velues de 30 à 50 cm de haut sont rougeâtres, que ses feuilles un peu velues, très découpées comme celles du cerfeuil ou de l'anémone, sont souvent teintées de rouge et que ses fleurs à cinq pétales, groupées par 2 ou 4 au sommet des tiges, sont rose rougeâtre. Ils l'employaient contre l'ophtalmie, l'engorgement laiteux des seins, l'esquinancie (inflammation des amygdales et angine) et le considéraient comme un vulnéraire capable de consolider les fractures et de faire disparaître les cancers.

En fait, la plante entière, récoltée au moment de la floraison (de mai à juillet) et séchée à l'ombre, est indiquée contre les ulcères gastriques, la diarrhée, les hémorragies internes, la métrorragie, l'hémoptysie, la gastro-entérite, le diabète (elle fait baisser le taux du sucre sanguin) en décoction : 40 à 50 g de plante séchée pour un litre d'eau ; laisser tremper à froid quelques minutes, puis chauffer à feu doux jusqu'à ébullition ; laisser infuser quinze minutes ; 3 ou 4 tasses par jour, avant ou entre les repas.

En usage externe, la décoction plus concentrée (100 g pour

un litre d'eau) est recommandée en gargarismes et bains de bouche contre les inflammations de la gorge et de la bouche (angine, stomatite, gingivite, glossite, aphtes) et en lotions ou compresses contre l'inflammation des yeux, les irritations de la peau, les névralgies faciales, les ulcères et les plaies torpides.

Les feuilles fraîches broyées — qui dégagent une odeur désagréable comparée à celle du bouc ou de l'urine des personnes ayant mangé des asperges — servent aux paysans à faire des compresses cicatrisantes quand ils se blessent dans les champs et ils les froissent aussi entre leurs doigts pour éloigner les moustiques.

## GUI

***Viscum album.*** *Gillon, verguet, bois de la Sainte-Croix.*

Plante sacrée pour la plupart des anciennes peuplades de l'Europe, symbole de l'immortalité parce qu'il reste vert et vivant quand les arbres qui le portent semblent morts, le gui a toujours été étroitement mêlé à la magie et à la thérapeutique.

Les druides l'appelaient « plante qui guérit tous les maux » et, à l'issue de la fameuse cérémonie de la cueillette avec la faucille d'or, en distribuaient des rameaux à nos ancêtres qui les portaient suspendus à leur cou comme talisman ou les accrochaient à l'entrée de leurs huttes pour se protéger contre les coups du sort. Chez les Germains, il rendait les guerriers invincibles, redonnait la fécondité aux animaux stériles. Ailleurs, on lui attribuait des pouvoirs magiques qui se retrouvent dans nos coutumes et superstitions : notre baiser du Nouvel An sous le gui porte-bonheur ; le rameau de gui fixé au-dessus du seuil de la chambre, en Autriche, pour délivrer le dormeur des cauchemars ; le brin de gui, glissé sous l'oreiller la nuit de la Saint-Jean par les jeunes filles galloises qui veulent voir leur futur époux leur apparaître en rêve...

Dans la médecine d'autrefois, il était l'antispasmodique type, spécifique de l'épilepsie, des convulsions, de l'apoplexie ; on le recommandait tout particulièrement aux sujets victimes d'attaques ou « coups de sang », c'est-à-dire aux hypertendus. Or, les recherches modernes ont montré qu'il est effectivement un excellent remède naturel contre l'hypertension et l'artériosclérose, grâce à son action sur le système nerveux vaso-moteur, d'où son entrée dans diverses spécialités pharmaceutiques. Je rappelle enfin qu'il sert de base à une méthode contre le cancer connue sous le nom de « viscumthérapie » qui, née en Suisse d'après les données de Rudolf Steiner, fondateur de l'anthroposophie, est reconnue dans de nombreux pays mais pas encore chez nous[1].

Mais la médecine populaire n'a pas attendu cette consécration pour l'utiliser, choisissant de préférence le gui du pommier ou du poirier qui passe pour être le plus efficace. La récolte se fait au moment où les baies arrivent à maturité (octobre-novembre) ; on emploie les feuilles et les jeunes tiges sans baies, généralement fraîches (elles sont plus actives) mais aussi séchées à l'ombre, soit telles, soit réduites en poudre.

Contre l'hypertension (avec ses troubles accessoires : migraines, vertiges), l'artériosclérose, les troubles nerveux du cœur, les hémorragies, les accidents du retour d'âge, l'hémoptysie, s'offrent trois techniques qui préservent les principes actifs du gui lesquels sont partiellement détruits par la chaleur : la tisane (20 g de feuilles coupées en morceaux pour un demi-litre d'eau ; faire macérer à froid toute la nuit et boire dans la journée, avant et entre les repas, par petites tasses) ; le vin (faire macérer, pendant vingt-quatre heures, dans un litre de vin blanc, 40 g de feuilles fraîches coupées en morceaux ; 2 ou 3 verres à bordeaux par jour avant les repas) ; la poudre (une cuillerée à café dans un peu d'eau tiède, deux ou trois fois par jour) — cette poudre (1 à 2 g par jour dans du miel) est indiquée également dans la coqueluche, pour calmer les quintes spasmodiques.

A l'extérieur, les cataplasmes chauds de feuilles et de baies, bouillies quelques minutes dans de l'eau ou du lait, calment les douleurs de la goutte et des rhumatismes.

## GUIMAUVE

***Althaea officinalis.*** *Guimauve officinale, althaea, mauve blanche.*

Elle présente cette particularité assez exceptionnelle — connue seulement des herboristes ou des vrais amateurs de

1. Voir *Tous les espoirs de guérir.*

plantes — de donner son nom à une préparation dans laquelle elle n'entre absolument pas. En effet, la pâte de guimauve — qui, pour les enfants de ma génération, tenait lieu à la fois de bonbon et de remède contre la toux — se fabrique avec de la gomme arabique et du sucre auxquels on ajoute des blancs d'œufs battus en neige avec de l'eau de fleur d'oranger, mais elle ne contient pas la moindre parcelle de la plante. Celle-ci fait cependant partie des « espèces pectorales » et ceci explique sans doute cela...

Son aspect décoratif — hautes tiges duveteuses atteignant 1,50 m à 2 m, belles feuilles opposées velues et feutrées à 3 ou 5 lobes, dont les inférieures évoquent celles du platane ou de la vigne, grandes fleurs à 5 pétales blanc rosé au cœur violet-pourpre groupées au sommet des tiges — lui vaut d'être souvent cultivée dans les jardins. Autrement, on la trouve à l'état sauvage, disséminée sur les terrains incultes et humides.

Son nom savant, dérivé d'une racine grecque qui signifie « soigner » « guérir », indique que les Anciens la tenaient pour une panacée. Toutes ses parties contiennent une quantité importante de mucilage et toutes sont utilisées : la racine (pivotante, longue, blanche extérieurement et intérieurement) qu'on récolte en automne et qu'on enfile en chapelets pour la faire sécher à l'air dans un endroit sec ; la feuille qui se prélève en juin, avant la floraison, et la fleur qu'on cueille en juillet, la dessiccation de l'une et de l'autre s'opérant à l'ombre.

La vertu principale de la guimauve est d'être « la plus émolliente de toutes les plantes mucilagineuses » et c'est ce pouvoir adoucissant auquel on a constamment fait appel à travers les âges (on a aussi, il est vrai, utilisé la guimauve pour tricher avec la justice au temps où se pratiquait le jugement de Dieu ou ordalie par le fer rouge : sa sève, mélangée à des graines de plantain et à du blanc d'œuf, servait à faire un onguent protecteur dont certains accusés s'enduisaient les mains, ce qui leur permettait de mieux supporter l'épreuve... et d'être innocentés car leur brûlure n'était que légère ; la graine de guimauve écrasée avec de l'huile passait également au Moyen Age pour éloigner les serpents si l'on s'en frottait le corps).

On l'emploie, à l'intérieur, pour calmer les irritations et inflammations des muqueuses (bronchite, rhumes, toux d'irritation, laryngite, trachéite, gastrite, entérite, constipation, cystite, catarrhes vésicaux et urétraux), soit en infusion (30 g de feuilles et de fleurs pour un litre d'eau bouillante ; laisser infuser dix minutes ; 4 ou 5 tasses au cours de la journée), soit en décoction (faire macérer 30 g de racine coupée en petits morceaux dans un litre d'eau froide ou tiède pendant une à deux heures avant de chauffer à feu doux jusqu'à environ 50° ; 3 tasses par jour). Il est conseillé de sucrer au miel qui en augmente les effets adoucissants.

A l'extérieur, la décoction de racine (un peu plus forte : 50 g pour un litre) sert en gargarismes contre les maux de gorge, l'angine, l'inflammation des amygdales ; en bains de bouche contre les abcès dentaires, la stomatite, la gingivite, les aphtes ; en lavement tiède contre les inflammations intestinales et la constipation ; en compresses chaudes sur les furoncles, abcès, érysipèles, plaies enflammées. Elle est indiquée contre la sinusite : en inhalation très chaude, la tête couverte par une serviette, puis en compresses calmantes et décongestionnantes sur les parties douloureuses.

Bien que cela paraisse sans doute archaïque et trop simple pour notre ère de progrès, je signale aux mamans que le meilleur moyen pour calmer l'irritation des gencives et faciliter la sortie des dents chez les bébés est de leur donner à sucer un bâton de racine de guimauve. C'est bon marché et breveté par des siècles d'application...

# H

## HARICOT

***Phaseolus vulgaris***. *Faséole, fayot, fèverole.*

Il nous vient d'Amérique tropicale via l'Italie — ce serait Catherine de Médecis qui l'aurait apporté en France dans sa corbeille de mariage quand elle épousa le futur Henri II en 1533 — et le poète José Maria de Heredia, dont l'origine cubaine paraît être en la matière une sérieuse référence, dit que son nom découle du mexicain *ayocolt.*

Ses grains lui ouvrirent les portes de la cuisine et ses cosses, riches en principes actifs, celles de la médecine. Réduites en cendres, avec les tiges, on les prescrivait autrefois contre les troubles rénaux et l'hydropisie (l'eau distillée des fleurs étant réservée à la beauté comme « propre à nettoyer les taches et les rousseurs du visage »).

Les cosses sont effectivement très diurétiques et abaissent le taux du sucre dans le sang. On les emploie toujours à la campagne avec d'excellents résultats dans les maladies des reins et de la vessie, l'hydropisie, l'albuminurie et le diabète : faire tremper pendant deux heures 3 ou 4 poignées (environ 100 g) de cosses séchées coupées fin dans un litre et demi d'eau ; faire bouillir jusqu'à réduction de moitié par évaporation ; à boire dans la journée entre les repas.

## HOUBLON

***Humulus lupulus.*** *Houblon grimpant, vigne du Nord, salsepareille nationale, digérable, bois du diable.*

Cultivé pour la fabrication de la bière, à laquelle il donne arôme, saveur et qualités digestives et calmantes, il pousse à l'état sauvage dans les haies, les buissons, au bord des cours d'eau et des forêts.

Il peut grimper jusqu'à 6 mètres de haut ; ses feuilles, à 3 ou 5 lobes, ressemblent à celles de la vigne ; il porte des fleurs tantôt mâles, tantôt femelles, ces dernières se transformant, pendant la fructification, en cônes ovoïdes composés de nombreuses folioles jaune-vert couvertes d'une poussière résineuse jaune, odorante et amère, appelée lupulin. Ce sont ces cônes qu'on récolte avant leur pleine maturité (août-septembre) et qu'on fait sécher au four ou à l'étuve pour les brasseries et l'emploi thérapeutique.

La pharmacopée moyenâgeuse les déclarait « utiles aux apostumes (c'est-à-dire aux abcès et tumeurs avec suppuration) qui sont au foie et en la rate » et les conseillait dans l'affection hypocondriaque et les vapeurs mélancoliques. On leur reconnaît aujourd'hui des propriétés apéritives, toniques, diurétiques, dépuratives, digestives, sédatives et antispasmodiques.

L'infusion (15 à 20 g de cônes séchés et émiettés pour un litre d'eau bouillante ; laisser infuser dix minutes) « regénère le sang appauvri, tout en le dépurant ». A la dose de 3 verres ordinaires, avant les repas, elle sert de tonique et d'apéritif aux convalescents. Une tasse après les repas supprime les digestions lentes et pénibles. Le docteur Leclerc notait à ce propos que le houblon combat l'élément spasme et l'élément atonie, qu'il est « le balancier qui permet de maintenir le juste équilibre des fonctions digestives ».

Il confirmait aussi son action hypnotique et sédative sur l'appareil génital, le recommandant en cas de priapisme douloureux, d'onanisme, de spermatorrhée rebelle et en tant qu'anaphrodisiaque. Dans ce domaine, il faut recourir à la décoction (40 g de cônes séchés pour un litre d'eau ; faire bouillir deux minutes et infuser cinq ; 3 tasses par jour dont la dernière au coucher).

Contre l'insomnie, les contractions nerveuses de l'estomac, de l'intestin et du cœur, les spasmes et douleurs de la menstruation, on préconise une fois dans la journée une infusion de 3 cuillerées à soupe de cônes émiettés dans une tasse d'eau bouillante.

Dans certaines contrées, notamment dans le Nord, l'Est et en Angleterre, on fait avec les cônes de houblon des oreillers qui passent pour rendre le sommeil à ceux qui l'ont perdu.

## HOUX

***Ilex aquifolium.*** *Houx épineux, grand houx, housson, garrus agrion, bois franc.*

Comme le gui, il passe pour porter bonheur et ce pour les mêmes raisons : parce qu'il reste toujours vert, qu'il semble échapper à la marche du temps jalonnée par les saisons et qu'il symbolise la vie au cœur de l'apparente mort hivernale, d'où sa place dans les cérémonies qui marquaient le solstice d'hiver et les vertus protectrices qu'on lui a attribuées, lesquelles sont d'ailleurs à l'origine de nos traditions de fin d'année.

« On en fait parade, dit Matthiole, devant les églises et sur les autels, que les paysans emportent après en leur maison estimant par ce moyen se pouvoir garantir des foudres et chasser toute enchanterie... »

Il rend aussi de nombreux autres services : pour empêcher les rats de s'attaquer aux jambons et saucissons, on met des feuilles de houx autour de la ficelle à laquelle on les suspend ; des fagots de houx servent au ramonage des cheminées ; avec la seconde écorce, on prépare la glu pour le braconnage des oiseaux ; son bois, très dur, qui se polit très bien et se teinte aisément en noir, est employé en ébénisterie ; on en fait des aiguillons (Pierre Dupont le rappelle dans sa célèbre chanson : *J'ai deux grands bœufs dans mon étable... La charrue est en bois d'érable, l'aiguillon en branche de houx...),* des manches de fouet, des cravaches (houssines).

Il a également sa place dans la médecine familiale. Ses feuilles — qui deviennent de moins en moins piquantes au fur et à mesure que l'arbre vieillit — sont fébrifuges, diurétiques et résolutives, d'où leur indication dans les catarrhes et engorgements des voies respiratoires (toux opiniâtre, bronchite, pneumonie, grippe) où elles facilitent l'élimination des sécrétions, dans l'hydropisie, les rhumatismes et les états fébriles. Elles s'emploient fraîches ou séchées en décoction (30 à 50 g de feuilles coupées fin pour un litre d'eau ; laisser tremper à froid une heure ou deux, puis faire bouillir dix minutes ; laisser infuser autant ; sucrer — au miel de préférence — car la tisane est très amère ; 3 ou 4 tasses par jour).

Dans les régions où sévissent les fièvres intermittentes, on fabrique un vin de houx dont on boit un ou deux verres à bordeaux par jour : 50 g de feuilles fraîches hachées macérées pendant vingt-quatre heures dans une quantité suffisante d'alcool à 45°, de rhum ou d'eau-de-vie ; ajouter ensuite un litre de vin blanc ; laisser encore macérer vingt-quatre à quarante-huit heures ; filtrer.

Les baies — qui sont le régal des oiseaux en hiver (on les appelle parfois cerises du bouvreuil ou du merle) — sont conseillées par certains auteurs comme purgatif (10 à 12 baies macérées dans 100 cc d'eau pendant douze heures), mais je ne vous engage pas à en tâter car elles provoquent souvent des nausées et des vomissements, d'autant que d'autres plantes font aussi bien dans ce domaine sans les mêmes inconvénients.

Quant au petit houx *(Ruscus aculeatus)* — baptisé aussi fragon, myrte épineux, myrte sauvage des anciens, laurier alexandrin, houx frelon, buis piquant —, il appartient à une famille différente et n'a de commun avec le précédent que de rester toujours vert, d'avoir des feuilles piquantes (elles sont petites, ovales comme celles du buis, et se terminent par une seule épine) et des baies rouges.

Il pousse dans les sous-bois, les taillis et les haies (il dépasse rarement 80 cm de haut alors que le houx peut atteindre la taille d'un arbre). Dans certaines régions, on mange ses jeunes pousses en salade, en omelette, à la place des fines herbes ou comme les asperges (il appartient d'ailleurs à la famille des asparaginées) et, un peu partout, on utilise ses rameaux vert lustré, semés de petites boules écarlates, comme bouquet décoratif.

Sa racine — qui est, en réalité, un rhizome — est déjà vantée par Dioscoride comme diurétique propre à dissoudre les calculs de la vessie. Elle est recommandée en décoction (40 à 60 g de racine séchée pour un litre d'eau — avec, facultativement, quelques morceaux de réglisse ; faire bouillir cinq minutes ; laisser infuser dix à quinze minutes ; à boire à volonté) contre l'hydropisie (le docteur Leclerc signale des cas spectaculaires), les affections des voies urinaires, la jaunisse et la goutte.

## HYSOPE

***Hyssopus officinalis.*** *Hyssope, herbe sacrée, mariarmo.*

Elle doit son nom aux Hébreux — ils l'appelaient *Ezôb* — pour qui elle était une plante sacrée et à ce titre elle est maintes fois citée dans la Bible : ainsi, elle entre dans l'eau de purification telle que l'Éternel en a dicté la recette à Moïse (Nombres) ; elle fait partie des plantes dont Salomon a parlé avec sa coutumière sagesse (Rois) et c'est à une branche d'hysope que les soldats fixèrent l'éponge imbibée de vinaigre qu'ils tendirent à Jésus mourant (Évangile selon saint Jean).

On la trouve à l'état sauvage sur les terrains caillouteux et ensoleillés du littoral méditerranéen, sur les vieux murs et les décombres, les pentes bien exposées des Alpes. On la cultive un peu partout dans les jardins, comme aromate et plante médicinale, mais aussi par ce qu'elle est décorative.

Les botanistes la classent parmi les sous-arbrisseaux. Ses tiges carrées et velues forment des touffent buissonnantes atteignant 50 à 60 cm de haut ; ses feuilles opposées, velues sur les deux faces, sont lancéolées ; les fleurs sont généralement d'un bleu tirant sur le violet (parfois roses ou blanches) ; elles sont groupées au sommet des tiges, à l'aisselle des feuilles, en épis orientés d'un seul côté.

Toute la plante dégage une odeur aromatique agréable rappelant, en un peu plus camphré, celle de la sarriette et du romarin. Très employée en cuisine au Moyen Age (ses feuilles, hachées comme le persil et le cerfeuil, apportaient leur saveur piquante aux soupes, aux rôts et aux farces), elle ne l'est plus guère aujourd'hui que dans le Midi. En revanche, son usage médicinal n'a pas faibli, ni varié.

Hippocrate la prescrivait pour soigner la pleurésie et la bronchite ; l'École de Salerne disait qu' « avec succès elle purge les phlegmatiques » (c'est-à-dire évacue les mucosités) et « bouillie avec du miel, aide les pulmoniques ». Or, de nos

jours, elle est indiquée dans toutes les affections des voies respiratoires (grippe, rhume, bronchite, asthme, pleurésie) car elle soulage l'oppression et, ainsi que le souligne le docteur Leclerc, « nettoie les poumons » en facilitant l'expulsion des crachats.

Elle se prend soit en infusion (20 g de sommités fleuries, récoltées au moment de la floraison et séchées à l'ombre, pour un litre d'eau bouillante ; laisser infuser cinq à dix minutes ; 2 ou 3 tasses par jour), soit en sirop (sur 100 g de sommités fleuries, verser un litre d'eau bouillante et laisser infuser, couvert bien entendu, jusqu'à refroidissement ; passer et ajouter, en chauffant doucement et en remuant, 1 600 g de sucre ; à boire par cuillerées 60 à 100 g par jour). Il est recommandé de ne pas dépasser les doses, l'hysope pouvant être irritante pour les sujets nerveux.

A l'extérieur, l'infusion plus corsée (50 g pour un litre d'eau bouillante) s'emploie en compresses chaudes pour soigner les blessures, les entorses et les ecchymoses.

# J

## JOUBARBE

***Sempervivum tectorum.*** *Grande joubarde, joubarbe des toits, barbajou, artichaut sauvage, artichaut bâtard, herbe aux cors.*

Avant de devenir un élément quasi traditionnel de nos rocailles, cette plante grasse qui pousse partout, sur les toits, les vieux murs, les rochers, jouissait déjà d'une certaine considération dans les campagnes, tant pour les services qu'elle peut rendre sur le plan de la santé que pour son rôle protecteur contre les éventuels maléfices des « jeteurs de sorts » — son nom n'indique-t-il pas ses liens avec le plus puissant des dieux de l'Antiquité puisqu'il vient du latin *Jovis barba :* barbe de Jupiter ?

Elle ressemble à un artichaut avec ses feuilles charnues groupées en rosettes du centre desquelles s'élève une tige épaisse terminée par un bouquet de petites fleurs rose-rouge. Ce sont les feuilles les plus fortes, prélevées sur des pieds n'ayant pas encore donné de tige, qu'on emploie fraîches.

Pilées et appliquées sur le front en cataplasmes froids, elles soulagent les migraines et les maux de tête qui accompagnent souvent la fièvre. Ces mêmes cataplasmes chauds sont indiqués contre les hémorroïdes, les dartres, les ulcères, les brûlures.

Une feuille fraîche, épluchée d'un côté, arrête le sang d'une coupure. Posée et maintenue sur un cor, renouvelée matin et soir plusieurs jours de suite, elle le ramollit et le rend facile à extirper.

Le suc extrait des feuilles fraîches sert à faire un onguent (quantités égales de suc et de graisse de porc pure, mélanger à feu doux) qui est un bon calmant sur les hémorroïdes, les contusions et les brûlures.

# L

## LAITUE

***Lactuca sativa.*** *Herbe des sages, herbe des philosophes, herbe des eunuques.*

Pour moi, le bonheur tranquille qu'on éprouve quand on se retire du monde des honneurs illusoires et des faux plaisirs est admirablement traduit par cette réponse que l'empereur Dioclétien, après son abdication, fit à un ami qui le suppliait de revenir au pouvoir : « Si tu voyais les belles laitues que je fais pousser, tu ne me presserais pas tant de reprendre ce fardeau ! »

Je pense souvent à cette phrase en cultivant les miennes et me dis que rien que pour cela ce légume mérite de figurer au palmarès des plantes ; mais il a heureusement d'autres titres pour justifier sa place, encore que ceux-ci puissent sembler douteux à certains...

En effet, depuis la plus lointaine Antiquité, la laitue est surtout connue pour ses propriétés narcotiques qui, d'une part, facilitent le sommeil (ce dont, à notre époque peu de personnes se plaindront) et, d'autre part, exercent une action sédative sur l'appareil génital (ce qui, évidemment, au temps de l'érotisme-roi, ne sera pas du goût de tout le monde).

Hippocrate l'indique comme calmant. Galien déclare (selon Matthiole) : « Venant vers l'âge auquel temps on ne dort si bien qu'en jeunesse, j'étais fort fâché de ne pouvoir dormir ; contre lequel ennui, je n'ai trouvé aucun meilleur remède que de manger de laitue le soir. » Suétone rapporte qu'on éleva une statue à Musa, médecin d'Auguste, pour avoir guéri cet empereur de la mélancolie en lui faisant manger de la laitue. Les Pythagoriciens la baptisent « plante des eunuques » et Dioscoride recommande son suc pour tempérer la luxure. Au Moyen Age, elle passe pour augmenter le lait des nourrices et « éteindre l'ardeur de la paillardise ». Si bien qu'à travers les siècles s'établit sa réputation de saper la puissance génératrice et de nuire à la fécondité, ce qui conduit à se défier d'elle comme du nénuphar « destructeur du plaisir et poison de l'amour ».

Ce préjugé ne résiste pas au bon sens. « Il suffit, pour se rassurer à cet égard a déjà dit le docteur Cazin, de voir les villageois manger tous les soirs une ample salade de laitue au milieu d'une nombreuse famille » et il est évident que ce n'est pas une portion, même double, de salade qui risque de compromettre votre capital amoureux : si certains ermites, comme on se plaît à le rappeler, ont fait jadis appel à la laitue pour supporter les rigueurs du célibat, c'est qu'ils en consommaient à très hautes doses et si, de nos jours, la médecine la prescrit contre le priapisme, la spermatorrhée ou l'excitation sexuelle involontaire chez la femme, c'est sous la forme concentrée de lactucarium, autrement dit du suc ou latex blanc qui coule de la plante, la posologie n'ayant, dans ces cas-là, rien de comparable avec les faibles quantités de produit actif enfermées dans une bonne ration de salade.

Vous pouvez donc en toute quiétude vous régaler, comme je le fais, de laitue — dont les feuilles contiennent d'ailleurs une sorte d'antidote de ses effets anaphrodisiaques : la vitamine E, dite « vitamine de reproduction » — elle agira favorablement sur votre digestion, régularisera vos fonctions intestinales par sa cellulose et facilitera votre sommeil.

Contre l'insomnie, elle est aussi conseillée en décoction : une laitue, bouillie à feu doux, quinze à vingt minutes, dans un 1/2 litre d'eau ; un grand bol le soir au coucher pendant quelques jours.

Cette décoction — qui a l'avantage de ne pas congestionner le cerveau comme l'opium et de ne pas entraîner de constipation — est indiquée également contre les spasmes gastriques, les palpitations, la congestion hépatique, la toux nerveuse (coqueluche, bronchite) — 3 tasses par jour, entre les repas. (On peut, selon la saison, remplacer la laitue par sa graine — qui faisait partie des quatre « semences froides » de l'ancienne pharmacopée —, 20 à 30 g pour un litre d'eau ; faire bouillir dix à quinze minutes ; 3 tasses par jour.)

A l'extérieur, la décoction de plante fraîche ou de graines est employée en lotions ou compresses contre l'acné, l'érysipèle, les furoncles, les inflammations de la peau en général, et l'ophtalmie. Elle sert, enfin, à dose éventuellement plus forte, d'eau de beauté adoucissante qui satine la peau et calme les coups de soleil.

## LAURIER

***Laurus nobilis.*** *Laurier noble, laurier commun, laurier franc, laurier-sauce, laurier à jambon, laurier d'Apollon.*

Son double rôle traditionnel est parfaitement décrit par le docteur Leclerc qui le présente comme une plante « qui, indifféremment, ceint le front des héros et corse les ratas plébéiens ».

Il est originaire des rivages méditerranéens où il serait né d'une métamorphose : celle de la nymphe Daphné que les dieux changèrent en un végétal parfumé pour la soustraire aux assauts amoureux d'Apollon, dieu de la lumière (il conduisait le char du Soleil) et des arts. Grecs et Romains l'avaient donc tout naturellement consacré au Soleil et ils étaient persuadés qu'il protégeait de la foudre (« pour cette cause, rapporte Matthiole, Tiberius Cesar portait un chapeau de laurier quand il tonnait »).

Tout comme l'olivier, le laurier était un symbole de paix. A Rome, on en agitait des rameaux en signe de liesse ; on en décorait le palais des empereurs et des grands pontifes ; on en ornait les statues de Jupiter à l'annonce d'une victoire ; on en couronnait les généraux vainqueurs, ainsi que les poètes ou les amants heureux.

Cette tradition passa chez nous en même temps que la plante, fort bien acclimatée à nos régions moins clémentes, et, au Moyen Age, on ceignait aussi le front des artistes, des poètes, des savants et des nouveaux promus à un titre universitaire, de couronnes de laurier avec ses baies, d'où le nom *bacca laurea* donné à l'examen qui connaît tant d'avatars depuis quelques années.

Mais le laurier n'en avait pas moins sa place en cuisine où ses propriétés aromatiques et antiseptiques font merveille dans les sauces, les courts-bouillons, les marinades, et en thérapeutique où l'on emploie ses feuilles et ses baies (elles ressemblent, en

plus petit, à l'olive ; à l'aisselle des feuilles, elles naissent de petites fleurs blanc verdâtre et deviennent bleu-noir à maturité), les premières pour leurs vertus excitantes, antispasmodiques, stomachiques, les secondes parce qu'elles sont diurétiques, fébrifuges, expectorantes, antirhumatismales.

L'infusion (30 à 40 g de feuilles fraîches ou sèches pour un litre d'eau bouillante ; laisser infuser cinq à dix minutes ; 2 ou 3 tasses par jour, soit immédiatement après le repas si l'on veut surtout agir sur la digestion, soit trois heures après) est indiquée contre les douleurs d'estomac, la dyspepsie, les ballonnements, la grippe, la bronchite chronique. On peut également mâcher une feuille de laurier avant le repas : elle active la sécrétion salivaire, donc facilite la digestion (les pythies du temple d'Apollon à Delphes en mâchaient aussi, mais dans un but différent : se mettre en état favorable pour rendre leur oracle).

La décoction de baies concassées débarrassées de leur noyau (20 à 40 g pour un litre d'eau ; faire bouillir cinq minutes ; laisser infuser dix minutes ; 2 ou 3 tasses par jour, avant ou entre les repas) est conseillée contre l'hydropisie, la fièvre, les rhumatismes.

En ce qui concerne le rhumatisme chronique, vous pourrez mettre à l'épreuve une cure d'une dizaine de jours avec la vieille recette suivante dont le docteur Cazin fait l'éloge : 30 g de baies de laurier, 30 g de bois de buis pour 1,5 l d'eau ; faire bouillir et réduire à feu doux jusqu'à un litre ; ajouter à la fin un zeste de citron (non traité, cela va de soi) ; 3 verres par jour.

Les feuilles, séchées et pulvérisées, constituent un excellent préventif contre les fièvres intermittentes : 1 g de poudre, macéré à froid pendant huit à dix heures dans un verre d'eau, est administré deux heures avant le début présumé de l'accès. Cette même poudre, saupoudrée sur les ulcères atoniques, les nettoie rapidement et favorise leur cicatrisation.

On prépare un excellent onguent dont on use en massages contre les rhumatismes en faisant macérer au bain-marie pendant plusieurs heures des feuilles fraîches écrasées et des baies sèches concassées dans le double de leur poids de graisse de porc.

## LAVANDE

***Lavandula spica*** ou ***Lavandula vera.*** *Lavande officinale, Lavande aspic, aspic, spic, espidet, faux nard, nard d'Italie.*

Elle parfume mais aussi désinfecte, cicatrise, calme, stimule, tonifie et régularise, cela depuis des millénaires.

Bien avant qu'on pense à créer les sels de bain, les « déodorants », les insecticides protégeant les vêtements ou assurant « la mort parfumée du pou », elle servait aux Romains à préparer leurs bains (son nom viendrait d'ailleurs du latin *lavare,* laver) ; on en plaçait des sachets dans les coffres et les armoires ; on l'utilisait, sous forme d'huile, pour badigeonner le bois des lits afin de chasser les punaises et on l'appliquait sur la tête des enfants pour tuer les poux et leurs lentes.

Bien avant qu'on découvre l'existence des microbes responsables des infections et qu'on invente les sérums antivenimeux, on l'employait, en huile, teinture ou essence, pour panser les plaies des blessés par arme blanche, pour soigner les brûlures, alors que les chasseurs des régions où elle pousse sauvaient la vie de leurs chiens piqués par une vipère en frottant immédiatement la morsure avec une poignée de lavande froissée entre leurs doigts.

Encore une fois, les analyses modernes ont montré que l'empirisme avait vu juste et que l'huile essentielle tirée de la lavande est un puissant antiseptique (elle tue, à des doses infimes — de 5 à 0,2 % — le bacille de la diphtérie, celui de la typhoïde, le bacille de Koch ainsi que le streptocoque et le pneumocoque) en même temps qu'un remarquable neutralisant du venin, ce qui justifie l'intérêt que lui portait sainte Hildegarde, abbesse bénédictine aussi célèbre par ses visions que par sa science, qui lui a consacré un chapitre entier de son fameux traité de médecine, et l'emploi constant qu'en a fait la médecine populaire.

Ce sont les sommités fleuries et surtout les petites fleurs bleues, récoltées avant leur plein épanouissement et séchées à l'ombre, qui servent de base aux diverses préparations.

L'infusion, à faible dose (5 g pour un litre d'eau bouillante ; laisser infuser cinq minutes ; 2 ou 3 tasses par jour, entre les repas) est calmante et antispasmodique, d'où son indication contre les troubles d'origine nerveuse (insomnie, mauvaise digestion, migraine, irritabilité) ; à plus forte dose (20 à 30 g pour un litre d'eau bouillante ; laisser infuser cinq minutes ; même posologie), elle est excitante, sudorifique, tonique, désinfectante et diurétique, d'où son indication dans les affections des voies respiratoires (coryza, laryngite aiguë, bronchite, coqueluche, asthme), les refroidissements, les maladies infectieuses (grippe), les états fébriles, la fatigue, la chlorose.

Contre les fièvres éruptives et les maladies infectieuses, vous pourrez également faire appel à un excellent mélange classique de cinq fleurs avec le dosage suivant : lavande 10 g, souci, bourrache, genêt, pensée sauvage 5 g de chaque ; une cuillerée à soupe pour une tasse d'eau bouillante ; laisser infuser dix minutes ; 3 ou 4 tasses par jour.

L'huile de lavande (mettre à macérer au soleil, dans un bocal transparent, une poignée de fleurs fraîches dans un litre d'huile d'olive ; au bout de trois jours, passer en exprimant à travers un linge ; remettre une nouvelle poignée de fleurs fraîches et répéter l'opération jusqu'à ce que l'huile soit très parfumée, ce qui est signe qu'elle est saturée des principes actifs de la plante) est indiquée, à l'intérieur (5 ou 6 gouttes par jour sur un morceau de sucre) contre les migraines, vertiges, troubles digestifs d'origine nerveuse ; à l'extérieur, en lotions ou compresses, on l'emploie contre les brûlures, l'eczéma sec, la bronchite, la congestion pulmonaire.

La teinture — qui se fait par macération, pendant une quinzaine de jours, de 100 g de fleurs fraîches dans un 1/2 litre d'alcool à 45° —, en lotions ou frictions plusieurs fois par semaine, fortifie les cheveux ; toujours en frictions, elle agit sur les rhumatismes et en compresses sur les contusions ; en gargarismes et bains de bouche (quelques gouttes dans un verre d'eau tiède), elle est prescrite dans la paralysie de la langue.

Enfin, à l'extérieur également, l'infusion (15 à 30 g de fleurs pour un litre d'eau bouillante ; laisser infuser dix minutes) est utilisée en injections tièdes contre la leucorrhée ou pertes blanches et en fumigations contre les affections de la gorge et des bronches.

## LIERRE GRIMPANT

***Hedera helix.*** *Lierre commun, lierre des poètes, lierre à cautères, lierre en arbre, herbe à cors.*

Il passait pour être « ennemi de la vigne » ou plutôt pour empêcher de s'enivrer et c'est pourquoi Bacchus est toujours représenté avec une couronne de lierre, pourquoi les poètes de l'Antiquité, imitant le dieu romain du vin, se ceignaient le front de lierre lorsqu'ils participaient à un festin, pourquoi enfin dans les cabarets du Moyen Age on buvait souvent le vin dans des gobelets taillés dans du bois de lierre.

Ses baies noirâtres, infusées dans du vin blanc, ont été préconisées contre la peste ; elles ont surtout fourni un puissant purgatif, véritable « remède de cheval », aux paysans des siècles passés qui se servaient également des feuilles pilées pour faire des emplâtres facilitant la suppuration des plaies et accélérant leur guérison (Léonard de Vinci affirmait que les sangliers blessés se roulent sur le lierre des forêts pour se soigner) et dans plusieurs régions, notamment en Italie, les mères tressaient des sortes de chapeaux de lierre dont elles coiffaient leurs enfants afin de combattre l'inflammation quand ils avaient la tête couverte de croûtes de lait.

Certaines recettes populaires conseillent de boire de la tisane de feuilles contre les douleurs névralgiques et rhumatismales, la bronchite, la coqueluche et l'inflammation des muqueuses. Il est probable que les résultats sont satisfaisants, mais étant donné qu'on est à même d'en obtenir d'équivalents avec d'autres plantes, je pense qu'il est plus sage de renoncer à utiliser le lierre à l'intérieur, si minimes que soient les doses prescrites, puisqu'il est établi, comme l'a souligné le professeur Binet, que « le lierre a sur l'organisme humain un redoutable pouvoir de destruction des globules rouges ».

En revanche, à l'extérieur, on peut l'employer en toute tranquillité et avec d'appréciables avantages. En effet, les feuilles agissent comme calmant et modérateur très efficace de la sensibilité des nerfs périphériques.

Elles sont donc indiquées contre les rhumatismes, les névralgies, les séquelles de phlébite, les douleurs des jambes gonflées, les névrites et tout spécialement la sciatique. On les emploie fraîches (elles restent heureusement vertes toute l'année et le lierre se trouve pratiquement partout), soit hachées et maintenues sur la peau à l'aide d'une bande ; soit sous forme de cataplasmes (2 poignées de feuilles, finement hachées, mélangées à 4 poignées de son et 1/4 de litre d'eau pour en faire une pâte homogène ; chauffer à feu doux pendant dix minutes ; étendre ensuite sur une gaze et garder en place une demi-heure au moins) ; soit enfin en compresses chaudes imbibées d'une décoction obtenue en faisant bouillir dix minutes dans un litre d'eau 150 à 200 g de feuilles coupées. Ces mêmes compresses sont également recommandées contre les « placards » douloureux de cellulite, tant pour leur action sur la douleur que sur la cellulite proprement dite.

Les feuilles de lierre rendent encore d'autres services : elles sont souveraines contre les cors aux pieds (après un bain chaud prolongé, appliquer une feuille trempée au préalable pendant deux à trois heures dans du jus de citron ou macérée un ou deux jours dans du vinaigre ; recouvrir d'un pansement, cela chaque jour, jusqu'à ce que le cor soit prêt à se détacher avec un bain chaud) ; leur suc, appliqué en lotion ou en compresses sur le front et les tempes, soulage maux de tête et migraines ; en décoction (50 à 80 g pour un litre d'eau ; faire bouillir dix minutes), elles cautérisent les aphtes, en gargarismes et bains de bouche.

J'ajoute deux recettes pratiques et éprouvées portant sur des domaines fort différents : 1) si vous avez une rage de dents et aucun analgésique sous la main, faites bouillir un verre de vin rouge avec 20 g de feuilles de lierre coupées en morceaux, une bonne pincée de gros sel et un demi-verre de vinaigre, et rincez-vous la bouche avec cette préparation ; 2) si vous voulez faire disparaître des taches sur des lainages noirs ou de couleur, faites-les tremper dans de l'eau dans laquelle vous aurez fait bouillir une grosse poignée de feuilles pendant un quart d'heure.

## LIERRE TERRESTRE

***Glechoma hederacea.*** *Glécome, couronne de terre, courroie de Saint-Jean, herbe de Saint-Jean, rondette, rondote, rondelette, terrette, serrette, drienne, herbe du bonhomme.*

Son seul point commun avec le lierre précédent est son nom, lequel lui fut donné parce qu'il a, lui aussi, de longues tiges flexibles et des feuilles d'un beau vert brillant.

Il pousse à profusion dans les taillis, le long des haies et des bois, au bord des prairies, dans les lieux frais et ombragés. Sa tige principale quadrangulaire rampe sur le sol ; elle lance des rameaux ascendants de 10 à 15 cm de haut portant des feuilles légèrement velues opposées deux à deux, en forme de cœur avec des bords crénelés ; les petites fleurs violettes, tirant parfois sur le rose, sont groupées à l'aisselle des feuilles par trois ou quatre.

On utilise la plante fleurie, séchée à l'ombre au-dessous de

35°. La récolte se fait pendant toute la floraison qui commence en avril et se prolonge une partie de l'été. Bien entendu, lorsqu'on en a la possibilité, rien n'interdit de l'employer fraîche ; au contraire, on profite davantage de son odeur aromatique — un mélange de menthe et de citronnelle — qui la caractérise dès qu'on froisse ses feuilles.

Jadis le lierre terrestre était incorporé à la bière pour qu'elle se conserve pendant les longs voyages en mer.

On lui attribuait des pouvoirs bénéfiques (on en faisait des couronnes pour danser autour des feux de la Saint-Jean) et on le tenait à la fois pour un « remède spécifique ou préventif de la pierre » et un traitement souverain pour les yeux : quand les combats de coqs connaissaient la même vogue que le catch aujourd'hui, on conseillait au propriétaire d'un animal ayant été blessé à l'œil de mâcher une ou deux feuilles de lierre terrestre et d'en recracher le jus dans l'œil atteint afin de le guérir rapidement.

En réalité, ses propriétés sont sensiblement les mêmes que celles de l'hysope. C'est un expectorant de choix et un remarquable reconstituant des muqueuses, auquel on doit songer chaque fois qu'il s'agit de « résoudre les empâtements » (des poumons, de l'estomac, de l'intestin et des reins), chaque fois qu'on veut « purger, subtiliser et ouvrir ».

Il est recommandé en cas de bronchite (5 g en infusion dans une tasse (100 cc) de lait bouillant ; laisser infuser dix à quinze minutes ; à boire au coucher) car il favorise l'expulsion des crachats ; pour les catarrhes pulmonaires, l'asthme, la coqueluche (40 à 50 g de plante séchée pour un litre d'eau ; tremper à froid pendant quelques minutes, puis chauffer jusqu'à ébullition — ne pas faire bouillir — et laisser infuser dix à quinze minutes ; 3 ou 4 tasses par jour, entre les repas). Cette infusion est préconisée également — en raison de son action sur les muqueuses — contre la gastrite, l'entérite, les troubles hépatiques et urinaires et, en général, tous les dérangements intestinaux.

On en fait aussi un sirop qui a les mêmes indications à la dose de 40 à 60 g par jour, entre les repas, et qui se prépare ainsi : piler dans un mortier 10 poignées de plante fraîche, humectées avec 250 g d'infusion de plante ; couvrir et laisser macérer dix à douze heures ; presser et exprimer à travers un linge fin ; faire bouillir un tour le liquide ainsi obtenu ; passer ; ajouter un poids égal de sucre et faire cuire doucement jusqu'à consistance de sirop ; à garder dans un flacon bien bouché.

A l'extérieur, l'infusion s'emploie en inhalations contre les rhumes de cerveau et les affections des voies respiratoires ; en gargarismes et bains de bouche pour les maux de gorge et l'inflammation des muqueuses buccales ; en lotions et compresses pour nettoyer les plaies suppurées et les ulcères (les cataplasmes de plante fraîche broyée ont le même effet).

Le suc exprimé de la plante fraîche, aspiré par le nez, est un remède populaire contre la migraine et les maux de tête prolongés.

L'huile de lierre terrestre (mettre 8 à 10 poignées de plante fraîche écrasée dans un litre d'huile d'olive ; laisser macérer un mois dans un bocal de verre exposé au soleil, en agitant de temps en temps ; passer) s'applique en lotions et compresses sur les plaies et les ulcères, en enveloppements contre les bronchites et les crises de goutte ; quelques gouttes instillées dans le conduit auriculaire calment les maux d'oreille.

## LILAS

***Syringa vulgaris.***

Originaire d'Asie Mineure, il ne fut introduit en France qu'en 1597 et conserva, à peine modifié, son nom persan : *lilâk.*

Au siècle dernier, des médecins signalèrent ses vertus fébrifuges spécialement efficaces dans les fièvres intermittentes. Les expérimentations entreprises par plusieurs de leurs confrères aboutirent à des résultats contradictoires : d'un côté, succès spectaculaires qui portaient à le présenter comme un « succédané indigène du quinquina » ; de l'autre, échecs en série qui conduisaient à conclure qu'il « n'aurait jamais dû sortir de l'obscurité dans laquelle il était resté »... si bien qu'on finit par l'oublier et qu'il est assez rarement utilisé en médecine populaire.

Je suivrai cependant le docteur Cazin qui, se fondant sur ces observations personnelles tantôt négatives, tantôt positives, dit qu'il n'a pas cru devoir passer le lilas sous silence car « c'est une obole jetée dans le trésor de la thérapeutique indigène ». Voici donc les deux formules préconisées pour combattre les fièvres, notamment la malaria : soit l'infusion de feuilles fraîches (5 g pour une tasse d'eau bouillante ; laisser infuser cinq à dix minutes ; 2 ou 3 tasses par jour), soit la décoction de fruits (30 g de capsules encore vertes pour 700 g d'eau ; faire bouillir jusqu'à réduction à 500 g ; à boire dans la journée par petites tasses).

Quant aux fleurs, elles servent, en Russie, à préparer un onguent recommandé contre le rhumatisme articulaire : faire macérer pendant quinze jours, dans un bocal de verre (couvert d'un papier, comme un pot de confiture) exposé au soleil, 100 g de fleurs fraîches dans un demi-litre d'huile d'olive ; passer en exprimant ; en frictions deux fois par jour — jusqu'à pénétration complète de l'onguent — sur les parties touchées

## LIN

***Linum usitatissimum.*** *Lin commun, lin domestique.*

Avec le chanvre, venu comme lui d'Asie centrale, il est le plus ancien de nos textiles. On l'a cultivé depuis la plus haute Antiquité en Orient, en Égypte et dans toute l'Europe et, même s'il a été détrôné ensuite par le coton et les fibres synthétiques, il a marqué à jamais notre vocabulaire en nous donnant les mots : linge, linceul, linon, linotte, linoléum, etc.

Seule sa graine intéresse la médecine (elle intéresse aussi l'industrie qui en tire une huile siccative utilisée pour la fabrication de peintures et vernis, d'objets — sondes, instruments de chirurgie — en gomme élastique, de linoléum). Elle est aussi brune que sont bleues les fleurs dont elle naît et est éminemment émolliente grâce à sa richesse en huile grasse et en mucilage.

A l'intérieur, elle est indiquée dans toutes les affections inflammatoires des voies digestives et urinaires (gastrite, entérite, cystite) ainsi que contre la constipation : faire macérer 15 à 20 g de graines de lin dans un litre d'eau froide pendant six heures — ou mieux encore encore toute la nuit ; passer ; à boire un verre le matin à jeun, et 4 ou 5 tasses au cours de la journée, entre les repas. (Plusieurs auteurs, dont le docteur Leclerc, déconseillent d'absorber les graines elles-mêmes comme on le préconise souvent car elles risquent de provoquer une éventuelle obstruction intestinale.)

Une autre recette, plus agréable au palais, consiste à verser un demi-litre d'eau bouillante sur 15 g de graines et 8 g de morceaux de réglisse, à couvrir et à laisser macérer deux heures ; passer et boire, loin des repas de préférence, en sucrant au miel.

A l'extérieur, la décoction légère (50 g de graines pour un litre d'eau ; laisser bouillir à peine deux minutes) s'emploie en lotions contre les dartres, les prurits, l'eczéma. Ajoutée à l'eau du bain, elle adoucit la peau et exerce une action calmante sur les sujets nerveux.

Les cataplasmes de farine de lin obtenue en broyant les graines (il est préférable de procéder soi-même à cette opération pour être certain que le produit est frais et ne provoquera pas d'éruptions cutanées dues à sa fermentation, laquelle donne de l'acide cyanhydrique) sont indiqués contre les inflammations internes (bronchite, névrite, entérite, douleurs musculaires et articulaires, contusions) ou externes (furoncles, abcès, anthrax, irritations de la peau).

Ils se préparent en versant peu à peu de l'eau bouillante, tout en remuant, sur la farine placée dans une assiette creuse jusqu'à l'obtention d'une pâte onctueuse que l'on étale en couche d'un centimètre d'épaisseur sur une mousseline. Selon le docteur Cazin, ils doivent, sauf indication spéciale, s'appliquer tièdes et non « aussi chauds qu'on peut le supporter ».

## LIS

***Lilium candidum.*** *Lis commun, lis de Saint-Antoine, rose de Junon.*

A tort — si l'on en croit les spécialistes de la chose héraldique — sa fleur passe pour avoir donné leur emblème à nos rois. En fait, ce serait l'iris jaune des marais que Louis VII le Jeune aurait décidé de mettre sur son blason en 1180 ; sur quoi le bon peuple de l'époque n'appela plus l'iris que « fleur de Louys », expression qui se déforma en « fleur de lys », ce qui explique que celle-ci ne présente effectivement qu'une très vague ressemblance avec le lis blanc et qu'on propose diverses autres versions quant à son origine : stylisation d'une pointe de flèche ou d'un fer de lance, d'un crapaud, d'une abeille...

Quoi qu'il en soit, le lis n'a pas besoin de cette référence pour se réclamer d'un long passé historique. Il a pour berceau le Moyen-Orient et la légende mythologique dit qu'Hercule, quand Junon le nourrissait au sein, laissa échapper de ses lèvres deux gouttes du lait de la déesse : l'une se répandit dans le ciel, ce fut la Voie lactée ; l'autre tomba sur la terre et le lis en naquit.

Il est connu depuis la plus haute Antiquité : il figure parmi les signes allégoriques de l'Égypte des pharaons ; le roi Salomon compare une jeune fille au « lis de la vallée » ; Jésus parle des lis des champs qui « ne travaillent ni ne filent ». En hébreu, le même mot *schschan* désignait à la fois le lis et la couleur blanche, ce qui a donné le prénom de « Suzanne » ; les Grecs l'appelaient la « fleur des fleurs » et en faisaient des nappes aussi précieuses qu'éphémères en cousant des pétales bout à bout ; les Romains en tiraient le plus répandu des nombreux parfums dont ils usaient à profusion, le lirium ; quant à l'Église, elle l'associa à la Vierge Marie, elle aussi image de majesté et de pureté, d'où la place qu'il occupe dans la décoration des églises et dans les processions.

Celle qui lui est faite en médecine populaire semble être aussi ancienne. Ses pétales, frais ou macérés dans l'alcool (ma grand-mère les mettait dans l'eau-de-vie qu'elle rapportait de son village natal), sont un excellent antiseptique et accélèrent la cicatrisation des plaies et des brûlures — ce qui est normal puisqu'on sait aujourd'hui qu'ils contiennent du bore, lequel donne le célèbre acide borique...

L'oignon de lis, cuit au four, sous la cendre ou dans du lait avec de la farine de seigle (une grosse cuillerée à soupe de farine, un verre de lait pour deux oignons) est utilisé en cataplasmes tièdes (à renouveler trois fois par jour) pour apaiser les élancements et hâter le mûrissement des abcès, furoncles, panaris, anthrax, et pour guérir les engelures et gerçures. Pilé cru et appliqué plusieurs jours de suite sur les cors aux pieds, il les fait disparaître.

Il sert aussi à entretenir la beauté : contre la couperose et la congestion du visage, se lotionner la peau (en laissant sécher) matin et soir avec de l'eau de lis obtenue en faisant bouillir 120 g d'oignons dans un demi-litre d'eau jusqu'à réduction d'un tiers ; contre les rides : se masser légèrement en rond avec le jus d'un oignon de lis blanc.

## LISERON

***Convolvulus sepium.*** *Grand liseron, liseron des haies, liset, manchette de la Vierge ou de Notre-Dame, gobelet de Notre-Dame, clochette de la Vierge.*

Il est amusant de rapprocher ce que deux médecins ont dit de lui à plusieurs siècles de distance : pour Matthiole « il semble que ce soit le coup d'essai de la nature lorsqu'elle commençait à faire le lis » ; pour Georges Duhamel, c'est « un personnage terrible, sans scrupule ; il rampe, il grimpe, il étouffe ceux dont il se sert »...

Comme son frère le liseron des champs (*Convolvulus arvensis,* appelé aussi petit liset, bédille, petite vrillée, clochette des blés, campanette), il est nuisible aux végétaux qui l'entourent, mais il est doté comme lui d'énergiques propriétés purgatives déjà mentionnées par Dioscoride et c'est d'ailleurs pourquoi vous ne verrez jamais un paysan mâchonner entre ses dents une fleur de liseron : il sait ce qui l'attendrait !

Ce qui ne signifie nullement qu'on ne l'emploie pas ; au contraire, lorsqu'on veut à la fois exercer une action laxative légère sur l'intestin et favoriser la sécrétion de la bile, on fait infuser pendant cinq minutes 3 à 6 g de feuilles (fraîches ou séchées) dans une tasse (100 cc) d'eau bouillante et on boit cette tisane un quart d'heure avant le petit déjeuner.

Quand on désire une potion purgative (qui ne donne aucune colique et n'irrite pas l'intestin), on a recours soit à une infusion simple (10 à 12 g de feuilles dans 250 cc d'eau ; laisser infuser cinq minutes ; à boire le matin à jeun), soit à une infusion composée (6 à 12 g de feuilles, 5 ou 6 g de graines de lin, pour 250 cc d'eau ; laissez infuser cinq minutes ; passer ; ajouter une cuillerée à soupe de miel ; à boire le matin à jeun), soit à une dose de 1 g de feuilles séchées réduites en poudre, absorbée le matin à jeun en l'incorporant à du miel ou de la confiture.

A l'extérieur, 6 à 8 feuilles fraîches de liseron des haies écrasées entre les doigts et appliquées en cataplasme sur un clou le font percer en vingt-quatre heures.

# M

## MAÏS

***Zea mays****. Blé de Turquie, blé d'Espagne, blé d'Inde, blé d'Égypte, gros millet des Indes, gaude.*

En dépit de ses surnoms qui situent son berceau dans l'Ancien continent, il est originaire d'Amérique du Sud. Ses grains servent à l'alimentation de l'homme et du bétail ; les Indiens les mangent verts (comme nous mangeons les petits pois), les Américains bouillis ou enrobés de sucre, tandis qu'en Europe on consomme surtout la farine sous forme de gaude, millas ou polenta.

Mais il nous fournit aussi un des meilleurs diurétiques naturels présentant les avantages suivants : il triple ou quadruple la sécrétion urinaire en vingt-quatre heures, il exerce un effet sédatif sur les voies urinaires et biliaires, il fluidifie la bile et facilite l'élimination des phosphates (la lithiase phosphatique est la plus fréquente de toutes, associée au calcium et magnésium), il influe favorablement sur la tension (hypotenseur), il n'est pas irritant et ne risque pas de provoquer le moindre accident.

Il est donc recommandé dans la gravelle, les coliques néphrétiques, la cystite chronique ou aiguë, l'albuminurie, la cholécystite chronique, les œdèmes cardio-rénaux, l'hydropisie, les troubles de la prostate, la goutte, les rhumatismes, et, en général, dans toutes les affections catarrhales de la vessie ou les maladies dans lesquelles il faut augmenter le volume de l'urine.

La partie de la plante utilisée est l'espèce de plumet qui se trouve au sommet de l'épi. Ces styles ou stigmates, appelés communément cheveux ou barbe de maïs, se récoltent au moment où les grains sont mûrs. Une fois séchés, il se préparent en décoction à la dose de 20 à 30 g pour un litre d'eau ; faire bouillir cinq minutes ; laisser infuser dix à quinze minutes ; à boire à volonté — généralement, on ne dépasse pas un litre par jour, pris par demi-tasses, entre les repas.

## MARJOLAINE

***Origanum majorana.*** *Marjolaine vraie, marjolaine des jardins, marjolaine d'Angleterre, grand origan.* **ORIGAN Origanum vulgare.** *Marjolaine sauvage ou bâtarde, grande marjolaine.*

La première est cultivée, l'autre pousse un peu partout (talus, lieux secs et montagneux, bordure des bois et des haies) ; mais, pour reprendre une formule bien connue, c'est « bonnet blanc et blanc bonnet » en ce qui concerne leurs propriétés et ces deux plantes s'emploient indifféremment aux mêmes doses. J'avoue cependant avoir un faible pour le terme « marjolaine », sans doute à cause des elfes « couronnés de thym et de marjolaine » et de la vieille chanson sur les *Compagnons de la marjolaine* qui se mêle à mes premiers souvenirs...

Les deux variétés ont évidemment un « air de famille ». Vous reconnaîtrez la sauvage à ses tiges anguleuses de 30 à 60 cm de haut, souvent rougeâtres, semées de poils ; à ses feuilles ovales, opposées, au dessous un peu velu, devenant de plus en plus petites en montant vers le sommet ; à ses fleurs d'un rouge-rosé légèrement passé, réunies en panicules opposés agrémentant la partie supérieure des rameaux ; à son odeur aromatique rappelant celle du thym (elle contient du thymol, lequel fait défaut à l'espèce cultivée).

Ce sont les sommités fleuries, fraîches ou sèches, qui entrent comme aromates dans de nombreuses préparations culinaires (salade, farces, pot-au-feu, sauces, pizza, goulash, etc.) et qui servent en médecine familiale.

Les anciens ouvrages signalent que les Grecs plantaient de la marjolaine sur les tombes afin de donner la paix de l'esprit à leurs disparus et déclarent que « appliquée par dehors, ou prise par dedans, elle soulage l'estomac et est bonne aux douleurs du foie et de la rate, car avec ce qu'elle les désopile (débouche),

elle a une vertu de les fortifier ». Dioscoride dit qu'elle combat les fermentations acides de l'estomac et Aristote rapporte que les tortues qui ont avalé un serpent vont en manger aussitôt pour ne pas mourir.

Elle est considérée maintenant comme antispasmodique, expectorante, antiseptique, stomachique, vulnéraire et, par conséquent, est indiquée dans les troubles nerveux de l'estomac, l'aérophagie, les spasmes intestinaux, les affections du foie d'origine nerveuse, la migraine, les tics de la face, l'insomnie, l'asthme, les catarrhes aigus ou chroniques, le traitement de la bronchite, de la toux quinteuse (coqueluche), le rhume de cerveau, les douleurs de la menstruation, les rhumatismes.

A l'intérieur, elle s'emploie en infusion (40 à 50 g de sommités fleuries pour un litre d'eau bouillante ; laisser infuser cinq à dix minutes ; 2 ou 3 tasses par jour avant ou après les repas), mais aussi en macération (50 g de plante — fraîche de préférence — pour un litre de bon vin ; laisser macérer, en remuant de temps à autre, pendant huit à dix jours ; passer en exprimant à travers un linge fin ; un verre à madère après les repas).

A l'extérieur, l'onguent de marjolaine (faire digérer pendant une heure au bain-marie bouillant 100 g de plante — fraîche de préférence — soit dans un demi-litre d'huile d'olive, soit dans 500 g de beurre ou de saindoux ; filtrer à travers un linge fin) est utilisé en massages contre les douleurs rhumatismales, musculaires et nerveuses ; en badigeon sur le front et les tempes, il calme les maux de tête ; sur le nez, il guérit les rhumes de cerveau (à signaler également que les feuilles séchées, réduites en poudre et prisées comme du tabac, font éternuer et dégagent les nez bouchés).

En même temps que la tisane, contre les douleurs rhumatismales et aussi le torticolis, on a recours à des applications chaudes sur les parties douloureuses : on hache grossièrement une quantité suffisante de plante fraîche ; on la met dans un linge que l'on place sur une bouillotte ou un radiateur jusqu'à ce que la chaleur soit suffisante pour l'appliquer au malade (à la campagne, on chauffe généralement la plante en la remuant à sec dans une poêle avant de la mettre dans le linge).

La chronique historique rapporte que le célèbre médecin-chirurgien allemand Fabricius von Hilden guérit avec de la marjolaine un rhume de cerveau qui affligeait le non moins célèbre militaire de Wallenstein, lequel fut si heureux qu'il lui donna 200 écus d'or et le fit reconduire à Rostock dans son propre carrosse attelé de quatre chevaux blancs. Elle ne précise malheureusement pas la recette employée, onguent ou prise...

## MARRONNIER D'INDE

***Aesculus hippocastanum****. Marronnier, châtaigne chevaline, châtaigne de cheval.*

Une cinquantaine de spécialités pharmaceutiques tirent profit de son incomparable action veineuse, sans parler de l'homéopathie qui l'a inscrit de longue date sur ses tablettes (sous son nom savant) aussi bien pour le traitement des hémorroïdes et des varices — indications qu'elle partage avec l'allopathie — que pour celui d'une sorte de lumbago très pénible (la myalgie lombo-sacrée), des douleurs améliorées par le froid et aggravées par la chaleur ou de certaines poussées de rhinopharyngite.

Depuis qu'un médecin nommé Bachelier l'a introduit chez nous au début du XVII^e^ siècle (il est effectivement originaire d'Inde), on s'est attaché à lui découvrir d'autres emplois que ceux pour lesquels il semblait avoir été créé : fournir un magnifique élément décoratif pour l'environnement (jardins, avenues) et donner des fruits qui, réduits en farine mélangée à l'avoine à la dose de 100 g par jour, soulageaient les chevaux poussifs, technique couramment pratiquée par les Turcs, d'où ses appellations scientifique et commune.

Chomel, sous Louis XV, range la poudre de marron parmi les substances errhines, c'est-à-dire celles qui s'introduisent dans le nez pour augmenter la production du mucus nasal ; l'écorce des rameaux a été prescrite comme fébrifuge en remplacement du quinquina qui manquait pendant le Blocus continental ; le marron contenant de la saponine, on s'est servi de sa macération pour le blanchissage et on en a fait du savon ; sa farine a donné une excellente colle à bois dont l'amertume éloigne les insectes rongeurs, et, mêlée au suif, elle entrait dans la fabrication de bougies qui étaient plus solides mais malheureusement éclairaient moins...

Quant à la médecine populaire, bien avant que la science établisse que l'intrait de marron d'Inde est un tonique veineux et un fluidifiant sanguin, elle avait tiré parti des vertus de la châtaigne de cheval.

A l'intérieur, la décoction d'écorce du fruit, séchée et

concassée (30 g pour un litre d'eau ; faire bouillir cinq minutes ; laisser infuser autant ; 1 ou 2 tasses par jour, entre les repas) est conseillée dans les troubles de la circulation, les états congestifs du système veineux (varices, hémorroïdes), l'hypertrophie de la prostate.

A l'extérieur, il est tout simplement recommandé de porter en permanence dans sa poche un ou deux marrons d'Inde que l'on change dès qu'ils sont devenus durs comme de la pierre. A la campagne, c'est le remède classique contre les douleurs rhumatismales et hémorroïdaires. Agit-il par autosuggestion ou par l'évaporation et le passage dans la peau d'une huile essentielle employée médicalement contre la goutte ? Le principal est qu'il agisse et vous ne risquez rien à l'essayer.

Il semble d'ailleurs que les châtaignes aient la même vertu si l'on en juge par une lettre de M$^{me}$ de Sévigné, d'octobre 1671, qui écrit : « J'en avais l'autre jour trois ou quatre paniers autour de moi ; j'en fis bouillir, j'en fis rôtir, j'en mis dans ma poche... »

## MARRUBE

***Marrubium vulgare.*** *Marrube blanc, maraube, marrochemin, bon blanc, bonhomme, aide de Dieu, herbe vierge, herbe à la Vierge.*

Un médecin enthousiaste l'a présentée comme une des meilleures plantes d'Europe, ajoutant « il y en a peu qui ont une efficacité certaine dans un aussi grand nombre de maladies diverses ». Il y a sans doute quelque exagération dans cet éloge car d'autres végétaux peuvent prétendre aux mêmes mérites, mais le marrube a sur eux l'avantage de se rencontrer pratiquement partout.

Vous le trouverez au bord des chemins, dans les décombres et les terrains vagues, les prairies chaudes et sèches de plaine et de montagne. Il ressemble à l'ortie blanche et à la menthe qui sont, d'ailleurs, de sa famille, celle des labiées. Ses tiges anguleuses, velues et grisâtres, atteignent jusqu'à 80 cm de haut ; ses feuilles opposées sont ovales, ridées, cotonneuses, d'un vert cendré, avec des bords dentés (quand on les écrase, elles dégagent une odeur aromatique légèrement musquée) ; ses petites fleurs d'un blanc crémeux sont réunies en couronnes à l'aisselle des feuilles et leur floraison s'étend de juin à l'automne.

Son nom viendrait de l'hébreu *marob* qui signifie « jus amer », ce qui est probable puisque avec la coriandre, la chicorée, l'ortie et le raifort, il faisait partie des cinq « herbes amères » que les Juifs devaient prendre au moment de la Pâque commémorant leur sortie d'Égypte.

Depuis l'Antiquité, on l'a utilisé aussi bien contre les affections respiratoires que contre les morsures de chien (en onguent) ; il entrait dans la composition de la thériaque et d'autres drogues secrètes parce qu'il était un « grand fondant » et propre à ouvrir l'appétit.

Ses indications actuelles sont effectivement nombreuses : catarrhe chronique des bronches, asthme humide, bronchite, toux rebelle, coqueluche, gastrite, entérite, manque d'appétit, faiblesse cardiaque et circulatoire, paludisme, règles douloureuses, leucorrhée, troubles du foie, ce qui peut sembler beacoup mais est normal lorsqu'on sait qu'il est expectorant, désinfectant, tonique, décongestif, apéritif, stimulant, hépatique et qu'il fortifie les muqueuses.

On le prépare en infusion (30 g de la plante fleurie, récoltée quand les fleurs commencent à s'ouvrir et séchée à l'ombre, pour un litre d'eau ; faire tremper à froid pendant dix minutes ; chauffer et retirer du feu avant ébullition ; laisser infuser quinze minutes ; 4 ou 5 verres par jour, tiède s'il s'agit de soigner une affection respiratoire). On en fait aussi un vin (faire macérer pendant huit jours, 60 g de plante séchée dans un litre de vin d'Espagne ou de Bordeaux préalablement sucré ; filtrer ; un verre à madère avant les deux repas).

Un guide familial de la Belle Époque — où les canons de la beauté féminine étaient différents des nôtres — donne cet avertissement à propos de l'infusion : « Il faut en faire usage modéré car elle fait maigrir sensiblement », d'où une indication supplémentaire du marrube qui ne manquera pas d'être appréciée aujourd'hui : l'obésité (un litre d'infusion dans la journée).

## MAUVE

***Malva sylvestris.*** *Grande mauve, mauve sauvage, fausse guimauve, herbe à fromage, fromageon* (ces deux dernières appellations s'appliquent aussi à la petite mauve : ***Malva rotondifolia***).

De l'Antiquité — où on la cultivait comme plante ménagère — à nos jours, on n'a cessé de vanter ses vertus. Pythagore et ses disciples la regardent comme propre à modérer les passions et à tenir le ventre et l'esprit en liberté. Cicéron, dans une de ses lettres, raconte qu'il lui doit d'avoir été copieusement purgé pour l'avoir mangée en ragoût, mêlée à des bettes. Horace et Martial disent qu'elle développe les facultés intellectuelles et la pratique de la vertu. Pline affirme que « quiconque prendra une cuillerée de mauve sera ce jour-là exempt de toutes les maladies qui pourraient venir à lui ».

La grande et la petite mauve — qui poussent dans les mêmes lieux (décombres, bord des chemins) — ne se différencient que par leur taille (jusqu'à 1,50 m pour la première, guère plus de 15 cm pour la seconde) et par la forme de leurs feuilles (découpées en 5 à 7 lobes pour la grande ; à peine lobées, presque rondes pour la petite). Toutes deux ont des tiges et des feuilles velues, des fleurs à 5 pétales rose-rouge tirant évidemment sur le mauve, d'un diamètre respectif d'environ 4 cm et 1,5 cm ; toutes deux ont enfin des fruits aplatis, en forme de fromage, avec de nombreuses divisions.

On utilise les fleurs et les feuilles, séchées à l'ombre, pour leur richesse en mucilage qui en fait, après la racine de guimauve et la graine de lin, l'émollient le plus employé dans les inflammations aiguës des voies respiratoires, gastriques et urinaires, de la peau et des yeux. En fait, les indications de la mauve sont semblables à celles de la guimauve[1] — elles appartiennent d'ailleurs à la même famille des malvacées — et je me bornerai donc à les rappeler brièvement en donnant la posologie.

1. Voir p. 184.

A l'intérieur, contre toux, bronchite, asthme, troubles d'estomac, constipation, inflammation des voies urinaires : infusion de fleurs et feuilles (15 à 20 g pour un litre d'eau ; faire tremper à froid pendant dix minutes ; chauffer jusqu'à ébullition sans faire bouillir ; laisser infuser dix à quinze minutes ; à boire à volonté). A dose plus forte (10 g pour une tasse), l'infusion est laxative.

A l'extérieur, contre irritations de la peau ou des yeux : lotions et compresses avec l'infusion ou cataplasmes de feuilles et fleurs ramollies préalablement dans très peu d'eau bouillante ; contre inflammations de la bouche et de la gorge : bains de bouche et gargarismes avec l'infusion ; contre les maux de dents et les douleurs de gencives : chiquer quelques fleurs ramollies dans l'eau chaude ; contre les piqûres d'abeille ou de guêpe : emplâtre de feuilles fraîches pilées avec de l'huile d'olive.

## MÉLILOT

***Melilotus officinalis.*** *Mirlirot, trèfle de cheval, trèfle musqué, trèfle des sorciers, luzerne sauvage, couronne royale, lotier, thé de jardin.*

Les Égyptiens le faisaient entrer dans de nombreuses préparations (contre les maux d'oreille, les vers, les coups, etc.) et le citaient dans leurs incantations magiques destinées à éloigner la mort. Les Anciens lui attribuaient le pouvoir de calmer les fureurs de l'ivresse. Les sorciers du Moyen Age l'incorporaient à leurs philtres et les médecins du temps de Molière y avaient recours dans de multiples affections allant de la colique à l'ophtalmie en passant par certaines tumeurs, les douleurs du bas-ventre, la rétention d'urine, la goutte, etc. Si bien que pour en avoir trop attendu, on a été déçu et qu'on a fini par contester les qualités qu'il possède vraiment...

Elles sont suffisantes pour qu'on le réhabilite : il est antispasmodique, antiseptique, diurétique et calmant. Il est donc indiqué dans les névralgies, l'excitation nerveuse, l'insomnie, les spasmes gastriques et intestinaux, les douleurs en liaison avec les règles, les infections des voies urinaires.

Il se prend en infusion — agréablement parfumée grâce à la coumarine[1] qu'il contient — à raison de 3 ou 4 tasses par jour, dont une au coucher (40 à 50 g de sommités fleuries séchées pour un litre d'eau bouillante ; laisser infuser dix à quinze minutes). Cette infusion sert également, en compresses et lotions, contre l'inflammation des paupières et les douleurs rhumatismales. (L'homéopathie prescrit *Melilotus officinalis* dans les maux de tête qui accompagnent l'hypertension et la ménopause.)

J'ajoute qu'il ne vous sera pas difficile de trouver et d'identifier le mélilot dont le nom évoque l'attirance qu'il exerce sur les abeilles (du grec *méli :* miel). Cultivé autrefois comme plante fourragère, il pousse dans les prairies, le long des chemins et des haies, sur les décombres. Ses tiges creuses atteignent jusqu'à 1,50 m ; ses feuilles vert foncé ont 3 folioles à bords dentelés ;

1. Voir ASPÉRULE ODORANTE, p. 67.

ses fleurs jaunes, qui ressemblent à celles du trèfle ou de la luzerne, sont groupées en épis à l'extrémité des tiges.

Sachez encore que certains cordons-bleus mettent un bouquet de sommités fleuries de mélilot dans le corps du lapin domestique fraîchement tué et vidé pour donner à la chair la saveur propre aux lapins de garenne.

## MÉLISSE

***Melissa officinalis.*** *Mélisse citronnelle, citronnelle, citronne, herbe au citron, mélisse des boutiques, piment des abeilles ou des ruches, céline, ponchirade, thé de France.*

Elle a beaucoup de points communs avec le mélilot : elle aussi a des fleurs qui attirent spécialement les abeilles ; elle aussi doit son nom à un mot grec (*mélissa* signifie abeille) ; elle aussi a joui d'un grand renom dans le passé ; enfin, elle aussi est antispasmodique, digestive et calmante.

Originaire du pourtour oriental de la Méditerranée, elle pousse spontanément dans les régions chaudes, mais s'acclimate fort bien un peu partout dans les jardins. Ses tiges carrées légèrement velues, de 50 à 80 cm de haut, portent des feuilles opposées, ovales, dentelées, un peu velues qui sont plus petites sur les rameaux fleuris ; ses fleurs sont petites, blanches à bleuâtres, réunies par groupes de 3 à 6 à l'aisselle des feuilles.

Ce sont les sommités fleuries et les feuilles, séchées à l'ombre, qu'on utilise. On les récolte juste au moment de la floraison car plus tard l'odeur agréable de citron qu'elles dégagent lorsqu'on les froisse entre les doigts prend un vague relent de punaise.

Les médecins arabes ont été les premiers à vanter les vertus de la mélisse (Avicenne disait qu'elle « rend le cœur joyeux et content, et affermit les esprits vitaux ») et leurs confrères français leur emboîtèrent le pas en la prescrivant dans une gamme impressionnante de maladies — entre autres l'apoplexie, l'épilepsie, la léthargie, la mélancolie, la manie — surtout sous forme d'une eau distillée dont la réputation comme élixir de jouvence égalait celle de l'eau de la Reine de Hongrie[1].

1. Voir ROMARIN.

Nos grand-mères faisaient amplement usage de la plante séchée ou de son alcoolat connu depuis plus de trois siècles sous le nom d'eau des Carmes.

L'infusion (20 à 30 g de feuilles ou sommités fleuries pour un litre d'eau bouillante ; laisser infuser dix minutes ; 4 ou 5 tasses par jour) est indiquée contre les digestions pénibles, les vertiges et bourdonnements d'oreille, les palpitations et les coliques nerveuses, l'insomnie, les maux de tête et les troubles divers si fréquents chez les sujets nerveux. Elle est tout particulièrement recommandée contre les crampes et douleurs utérines dont beaucoup de femmes se plaignent au moment de leurs règles (jusqu'à 6 tasses dans la journée). Elle procure aussi, mise au frais, une excellente boisson rafraîchissante et tonique pour l'été.

L'eau des Carmes, dans un peu d'eau tiède, a les mêmes indications. Quelques gouttes sur un morceau de sucre constituent le remède classique en cas de syncope, d'aérophagie et d'indigestion.

Il serait trop compliqué de préparer vous-même l'eau de mélisse — dans laquelle il entre également zeste de citron, cannelle, coriandre, girofle, muscade, angélique — qu'il faut distiller après macération. Mais vous pourrez facilement confectionner une eau cordiale et stomachique qui vous rendra les mêmes services en faisant macérer pendant quinze jours dans un litre et demi d'eau-de-vie ou d'alcool à 45°, 15 g de feuilles de chacune des plantes suivantes : mélisse, basilic, hysope, menthe, sauge, absinthe, plus 15 g de racine d'angélique ; filtrer et conserver bien bouché.

## MENTHE

***Mentha.*** *Menthe anglaise, menthe Milly, menthe sauvage, menthe poivrée, menthe à feuilles rondes, menthe crépue, menthe verte, menthe romaine, menthe rouge, menthe aquatique, menthe de Corse, menthe pouliot.*

J'aurais dû ajouter « etc. » à cette nomenclature des principales variétés car, comme le note avec humour un moine du IXe siècle auteur d'un traité sur les plantes, « si on voulait énumérer complètement toutes les vertus, sortes et noms de la menthe, on serait capable de dire combien de poissons nagent dans la mer Rouge… »

C'est la menthe poivrée *(Mentha piperata)*, appréciée pour sa finesse et sa richesse en essence aromatique, qui a la vedette tant en pharmacie et cosmétologie qu'en confiserie ou dans la fabrication de liqueurs et boissons, mais toutes les espèces possèdent des propriétés identiques qui leur ont valu d'être largement utilisées depuis la plus lointaine Antiquité.

Les Grecs du temps de Périclès en font un parfum ; les Hébreux également, d'où les reproches que Jésus adresse aux scribes et pharisiens qui dépensaient sans compter pour s'en procurer et négligeaient la justice et la miséricorde. Les Romains en mettent dans leur vin pour l'aromatiser et l'incorporent à la plupart de leurs sauces ; leurs femmes mâchent une pâte faite de menthe et de miel pour avoir l'haleine fraîche et aussi masquer l'odeur du vin qu'elles boivent en cachette à l'époque où la loi punit de mort celles qui useraient d'un breuvage réservé aux hommes et aux dieux.

Pline recommande à ceux qui étudient de se ceindre la tête d'une couronne de menthe tressée car elle réjouit l'âme et donc est bonne pour l'esprit, mais il en déconseille l'usage aux amoureux parce que, comme Hippocrate et Aristote, il la juge « contraire à la génération » (les Grecs étaient d'un avis opposé : ils interdisaient à leurs soldats de manger de la menthe car, disaient-ils, elle incite tant à l'amour qu'elle diminue le courage ; j'ajoute que les études modernes leur ont donné raison contre Pline).

La menthe constitue également un des principaux moyens de lutte contre la vermine, surtout la menthe pouliot (son nom vient d'ailleurs de *pulex,* puce en latin) ; on en jonche le sol, on en met dans les lits et même dans les sacs de grain ou près des fromages parce que son odeur chasse aussi les souris. Enfin, à toutes les époques, elle est la providence des mères de famille en raison de ses vertus thérapeutiques : elle est rafraîchissante, antiseptique, digestive, expectorante, antispasmodique, tonique, cordiale.

On a dit souvent que la menthe est incompatible avec l'homéopathie. En réalité, m'a déclaré un médecin, elle n'est pas interdite si elle est absorbée assez loin d'une prise de médicaments.

En infusion (4 ou 5 feuilles fraîches ou séchées pour une tasse d'eau bouillante ; laisser infuser cinq minutes ; deux fois par jour après le repas), elle combat la paresse de l'estomac et de l'intestin, empêche la fermentation des aliments, stimule la vésicule. Elle est par excellence le remède des troubles digestifs (vomissements, coliques, ballonnements, gaz, douleurs hépatiques, etc.). Elle tonifie aussi le système nerveux et est donc indiquée en cas de débilité générale, de palpitations, de vertiges, de hoquet. Son seul inconvénient : chez certains sujets, elle peut empêcher le sommeil ; dans ce cas, diminuer la dose (2 feuilles par tasse) et ne prendre qu'une tasse à midi.

A l'extérieur, les inhalations (40 à 50 g de feuilles pour un litre d'eau bouillante) sont conseillées contre l'asthme, la toux rebelle, les bronchites chroniques, associées à l'infusion. Les feuilles fraîches ou séchées préalablement ramollies dans un peu d'eau tiède, s'appliquent en compresses contre la migraine, les névralgies faciales, les douleurs rhumatismales, articulaires et musculaires, la goutte. Vous pourrez aussi recourir à des lotions ou frictions avec le baume suivant : faire macérer au soleil ou dans un endroit chaud pendant six à huit semaines, une bonne poignée de feuilles fraîches dans un litre d'huile d'olive ; couvrir le bocal avec un papier percé de trous et agiter de temps à autre ; passer en exprimant à travers un linge fin et garder dans un flacon bien bouché.

## MILLEFEUILLE

***Achillea millefollium.*** *Achillée, herbe aux militaires, herbe du soldat, herbe aux charpentiers, herbe aux coupures, herbe aux cochers ou voituriers, saigne nez, sourcil de Vénus, grassette.*

Ses surnoms autant que son nom commun ou scientifique vous fixent d'emblée sur son emploi, son signalement et sa légende : la millefeuille guérit les plaies ; ses feuilles sont très découpées (« elles sont faites, dit joliment Matthiole, à la mode de plumes folles de petits oiseaux ») et c'est le bouillant Achille qui s'en serait servi le premier pour soigner les blessures de ses compagnons.

Elle abonde aussi bien en plaine qu'en montagne ; on la voit au bord des chemins, sur les talus et les décombres, dans les prairies ensoleillées (elle est un excellent fourrage). Ses tiges cannelées et velues, de 30 à 50 cm de haut, portent des feuilles alternes plus ou moins duveteuses à segments divisés ressemblant à de la dentelle et des ombelles de petites fleurs blanches ou rosées à cœur jaune. On utilise ses feuilles — qui ont une légère odeur aromatique — et ses sommités fleuries, récoltées pendant la floraison (juin-septembre) et séchées à l'ombre.

Elle est considérée comme un spécifique des troubles de la circulation sanguine et des muqueuses. Bien entendu, elle agit sur les plaies (coupures, blessures, ulcères variqueux) pour les nettoyer et hâter leur cicatrisation, soit en cataplasmes de feuilles fraîches pilées, soit en lavages et compresses sous forme de décoction (40 à 60 g de plante pour un litre d'eau ; faire bouillir deux ou trois minutes ; laisser infuser dix minutes), mais c'est à l'intérieur, pour ses propriétés antihémorragiques, antispasmodiques, fortifiantes et décongestives, qu'elle rend les plus grands services (l'homéopathie la prescrit en cas d'hémoptisie, d'hémorragies après extraction dentaire ou accouchement).

La décoction légère (30 à 50 g de plante pour un litre d'eau froide ; faire chauffer jusqu'à ébullition ; laisser infuser dix minutes ; 2 ou 3 tasses par jour) est recommandée contre les crampes d'estomac, les spasmes douloureux de l'utérus, la métrorragie, la mauvaise circulation sanguine, les varices, les troubles de la ménopause, le mauvais fonctionnement du foie d'origine nerveuse, l'entérite, la diarrhée.

Elle a surtout deux indications remarquables, vérifiées et soulignées par le docteur Cazin : 1° elle réduit puissamment les flux hémorroïdaux excessifs qui conduisent parfois à une véritable anémie (4 ou 5 verres par jour) ; 2° elle ramène les règles supprimées par une émotion, un coup de froid, sans provoquer le moindre accident s'il s'agit d'une grossesse ignorée (1 ou 2 tasses le matin à jeun, au besoin pendant trois ou quatre jours de suite).

Enfin, la décoction, en lotions répétées, améliore la peau et fait disparaître les boutons ou dartres du visage.

## MILLEPERTUIS

***Hypericum perforatum.*** *Herbe aux piqûres, herbe de la Saint-Jean, barbe de saint Jean, herbe aux mille trous, trucheron jaune, herbe aux brûlures, chasse diable.*

« Jadis le millepertuis portait, en vue de son efficacité, le nom « d'herbe des fées ». De nos jours cette plante et ses services sont entièrement oubliés. » C'est ce qu'écrivait l'abbé Kneipp en 1891 et qui reste plus que jamais valable aujourd'hui.

Pourtant, le millepertuis a été une sorte de panacée. Parce qu'il dégage quand on le froisse une odeur d'encens et que l'encens est « le parfum réservé à Dieu », on lui attribuait des pouvoirs protecteurs contre les entreprises des esprits du mal et des sorcières ; dans de nombreux pays, on en accrochait chaque année une branche à la porte des maisons le jour de la Saint-Jean-Baptiste et on en donnait à boire ou à respirer aux possédés, ce qui lui valait d'être surnommé *Fuga daemonum* ou « fuite des démons ».

On le faisait entrer dans les innombrables mixtures, baumes et onguents destinés à combattre goutte, rhumatismes, humeurs froides, brûlures et surtout à panser les plaies si fréquentes à l'époque où les épées avaient du mal à rester au fourreau — Ambroise Paré l'utilisait couramment et les traités le qualifiaient de « remède précieux pour les blessures profondes et celles qui traversent le corps ».

Sensible à la mode et au mirage de la chimie, la médecine s'est pratiquement détournée d'une médication aussi banale (le millepertuis pousse partout, sur les talus, au bord des chemins, dans les buissons) ; mais, heureusement, l'homéopathie et la tradition populaire l'ont conservée.

Pour la première, « *Hypericum,* écrit le docteur André Thibault[1], est aux nerfs ce qu'*Arnica* est aux muscles. Aussi le prescrit-on dans les contusions et les plaies des nerfs. Très indiqué dans la sciatique. Considérez *Hypericum* comme un draineur des nerfs. Agit également dans toutes les plaies par instrument piquant ». Pour la seconde, c'est une des plantes les plus utiles tant intérieurement qu'extérieurement pour vaincre la plupart des maux qu'on appelle communément « nos petites misères ».

La taille du millepertuis varie entre 40 et 80 cm ; ses tiges sont raides, ligneuses et très ramifiées dans le haut ; ses feuilles, ovales, veinées et opposées deux à deux, paraissent, en transparence, criblées de piqûres ou trous minuscules qui sont, en fait, des petites poches glanduleuses pleines d'une huile essentielle que l'on retrouve également sur les fleurs ; celles-ci sont jaune d'or, petites, élégantes, groupées en ombelle ; elles ont 5 pétales et de nombreuses étamines ; lorsqu'on les presse entre les doigts, elles laissent échapper un liquide rouge-violet « presque aussi coloré que le jus de myrtille, dont il a d'ailleurs l'odeur caractéristique » précise un manuel d'herboristerie.

Le mode d'utilisation le plus courant est le baume qui, étant préparé à l'avance, a l'avantage d'être immédiatement à portée de la main. Sa recette comporte plusieurs variantes dont voici les moins compliquées : soit faire macérer au soleil pendant six à huit semaines, en agitant souvent le flacon, 500 g de fleurs fraîches dans un litre d'huile d'olive, puis filtrer ; soit faire macérer pendant trois jours 500 g de fleurs fraîches dans un mélange d'un litre d'huile d'olive et d'un demi-litre de vin blanc, puis faire bouillir le tout au bain-marie jusqu'à évaporation du vin ; filtrer ; à garder en bouteille bien bouchée.

Ce baume, d'une belle coloration rouge foncé, est indiqué en compresses pour les écorchures, les plaies guérissant mal, les ulcères variqueux, les contusions, les foulures, les irritations de la peau, les brûlures dont il calme immédiatement la douleur.

1. *Op. cit.*

En frictions (on le fait réchauffer légèrement au préalable), il soulage rhumatismes, goutte, sciatique et lumbago. On peut l'utiliser également en usage interne (6 à 8 gouttes sur un morceau de sucre) en cas de coliques, de crampes ou troubles stomacaux.

Mais habituellement, pour ces dernières affections qui sont souvent chroniques, on lui préfère l'infusion (30 à 50 g de fleurs ou de sommités fleuries séchées pour un litre d'eau ; chauffer à feu doux jusqu'à ébullition et laisser infuser cinq à dix minutes ; 3 tasses par jour, avant ou entre les repas), laquelle est conseillée aussi dans les troubles suivants : catarrhe bronchique, asthme, aigreurs, gastrite, entérite, cystite, hydropisie, énurésie ou « pipi au lit », congestion du foie, mauvais fonctionnement de la vésicule biliaire, règles irrégulières, métrite, ovarite.

Vous pourrez, si vous le préférez, remplacer l'infusion par le vin de millepertuis (faire macérer pendant un minimum de deux semaines 30 à 50 g de fleurs ou sommités fleuries, fraîches ou sèches, dans un litre de bon vin ; passer en exprimant à travers un linge fin ; un verre à bordeaux avant les deux grands repas), vin qui est apéritif, reconstituant et tenu pour fortifiant des organes féminins.

## MUGUET

***Convallaria maialis.*** *Lis de mai, lis des vallées, clochettes des bois.*

Ainsi que cela arrive souvent, l'empirisme a devancé la science et plusieurs siècles avant que d'éminents chercheurs signalent la présence, dans notre porte-bonheur du 1er mai, d'un glucoside — baptisé convallatoxine — qui « constitue un remède cardiaque très puissant », on préparait dans nos campagnes une infusion de fleurs de muguet destinée à soutenir les personnes « faibles du cœur »...

Il faut d'ailleurs souligner que cette « découverte » thérapeutique aurait pu être faite beaucoup plus tôt si l'on avait pris la peine de se pencher sur les ouvrages anciens tenus à tort pour des grimoires, car Matthiole, au XVIe siècle, indiquait déjà le muguet comme « propre à fortifier le cœur et à en combattre les spasmes et les battements ».

Quoi qu'il en soit, on reconnaît aujourd'hui que ses effets sont ceux d'un sédatif rétablissant l'équilibre du sympathique et excerçant une action tonique régulatrice sur le cœur, d'où les bienfaits de l'infusion (1 ou 2 g de fleurs séchées pour 100 g d'eau bouillante ; laisser infuser cinq minutes ; sucrer fortement, au miel de préférence, car elle est très amère ; une fois par jour, entre les repas) contre les troubles cardiaques d'origine nerveuse (palpitations) et l'hydropisie cardiaque (selon le docteur Fruictier[1], cette infusion a été employée de tout temps en Russie contre l'hydropisie).

Les fleurs, séchées à l'ombre et réduites en poudre, étaient aussi considérées jadis comme « céphaliques ». Cette poudre, précisent les vieux traités, « est un sternutatoire assez puissant qu'on ordonne pour décharger le cerveau dans la paralysie et les fluxions de la tête, les vertiges et autres maladies venant de l'intempérie froide et humide du cerveau ».

Il n'est pas interdit de penser que ce remède-là sera, lui aussi, redécouvert un jour puisque le docteur Cazin qui l'a expérimenté déclare[2] : « Cette poudre, prisée comme du tabac, a réellement calmé les douleurs de tête invétérées, et a guéri des fluxions chroniques des yeux et des oreilles, des vertiges succédant à la suppression du mucus nasal, etc., en faisant rendre beaucoup de sérosités par les narines. »

## MYRTILLE

***Vaccinium myrtillus.*** *Airelle noire, brimbelle, raisin des bois, vigne de montagne, abrêtier, abrêt noir, moret, teint-vin, vaciet, ambresaille.*

Brusquement, il y a quelques années, le grand public citadin a eu la révélation que la myrtille ne servait pas seulement à faire de la confiture, des tartes et de l'eau-de-vie mais qu'elle avait

1. *Op. cit.*
2. *Op. cit.*

aussi des vertus thérapeutiques : on venait de découvrir que son enveloppe contenait une substance qui agit sur le pourpre rétinien et renforce la vision nocturne, ce qui était du plus haut intérêt pour la protection des morts en sursis que sont tous ceux qui prennent le volant.

La nouvelle fit moins de bruit dans le monde de la campagne, parce qu'on y a moins le culte de l'automobile et surtout parce qu'il y a longtemps qu'on met à contribution ce petit arbuste pour résoudre certains problèmes de santé.

Ses petites feuilles ovales aux bords finement dentelés s'emploient en décoction (20 à 30 g pour un litre d'eau ; faire bouillir cinq à dix minutes ; 2 ou 3 tasses par jour) dans les inflammations des voies génito-urinaires (cystite, notamment), l'incontinence d'urine (« pipi au lit » des enfants), les maladies de la peau (prurit, eczéma). Elles abaissent le taux du sucre sanguin et sont donc préconisées contre le diabète, seules ou mélangées à parts égales avec des feuilles de fraisier (30 g pour un litre d'eau ; faire bouillir cinq à dix minutes ; à boire dans la journée).

Ses baies noires au parfum délicat sont réputées depuis des siècles pour leurs propriétés astringentes et désinfectantes (les travaux modernes ont démontré que leur décoction stérilise en vingt-quatre heures les cultures de colibacille et du bacille d'Eberth responsable de la typhoïde). Elles constituent le remède naturel type contre la diarrhée rebelle, l'entérite aiguë, la dysenterie, les fermentations intestinales.

Séchées à l'ombre, elles se conservent parfaitement d'une année à l'autre et s'utilisent : soit telles quelles (mâcher longuement et avaler une bonne pincée de baies séchées), soit en décoction (60 g de baies pour un litre d'eau tiède ; faire tremper une heure, puis chauffer doucement jusqu'à ébullition ; laisser bouillir quinze à vingt minutes et macérer jusqu'à tiédissement ; une demi-tasse toutes les heures). Cette décoction est indiquée également en bains de bouche ou gargarismes contre les stomatites, les aphtes, les pharyngites ; en lavage contre les affections de la peau (eczéma, prurit) ; en compresses contre les hémorroïdes et flux hémorroïdaires.

Avec les baies fraîches, vous pourrez confectionner une teinture de myrtille dont l'abbé Kneipp disait qu'elle « est la première et la plus indispensable de toutes les teintures de notre pharmacie familiale ». Introduisez dans un litre 2 à 3 poignées (100 à 150 g) de fruits frais, ajoutez quelques clous de girofle et de la cannelle, et remplissez avec de l'alcool à 45° ou de l'eau-de-vie. La teinture sera prête au bout de quinze jours, mais deviendra d'autant plus forte et efficace que vous laisserez plus longtemps (même des années) les baies en macération.

Elle a, évidemment, les mêmes indications que la décoction. On la prend soit sur un morceau de sucre (10 à 30 gouttes, selon l'intensité du mal), soit dans de l'eau chaude ou du vin (une cuillerée à café pour 125 cc de liquide, potion à renouveler huit à dix heures plus tard ; une troisième dose est rarement nécessaire).

# N

## NAVET

***Brassica napus.*** *Naveau, navet-rave, rave.*

Nos grand-mères, qui n'avaient sans doute jamais entendu parler des célèbres médecins de l'École de Salerne, partageaient pourtant leur opinion sur le navet dont ils disaient qu'il a bon goût, qu'il est diurétique, ami de l'estomac et de la poitrine. En effet, elles n'oubliaient jamais d'en mettre dans leurs soupes et tiraient admirablement parti, grâce à des recettes simples et éprouvées, de ses propriétés émollientes, pectorales et adoucissantes.

Ces recettes, les voici :

Pour calmer les irritations pulmonaires (rhume, toux rebelle, asthme, bronchite, coqueluche) : soit boire à volonté, en la sucrant au miel, une décoction obtenue en faisant bouillir dix à quinze minutes, dans un litre d'eau ou de lait, 100 g de navets coupés en rondelles ; soit prendre, en les mélangeant ou non à une infusion de fleurs pectorales, 4 ou 5 cuillerées à café par jour de sirop de navet que l'on obtient tantôt en creusant un navet cru et en remplissant la cavité de sucre en poudre, tantôt en écrasant du navet cru avec du sucre et en exprimant le jus à travers un linge fin au bout de quelques heures.

Pour calmer les démangeaisons et l'inflammation des engelures ; pour apaiser les douleurs en cas de crise de goutte ; pour hâter le mûrissement des abcès, furoncles, panaris et enlever l'inflammation : mettre un cataplasme de navet cuit et réduit en bouillie (si l'on en a la possibilité, il est préférable de le cuire au four ou sous la cendre car son suc garde ainsi sa concentration). Posé derrière l'oreille sur la carotide, ce cataplasme soulage les rages de dents.

Il va de soi que, pour donner les effets escomptés, le navet doit être tel qu'au temps de nos grand-mères, c'est-à-dire avoir poussé sans engrais chimique et n'avoir pas profité des bienfaits des insecticides.

## NOYER

***Juglans regia.*** *Noyer royal, gland divin, gland de Jupiter, gauquier, gagnier, goguer, arbre au sommeil.*

En 1810, dans son *Cours de botanique médicale comparée* — un enseignement qu'on verra peut-être renaître un jour ! — Bodart déclarait : « Si le noyer ne se cultivait que dans le Nouveau-Monde, nous nous empresserions de le ranger sur la ligne des végétaux les plus utiles en médecine ; mais il croît abondamment autour de nous, et nous négligerions encore d'étudier les propriétés de ses différentes parties si d'illustres praticiens ne tentaient de ramener l'attention sur ce végétal précieux et injustement abandonné. »

En 1961, dans ses *Leçons de biologie dans un parc,* après avoir évoqué les bienfaits du noyer et notamment la remarquable action antibiotique de ses feuilles fraîches dans le traitement du charbon (guérison en trois semaines) vérifiée sur de nombreux cas et signalée à deux reprises (1857 et 1880) à l'Académie de médecine, le professeur Binet écrit : « Chose curieuse, aucun traité de bactériologie, de chimie végétale, de matière médicale, de chimiothérapie ou d'antibiotiques n'y fait la moindre allusion. La feuille de noyer est tombée dans l'oubli. Pourquoi ? »

Ce n'est pas moi qui répondrai à cette question alors qu'elle est posée par un membre de l'Institut, à l'époque doyen de la Faculté de médecine de Paris. Et si j'ai rapproché ces deux textes qu'un siècle et demi sépare, c'est seulement pour montrer combien il est difficile pour un remède populaire dont l'efficacité est pourtant reconnue d'être admis par la science officielle.

Originaire de la Perse et acclimaté en Grèce, en Italie puis en France, le noyer fait depuis longtemps partie de la pharmacopée familiale. Au cours des siècles, il a été préconisé dans des troubles aussi divers que la petite vérole, les vapeurs hystériques, la colique venteuse, le ver solitaire ; il passait pour « redonner le lait aux nourrices » et « être utile à réparer ceux qui se sont épuisés avec des femmes ». Finalement, on n'a gardé que les indications liées à ses propriétés essentielles : il est tonique, reconstituant, dépuratif, désinfectant ; il combat l'inflammation des muqueuses et fait baisser le taux du sucre sanguin.

Les feuilles, récoltées avant la mi-juillet et séchées rapidement à l'ombre à 35° maximum, s'emploient, intérieurement et extérieurement, en décoction. Les doses sont variables (20 à 30 g de plante par litre d'eau pour l'usage interne, 50 à 60 g pour l'usage externe), mais la façon de procéder reste la même : faire macérer les feuilles dans l'eau froide pendant au moins deux heures ; chauffer ensuite lentement jusqu'à ébullition ; laisser bouillir deux minutes et infuser quinze minutes.

Contre les affections de la peau (eczéma, dartres, prurit), l'anémie, les troubles glandulaires, les scrofules, les rhumatismes, la goutte, les affections pulmonaires, l'engorgement des voies digestives (atonie digestive, gastro-entérite, nausées des hépato-biliaires, jaunisse), les affections des organes génitaux féminins, la transpiration excessive des mains et des pieds, les sueurs nocturnes, le diabète : boire 2 ou 3 tasses de décoction par jour, en dehors ou pendant les repas comme boisson.

A l'extérieur, la décoction (renforcée) s'emploie en bains (cinq à dix minutes) contre les engelures, les mains rouges et aussi la transpiration excessive des mains et des pieds (dans ce dernier cas, après le bain, se frictionner avec de l'alcool à 90°) ; en lotions ou compresses contre les affections de la peau, l'irritation des paupières, l'ophtalmie, les orgelets, les ampoules, les ulcères variqueux ; en injections contre la leucorrhée et la métrite.

Elle est utilisée aussi en lavages pour protéger les animaux domestiques des mouches ou taons et éloigner les fourmis des placards (à signaler que les feuilles fraîches de noyer, mêlées à la litière des niches, préservent les chiens contre les puces). Si l'on en humecte matin et soir les cils et les sourcils, elle en active la croissance (Matthiole disait déjà que les noix mâchées « si on en frotte la tête, remplissent de poil les places vides »...)

Deux préparations enfin peuvent éventuellement remplacer la décoction — elles aussi sont toniques, dépuratives et digestives — et même constituer un excellent apéritif : soit le vin de noix (faire macérer pendant quatre ou cinq jours 200 g de feuilles fraîches hachées dans un litre de bon vin blanc ; sucrer à volonté et filtrer), soit la liqueur de brou de noix (faire macérer pendant trois mois 500 g d'écorce de noix verte — brou — coupée en morceaux dans un litre d'eau-de-vie ou d'alcool à 45° ; filtrer et mélanger à 3 litres de vin en sucrant à volonté) ; un verre à madère avant le repas, une ou deux fois par jour.

# O

## ŒILLET

***Dyanthus caryophyllus.*** *Œillet rouge, œillet giroflée, œillet des fleuristes, œillet à bouquets, grenadin, œillet à ratafia.*

Voici encore un « abandonné » de la médecine moderne qui lui reproche son peu d'énergie. Celle d'autrefois le rangeait parmi les plantes cordiales et l'employait avec succès contre les fièvres malignes pour faire suer et uriner le malade tout en calmant sa soif.

Cette indication semble d'ailleurs liée aux circonstances qui auraient conduit à l'introduction de l'œillet en France : les compagnons de croisade de Saint Louis, frappés par la peste devant Tunis, auraient bu certaine liqueur aromatisée à l'œillet qui aurait calmé leur fièvre et ils auraient tenu à rapporter dans leurs bagages la plante qui les avaient soulagés — ce qui expliquerait pourquoi l'œillet fut d'abord appelé *tunica,* nom donné également au sirop prescrit aux personnes « affligées de fièvres très-malignes ».

Quoi qu'en disent les fervents des drogues chimiques, il peut encore rendre des services, précisément dans les états fiévreux dans lesquels il facilite la sudation et désaltère.

Les directives données par le docteur Chomel sont toujours bonnes à suivre : « Entre le grand nombre d'espèces d'œillets qu'on élève dans les jardins, on choisit les œillets les plus simples et entre ceux-ci les plus rouges et odorants. » On détache les pétales qu'on utilise soit frais pour faire un sirop ou *ratafia,* soit séchés à l'ombre pour préparer des infusions (3 à 5 g de pétales pour 100 cc d'eau bouillante ; laisser infuser cinq à dix minutes ; deux fois par jour).

Recette du sirop : dans un récipient de verre ou de faïence, mettez 500 g de pétales frais et versez dessus un litre et demi d'eau bouillante ; laissez infuser six heures ; filtrez et, en chauffant au bain-marie, incorporez du sucre jusqu'à consistance de sirop ; gardez dans des flacons bien bouchés. Ce sirop se prend généralement dans de l'eau tiède ou une tisane, une cuillerée à soupe pour une tasse.

Recette du *ratafia :* faites macérer pendant huit à dix jours 250 à 300 g de pétales frais dans un litre d'eau-de-vie ou d'alcool à 45° ; passez en exprimant à travers un linge fin ; sucrez à volonté. Est indiqué à la dose d'un verre à liqueur comme « un très-excellent remède » pour les indigestions, ballonnements et gaz.

## OIGNON

***Allium cepa.*** *Oignon commun, oignon blanc, oignon jaune.*

Il se cultive facilement partout en Europe et Orient (l'Égypte serait son pays d'origine) ; il est tonique, diurétique, vermifuge, émollient et antiseptique ; de là sa renommée plusieurs fois millénaire et ses innombrables utilisations.

Comme l'ail, on l'a mis à toutes les sauces. Il a été divinisé en Égypte où il entrait dans beaucoup de préparations médicinales ; on s'en est servi comme élément prophylactique contre les épidémies de peste et de choléra ; on l'a vanté en tant qu'aphrodisiaque (la soupe à l'oignon que l'on mange après une nuit blanche ou que l'on porte, dans certaines régions, aux jeunes mariés après leur nuit de noces, ne vise pas d'autre but !) ; on l'a présenté comme un facteur de longévité en citant le cas des Bulgares qui en sont de grands consommateurs et qui comptent de nombreux centenaires ; on a dit qu'il donnait des couleurs et faisait repousser les cheveux ; on l'a recommandé contre l'obésité (« Vous tous qui êtes gros et gras et lymphatiques, lit-on dans un traité, mangez de l'oignon cru, c'est pour vous que Dieu l'a fait »).

Je ne prolongerai pas cette énumération qui n'a d'autre intérêt que son pittoresque. L'essentiel sur le plan pratique est de savoir que : 1° l'oignon possède effectivement les propriétés que j'ai mentionnées ci-dessus ; 2° il ne les garde intégralement que lorsqu'il est cru (la cuisson détruit une partie de ses principes actifs liés à une huile très volatile) ; 3° son suc frais est irritant et ne convient qu'aux estomacs robustes. D'où des règles simples qui concernent son emploi en usage interne :

Si vous le supportez bien, consommez-en cru le plus souvent possible (dans les salades, les hors-d'œuvre, ajouté — haché fin — aux potages et aux légumes). C'est un incomparable facteur de santé (Dioscoride *dixit*), et, dans le cas où vous seriez victime d'un des troubles cités plus loin, n'hésitez pas à prendre deux à trois fois par jour un verre de la macération suivante : 4 oignons moyens émincés pour un litre d'eau chaude ; laisser macérer pendant deux à trois heures.

Si vous avez quelque difficulté à le digérer, adoptez le vin d'oignon (mettez dans une bouteille 300 g d'oignon haché fin, 100 g de miel et 600 g de vin blanc ; laissez macérer au moins quarante-huit heures en agitant assez souvent ; filtrer ; 2 à 4 cuillerées à soupe par jour) ou bien une préparation fort voisine (râpez un oignon le plus fin possible ; mélangez-le à une cuillerée de miel dans un verre de vin ; à boire en trois fois dans la journée).

Ces préparations sont indiquées contre l'anémie, le surmenage, les affections des bronches, les fermentations intestinales, l'hydropisie, l'œdème, les infections génito-urinaires (prostatite, cystite), l'arthritisme, les rhumatismes, la goutte, le diabète (il abaisse le taux du sucre sanguin), la gravelle, la rétention d'urine, les vers intestinaux (toutefois, pour ces derniers — oxyures en particulier — il est mieux d'adopter une formule plus active : faire macérer 100 g d'oignons finement hachés dans un litre de vin blanc pendant quarante-huit heures ; passer en exprimant à travers un linge fin ; un verre à bordeaux le matin à jeun huit à dix jours de suite, de préférence au moment de la lune descendante et de la nouvelle lune).

Toujours à l'intérieur — mais cuit cette fois —, son action émolliente et pectorale est mise à profit contre la toux et la bronchite, soit en décoction (faire bouillir cinq à dix minutes dans un demi-litre d'eau 3 oignons coupés en quartiers ; filtrer ; sucrer au miel ; à boire dans la journée par demi-tasses), soit en sirop (faire bouillir cinq à dix minutes 100 g d'oignons coupés dans 200 cc d'eau ; filtrer ; ajouter une grosse cuillerée à soupe de miel et faire bouillir doucement jusqu'à l'obtention d'un sirop épais ; 2 à 6 cuillerées à café par jour). A la campagne, un oignon cuit sous la cendre ou au four et mangé avec de l'huile ou du beurre est le remède courant contre l'enrouement.

L'homéopathie enfin fait de l'oignon — *Allium cepa* — le remède classique du coryza quand le larmoiement est doux et l'écoulement nasal irritant pour les narines et la lèvre supérieure.

Évidemment, l'absorption d'oignon cru laisse des traces odorantes dans la bouche et l'haleine. Vous pourrez remédier à cet inconvénient par les mêmes moyens que pour l'ail[1].

A l'extérieur, l'oignon cru, râpé et appliqué en cataplasmes, est indiqué pour le traitement des engelures, des douleurs articulaires rhumatismales, des brûlures, des migraines (posé sur le front), de la rétention d'urine (posé sur le bas-ventre). Broyé dans du vinaigre, en lotion quotidienne, il fait disparaître les taches de rousseur. Un coton imbibé de suc d'oignon dissipe les bourdonnements d'oreille et calme les rages de dents. Cuit sous la cendre ou au four, réduit en pommade et appliqué bien chaud en renouvelant l'emplâtre toutes les heures, il hâte le mûrissement des abcès, furoncles, panaris, et diminue la douleur.

L'oignon cru a également de nombreux emplois ménagers : coupé en deux, il sert à nettoyer les vitres et les lames de couteau ; il redonne de l'éclat à une ceinture, un sac vernis ; écrasé avec un peu de terre humide, il fournit un excellent produit pour nettoyer les cuivres ; son suc, badigeonné sur les cuivres, les préserve des taches de mouches.

## OLIVIER

***Olea europea.*** *Olivier franc, boutaillon, boucellaou, mouraou, ampoulaou.*

Quand la colombe revint de son second voyage hors de l'arche, elle tenait dans son bec un rameau frais d'olivier. Ainsi Noé connut-il que les eaux du déluge avaient diminué sur la terre et cet arbre, dont Georges Duhamel a dit « où il renonce finit la Méditerranée », eut-il le privilège d'être le premier végétal cité nommément dans notre histoire du monde.

Les Grecs — à qui leur déesse protectrice Pallas Athénê l'avait apporté en même temps que le figuier — en faisaient le symbole de la sagesse et l'honoraient à tel point qu'ils ne confiaient sa culture qu'à des hommes purs et à des vierges. Les

1. Voir p. 55.

Romains l'appelaient « arbre de Minerve » — version latine d'Athénê — et le vénéraient aussi. La paix étant une forme de la sagesse, c'est une branche d'olivier que tenaient ceux qui demandaient la fin des hostilités, et cette signification allégorique n'a pas plus varié au cours des siècles (on la retrouve sur le drapeau de l'O.N.U.) que l'instinct belliqueux des humains...

Mais l'olivier a surtout été la providence des populations du pourtour méditerranéen : sans grand effort de leur part — Virgile remarque qu'*il ne demande ni la serpe, ni la houe depuis qu'il est repris* —, il leur a donné son bois, ses feuilles et ses fruits, c'est-à-dire de quoi s'abriter, se chauffer, se nourrir et aussi se soigner. En effet, si les Anciens faisaient grand usage de l'huile d'olive dans leur alimentation et leurs soins corporels (ils s'en frottaient de la tête aux pieds en sortant du bain pour assouplir les muscles et les articulations, technique adoptée également par les athlètes avant les compétitions), ils l'employaient aussi en usage interne contre les troubles hépatiques et plus spécialement les calculs biliaires.

La tradition populaire, qui heureusement ne laisse jamais perdre un traitement simple et efficace, nous a transmis ces recettes — quelque peu améliorées probablement — et en voici le bilan :

Contre l'insuffisance hépatique, la lithiase biliaire (calculs de la vésicule), les coliques hépatiques ou néphrétiques, la colite : une cuillerée à soupe d'huile d'olive (diététique, naturellement, c'est-à-dire vierge et pressée à froid, sans adjonction de substances chimiques destinées à accroître le rendement ou à faciliter la conservation) le matin à jeun ou le soir, le plus loin possible du repas (il vaut mieux s'habituer progressivement en commençant par une demi-cuillerée à café ; après absorption, se rincer la bouche avec de l'infusion de menthe ou sucer une rondelle de citron).

Contre la constipation : une cuillerée à soupe d'huile d'olive le matin à jeun ou ajoutée le soir dans le potage (elle se supporte ainsi facilement) : l'huile provoque un afflux biliaire important dans l'intestin et facilite le glissement des matières.

Comme sédatif au cours des crises — si douloureuses, je le sais ! — de coliques hépatiques ou néphrétiques : un verre à bordeaux d'huile d'olive, bu en plusieurs fois, fait diminuer rapidement puis cesser les douleurs (cette dose est un minimum ; on peut aller jusqu'à 400 g d'huile à la cadence d'une cuillerée à soupe toutes les demi-heures) ; rester couché sur le côté droit.

Contre les coliques occasionnées par un accouchement laborieux : une cuillerée d'huile dans une tasse de lait chaud.

Pour prévenir l'ivresse si on supporte mal les boissons alcoolisées (en cas de repas de fête, par exemple) : avaler, avant de se mettre à table, une cuillerée à soupe d'huile d'olive. Les adeptes de ce « truc » vous diront que l'huile surnage et empêche les vapeurs alcoolisées de monter à la tête. « L'explication, dans son ingénuité, est drôle, déclare le docteur Fournier[1]. Elle n'est évidemment pas vraie, mais il n'en reste pas moins que la cuillère d'huile, elle, est très valable pour une autre raison, authentique, celle-ci : elle « tapisse » les parois de l'estomac qu'elle imperméabilise en quelque sorte et l'alcool à ce moment-là, passant beaucoup moins rapidement dans le sang, a le temps d'être détruit par le foie. »

A l'extérieur, l'huile d'olive (2 cuillerée à soupe), mélangée avec un blanc d'œuf, est un excellent calmant en cas de brûlures ou de piqûres d'insecte. Chaude, en frictions sur les reins, le soir au coucher, elle est conseillée pour les enfants qui font pipi au lit.

Quant à la feuille d'olivier, qui est employée dans certains pays pour le tannage du cuir, on a découvert qu'elle joue le rôle d'hypotenseur vaso-dilatateur et qu'elle fait baisser le taux du sucre dans le sang. Elle est donc recommandée contre l'hypertension, l'angine de poitrine et le diabète, d'autant qu'elle a l'énorme avantage de ne provoquer aucun trouble même en cas d'usage prolongé : faire tremper six à huit heures, 20 à 30 g de feuilles séchées coupées en morceaux dans un demi-litre d'eau froide ; chauffer jusqu'à ébullition et laisser infuser vingt minutes ; à boire dans la journée, entre les repas, par petites tasses.

La feuille possède encore des propriétés fébrifuges et astringentes (l'écorce aussi d'ailleurs) et elle a été employée pour

1. *Que faire en attendant le docteur*, Édit. Robert Laffont.

traiter les fièvres, faute de quinquina, par les officiers de santé français pendant les guerres d'Espagne : 60 g de feuilles fraîches infusées dans un litre d'eau bouillante pendant vingt-quatre heures ; à boire dans la journée. Cette infusion sert également pour laver les plaies et favoriser leur cicatrisation.

## ORANGER

***Citrus aurantium.*** *Oranger doux, oranger de Portugal.*

Porté tantôt par les conquérants, tantôt par les pionniers du négoce, il a fait un long chemin depuis son pays d'origine, l'Asie centrale, avant de parvenir jusqu'à nous et de coloniser les rivages méditerranéens, puis de servir de décor toujours vert aux demeures royales ainsi qu'à nos jardins publics et républicains.

La publicité se charge de célébrer les vertus de son fruit, mais elle finit par nous faire oublier que ses feuilles et ses fleurs sont aussi très utiles à la santé. Cependant, il fut un temps — pas tellement lointain — où la fleur d'oranger occupait une double place dans les foyers moyens de la III^e^ République : sous un globe de verre dans la chambre à coucher — c'était la couronne que Madame avait portée le jour de son mariage comme emblème de sa virginité ; sur une tablette du cabinet de toilette ou le marbre de la commode de l'antichambre — c'était le flacon d'eau de fleurs d'oranger que l'on se devait d'avoir toujours à portée de la main pour combattre les perpétuels malaises féminins allant de l'indigestion aux vapeurs.

Je ne peux résister au plaisir — que vous partagerez, je l'espère — de citer à ce propos un véritable morceau d'anthologie sorti de la plume du docteur Cazin (il a dû ainsi se faire justice de bien des avanies propres à son rôle de médecin de famille de la bourgeoisie) : « On en (l'eau de fleurs d'oranger) fait un fréquent usage dans les spasmes, les convulsions, les palpitations, les anxiétés précordiales, les coliques nerveuses, l'hystérie et dans cette longue série de maux de nerfs qui, dans nos grandes cités, abreuvent d'amertume la femme incomprise, accablée sous le poids du bonheur et de l'ennui, et dont la vie se consume soit à la lecture des romans du jour ou à des broderies qui n'exercent que les doigts, soit à recevoir, mollement étendue sur un divan, des visites que l'oisiveté procure, et qui ne sont plus que le pâle reflet des délices de la société... »

On n'en est plus là aujourd'hui — le bonheur s'appelle « réalisation de soi-même », l'ennui « morosité » et la société est « de consommation » —, mais l'eau de fleurs d'oranger — toujours en vente sans être beaucoup demandée — pourrait certainement, prise comme autrefois dans de l'eau sucrée ou sur un morceau de sucre, calmer des angoisses échappant à la psychanalyse, faciliter des digestions ne relevant d'aucun trouble organique (aérophagie, spasmes gastriques et intestinaux) et rendre le sommeil sans somnifères ni tranquillisants plus ou moins toxiques.

Les feuilles — celles que l'on cueille et non celles que l'on ramasse sous l'arbre — ont les mêmes propriétés sédatives et antispasmodiques grâce à leur action sur le sympathique. Elles ont été prescrites avec un certain succès contre l'épilepsie — crises plus rares et moins violentes — (une poignée de feuilles pour un demi-litre d'eau ; faire bouillir jusqu'à réduction de moitié ; à boire le matin à jeun). Elles sont aussi sudorifiques — Matthiole dit que leur infusion « fera tellement suer le patient qu'elle fera sortir toutes les méchantes humeurs sur la peau ». Pour calmer les nerfs, apaiser les palpitations et combattre l'insomnie, prendre 2 ou 3 tasses par jour — dont une au coucher — d'infusion (3 à 4 feuilles pour une tasse (100 cc) d'eau bouillante ; laisser infuser dix minutes ; ajouter éventuellement une cuillerée à café d'eau de fleurs d'oranger).

Avec l'écorce de vos oranges — à condition que vous soyez certain qu'elles n'ont pas été traitées au diphényle[1] —, vous pourrez préparer un excellent vin apéritif : faites macérer pendant quinze jours le zeste de 6 oranges dans un demi-litre d'eau-de-vie ou d'alcool à 45° ; ajoutez 2 litres de vin blanc dans lequel vous aurez fait fondre 500 g de sucre ; filtrez ; mettez en bouteilles bien bouchées et laissez reposer au moins une semaine ; ce vin s'améliore en vieillissant.

1. Voir au mot CITRON, p. 131.

## ORIGAN

*Voir* MARJOLAINE.

## ORME

***Ulmus campestris.*** *Orme pyramidal, orme rouge, orme champêtre, ormeau.*

Au Moyen Age, il ornait la place du village devant le château féodal et c'est sous son ombrage que les juges locaux rendaient la justice, ce qui a donné naissance à l'expression « attendez-moi sous l'orme », laquelle, par un cheminement de pensée qu'il serait incongru d'analyser, signifie aujourd'hui que l'on ne viendra pas à un rendez-vous ou que l'on ne tiendra pas sa promesse...

Sa taille imposante (jusqu'à 40 mètres), son écorce gris foncé fendillée dans le sens de la longueur, ses feuilles d'un beau vert tendre, rêches, ovales, asymétriques à la base, aux bords dentelés, lui permettent de rivaliser en majesté avec le chêne ou le châtaignier. On le trouve dans toute l'Europe et il est connu depuis l'Antiquité (Dioscoride, Pline, Galien) pour ses vertus astringentes, dépuratives et anti-inflammatoires, lesquelles ont conduit à l'utiliser principalement contre les affections de la peau.

On emploie la seconde écorce, récoltée au printemps sur des rameaux de deux ans et séchée rapidement au soleil ou à l'ombre. Elle est indiquée dans le traitement des dermatoses (acné, furonculose, prurit, eczéma, dartres, psoriasis) et également des rhumatismes.

A l'intérieur, boire trois fois par jour, avant les repas, une tasse de décoction (30 à 40 g d'écorce coupée pour un litre d'eau ; faire tremper à froid pendant 1/4 d'heure ; porter à ébullition et faire bouillir huit à dix minutes ; laisser infuser dix minutes).

A l'extérieur, faire des lavages et surtout appliquer des compresses sur les parties intéressées avec une décoction plus concentrée (80 à 100 g d'écorce).

## ORTIE

***Urtica dioica*** ou ***Urtica urens.*** *Ortie dioïque, grande et petite ortie, ortie brûlante, ortie piquante, ortie gringe, ortie grièche.*

Elle ne mérite pas sa mauvaise réputation car la mépriser et se priver de ses bienfaits sous prétexte que ses poils sécrètent un liquide contenant de l'acide formique qui irrite la peau quand on s'y frotte est aussi illogique que le serait l'attitude de quelqu'un qui renoncerait à manger des oursins parce qu'ils sont garnis de piquants !

Ses feuilles hachées faisaient partie, avant l'apparition de ce qu'on appelle les « aliments spéciaux », de la nourriture des volailles et des cochons (naguère, les maquignons les mêlaient à l'avoine pour rendre les chevaux plus fringants et leur donner un poil brillant) ; elles servaient aussi, jusqu'à l'avènement des super-détergents, au nettoyage des ustensiles de laiterie. Ses graines, incorporées à la pâtée, poussent les poules à pondre davantage. Ses tiges, soumises au rouissage comme le chanvre, fournissent un bon fil utilisé par les pêcheurs de différents pays (Hollande, Sibérie, Kamtchatka notamment) pour la fabrication de cordages et de filets.

Dans certaines régions d'Allemagne, d'Italie et de France, quand elle est fraîche, jeune et tendre, on l'a toujours consommée soit crue, mélangée à la salade ; soit cuite, préparée comme des épinards, ou d'abord bouillie puis hachée et additionnée à un potage auquel elle donne une saveur agréable. Elle a été encore une boisson à la mode comme le prouve ce texte du milieu du XVIII^e siècle : « On est depuis quelque temps à Paris dans l'usage de prendre les feuilles d'ortie infusées dans l'eau bouillante à la manière du thé... » Enfin, elle a même joué un rôle dans les pratiques magiques : chez nous, où elle passait pour supprimer la peur si on la tenait avec des brins de millefeuille et pour permettre de prendre aisément des poissons à la main dans les rivières si l'on s'était préalablement enduit la peau de son suc associé au suc d'estragon ; en Afrique noire, où elle est toujours la plante fétiche d'une société secrète, laquelle l'utilise dans son épreuve d'initiation : on en frotte le corps du postulant et on l'envoie prendre un bain, ce qui est un supplice à la limite du tolérable.

Mais, comme le soulignaient déjà ces deux vers traduisant les préceptes de l'École de Salerne : « L'ortie, aux yeux du peuple herbe si méprisable — Tient dans la médecine une place honorable. » De nos jours, l'homéopathie la prescrit — *Urtica urens* — dans l'urticaire avec des douleurs brûlantes et lorsque le prurit est intense ; la médecine d'arrière-arrière-grand-papa faisait également appel à elle dans des indications qui correspondent à celles qu'a maintenues la tradition populaire.

L'ortie est considérée comme un fortifiant général (anémie, chlorose), un dépuratif et régénérateur du sang (dartres, eczéma), un stimulant des fonctions digestives (lourdeurs ou crampes d'estomac), un appoint précieux dans le traitement du diabète et un élément non négligeable contre l'hydropisie et les rhumatismes puisqu'elle facilite la sécrétion urinaire. Elle est utilisée également avec succès dans la diarrhée, l'entérite et les hémorragies.

On emploie ses feuilles et ses racines, fraîches ou séchées, récoltées de préférence au printemps, en décoction légère à la dose d'une tasse avant les trois repas (40 à 50 g de feuilles pour un litre d'eau ; faire bouillir deux à trois minutes ; laisser infuser dix minutes ; ou 30 à 40 g de racines pour un litre d'eau ; chauffer à feu doux jusqu'à ébullition ; laisser bouillir au moins cinq minutes et infuser dix).

Contre les hémorragies internes et utérines, les saignements de nez fréquents, les hémorroïdes, l'entérite, le docteur Leclerc recommande, soit le suc de plante fraîche (100 à 125 g par jour, pris en plusieurs doses, entre les repas), soit le sirop d'ortie (sur 250 g de feuilles fraîches, verser un litre et demi d'eau bouillante ; laisser infuser douze heures ; filtrer et ajouter 500 g de sucre ; 200 à 300 g par jour en plusieurs prises, entre les repas).

Les graines ont aussi leurs indications. Plusieurs auteurs suivent Galien qui déclarait que « prises en breuvage en vin cuit, elles excitent au jeu de l'amour » et les conseillent contre l'impuissance (une cuillerée à café de semences réduites en poudre mélangée à de la confiture ou du miel). Mais elles sont avant tout un remède courant à la campagne contre l'incontinence d'urine (énurésie ou « pipi au lit ») sous deux formes : 1° avec 16 g de semences d'ortie pilées et 60 g de farine de seigle, faites une pâte en ajoutant un peu d'eau chaude et du miel ; formez-en 6 petits gâteaux que vous ferez cuire au four ; donnez un de ces gâteaux à manger à l'enfant tous les soirs pendant huit à vingt jours ; 2° mélangez dans 50 g de beurre 16 g de poudre de semences d'ortie, 20 g de poudre d'écorce de chêne, 20 g de poudre de tormentille ; étalez cette préparation sur une tartine de pain, en y ajoutant éventuellement du miel ou de la confiture, et donnez-la à manger le soir à l'enfant comme les petits gâteaux évoqués précédemment.

En usage externe, le suc de plante fraîche (feuilles, jeunes tiges ou racine), introduit dans les narines sur un morceau de coton, arrête presque instantanément l'hémorragie nasale.

Pour tonifier le cuir chevelu, combattre la calvitie et faire disparaître les pellicules, vous pourrez recourir aux lotions quotidiennes avec : soit une décoction aqueuse (faire bouillir pendant un quart d'heure 100 g de racines dans un litre d'eau ; filtrer), soit une macération alcoolisée (faire macérer pendant quinze jours dans un litre d'alcool à 45°, d'eau-de-vie ou de rhum, 60 g de racine et 60 g de sommités fleuries de marjolaine ; filtrer). Un autre procédé visant au même but consiste à se peigner a rebours chaque matin en trempant le peigne dans du suc d'ortie.

Pour garder les mains blanches, se les laver tous les soirs avec une décoction de 50 à 80 g de racines bouillies dix minutes dans un litre de vin blanc dans lequel on a ajouté un verre de vinaigre de vin.

Enfin existe un traitement que l'on peut qualifier d'héroïque. Il était pratiqué du temps de Pétrone par les libertins épuisés qui réveillaient ainsi leurs appétits amoureux ; il a été recommandé par l'abbé Kneipp, pour un tout autre dessein, bien entendu : « Si vous avez des rhumatismes rebelles à tout remède, dit-il, frappez ou frottez chaque jour, pendant quelques minutes, avec des orties fraîches les parties souffrantes. La peur, inspirée par cette verge inusitée, fera bientôt place à la joie de sentir votre état s'améliorer. » Ce qui est rigoureusement exact et vérifié à maintes reprises par le docteur Cazin, mais, selon la formule devenue classique, il faut le faire !

## ORTIE BLANCHE

***Lamium album.*** *Lamier blanc, lamion, archangélique, marachemin, ortie morte, pied de poule.*

Tant qu'elle n'est pas fleurie, elle ressemble à s'y méprendre à la véritable ortie avec laquelle, d'ailleurs, elle cohabite la plupart du temps puisqu'elles fréquentent les mêmes terrains. Toutefois, il est facile de l'identifier au toucher : ses feuilles — que l'on mange préparées comme des épinards — ne piquent pas alors que celles de sa voisine laissent de cuisants souvenirs... A partir du printemps et jusqu'à l'entrée de l'hiver, elle se reconnaît à première vue à ses fleurs blanches disposées en couronne à l'aisselle des feuilles.

Habituellement, on n'utilise que les fleurs qui donnent une

tisane plus agréable au palais ; mais quand on se soigne, les résultats doivent passer avant les satisfactions gustatives et c'est pourquoi je vous conseille d'employer de préférence les sommités fleuries, séchées à l'ombre, qui sont plus amères mais aussi plus riches en principes actifs.

L'ortie blanche est indiquée contre les catarrhes de tous genres (voies respiratoires, voies urinaires), l'insuffisance hépatique (elle stimule les fonctions du foie), la diarrhée, mais elle est surtout une sorte de spécifique des troubles féminins grâce à l'influence réelle qu'elle exerce sur la circulation utérine : règles douloureuses ou insuffisantes (elle facilite la formation des jeunes filles), métrite, métrorragie, leucorrhée ou pertes blanches (plusieurs auteurs estiment qu'elle est irremplaçable dans ce domaine).

Elle s'emploie en décoction légère (20 à 30 g de sommités fleuries pour un litre d'eau ; faire bouillir une à deux minutes ; laisser infuser cinq minutes ; une tasse avant les trois repas — contre la leucorrhée, ce traitement doit être appliqué au moins pendant trois semaines).

## OSEILLE

***Rumex acetosa.*** *Vinette, aigrette, surelle, patience acide.*

Cultivée ou sauvage, elle a la même saveur et les mêmes composants, mais elle a aussi le même inconvénient : l'acide oxalique qu'elle contient (elle lui doit son goût acidulé) peut conduire, si l'on en consomme trop souvent, à la gravelle, c'est-à-dire à la formation de petits calculs d'oxalate de chaux.

Donc, si vous êtes prédisposé aux coliques hépatiques ou néphrétiques, rayez-la sans hésiter de vos menus et abstenez-vous-en aussi si vous êtes candidat aux rhumatismes, à la goutte, ou bien encore victime de gastralgie, d'asthme et de troubles pulmonaires (faites de même en ce qui concerne les épinards, lesquels se signalent également par leur richesse en oxalates).

Cela posé pour vous épargner d'éventuels ennuis, l'oseille vous rendra service en tant que laxatif et dépuratif (jadis, on l'a préconisée comme préservatif de la peste). Ses feuilles en infusion (20 à 30 g pour un litre d'eau bouillante ; laisser infuser dix minutes ; 3 tasses par jour) ou sa racine en décoction (30 à 40 g pour un litre d'eau ; faire bouillir trois à quatre minutes ; laisser infuser cinq minutes ; 3 tasses par jour) sont indiquées contre la furonculose, les dartres, l'eczéma, l'acné, ainsi qu'en cas de fièvres intermittentes (dans cette affection, un verre (100 cc) de suc d'oseille, pris au moment prévu pour l'accès, le fait avorter ou en diminue l'intensité).

A l'extérieur, l'oseille cuite, réduite en bouillie et appliquée en cataplasmes, accélère le mûrissement des furoncles et abcès. La décoction, en lotions et compresses, est employée contre les dartres.

Pour la maîtresse de maison, elle servira à diverses opérations de nettoyage : flacon ayant contenu de l'huile (queues d'oseille coupées dans un peu d'eau, agiter fortement, rincer et recommencer jusqu'à ce que toute trace grasse ait disparu) ; vanneries, meubles en bambou et argenterie (frotter avec un tampon imbibé d'eau de cuisson) ; tache d'encre sur un linge blanc (frotter avec de l'oseille fraîchement cueillie, savonner et rincer, recommencer si nécessaire — ce procédé est préférable au sel d'oseille commercial qui laisse souvent une marque jaune).

En montagne, surtout aux alentours des chalets d'alpage, on trouve une variété d'oseille *(Rumex alpinus)* appelée rhubarbe des moines ou fausse rhubarbe en raison de ses grandes feuilles en forme de cœur. Sa racine — ou plutôt son rhizome — s'emploie comme purgatif à la place de la bourdaine (1 ou 2 g de poudre de rhizome séché, dans du miel ou dans un peu d'eau) ; ses feuilles fraîches broyées s'appliquent en cataplasmes sur les plaies guérissant mal.

# P

## PÂQUERETTE

***Bellis perennis.*** *Petite marguerite, fleur de Pâques.*

Elle est un témoignage concret de la sagesse qui assure l'équilibre de la nature car les agronomes ont découvert qu'elle fournit de la chaux aux terrains sur lesquels elle pousse et qu'elle pousse précisément sur les sols qui en manquent...

Autrefois, elle a joui d'une grande réputation. Non seulement on mangeait ses feuilles fraîches en salade, associées au pissenlit dont elle tempère l'amertume, ou cuites en légume pour accompagner les viandes grasses (on flattait ainsi le palais en même temps qu'on « lâchait le ventre »), mais on l'employait aussi largement en médecine comme vulnéraire, émollient, dépuratif et diurétique. Aujourd'hui, elle est rayée de la matière médicale, sauf pour les homéopathes et les gens de la campagne pour qui elle reste un régal salutaire au printemps (elle « nettoie le sang » au sortir de l'hiver) en même temps qu'une médication éprouvée.

Ils font appel à elle contre les affections des voies respiratoires, les douleurs rhumatismales, les maladies de la peau (eczéma, dartres), les règles douloureuses ou trop abondantes, en décoction légère (30 à 40 g de feuilles et fleurs fraîches pour un litre d'eau ; chauffer à feu doux ; faire bouillir une à deux minutes ; laisser infuser dix minutes ; 3 tasses par jour, entre les repas). Cette décoction, bue très chaude en gardant le lit avec un maximum de couvertures, passe également pour faire avorter la pleurésie.

Une autre recette réputée pour dissiper les douleurs de la tête à la suite d'une chute, d'un coup ou d'une commotion cérébrale — « lorsqu'on soupçonne intérieurement, disent les vieux traités, du sang caillé et extravasé » — consiste à faire macérer pendant vingt-quatre heures 2 poignées de plante fraîche (feuilles et fleurs) dans un litre de vin blanc et à boire un verre chaque matin, traitement qui a d'autres indications : hydropisie, douleurs rhumatismales, contusions, entorse, ecchymoses.

Il est intéressant de souligner que *Bellis perennis* — qui forme avec *Arnica* et *Calendula* le trio des plantes vulnéraires en homéopathie — est indiqué justement dans le torticolis, le lumbago, les contusions et les courbatures douloureuses.

Enfin, les feuilles fraîches, mâchées, guérissent les aphtes et ulcérations de la bouche et l'infusion de fleurs séchées (15 g pour un litre d'eau bouillante ; laisser infuser dix minutes) est conseillée à la dose de 2 tasses par jour pour aider à combattre l'hypertension artérielle.

## PARIÉTAIRE

***Parietaria officinalis.*** *Casse-pierre, perce-muraille, épinard de muraille, herbe des murailles, herbe de Notre-Dame, herbe de nonne, vitriole, espargoule, herbe de Sainte-Anne, panatage, ortie douce.*

Comme la pâquerette, après avoir été très employée en médecine, elle est pratiquement abandonnée de nos jours ; seuls s'en servent encore ceux qui savent qu'elle est un atout précieux dans toutes les affections des voies urinaires, c'est-à-dire les phytothérapeutes, les herboristes et les paysans.

Dioscoride l'indiquait déjà dans « la suppression des urines » ; la plupart des auteurs, du Moyen Age au XVIII$^{e}$ siècle, lui accordaient une place d'honneur « pour dissiper les obstructions et faciliter le cours des liqueurs » ; puis elle passa de mode et il n'y eut plus que le bon peuple pour lui rester fidèle en raison de son efficacité.

Cela d'autant plus volontiers qu'elle est aussi commune que sa proche parente l'ortie dont elle ne partage pourtant pas le côté piquant. On la trouve, dans toute l'Europe, au pied des vieux murs ou dans leurs anfractuosités, sur les décombres. Ses tiges cylindriques, quelquefois un peu rougeâtres, ont en moyenne 40 à 60 cm de haut ; ses feuilles alternes, au dessous duveteux, ressemblent, en plus étroit, à celles de laurier ; ses fleurs, très petites, sont d'un blanc verdâtre et groupées à l'aisselle des feuilles.

Lorsqu'on le peut, il est préférable d'utiliser la plante fraîche car la dessiccation lui fait perdre une partie de son efficacité, mais séchée rapidement (à l'étuve si possible) elle garde suffisamment de principes actifs pour être recommandée contre l'hydropisie, la cystite, la prostatite, les calculs des reins et de la vessie, la gravelle, la néphrite, l'œdème, la rétention d'urine, dans lesquels elle joue un rôle diurétique, calmant et adoucissant.

Elle se prend en décoction légère : 30 à 40 g de plante sèche pour un litre d'eau ; chauffer doucement jusqu'à ébullition ; laisser infuser dix minutes ; à boire, entre les repas, en deux jours ; ajouter une rondelle de citron car elle est spécialement fade.

A l'extérieur, on emploie les cataplasmes de plante fraîche, écrasée grossièrement, pour soutenir son action interne en cas de rétention d'urine (application sur le pubis et le bas-ventre) et de calculs des reins (application sur le dos au niveau des reins).

## PASSIFLORE

***Passiflora incarnat.*** *Fleur ou herbe de la Passion, grenadille.*

Bien qu'elle soit originaire des contrées chaudes de l'Amérique, cette plante grimpante s'est aisément acclimatée chez nous où on la cultive dans nos jardins pour l'étrange beauté de ses fleurs. Celles-ci, en effet, évoquent — avec un peu d'imagination ! — les instruments de la Passion du Christ : la corolle est la couronne d'épines, les trois styles du pistil sont les clous, les étamines le marteau, alors que les feuilles pointues représentent la lance et les vrilles le fouet.

C'est seulement dans la seconde moitié du siècle dernier qu'on découvrit sa remarquable action sédative car elle a la propriété de calmer les nerfs sans déprimer et de faire dormir en permettant d'être aussi dispos au réveil qu'après un sommeil normal.

Ses indications sont les suivantes : insomnie des nerveux, des anxieux et des sujets au sympathique déréglé ; nervosité ; troubles nerveux du cœur et de l'estomac (palpitations et spasmes gastriques) ; troubles nerveux de la menstruation et de la ménopause : boire dans la journée 3 tasses (dont une dans le milieu de l'après-midi et une au coucher) ou davantage si besoin est, de décoction légère préparée avec la plante coupée (feuilles et fleurs) récoltée au moment de la floraison et séchée à l'ombre

(30 à 50 g pour un litre d'eau ; chauffer à feu doux ; faire bouillir une minute et infuser dix).

En homéopathie, *Pasiflora* est le médicament de l'insomnie nerveuse.

## PATIENCE

***Rumex patienta*** ou ***Rumex crispus.*** *Oseille sauvage, pain de crapaud, oseille à crapaud, fausse oseille, rhubarbe sauvage, rouarne, patience des jardins, chou de Paris, dogue, churelle, parelle, oseille épinard, épinard perpétuel.*

Son nom est une déformation du mot latin *lapathium :* oseille, et il couvre diverses variétés de plantes sauvages ou cultivées ayant sensiblement les mêmes caractéristiques et les mêmes emplois tantôt alimentaires (on mange, dans certaines régions, les pousses et les feuilles en légume, comme les épinards), tantôt thérapeutiques.

Les deux espèces les plus répandues — la patience commune et la patience crépue ou frisée — poussent dans les bois, les prairies, les terrains humides, les fossés, le long des chemins et des haies. Elles ont une racine pivotante, brun-rouge à l'extétieur, jaune à l'intérieur, qui s'enfonce profondément dans le sol (jusqu'à 50 cm) ; leur tige varie entre 1,50 m et 60 cm de haut ; leurs feuilles sont alternes, ovales, pointues, grandes et lisses pour la première, plus petites et comme frisées sur les bords pour la seconde ; les fleurs verdâtres, formant des sortes d'épis terminaux, donnent naissance à des akènes triangulaires.

La racine contient beaucoup de fer — elle fixe celui du sol et le transforme en fer organique —, ce qui lui vaut d'être indiquée dans les cas d'anémie, chlorose, faiblesse générale, convalescence ; en outre, ses propriétés dépuratives et diurétiques la font recommander contre les maladies chroniques de la peau (dartres, eczéma, etc.), les rhumatismes, les affections atoniques du tube digestif.

Elle peut se récolter en toute saison, mais si l'on veut la faire sécher, il est préférable de l'arracher vers la fin de l'été (la dessiccation s'opère au soleil ou à l'étuve, après l'avoir coupée en rondelles ou fendue dans le sens de la longueur).

On l'utilise en décoction légère (40 à 50 g pour un litre d'eau ; faire bouillir cinq à dix minutes ; laisser macérer autant ; une tasse matin et soir). Quant à l'homéopathie, elle prescrit la patience — *Rumex crispus* — principalement contre les inflammations de la trachée artère et du larynx, ainsi que contre la toux sèche, persistante, déclenchée par le froid ou de fortes inspirations.

Vous pourrez, si vous le préférez, remplacer la tisane par du vin de patience dont voici la formule : 180 g de racine, 6 g de réglisse, 3 g de genièvre, 120 g de sucre, 2 litres de bon vin rouge ; faire macérer ensemble pendant vingt-quatre heures dans un récipient — non métallique — couvert ; faire bouillir ensemble doucement au bain-marie jusqu'à réduction d'un tiers ; filtrer et conserver bien bouché. Pendant quinze jours de suite, boire 90 g le matin à jeun.

A l'extérieur, la décoction, en lotions et compresses, ou la pulpe de racine cuite, en cataplasmes, s'emploie contre les dartres et les ulcères « de mauvaise nature ».

## PÊCHER

***Amygdalus persica.***

De son fruit, je dirai seulement qu'il n'avait pas tellement la cote parmi les médecins de l'Antiquité et, laissant aux diététiciens le soin de débattre de ses vertus, je signalerai son effet tonifiant pour les soins du visage (applications de pulpe écrasée).

Ses fleurs et ses feuilles, au contraire, ont toujours bénéficié d'une excellente renommée en thérapeutique, à condition de respecter les doses normales car elles contiennent — comme l'amande du noyau — de l'acide cyanhydrique qui est toxique et a provoqué de nombreux accidents, notamment chez les enfants qui, en jouant à la dînette, cassent les noyaux pour manger les amandes.

Leurs indications n'ont pas varié depuis que le pêcher, originaire d'Éthiopie et très répandu en Perse, fut introduit en Italie sous le règne de Claude, le père de Britannicus : elles sont laxatives, vermifuges, antispasmodiques et calmantes. Elles s'emploient fraîches ou séchées ; les fleurs se récoltent au printemps (on peut ramasser celles qui sont tombées ou secouer légèrement l'arbre sans compromettre pour autant la production des fruits puisque ce sont les fleurs stériles qui se détachent des branches) ; les feuilles, qui apparaissent après les fleurs, se récoltent en été car au printemps leurs principes actifs ne sont pas encore à leur maximum et à l'automne ils ont presque disparu.

L'infusion de fleurs séchées calme les enfants coléreux (une pincée de fleurs pour une tasse d'eau ou de lait bouillant ; laisser infuser cinq minutes) ; elle est laxative et sédative pour les enfants constipés et nerveux (15 à 30 g selon l'âge, pour un demi-litre d'eau ou de lait bouillant ; laisser infuser cinq minutes ; 1 ou 2 tasses par jour).

Mais c'est le sirop — dont usaient régulièrement Louis XIV et Voltaire — qui est le plus souvent employé pour combattre la constipation (il agit sans brutalité et convient aux intestins délicats) chez les enfants (une cuillerée à café au coucher, soit pur, soit dans une tisane) qui l'acceptent plus facilement que le sirop de chicorée et chez les adultes (2 ou 3 cuillerées à café au coucher).

Voici sa recette : sur 500 g de fleurs fraîches, versez un litre et demi d'eau bouillante ; couvrez et laissez macérer au minimum douze heures ; faites bouillir de cinq à dix minutes ; passez en exprimant à travers un linge fin et ajoutez 500 g de sucre ; faites cuire doucement jusqu'à consistance de sirop : conservez dans un flacon bien bouché.

Les feuilles séchées (30 g pour un 1/2 litre d'eau bouillante ; laisser infuser cinq minutes ; à boire dans la journée) sont surtout recommandées contre les affections des voies urinaires (hématurie, néphrite). Soit fraîches et broyées, soit sèches et bouillies quelques minutes avec une quantité égale de fleurs séchées, elles s'appliquent en cataplasmes sur le ventre des enfants pour combattre les vers intestinaux (oxyures).

## PENSÉE SAUVAGE

***Viola tricolor.*** *Violette tricolore, petite pensée, pensée des champs, herbe ou fleur de la Trinité, petite jacée, herbe à la clavelée, violette des champs, fleur de Notre-Dame.*

« L'imagination surexcitée accorde volontiers des sentiments aux plantes, volontiers nous les confondons dans la nature avec les êtres animés. La violette et la pensée se prêtant merveilleusement à ces douces illusions, nous les avons gratifiées des vertus modestes qui honorent le cœur de la femme. » C'est ainsi qu'un chroniqueur de la fin du siècle dernier commençait son éloge des deux membres les plus connus de la grande famille — plus de 200 espèces — des violacées.

L'une comme l'autre possèdent des propriétés médicinales qui leur valent de figurer aux places d'honneur dans la pharmacopée familiale traditionnelle, mais c'est sans doute la pensée qui l'emporte au point de vue utilisation car c'est à elle qu'on fait automatiquement appel dès qu'il s'agit de nettoyer le sang aux changements de saison et de soigner n'importe quelle maladie de la peau.

Elle pousse de préférence sur les terrains sablonneux ; en plaine, on la trouve dans les champs moissonnés, les friches ; en montagne, elle forme en juin-juillet de véritables tapis aux couleurs éclatantes. Elle ne dépasse guère 15 à 30 cm ; ses fleurs ressemblent, en format réduit, à celles de la pensée de nos jardins, avec trois teintes de base — blanc, jaune, violet — qui passent par tous les dégradés dont peut rêver un peintre.

On la récolte au moment de la floraison (on peut même garder les racines) et on la fait sécher à l'ombre le plus rapidement possible car, bien qu'elle soit arrachée, la végétation continue et diminue son efficacité.

Elle est avant tout dépurative et diurétique, mais elle contient aussi du salicylate de méthyle (lorsqu'on la mâche, on le constate à l'odeur et à la saveur très prononcée qu'elle dégage), d'où son indication, d'une part contre les maladies de la peau (eczéma, dartres, psoriasis, impétigo, acné des adolescents, prurit des vieillards, boutons, croûtes de lait), l'œdème généralisé, l'hydropisie ; d'autre part, contre les affections rhumatismales et plus particulièrement le rhumatisme articulaire accompagné de fièvre.

Elle se prend en décoction légère (40 à 60 g de plante séchée pour un litre d'eau froide ; faire tremper au moins une heure ; chauffer doucement jusqu'à ébullition ; faire bouillir seulement dix à vingt secondes ; laisser infuser dix minutes). Pour les éruptions cutanées et l'hydropisie, boire 3 ou 4 tasses par jour, entre les repas ou une bonne demi-heure avant. Pour le rhumatisme articulaire, boire — toujours loin des repas — un litre de décoction dans la journée.

Il est conseillé, pour renforcer l'action interne de la décoction en ce qui concerne les maladies de peau, d'appliquer sur les parties intéressées des compresses imbibées de la même décoction.

## PERSIL

***Apium petroselinum*** ou ***Petroselinum sativum.*** *Persil commun, persil cultivé, persil odorant, ache persil, persin.*

Une jolie légende, née des anciennes superstitions, comblera d'aise ceux d'entre vous qui, comme moi, cultivent du persil dans leur jardin car elle apporte à la fois une curieuse explication de sa lenteur à germer et un certificat de bonne conduite pour le jardinier : elle affirme en effet qu'il doit par sept fois aller trouver le diable et revenir sur place avant de commencer à pousser et qu'en fin de compte, il ne sortira de terre que s'il a été semé par un homme droit et honnête...

Comme la plupart des autres herbes aromatiques, il s'est vu attribuer des pouvoirs magiques, bénéfiques ou maléfiques selon les époques et les pays. Les Grecs le faisaient figurer aux banquets de funérailles et en couronnaient les vainqueurs des jeux isthmiques. Pour les Romains, il provoquait la stérilité et donnait le haut mal (épilepsie) aux enfants si leurs mères en mangeaient pendant qu'elles les allaitaient. Au Moyen Age, on était certain de condamner à une mort rapide l'ennemi dont on prononçait le nom en arrachant une racine de persil et il est probable que c'est en raison de cette vieille pratique de sorcellerie qu'aujourd'hui encore beaucoup de personnes se refusent à transplanter du persil parce que « cela porte malheur ».

Heureusement pour la gastronomie et la santé, ces croyances n'ont pas empêché le persil de conquérir rapidement une situation privilégiée dans l'art culinaire — « Il nage à tous coups sur les potages », note Pline, et Galien dit qu' « il n'y a herbe plus commune au service de table » — et de la garder au fil des siècles pour notre plus grand bien puisque d'éminents spécialistes de l'alimentation tels que Lucie Randouin et Paul Fournier ont écrit de lui : « On peut, sans exagération, le considérer comme l'un des plus précieux aliments de sécurité que la Nature a mis généreusement à la disposition de l'espèce humaine. »

Il est riche en fer, en calcium, en vitamines et en divers oligo-éléments indispensables à l'organisme. N'hésitez donc pas à en user amplement cuit (il fait partie du traditionnel bouquet garni) et surtout cru, ajouté, haché finement, à la salade, au potage, aux légumes. Mais songez aussi à ses nombreux emplois thérapeutiques bien connus de nos grand-mères.

On utilise toutes les parties de la plante, racine, feuilles et graines, fraîches ou séchées à l'ombre (le persil étant bisannuel, les racines se récoltent au début de l'automne de la deuxième année, en même temps que les graines) ; toutes contiennent, en proportions plus ou moins grandes, les mêmes principes actifs — dont l'apiol — qui le font cataloguer comme apéritif, stimulant, diurétique, antiseptique, pectoral et emménagogue, c'est-à-dire régulateur des règles.

La feuille fraîche en infusion (15 à 20 g pour un 1/2 l d'eau bouillante ; laisser infuser de cinq à dix minutes ; à boire dans la journée par petites tasses à intervalles réguliers) calme les spasmes douloureux qui accompagnent souvent les règles ; elle facilite la digestion et stimule la circulation sanguine.

La racine séchée, en décoction (40 à 50 g pour 1 l d'eau ; faire bouillir deux à trois minutes ; laisser infuser dix minutes ; 2 ou 3 tasses par jour, avant les repas) est un remarquable stimulant du fonctionnement des reins et, par conséquent, est indiquée contre l'hydropisie, l'œdème, les rhumatismes, la rétention d'urine, l'arthrite, la gravelle (il est intéressant de noter que les Égyptiens se servaient déjà du persil — sauvage car il n'a été cultivé qu'à partir de l'époque gréco-romaine — dans les affections des voies urinaires).

La racine fraîche à plus forte dose (100 g pour 1 l d'eau ; faire bouillir cinq minutes et infuser dix ; à boire dans la journée) rétablit et régularise le flux menstruel — le docteur Leclerc lui préférait cependant le suc de plante fraîche (100 à

150 g par jour) estimant la décoction trop faible pour conduire à des résultats spectaculaires. Toujours dans le même domaine, on peut se servir des graines en décoction (80 à 100 g pour 1 l d'eau ; faire bouillir cinq minutes et laisser infuser dix ; à boire dans la journée).

A l'extérieur, la feuille fraîche écrasée calme l'irritation des piqûres d'insectes et constitue un pansement d'urgence en cas de blessure. Cuite dans du vin, elle s'applique en cataplasmes sur les contusions, les foulures (renouveler le cataplasme trois ou quatre fois par jour).

Un coton imbibé de suc de persil et mis dans l'oreille apaise les douleurs dentaires ou auriculaires.

Les lavages quotidiens avec de l'eau dans laquelle on a fait tremper depuis la veille une poignée de persil font disparaître les taches de rousseur et éclaircissent le teint (on peut également, pour ces lavages, employer une décoction tiède obtenue en faisant bouillir pendant quinze minutes un gros bouquet de persil dans 1/2 l d'eau).

Enfin, voici deux recettes, dont je ne vous garantis pas le succès mais qui méritent d'être mises à l'épreuve puisqu'elles sont parfaitement inoffensives. Je les ai relevées, la première dans un vieux grimoire, la seconde dans un magazine :

1° Contre la chute des cheveux : réduire en poudre de la graine de persil et s'en saupoudrer abondamment la tête trois soirs de suite en frictionnant le cuir chevelu.

2° Contre le mal de voiture : la chanteuse Mick Micheyl conseille, pour l'avoir essayé sur elle-même, de porter sur l'estomac un petit bouquet de persil fixé à même la peau avec un ruban adhésif ou du sparadrap.

## PERVENCHE

***Vinca minor.*** *Violette de sorciers, violette des serpents, violette des morts.*

Ses lettres de noblesse lui ont été données par celles de M$^{me}$ de Sévigné qui, en 1684, écrivait à sa fille, M$^{me}$ de

Grignan : « Enfin, ma bonne, quoi qu'il en soit, consolez-vous et guérissez-vous avec votre bonne pervenche, bien verte et bien amère mais bien spécifique à vos maux et dont vous avez senti de grands effets : rafraîchissez-en cette poitrine enflammée. » Elle a fait battre ensuite le cœur de Jean-Jacques Rousseau pour qui elle évoquait M^me^ de Warrens qui la lui avait montrée sur le chemin des Charmettes et elle a séduit de nombreux poètes, y compris Georges Brassens.

Parce que ses tiges souples qui rampent sur le sol conservent toute l'année leurs petites feuilles ovales d'un beau vert foncé et luisant, on l'a tout naturellement associée à l'idée d'éternité ; ce qui lui a valu, en Italie, d'être tressée en couronnes qu'on posait sur la tombe des enfants et des adolescents et, en Flandre, de joncher le chemin que suivaient les futurs mariés pour se rendre à l'église, ses fleurs d'un bleu pur symbolisant l'innocence de la fiancée et ses feuilles la pérennité de sentiments amoureux.

Bien entendu, elle n'est pas restée étrangère aux pratiques de magie : jetée avec d'autres plantes sur un foyer ardent, elle contribuait à faire apparaître dans la fumée les êtres chers qu'on souhaitait revoir ; on l'incorporait aux philtres d'amour ; on en frottait les morsures de serpents en récitant des formules secrètes et elle passait pour « arrêter le flux menstruel et empêcher que les femmes grosses avortent » si on la portait attachée autour de la cuisse.

Cette dernière croyance rejoint d'ailleurs une de ses indications majeures : arrêter les hémorragies — « elle étanche le sang de quelque part qu'il coule » disent les auteurs anciens — car elle est astringente. Elle est également vulnéraire, fébrifuge et sudorifique.

A l'intérieur, elle est recommandée en décoction légère (50 à 60 g de feuilles, tiges et fleurs séchées, coupées en morceaux pour un litre d'eau froide ; faire tremper au moins une heure ; chauffer jusqu'à ébullition ; laisser bouillir une vingtaine de secondes ; laisser infuser dix à quinze minutes ; 3 ou 4 tasses par jour) contre l'hémoptisie (crachements de sang), les affections pulmonaires, le paludisme, les pertes blanches, la dysenterie, les règles trop abondantes, l'anémie (à ce propos, il n'est pas sans intérêt de rappeler que deux alcaloïdes extraits de la pervenche sont utilisés en médecine dans le traitement de la leucémie et de la maladie de Hodgkin).

Dans les campagnes, un des remèdes classiques en cas de pleurésie consiste à faire boire au malade une sorte de cocktail (un demi-verre de vin blanc mélangé à un demi-verre de jus de pervenche) en le maintenant bien couvert afin qu'il transpire abondamment.

On prépare aussi un excellent vin fortifiant (dont le docteur Leclerc dit le plus grand bien) que l'on donne à la dose de 2 à 4 cuillerées à soupe par jour, avant les repas, aux sujets fatigués, faibles des poumons. Il existe deux techniques : soit faire macérer pendant dix jours 100 g de feuilles coupées, fraîches de préférence, dans un litre de banyuls ; passer en exprimant à travers un linge fin ; soit faire infuser 100 g de feuilles coupées dans un litre de vin rouge bouillant avec 100 g de sucre ; laisser refroidir et passer en exprimant.

A l'extérieur, la décoction (50 à 60 g de feuilles pour un litre d'eau ou de vin) s'emploie en gargarismes et bains de bouche contre l'inflammation des amygdales, de la luette, les ulcérations buccales ; en lavages et compresses sur les plaies se cicatrisant mal. Une feuille fraîche, écrasée entre les doigts et introduite dans la narine, arrête le saignement de nez.

## PEUPLIER

***Populus nigra.*** *Peuplier noir, peuplier franc, peuplier commun, liardin.*

Pour des raisons que les philologues — et peut-être les sociologues — sont vraisemblablement à même d'expliquer et que je confesse ignorer, son nom vient du mot latin *populus* qui désignait à la fois le peuple et l'arbre — c'est peut-être parce qu'il se multiplie facilement et se rencontre partout, parce qu'il est grand et connu pour sa légèreté (on en fait des caisses d'emballage), parce qu'il est souvent victime de parasite (gui) ou qu'il murmure la plupart du temps...

Il compte une vingtaine d'espèces possédant des propriétés commerciales ou thérapeutiques sensiblement identiques ; cependant c'est le peuplier noir, aux feuilles triangulaires légèrement dentelées sur les bords, qui est traditionnellement — sans doute parce qu'il est le plus commun — la source de matière première en médecine populaire.

Si son bois calciné en vase clos donne le fameux charbon végétal vendu en pharmacie depuis un siècle sous forme de poudre ou de pastilles contre les aigreurs d'estomac, la constipation et la flatulence, ses bourgeons (récoltés, évidemment, au printemps) sont utilisés depuis plus longtemps (au moins quatre cents ans) comme remède tonique, expectorant, diurétique, analgésique et anti-hémorroïdal.

La préparation la plus ancienne est la pommade connue sous le nom d'« onguent populéum ». Les apothicaires la compliquaient à plaisir, y incorporant de nombreuses plantes (notamment de la racine de bryone et des feuilles de ronces), mais les bourgeons de peuplier constituaient l'élément principal et vous pourrez la confectionner facilement vous-même en la simplifiant ainsi : faites bouillir pendant au moins deux heures une part de bourgeons, fraîchement cueillis, dans trois parts d'eau (par exemple, 200 g de bourgeons pour 600 d'eau) ; ajoutez à la décoction obtenue deux parts de saindoux non salé (soit 400 g pour notre exemple) et laissez ce mélange sur feu doux jusqu'à ce que toute l'eau soit évaporée ; passez ensuite en exprimant à travers une toile grossière et gardez dans un pot de faïence ou de verre bien fermé.

Cet onguent est conseillé, en onctions légères, pour les brûlures, les inflammations, les crevasses, les gerçures, les douleurs rhumatismales ou goutteuses, les hémorroïdes.

La teinture de bourgeons rend, elle aussi, de précieux services. Voici sa recette : mettez à macérer 200 g de bourgeons, fraîchement cueillis et concassés, dans un litre d'alcool à 90° ; exposez le flacon à la chaleur — au soleil ou à proximité d'un poêle, d'un radiateur — pendant une dizaine de jours en agitant de temps en temps ; passez en exprimant à travers un linge fin et conservez en bouteille bien bouchée. Cette teinture s'emploie en usage externe (compresses et frictions) contre les contusions et les foulures, mais aussi en usage interne (trois fois par jour, 10 à 15 gouttes dans un peu d'eau ou sur un morceau de sucre) contre les affections pulmonaires (toux, bronchite, trachéite), les douleurs musculaires et articulaires, les inflammations des voies urinaires (cystite, néphrite).

Les bourgeons desséchés (15 à 20 g pour un demi-litre d'eau bouillante ; laisser infuser une demi-heure) sont indiqués, à la dose de 2 ou 3 petites tasses par jour (de préférence après le repas), contre les rhumatismes, la goutte, l'hydropisie, les affections des poumons.

Enfin, le vin de peuplier est un excellent tonique, antiseptique et sédatif en cas de toux rebelle, trachéite, bronchite, catarrhe pulmonaire : faire macérer pendant huit jours 100 g de bourgeons frais concassés et 40 g d'écorce d'orange amère dans un litre de bon vin rouge (banyuls par exemple) ; passer en exprimant à travers un linge fin ; un verre à madère avant le repas midi et soir.

## PILOSELLE

***Hieracium pilosella.*** *Épervière, oreille de souris ou de rat, veluette.*

L'étonnement des savants m'étonne souvent et je suis de plus en plus convaincu qu'ils se seraient bien des fois épargné beaucoup de peine dans leurs recherches s'ils avaient pris en considération la fameuse formule, répétée depuis des siècles, « Dieu a toujours placé le remède à côté du mal », au lieu d'ironiser sur sa naïveté. Le cas de la piloselle en est une éclatante démonstration.

Lisons ensemble ce qu'écrit à son sujet le professeur Binet[1] : « Le temps n'est plus où l'on pensait que les éperviers consommaient cette plante pour fortifier leur vue. En revanche, l'extrait aqueux de cette plante à latex permet de lutter contre la fièvre ondulante chez l'homme et contre l'avortement épizootique chez les bovins. Ses principes antibiotiques ont été établis et éprouvés sur les cultures de *Brucella.* Quelle curieuse constatation ! Trouver sur le chemin suivi par les bovins une plante si active dans le traitement de la fièvre ondulante, maladie dangereuse pour le cheptel bovin et ovin ! »

Hasard, diront les éternels sceptiques. Peut-être, mais hasard qui se répète souvent — ainsi l'eucalyptus, qui se plaît particulièrement dans les régions marécageuses, guérit justement la fièvre des marais ; le génépi, sorte d'armoise des montagnes qui pousse sur les crêtes à 3 000 m d'altitude, est précisément souverain contre le « mal des montagnes », etc.

Ainsi, que de temps aurait-on gagné dans la découverte du rôle spécifique de la piloselle dont, à la fin du siècle dernier, les traités taisaient le nom ou déclaraient qu'elle était tombée dans l'oubli ! Sans doute en aurait-on gagné aussi si l'on avait pris la peine soit de consulter les vieux ouvrages (on aurait lu qu'infusée dans du vin blanc, elle était « le remède éprouvé » de la fièvre tierce qui fait penser à la fièvre ondulante), soit de se pencher sur les « remèdes de bonne femme » tant méprisés (on aurait appris qu'à la campagne, elle est tenue pour un fébrifuge).

1. *Op. cit.*

Rien ne dit d'ailleurs que demain on ne signalera pas une autre « révélation » du même ordre qui ne serait que la confirmation de ses indications populaires (déjà, on a évoqué l'action favorable que son extrait exerce sur l'athérome ou durcissement des artères).

Ces indications, les voici : hydropisie, gravelle, œdème lié aux troubles cardiaques, fièvre, congestion du foie, jaunisse, calculs biliaires, urée (elle en fait baisser le taux dans le sang), entérite, métrite, pertes blanches, règles trop abondantes. Elle est effectivement diurétique, décongestive, fébrifuge, astringente et hémostatique. Elle se prépare en décoction (40 à 50 g de plante séchée — feuilles et fleurs — pour un litre d'eau ; faire bouillir cinq minutes ; 3 ou 4 tasses par jour, entre les repas).

Elle se récolte pendant la floraison (mai-septembre) et se fait sécher à l'ombre. Vous la trouverez au bord des chemins, sur les coteaux arides, dans les lieux secs et incultes. Ses feuilles sont ovales, garnies de poils, cotonneuses dessous, vertes dessus, avec de longs poils blancs sur les nervures et les bords ; elles sont disposées en rosette à la base des tiges florales ; celles-ci ne dépassent guère une quinzaine de centimètres de haut et portent des fleurs qui ressemblent à celles du pissenlit : elles en ont la forme et la couleur — avec toutefois la plupart du temps, une teinte rougeâtre sur le pourtour — et donnent comme elles naissance à des fruits à aigrette. Lorsqu'on les cueille, la tige laisse couler un latex blanc qui brunit à l'air.

## PIN

***Pinus sylvestris.*** *Pin sylvestre, pin sauvage, pinéastre, daille, pin de Bordeaux, de Riga, d'Écosse, de Genève, etc.*

Associé, partout où poussent ses quelque 80 espèces, aux cultes qui marquèrent l'éveil du sentiment religieux chez l'homme, il fut aussi très tôt utilisé à des fins thérapeutiques. Les formules retrouvées sur les papyrus montrent que les médecins de l'Égypte des pharaons le prescrivaient sous forme de poix et de résine de térébenthine ; Hippocrate l'indiquait comme remède de la pneumonie et les médecins arabes en faisaient le spécifique des « ulcères des poumons », lesquels étaient vraisemblablement des cavernes tuberculeuses.

Ses qualités désinfectantes des bronches ont donc été reconnues depuis des millénaires. Aujourd'hui encore, ce sont elles qui lui valent d'entrer dans la composition de nombreuses spécialités et d'occuper une place privilégiée dans la médecine familiale.

On utilise ses bourgeons séchés à l'ombre (appelés à tort « bourgeons de sapin ») récoltés au printemps, immédiatement avant leur éclosion, ses cônes cueillis encore verts et ses aiguilles fraîches prélevées en toute saison.

Les bourgeons s'emploient en décoction (40 à 50 g pour un litre d'eau ; faire macérer à froid pendant une à deux heures ; chauffer doucement et faire bouillir une ou deux minutes ;

laisser infuser dix minutes ; 3 ou 4 tasses par jour) dans les affections des bronches, les catarrhes vésicaux, le rhumatisme, la goutte, les maladies de la peau (en effet, ils sont non seulement expectorants et antiseptiques, mais aussi stimulants, fortifiants et sudorifiques).

La même décoction est indiquée : en inhalations contre le rhume de cerveau et la sinusite ; en gargarismes contre la laryngite ; en compresses chaudes contre les douleurs rhumatismales ou goutteuses ; en injections chaudes, matin et soir, contre la leucorrhée et la métrite.

Les cônes verts et les aiguilles servent surtout à préparer une décoction que l'on ajoute à l'eau du bain pour soulager les crises d'étouffement, calmer les douleurs rhumatismales et combattre les maladies de peau : faire bouillir pendant une heure et demie à deux heures dans 15 litres d'eau 1 000 à 1 500 g d'aiguilles, petites branches et cônes hachés ; ajouter la décoction à l'eau du bain à 35° ; durée du bain : quinze minutes.

Dans certaines contrées, notamment dans l'est de la France, en Suisse, en Allemagne et Autriche, on confectionne un excellent sirop fortifiant et tonique des bronches, en versant un demi-litre d'eau bouillante, soit sur des bourgeons fraîchement cueillis (50 à 60 g), soit sur 4 ou 5 cônes verts ; on laisse macérer pendant vingt-quatre heures ; on fait bouillir trente à quarante-cinq minutes ; on filtre ; on ajoute 4 ou 5 cuillerées à soupe de miel ; on fait cuire doucement jusqu'à consistance de sirop et on met en bouteille après refroidissement. La dose habituelle est de 2 ou 3 cuillerées à café par jour.

## PISSENLIT

***Taraxacum officinale*** ou ***Taraxacum dens leonis***. *Dent de lion, florion d'or, laitue des chiens, dent de chien, salade de taupe, couronne ou tête de moine, tête de moineau, liondent, pichaulit, cochet, chopine.*

On le dit né de la poussière soulevée par le char du Soleil, d'où la forme, la couleur et le comportement de ses fleurs qui s'ouvrent au lever du jour et se ferment à l'approche du crépuscule ; d'où sans doute aussi cette envolée lyrique du géographe-militant de gauche Élisée Reclus qui, ayant rêvé devant ses aigrettes qui s'envolent au moindre vent, l'évoqua en ces termes : « Cette fleur qui est un soleil devient une voie lactée, un monde d'astres, après floraison. »

Il ravit les botanistes parce qu'il appartient à la catégorie rare des plantes parthénogénétiques, c'est-à-dire capables de former des graines sans intervention extérieure, et il sert depuis longtemps, bien avant la vogue des horoscopes, de présage aux jeunes filles à marier car autant de fois elles sont obligées de souffler pour disperser son duvet, autant d'années elles attendront un époux...

Sa sève laiteuse a été considérée comme un spécifique des maladies de la vue (ce qui lui a valu son nom scientifique formé de deux mots grecs : *taraxis*, troubles des yeux, et *akeomai*, guérir), mais on ne retint finalement que ses remarquables propriétés diurétiques — que traduit assez clairement son nom populaire — ainsi que son rôle dépuratif et sa salutaire influence sur les fonctions hépatiques. C'est celle-ci que Matthiole met en avant dès le XVI^e siècle : « La décoction de toute la plante, écrit-il, sert aux ictériques. Les magiciens disent que si une personne s'en frotte tout le corps, qu'elle sera bien venue partout et obtiendra ce qu'elle voudra... »

Si la partie magique n'a pas été, semble-t-il, confirmée par l'expérimentation, il en est différemment pour la partie médicale car des travaux modernes ont établi que l'extrait de pissenlit double et même quadruple le volume de la bile excrété par demi-heure, ce qui, soit dit en passant, est tout à l'éloge de l'homéopathie qui n'a pas attendu cette démonstration pour prescrire *Taraxacum* en tant que draineur chaque fois qu'elle est en présence d'un foie congestionné ou d'une insuffisance hépato-biliaire.

Le bon sens des paysans, fondé sur les résultats, est tout aussi méritoire puisqu'ils ont continué à lui rester fidèles en dépit des haussements d'épaules des doctes savants. Rejoignez-les dans leur fidélité à cette fausse « mauvaise herbe » comme je l'ai fait depuis que je vis dans mon paradis auvergnat, et demandez au pissenlit de vous aider à défendre votre santé !

Faites-en une véritable cure au printemps pour remettre votre organisme à neuf en le débarrassant des déchets accumulés par la nourriture lourde et encrassante de l'hiver. Mangez-le cru en salade (arrosé, au moment de servir, avec des petits lardons fondus à la poêle, il est encore plus délicieux — si l'on n'a pas de problèmes digestifs...) ou cuit, haché et relevé de beurre ou de jus de viande, ce qui constitue un plat plus savoureux que l'épinard, une « venaison d'herbages » selon l'expression d'Huysmans. Incorporez-le toute l'année dans vos potages avec quelques pommes de terre, des poireaux, des feuilles de chou, d'ortie et de plantain ; vous dégusterez des « soupes vertes » qui seront à la fois une douceur gastronomique et un mets-remède. (Toutefois, ne tombez pas dans l'erreur — sur le plan culinaire et diététique — qui consiste à choisir de préférence des pieds blanchis comme les endives : ils sont certes plus tendres mais tellement moins succulents et moins riches en principes actifs — manganèse surtout — liés à la présence de la chlorophylle !).

Pensez aussi qu'en tisane ses feuilles et sa racine (fraîches ou séchées) sont toniques, dépuratives, cholagogues, stomachiques et légèrement laxatives. Elles stimulent la vésicule, drainent le foie et les reins, éliminent le cholestérol, l'urée et l'acide urique, d'où leurs indications contre la congestion hépatique, la jaunisse sur son déclin, les affections de la peau, la paresse d'estomac, les rhumatismes, la goutte, la constipation, le diabète, l'artériosclérose, les troubles circulatoires, la cellulite.

La décoction de plante séchée (les feuilles étant récoltées au printemps ou en été, la racine au début de l'automne) se prépare en mettant à tremper à froid pendant deux heures dans un litre d'eau 20 à 30 g de feuilles et autant de racine coupée en morceaux ; chauffer ensuite à feu doux jusqu'à ébullition ; laisser bouillir seulement quelques secondes puis infuser quinze à vingt minutes ; 3 tasses par jour, un quart d'heure avant les repas.

Quant aux fleurs, cueillies au moment où elles commencent à s'épanouir, elles ont un emploi dans les soins de beauté : une bonne poignée bouillie pendant une demi-heure dans un litre d'eau donne, passée à travers un linge fin, une eau de toilette avec laquelle on se lave le visage matin et soir pour faire disparaître les taches de rousseur.

## PLANTAIN

***Plantago major, Plantago media, Plantago lanceolata, Plantago alpina, Plantago psyllium.*** *Grand plantain, plantain moyen, plantain lacéolé, plantain des Alpes, herbe à sept ou cinq côtes, herbe de Saint-Joseph, herbe aux puces, oreille de lièvre, bonnefemme, herbe aux piqûres, pain de crapaud, queue de rat, œil de chien, pulicaire.*

Au cours des siècles, les éloges ne lui ont pas manqué. Dioscoride, Pline et Galien ont célébré ses vertus astringentes, vulnéraires et anti-ophtalmiques. Shakespeare, dans ses pièces, a fait allusion à plusieurs reprises à son rôle cicatrisant. Les traités médicaux, du Moyen Age au XVIIIe siècle, ont répété à l'envi que c'est « une herbe que personne ne doit mépriser » et l'ont classée comme atout n° 1 dans le traitement de plus de vingt maladies différentes.

Il compte de nombreuses variétés qui ont sensiblement les mêmes propriétés et les mêmes caractéristiques permettant une identification facile : les feuilles et les tiges florales (qui varient entre 20 et 40 cm de haut) sont réunies en une rosette basale accrochée directement sur la racine ; les feuilles sont ovales (plus ou moins pointues) avec des nervures ou côtes longitudinales nettes et saillantes ; les fleurs, qui apparaissent de mai à septembre, sont groupées, à l'extrémité de tiges dominant les feuilles, en épis cylindriques de longueur variable ; elles sont blanc jaunâtre, roses ou brunes selon qu'elles appartiennent aux espèces les plus communes : grand plantain, plantain moyen et plantain lancéolé ou petit plantain, qu'on trouve partout le long des chemins, dans les prés, les champs, les lieux secs, et le plantain psyllium qui se cantonne dans le Midi.

On utilise : 1° la feuille fraîche ou séchée (rapidement au soleil ou à l'étuve à 40-50°, si l'on veut éviter qu'elle se colore en brun, ce qui donne ensuite une tisane peu appétissante), récoltée du printemps à la floraison ; 2° les graines mûres, c'est-à-dire recueillies quand elles se détachent facilement de l'épi.

La feuille fraîche — que l'on mange en salade, mêlée au pissenlit, comme dépuratif de printemps — est un pansement d'urgence que connaissent bien les paysans : quand ils se blessent, ils la froissent entre leurs doigts et l'appliquent sur la plaie. « Un pansement de ce genre, dit l'abbé Kneipp, est le premier et, bien souvent, le meilleur puisqu'il amène une prompte guérison. On dirait que le plantain referme la plaie béante par une couture de fils d'or ; car, de même que l'or n'accepte pas la rouille, ainsi le plantain n'admet pas de pourriture et de chair mortifiée. » Les feuilles fraîches, lavées

dans l'eau bouillie et broyées, s'emploient également en cataplasmes sur les plaies guérissant mal, les ulcères variqueux, les dartres ; écrasées et frottées sur la peau, elles calment l'irritation des piqûres d'insectes (guêpes, abeilles, moustiques) sans doute en neutralisant le venin — on affirmait autrefois que les belettes, avant de livrer bataille aux vipères, se roulaient sur des touffes de plantain pour s'assurer une immunisation totale.

Dépurative, expectorante, astringente et reconstituante, la

décoction (80 à 100 g de feuilles séchées coupées en morceaux pour un litre d'eau ; faire tremper à froid dix minutes ; chauffer jusqu'à ébullition ; laisser bouillir deux à trois minutes et infuser dix minutes ; 3 à 5 tasses par jour) est recommandée aux bronchiteux, coquelucheux, tuberculeux et à tous ceux qui souffrent de faiblesse des voies respiratoires ; aux anémiés, aux convalescents ; contre l'entérite avec diarrhée, la dysenterie, la néphrite chronique. Elle sert également, à dose moins concentrée (50 à 60 g pour un litre) à faire des lavages, bains d'yeux et compresses contre les inflammations des paupières (conjonctivite, blépharite) ; cependant, si vous en avez la possibilité, la formule suivante est encore meilleure : 10 g de feuilles de plantain, 5 g d'un mélange à parts égales de fleurs de bleuet et de mélilot pour 150 g d'eau bouillante ; laisser infuser quinze minutes et passer à travers un linge fin.

Quant aux graines — qui entrent dans la composition des mélanges destinés aux oiseaux de volière —, elles sont préconisées à la fois comme purgatif doux contre la constipation et comme anti-diarrhéique contre l'entérite et les diarrhées légères en raison du mucilage qu'elles contiennent : 1 à 3 cuillerées à café dans un demi-verre d'eau ; laisser gonfler pendant deux heures et boire au début du repas du soir ou au coucher. Les plus actives sont celles du plantain du Midi vendues en pharmacie sous le nom de *psyllium*.

## POIREAU

***Allium porrum****. Porreau.*

J'aime beaucoup Anatole France (il fait partie des auteurs que je relis), mais je lui en veux un peu d'avoir, grâce à son « Crainquebille », contribué à accréditer une fausse idée du poireau en le baptisant « l'asperge du pauvre ». En fait, le poireau est mieux qu'un ersatz bon marché de l'asperge : bien préparé, il peut rivaliser avec elle sur le plan de la gastronomie et il la bat largement sur le plan de la diététique par sa richesse en principes actifs indispensables à notre santé. Il fait partie de la longue liste des aliments-remèdes (ail, blé, carotte, chou, navet, oignon, etc.) dont l'usage régulier, au fil des saisons, permettait à nos grand-mères de rester en forme en faisant de la diététique sans le savoir...

Sa terre d'origine est inconnue, mais on sait qu'il est cultivé depuis des millénaires puisque, 2 000 ans avant notre ère, les Égyptiens l'employaient pour soigner les brûlures et les morsures. On sait aussi que, parallèlement à son rôle alimentaire, il en tenait un, non négligeable, en médecine chez les Grecs et les Romains : Pline raconte que Néron n'absorbait, certain jour du mois, que du poireau afin d'« avoir la voix plus belle » et l'École de Salerne nous livre deux de ses indications courantes — rendre la fécondité aux femmes stériles (elles devaient en manger en quantité) et arrêter les saignements de nez (son suc aspiré par les narines).

Le bon peuple — sans qui nos rois n'auraient jamais fait la France — s'en nourrit et s'en sert depuis toujours pour combattre, en usage interne ou externe, ses petites misères devant lesquelles la Faculté reste souvent indifférente ou impuissante. La tradition, résultant de l'expérience de générations successives, lui a appris qu'il est diurétique, pectoral, antiseptique, émollient, d'où les nombreuses recettes qu'il met couramment en pratique.

A l'intérieur :

Contre l'obésité, les maladies des reins (néphrite, gravelle), les dérangements intestinaux (diarrhée, dysenterie, entérite), l'enrouement, la toux : boire à volonté du bouillon de poireau obtenu en faisant bouillir à petit feu pendant trois heures 8 à 10 poireaux, coupés en morceaux, dans 2 à 3 litres d'eau (Matthiole dit que « le poireau provoque l'urine et fait bon ventre »). Dans le cas de diarrhée chez un jeune enfant, faire boire au petit malade une cuillerée à café de ce bouillon toutes les cinq minutes et lui appliquer toutes les heures sur le ventre une compresse chaude imprégnée dudit bouillon (bien entendu, en dehors du bouillon, le mettre à la diète complète). En cas d'entérite chez un adulte, observer une diète totale et boire toutes les demi-heures une tasse de bouillon.

Contre la gravelle, la rétention d'urine, le diabète : soit faire bouillir un kilo de blanc de poireau, coupé en morceaux, dans 2 litres de vin blanc sec jusqu'à réduction de la moitié, filtrer ; un verre à bordeaux chaque matin à jeun pendant un mois ; soit faire macérer, pendant quatre ou cinq jours 4 ou 5 g de graines de poireau concassées dans un litre de vin blanc sec ; filtrer ; un verre à bordeaux le matin à jeun pendant un mois.

Contre le rhume, la toux, la coqueluche, l'enrouement, les douleurs et engorgement des bronches : soit faire cuire quelques poireaux dans l'eau ; en extraire le jus en les pressant dans un linge lorsqu'ils sont presque en bouillie ; ajouter du miel et prendre le sirop ainsi obtenu au moment des accès de toux et matin et soir (une cuillerée à soupe) ; soit faire cuire quelques poireaux dans un minimum d'eau ; les réduire en bouillie quand ils sont cuits en y incorporant 2 cuillerées de miel ; à manger par cuillerées à soupe au moment des crises (on affirmait autrefois que les perdrix mangeaient du poireau pour rendre leur cri plus perçant).

Contre l'ingestion accidentelle d'aiguille, épingle, clou : faire manger le plus vite possible par l'intéressé des poireaux cuits à l'eau ; leurs fibres enroberont la pointe de l'objet et empêcheront qu'elle endommage ou perfore l'estomac ou l'intestin ; jusqu'à l'expulsion par la voie normale, maintenir le « régime poireau » en limitant le plus possible l'absorption de liquide. Je parle en connaissance de cause car j'ai avalé un clou de 4 à 5 cm de long quand j'avais une dizaine d'années et — sans peine mais non sans inquiétude (je me voyais déjà sur le « billard » !) — je l'ai évacué au bout de trois jours grâce à cette technique, conseillée d'ailleurs par notre médecin de famille. (Dans son livre[1], le docteur Pierre Fournier indique cette méthode avec poireaux ou asperges, ou encore, pour le cas où l'on n'aurait rien sous la main, des petits morceaux d'ouate « pas plus grands ni plus épais que l'ongle du petit doigt » trempés dans de l'huile ; « Surtout pas d'affolement ! dit-il. Si vous faites ce qu'il y a à faire vite et bien, l'enfant ne court aucun danger ».)

A l'extérieur :

Contre les piqûres d'abeille ou de guêpe, les démangeaisons provoquées par les aoûtats : couper une tête de poireau en deux et frotter vivement la partie touchée ; l'acide du poireau décompose le venin, supprime l'enflure, et la douleur disparaît en quelques minutes. La feuille de poireau, macérée vingt-

1. *Op. cit.*

quatre heures dans du vinaigre, appliquée plusieurs nuits de suite sur les cors et durillons, permet de les extirper facilement.

Contre les abcès, clous, furoncles, panaris, mal blanc, pour hâter leur mûrissement : soit faire cuire sous la cendre, pendant quinze à vingt minutes, du blanc de poireau enveloppé dans du papier mouillé ou dans une feuille de chou ; l'écraser avec du saindoux non salé et l'appliquer en cataplasme à renouveler plusieurs fois par jour ; soit faire cuire pendant quinze à vingt minutes du poireau, coupé fin, dans du saindoux ; en former une pâte à appliquer chaude et à renouveler plusieurs fois par jour.

Contre la pleurésie, les points de côté : couper en morceaux et écraser au mortier, en ajoutant de temps en temps un peu de vinaigre de vin, le blanc d'une grosse botte de poireaux ; mettre ensuite le tout dans une poêle ; faire cuire en arrosant de temps en temps de vinaigre pour éviter que la préparation ne s'attache ; étaler cet emplâtre sur une serviette et l'appliquer chaud sur la partie malade en le maintenant par une bande ; le garder en place vingt-quatre heures.

Recette de ménage, inventée ou seulement consignée par le chimiste Raspail dont un boulevard perpétue la mémoire : faire tremper pendant une semaine dans un demi-seau d'eau une botte de poireaux coupés en morceaux ; filtrer et utiliser cette infusion pour laver les tableaux, glaces, abat-jour, etc., que l'on veut protéger contre les souillures de mouches.

## POMME DE TERRE

***Solanum tuberosum.*** *Parmentière, morelle tubéreuse.*

Longue à triompher des préjugés qui la rendaient suspecte (parce qu'elle est une solanée comme la belladone et la jusquiame dont les Borgia tiraient leur poison, on l'accusait d'être toxique et de donner la lèpre !), la pomme de terre s'est bien rattrapée depuis : on en connaît maintenant environ 1 600 variétés et on imagine mal une alimentation dont elle serait absente. Consommée crue, elle a été le remède du scorbut dans les voyages au long cours et la médecine populaire l'a adoptée avant même que les savants lui délivrent un certificat d'utilité thérapeutique.

A l'intérieur, on emploie le jus de pomme de terre crue (obtenu soit en la pressant une fois râpée, soit en la passant à la centrifugeuse) contre les ulcères de l'estomac, la diarrhée chronique, le diabète : trois à quatre fois par jour, pendant un mois, un demi-verre, aromatisé au besoin avec du jus de carotte ou du miel car sa saveur est assez désagréable.

A l'extérieur, elle est indiquée, râpée crue, en cataplasmes, pour calmer la douleur des brûlures et des coups de soleil, contre les engelures et les gerçures, pour faire dégonfler les paupières et « défatiguer » les yeux.

Les tranches de pomme de terre crue, fraîchement coupées et appliquées sur les tempes, calment les maux de tête et les migraines. Renouvelées matin et soir sur les plaies atones, les « mauvais bobos », les excroissances de chair douteuses, elles les cicatrisent ou les font disparaître au bout de quelques semaines.

Pour rendre les mains douces et blanches, les frotter plusieurs soirs de suite avec une pâte obtenue en faisant cuire à l'eau des pommes de terre, très blanches et farineuses, réduites en purée en y ajoutant un peu de lait et facultativement quelques gouttes de glycérine et d'eau de rose.

Un « truc » campagnard, rappelant celui du marron d'Inde, contre les douleurs, sciatique, lumbago, etc., consiste à garder dans sa poche une petite pomme de terre qu'on change lorsqu'elle est totalement desséchée.

Un dernier point, peu connu et qui a son importance pour votre santé : sachez que les pommes de terre bouillies ne doivent pas être consommées au-delà de vingt-quatre heures car elles donnent alors généralement asile à un bacille *(proteus)* que l'on trouve dans les putréfactions animales.

## POMMIER

***Malus communis.***

Sans faire preuve d'un esprit de clocher qui me pousserait à chanter exagérément les louanges du fruit qui a fait longtemps la richesse de la vallée d'Auvergne où je vis, je pense que la pomme, ce cadeau de l'automne qui enchante nos hivers, est le plus précieux des fruits.

Son nom même est déjà un certificat décerné à ses exceptionnelles vertus. Il vient en effet de *pomum* qui signifie « fruit » en latin et si nos lointains ancêtres le lui ont donné, c'est qu'ils la considéraient comme « le fruit des fruits », celui qui éclipse tous les autres et mérite donc de garder ce terme pour lui seul.

Pour la même raison, elle a été identifiée avec le « fruit défendu » qui déclencha les malheurs d'Adam et Ève (la Bible ne parle que du « fruit de l'arbre qui est au milieu du jardin ») et mise aussi à l'honneur par la mythologie grecque : des pommes d'or poussaient au jardin des Hespérides et c'est une pomme qui fut à l'origine du fameux jugement de Pâris et de la guerre de Troie...

Au fil des siècles, sa réputation d'aliment-remède, à la fois préservatif et curatif, s'est si bien confirmée que la sagesse populaire l'a traduite en dictons : « Une pomme par jour, plus de médecin », affirme-t-on chez nous, à quoi les Anglais font écho avec *An apple a day keeps the doctor away.* Les travaux modernes ont montré que ces formules étaient fondées sur des réalités puisque la pomme est un véritable réservoir de principes thérapeutiques avec ses sucres, sa pectine, ses acides aminés, ses doses importantes de vitamines diverses et ses nombreux sels minéraux. On la prescrit contre la constipation, les infections intestinales (colibacillose), les rhumatismes, la goutte, le surmenage physique et intellectuel, l'anémie, la déminéralisation, les affections des bronches, l'insuffisance hépatique, le cholestérol et l'infarctus (deux pommes par jour à titre préventif, un kilo et plus à titre curatif, indiquent différents médecins pour ces dernières affections).

Mangez donc le plus souvent possible de la pomme crue *avec sa peau* (particulièrement riche en principes actifs), à condition de bien la mastiquer (ceux qui se plaignent de mal la digérer sont la plupart du temps ceux qui ne la mâchent pas suffisamment) et de la choisir telle que la nature l'a créée, c'est-à-dire peut-être avec des taches, des vers, des défauts mais non « protégée » à grand renfort d'insecticides dont on commence enfin à dénoncer les dangers (les magasins de régime et de produits diététiques vendent de tels fruits dits « biologiques »).

Elle agit mieux si elle est consommée le matin à jeun, le soir au coucher (elle favorise le sommeil) et en début de repas. C'est ainsi qu'à la clinique Bircher-Benner de Zürich, où l'on vient du monde entier se faire « remettre à neuf » par une cure alimentaire spéciale, le fameux « muesli » est servi au début du petit déjeuner et du dîner.

Voici la recette de ce délicieux mets diététique, appétissant et bien équilibré : faire tremper pendant douze heures une cuillerée à soupe de flocons de céréales complètes (froment, avoine, seigle ou orge) dans 3 cuillerées à soupe d'eau froide ; ajouter et mélanger, en une sauce liée, une cuillerée à soupe de jus de citron, une cuillerée à soupe de lait condensé sucré (ou 3 cuillerées à soupe de yaourt et une cuillerée à café de miel) ; râper dans cette sauce — au dernier moment afin d'éviter qu'elle ne brunisse — 200 g de pomme ; bien mélanger ; saupoudrer, si l'on veut, avant de servir avec des noisettes ou des amandes râpées (une cuillerée à soupe) et déguster immédiatement (ne jamais préparer d'avance).

La pomme vous rendra encore les services suivants :

Contre l'enrouement, la toux, les affections pulmonaires, gastriques et rénales, et aussi comme boisson rafraîchissante pour les malades : couper en rondelles 2 à 3 grosses pommes non épluchées dans un litre d'eau froide ; ajouter quelques morceaux de réglisse et faire bouillir un quart d'heure ; filtrer ; à boire à volonté, non sucré — pour les malades, la décoction doit être à la température de la chambre.

Contre les rhumatismes, la goutte, la rétention d'urine : pour une tasse (100 cc) d'eau, mettre une cuillerée à soupe de poudre de pelure de pomme (faire sécher des épluchures de pomme, puis les pulvériser) et faire bouillir pendant quinze minutes ; filtrer ; 4 ou 5 tasses par jour.

Contre la diarrhée infantile : alimenter le sujet uniquement avec de la pomme crue, très mûre et finement râpée ; une cuillerée à soupe toutes les heures jusqu'à ce que les selles soient redevenues normales, en donnant comme boisson du thé léger non sucré.

Contre la toux violente, l'enrouement : manger, au moment des crises, une pomme cuite au four, écrasée avec un peu de beurre frais et une cuillerée à soupe de miel.

Contre la déminéralisation, la fatigue, l'hypertension, les infections microbiennes : boire chaque jour un verre de jus de pomme, de cidre doux (diététique, bien sûr) ou encore du vinaigre de cidre dont le docteur Jarvis s'est fait l'ardent promoteur[1] en l'associant au miel : une ou deux fois par jour, 2 cuillerées à café de vinaigre de cidre dans un verre d'eau avec 2 cuillerées à café de miel.

En usage externe, un cataplasme de pomme crue râpée calme la douleur provoquée par un coup reçu sur l'œil ; la pulpe de pommes cuites (à l'eau ou au four) est indiquée en emplâtre contre les douleurs, les plaies cicatrisant mal, l'inflammation des paupières (M. du Barry, époux de la favorite de Louis XV, aurait soigné ainsi ses paupières fatiguées).

1. *Ces vieux remèdes qui guérissent*, Édit. Robert Laffont.

Contre la chute des cheveux et les démangeaisons du cuir chevelu, le docteur Jarvis recommande de verser une cuillerée à café de vinaigre de cidre dans un verre d'eau, de tremper le peigne dans cette solution et, chaque matin et chaque soir, de se peigner jusqu'à ce que les cheveux en soient imprégnés.

La pulpe en emplâtre ou le jus de pomme en compresse raffermit les tissus et constitue donc un traitement de beauté — les Romaines de l'Antiquité le savaient déjà et c'est pourquoi elles faisaient macérer des pommes piquées de clous de girofle dans du suint de laine de brebis (ou lanoline), onguent dont elles se servaient pour l'entretien de leur peau ; et voilà comment la pomme nous a donné... la pommade !

## POTENTILLE

***Potentilla.*** **ANSÉRINE** ***Potentilla anserina*** *: Argentine, potentille des oies, bec d'oie, herbe aux oies, patte d'oie, herbe aux cochons.* — **QUINTEFEUILLE** ***Potentilla reptans*** *: Potentille rampante, herbe à cinq feuilles, main de mars, pipeau.* — **TORMENTILLE** ***Potentilla erecta*** *: Tormentille tubéreuse, tourmentille, blodrot, potentille officinale.*

Elles sont sœurs, ont les mêmes propriétés (à des degrés variables, il est vrai), fréquentent pratiquement les mêmes endroits, mais se différencient par certains signes particuliers.

RACINE : toutes ont un rhizome noueux, extérieurement noirâtre pour l'ansérine et la quintefeuille, rouge-brun pour la tormentille qui possède le plus gros, jusqu'à 3 cm de diamètre et 20 cm de longueur (il est rouge aussi à l'intérieur).

TIGE : elle est rampante pour l'ansérine et la quintefeuille, légèrement velue et souvent teintée de rouge, s'étendant jusqu'à un mètre comme les stolons de fraisier, et donnant comme eux des racines de distance en distance au niveau du nœud des feuilles ; elle est droite, mince et ramifiée pour la tormentille (entre 10 et 40 cm de haut).

FEUILLE : celle de la potentille se présente comme une grande plume d'oiseau, elle compte de nombreuses folioles très dentelées sur les bords dont la face supérieure, un peu velue, est d'un beau vert et l'inférieure veloutée et blanchâtre ; celle de la quintefeuille a une longue queue, 5 divisions (parfois 7) moins profondément dentelées mais avec les mêmes caractéristiques que la feuille de potentille ; celle de la tormentille a 3 divisions (parfois 5) plus étroites, dentelées également et d'un vert plus clair à la face inférieure.

FLEUR : elle est jaune vif et brillante (parfois avec des traces blanc verdâtre pour l'ansérine et la quintefeuille) ; elle a de nombreuses étamines et 5 pétales, exception faite pour la tormentille qui n'en a que 4 — ce qui est le meilleur moyen de la reconnaître.

Les « sœurs potentille » ont un penchant identique pour les lieux incultes, le bord des chemins, les haies, les fossés, les prairies humides (les oies sont friandes d'ansérine — dont le nom découle d'ailleurs de cette attirance : oie se dit *anser* en latin —, les porcs également qui fouillent le sol pour en dévorer la racine). Elles fleurissent du printemps à l'automne, période pendant laquelle on récolte la plante fleurie pour l'ansérine et la quintefeuille, le rhizome pour la tormentille, matières premières que l'on fait sécher le plus rapidement possible au soleil.

Elles se signalent par leurs propriétés astringentes, anti-inflammatoires et calmantes, qui les ont fait employer de tout temps contre les ennuis d'intestin (tormentille vient du latin *tormina :* coliques) et contre la fièvre (un traité du XVI^e siècle déclare même, à propos de la quintefeuille, que « c'est un cas fort merveilleux que cette plante mise sous la plante des pieds et au creux de la main fait cesser les chaleurs de quelque fièvre que ce soit »).

Vous pourrez donc employer l'une ou l'autre, selon celle que vous aurez sous la main ; toutefois, il est indiscutable que la tormentille se montre la plus active par sa richesse en tanin (17 % dans le rhizome) qui en fait une des plus astringentes de nos plantes. C'est par conséquent à elle qu'il est préférable d'avoir recours, mais ses indications sont évidemment valables pour l'ansérine et la quintefeuille (celles-ci se préparent en décoction de feuilles et fleurs séchées, 20 à 30 g pour un litre d'eau ; faire tremper à froid dix minutes ; chauffer doucement jusqu'à ébullition ; faire bouillir trois à quatre minutes ; laisser infuser dix minutes ; 3 ou 4 petites tasses par jour).

La tormentille est recommandée contre les coliques, l'entérite, la diarrhée des vieillards et des tuberculeux, les affections catarrhales (asthme, bronchite chronique, rhume des foins), les affections gynécologiques (cystite, métrite, pertes blanches), les règles douloureuses, les hémorragies passives, les maladies de la peau (dartres, prurit, herpès, eczéma humide) en décoction : 40 à 50 g de rhizome concassé pour un litre d'eau ; faire tremper à froid dix à quinze minutes ; chauffer doucement et faire bouillir cinq à dix minutes ; laisser infuser autant ; 4 à 6 demi-tasses par jour (ne pas employer d'ustensiles en fer ni pour elle ni pour les autres potentilles).

Une autre formule excellente — et moins compliquée —, valable pour tous les troubles que je viens d'énumérer ainsi que comme tonique contre la fatigue et la tuberculose, est le vin de tormentille : faire macérer pendant huit à dix jours dans un litre de vin (doux ou sec, suivant le goût personnel) 60 à 70 g de rhizome concassé ; filtrer ; à boire à la dose de 3 verres à bordeaux par jour après les repas.

S'utilise également la teinture (faire macérer pendant dix à quinze jours une poignée — environ 150 g — de rhizome séché dans un litre d'alcool à 45° ; passer en exprimant à travers un linge fin ; 20 à 30 gouttes sur un morceau de sucre).

A l'extérieur, la décoction à dose plus forte (60 à 100 g pour un litre d'eau) est indiquée en lavages, compresses ou gargarismes en cas de contusions, d'ecchymoses, de plaies purulentes, d'ulcères variqueux, brûlures, maladies de la peau, aphtes, pyorrhée, gingivite, amygdalite, pharyngite, ramollissement des gencises, ulcérations de la bouche, et pour supprimer les taches de rousseur.

Le rhizome d'ansérine ou de tormentille, mâché en morceaux de temps en temps, est un remède efficace contre les affections buccales et raffermit les gencives.

## PRÊLE

***Equisetum arvense.*** *Queue de cheval, de chat, de renard ou de rat, herbe à écurer ou récurer.*

Elle est banale — on la trouve partout — et pourtant extraordinaire.

Extraordinaire par son passé puisqu'elle existait déjà aux premiers âges de la terre. Elle croissait en abondance et nous a laissé un précieux héritage sous la forme d'épaisses couches de houille dans lesquelles on a relevé des empreintes qui prouvent que son aspect n'a pas changé : tige creuse, droite et élancée, pourvue à intervalles réguliers de nœuds, bagués d'une gaine découpée, d'où jaillissent des couronnes de feuilles, segmentées elles aussi, ressemblant à de longs poils ; mais au lieu de mesurer de 30 à 120 cm comme aujourd'hui, ces tiges atteignaient alors la taille d'un sapin.

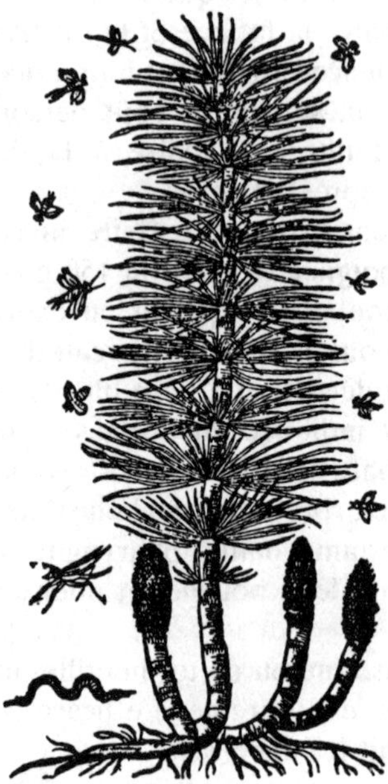

Extraordinaire par sa nature même puisqu'elle ne fleurit pas et se reproduit par des spores, comme les champignons, les fougères et les mousses. En effet, les tiges que l'on voit tout l'été au bord des ruisseaux, dans les lieux humides et sablonneux où elle se plaît, sont stériles. Elles ont été précédées au printemps par d'autres tiges, fertiles celles-là, qui ne dépassent guère 20 cm de haut et n'ont rien de commun avec elles : elles sont rougeâtres, nues et se terminent par un épi de spores de forme ovoïde qui leur donne l'allure de baguettes de tambour piquées dans le sol ; et c'est seulement quand les spores sont arrivées à maturité et que ces tiges destinées à assurer l'avenir de l'espèce se flétrissent, que les autres commencent à se développer, si bien qu'on peut croire qu'il s'agit de deux plantes différentes...

Extraordinaire enfin par sa composition. Elle est un véritable réservoir de silice ; ses cendres en contiennent jusqu'à 80 % et, en examinant l'arête des feuilles avec une loupe, il arrive qu'on y distingue de petits cristaux de ce minéral auquel nous devons, entre autres pierres de valeur, le quartz, l'améthyste, l'agate et l'opale. Cependant ce n'est pas sa seule richesse ; elle renferme également du calcium, sodium, fer, manganèse, potassium, soufre, magnésium, du tanin, un complexe d'alcaloïdes et un glucoside amer, lequel lui donne la saveur qui lui a valu son nom : « âpre au goût » se disant *asper* en latin, on l'appela *asperella* qui devint « asprèle » puis « prêle ».

Les Romains — avec Pline qui la baptisait « le poil de la terre » — la conseillaient, en tant que tonique et reconstituant général, sous forme de salade préparée avec les jeunes pousses. On l'utilisa aussi pour polir le bois en ébénisterie et marqueterie, pour récurer les pots et la vaisselle.

Mais c'est indiscutablement dans le domaine de la santé qu'elle a rendu et rend toujours d'incomparables services car non seulement elle est un des plus puissants reminéralisants naturels qu'on connaisse grâce à sa silice assimilable directement par l'organisme — ce qui la fait prescrire aussi bien aux tuberculeux, en complément des autres traitements, qu'aux personnes fatiguées, anémiées ou relevant de maladie —, mais elle est également un excellent diurétique-dépuratif et un cicatrisant (interne et externe) que plusieurs auteurs qualifient d'« irremplaçable » (Galien la disait « singulière à souder les plaies pour grandes qu'elles soient »).

Elle est donc indiquée, comme diurétique et dépuratif, contre la rétention d'urine, l'hydropisie, l'œdème généralisé, les maux de reins et de vessie (gravelle, calculs, coliques néphrétiques, cystite, etc.), l'albuminurie, les rhumatismes, la goutte, les affections de la peau (eczéma, acné, dartres, prurit) ; comme cicatrisant interne contre l'hémoptysie, la métrorragie, l'inflammation des muqueuses de l'estomac et de l'intestin (ulcère gastrique, diarrhée), celle des organes génito-urinaires et des voies respiratoires. Elle se prend en décoction (40 à 50 g de plante séchée — récoltée en juillet-août — pour un litre d'eau ; faire tremper à froid pendant un minimum de trois heures ; chauffer et faire bouillir doucement vingt à vingt-cinq minutes ; laisser infuser dix minutes ; 3 ou 4 tasses par jour).

Cette décoction, prise régulièrement pendant deux à trois semaines, fait disparaître les taches blanches qui parsèment les ongles et qui, selon l'éminent spécialiste qu'était Henri Mangin[1], « traduisent une déminéralisation organique plus ou moins prononcée, attribuable à une perte de silice et de chaux ». De son côté, le biologiste C. Louis Kervran signale[2] le « grand intérêt de la prêle en diététique » en insistant sur son « action rapide » : des ongles cassants, signe d'une décalcification commencée, redeviennent normaux en une quinzaine de jours par des extraits et en un temps un peu plus long par des décoctions, moins concentrées.

La prêle est aussi utilisée contre l'incontinence d'urine, la plupart du temps en association avec d'autres plantes (pour un litre d'eau, une cuillerée à soupe de prêle réduite en poudre, une cuillerée à soupe de millepertuis, une cuillerée à café de poudre d'écorce de chêne, une cuillerée à café de poudre de rhizome de tormentille ; faire bouillir quinze minutes ; 2 tasses par jour, le matin de préférence). D'ailleurs, l'homéopathie prescrit *Equisetum* précisément contre cette affection, « toujours si difficile à améliorer » comme le note le docteur Thibault qui ajoute « il semble que l'efficacité d'*Equisetum* soit plus nette chez les filles que chez les garçons ».

A l'extérieur, la décoction plus concentrée (doubler la dose de plante et diminuer de moitié le volume d'eau) s'emploie en lavages et compresses pour cicatriser les plaies guérissant mal, les ulcères variqueux, les hémorroïdes saignantes, ainsi que pour

1. *Étude clinique et psychologique des ongles*, Édit. Joseph Charles, Paris.
2. *Op. cit.*

soigner les dartres, eczéma, prurit, etc. Aspirée par le nez, elle arrête immédiatement les hémorragies nasales.

Contre la transpiration des pieds, faire un badigeonnage quotidien avec de la teinture de prêle qu'on obtient en faisant macérer 500 g de plante dans un demi-litre d'alcool pendant deux à trois semaines en agitant le flacon de temps en temps ; passer en exprimant à travers un linge fin.

## PRIMEVÈRE

***Primula officinalis.*** *Primevère jaune, coucou, primerole, coqueluchon, oreille d'ours, herbe de Saint-Pierre ou de Saint-Paul, clé de Saint-Pierre, herbe de la paralysie, brairette.*

Vous ignorez sans doute, comme je l'ignorais encore il y a une dizaine d'années, que le coucou sert à autre chose qu'à faire entrer le printemps dans les murs tristes des villes sous forme de bouquets cueillis pendant l'évasion du dimanche. Pourtant ses feuilles se mangent en salade, sa racine aide dans certains pays à aromatiser la bière, ses fleurs donnent une tisane parfumée d'une belle couleur jaune d'or qui peut avantageusement remplacer la classique tasse de tilleul, enfin ses propriétés thérapeutiques sont certaines.

Celles-ci ont été quelque peu exagérées autrefois où l'on faisait de la primevère une sorte de panacée, mais pour être moins vastes, elles n'en sont pas moins précieuses :

La racine (qui est, en fait, un rhizome court, un peu rougeâtre, garni de longues radicelles, ayant une odeur anisée qu'il perd à la dessiccation), récoltée soit au printemps avant la floraison, soit en automne, et séchée après l'avoir soigneusement lavée, a une action anti-inflammatoire, expectorante, émolliente, diurétique et légèrement laxative, qui la recommande pour dégager les bronches, éliminer les toxines, nettoyer l'intestin, et la font indiquer contre les affections des voies respiratoires (bronchite, grippe, pneumonie, trachéite, coqueluche), les rhumatismes, la goutte, la gravelle : en décoction, 20 à 30 g de racine coupée en morceaux pour un litre d'eau ; faire tremper à froid pendant une demi-heure ; chauffer doucement et faire bouillir deux à trois minutes ; laisser infuser quinze minutes ; 3 tasses par jour entre les repas.

En usage externe, la décoction très concentrée (100 g de racine pour un litre d'eau ; faire tremper à froid, puis bouillir jusqu'à réduction d'un tiers) s'emploie en compresses sur les ecchymoses et les contusions.

Les fleurs (jaune d'or, avec une corolle à 5 lobes, groupées au sommet des tiges en ombelles orientées du même côté et dégageant une odeur de miel) donnent, fraîches ou séchées à l'ombre, une délicieuse infusion (20 à 30 g pour un litre d'eau bouillante ; laisser infuser dix à quinze minutes ; 3 tasses par jour, après les repas) exerçant une action sédative sur le sympathique et conseillée contre les maux de tête, les migraines, les vertiges, les contractions nerveuses de l'estomac et de l'intestin, les ballonnements, la constipation, l'insomnie, les angoisses. On l'utilise aussi en compresses sur le front contre maux de tête et migraine, ainsi qu'en lotions quotidiennes « pour ôter toute tache du visage ».

L'huile de primevère (faire macérer une poignée de fleurs fraîches et une poignée de racine fraîche coupée en morceaux dans un litre d'huile d'olive, pendant six semaines, dans un bocal de verre bien bouché en l'exposant au soleil ou en le maintenant dans un endroit chaud ; passer en exprimant à travers un linge et conserver en flacon bouché) constitue, soit en frictions douces pour la faire pénétrer dans la peau, soit en compresses, un excellent traitement contre les contusions, les douleurs, les enflures, la tendance à la paralysie.

Il n'est pas inutile, je pense, de vous signaler enfin un méfait toujours possible de la primevère mis en évidence par les travaux modernes sur l'allergie : placée sur la peau pour orner l'échancrure d'un corsage, elle peut engendrer, chez certains sujets, une éruption de couleur rouge foncé qui donne une impression pénible de cuisson et d'une intolérable démangeaison, c'est la « dermatite primulaire »...

## PRUNELLIER

***Prunus spinosa.*** *Épine noire, épinette, prunelle, prunier épineux, prunier sauvage, fourdinier, beloche.*

Cet arbuste épineux — qui constituait principalement les haies quand celles-ci n'avaient pas été effacées du paysage par l'agriculture industrielle et le remembrement — pourrait être baptisé « le régulateur du ventre » car, par une heureuse combinaison de la nature, ses fleurs relâchent l'intestin et ses fruits le resserrent.

Le plus bel éloge des premières nous est donné par l'abbé Kneipp. « Les fleurs de prunelle, écrit-il[1], forment le laxatif le plus inoffensif et devraient se trouver, en première ligne, dans chaque pharmacie de famille. Que de fois ne sentez-vous pas l'utilité ou même le besoin d'une purge ! L'état de l'estomac ou du bas-ventre ou encore l'état général de votre santé vous le dit. C'est alors qu'on va à la recherche d'un médicament léger ; on cherche, et on pourrait si facilement l'avoir sous la main ! Prenez donc ces fleurs de prunelle, faites-les bouillir pendant une minute et buvez-en, trois-quatre jours durant, une tasse par jour. Cette infusion agit tout doucement, sans aucune incommodité, aucun ennui ; et pourtant elle purge à fond. Je recommande le même médicament comme stomachique, épurant et fortifiant l'estomac. »

Ladite infusion se prépare à la dose de 2 ou 3 g de fleurs séchées pour une tasse (100 cc) et se prend le matin à jeun. Elle est indiquée également comme diurétique et dépuratif contre les affections des voies urinaires (cystite, gravelle), l'hydropisie, les rhumatismes, la goutte, l'obésité, le diabète.

Les petits fruits noir bleuâtre, dont on tire une si délicate eau-de-vie mais qui sont si âpres au palais quand on les goûte avant que la gelée en ait tempéré l'agressivité, sont très astringents. Récoltés avant leur pleine maturité et séchés, ils s'emploient en décoction (50 g pour un litre d'eau ou de vin rouge ; faire bouillir cinq minutes ; laisser infuser dix à quinze minutes ; à boire par tasse dans la journée) contre la diarrhée et la dysenterie.

**PRUNIER**

***Prunus domestica.***

Rarement on fait appel aux vertus laxatives, fébrifuges et diurétiques de ses feuilles séchées prises en décoction (25 à 30 g

1. *Op. cit.*

pour un litre d'eau portée à ébullition pendant cinq minutes et infusée dix) car il existe d'autres drogues végétales beaucoup plus actives et agréables à boire ; mais ses fruits, transformés en pruneaux par dessiccation au soleil et au four doux, sont un aliment énergétique de choix pour les sportifs qui, comme les alpinistes et les coureurs cyclistes, recherchent le maximum d'efficacité sous le minimum de poids, et sont surtout le traitement par excellence de la constipation.

« Nature, constate un médecin de la Renaissance, a permis aux figues et aux prunes d'être encore bonnes, étant sèches ; elles sont propres à lâcher commodément le ventre. » La décoction de pruneaux a donc servi longtemps aux apothicaires de base aux infusions purgatives, notamment pour les enfants, et les pruneaux, cuits dans un mélange d'eau et de vin avec de la cannelle, un zeste de citron et du sucre, étaient encore, du temps de mes culottes courtes, le traditionnel dessert-remède familial contre les intestins paresseux.

On n'y pense plus assez aujourd'hui et on a tort car les pruneaux — non « traités », bien sûr — sont indiscutablement le moyen le plus naturel et le plus délectable de régulariser le trafic intestinal.

Toutefois, s'il s'agit de faire un véritable traitement de la constipation chronique et opiniâtre, c'est le matin à jeun qu'il faut ingérer les pruneaux puisqu'il est établi que leur action est ainsi à son optimum.

Les deux meilleures recettes sont :

1° celle du docteur Carton, qui précisait qu'ils doivent être dépouillés du sucre et des acides pour les transformer en une sorte de « bol de cellulose » dont le cheminement dans l'intestin exerce une action mécanique doublée d'une action cholagogue (ils sont également « un désodorisant des selles, un moyen puissant de dégorgement du foie et de désintoxication humorale ») : fendre les pruneaux au couteau jusqu'au noyau dans le sens de la longueur ; les faire tremper dans l'eau, qui les attendrit et leur rend leur eau de composition ; les faire cuire pendant deux à trois heures, en changeant trois fois l'eau au cours de la cuisson (verser l'eau et la remplacer par de l'eau chaude) ; les manger le matin à jeun à la dose de 8 à 20 ;

2° celle du docteur Oudinot : crus, trempés à grande eau

froide pendant vingt-quatre heures, après les avoir incisés au couteau, et pris le matin au petit déjeuner, à dose variable de 4 à 10. « Certains de nos malades, ajoute ce médecin, suivent avec un succès constant ce régime depuis des années. »

## PULMONAIRE

***Pulmonaria officinalis.*** *Herbe aux poumons, herbe au cœur, sauge de Jérusalem, sauge de Bethléem, herbe au lait de Notre-Dame, pulmonaire des enfants, herbe de tac, coucou bleu.*

En application de la théorie des signatures, parce que ses feuilles sont semées de taches plus claires qui évoquent l'image d'un poumon touché par la maladie, il a paru évident que la pulmonaire devait être le spécifique des affections de cet organe ; d'où le nom qu'on lui a donné et le large emploi qui en a été fait autrefois dans les drogues et sirops prescrits aussi bien pour les simples inflammations des bronches que pour les cas graves qui seraient étiquetés « tuberculose » de nos jours.

Bien qu'on relève fréquemment son apologie sous la plume d'auteurs anciens, il est peu probable qu'elle ait triomphé de la phtisie. En revanche, il est certain qu'elle exerce une action bienfaisante indéniable dans les affections des voies respiratoires car, grâce à ses principes actifs (tanin, silice, nitrate de potassium, fer, chaux, mucilage), elle fortifie les bronches, calme l'inflammation, favorise la transpiration (elle est une proche parente de la bourrache), apaise la toux et facilite l'expectoration.

Toute la plante — feuilles et fleurs récoltées en mai-juin et séchées à l'ombre — est donc recommandée contre la toux, la bronchite, le catarrhe pulmonaire, la grippe, l'enrouement, la pharyngite, en décoction légère (30 à 40 g pour un litre d'eau ; chauffer doucement jusqu'à ébullition ; faire bouillir deux à trois minutes ; laisser infuser dix minutes ; 3 ou 4 tasses par jour, à intervalles réguliers ; sucrer, de préférence avec du miel qui en renforce l'action adoucissante). Dans plusieurs régions, on fait boire régulièrement aux pulmonaires une tisane préparée avec un mélange à parts égales de pulmonaire, de plantain et de tussilage (même dose de plante, même préparation et même posologie que pour la décoction ci-dessus).

Vous trouverez aisément la pulmonaire (elle aime les sous-bois ensoleillés, les clairières, les buissons, le bord des ruisseaux, les endroits humides au sol calcaire) et l'identifierez aussi facilement : ses feuilles ovales, velues, semées de taches plus claires, sont groupées au pied en une touffe serrée et sont alternées sur les tiges florales, velues également, de 20 à 30 cm de haut ; ses fleurs, en forme de cloche à 5 pétales, sont perchées par petits bouquets de 5 à 6 à l'extrémité des tiges,

comme celles du coucou ; elles sont parmi les premières du printemps et présentent la particularité d'être de tons différents : rose, mauve et bleu selon leur évolution ; en effet, les fleurs récentes de couleur rose vif deviennent bleues après leur fécondation et on rencontre généralement sur la même tige les deux tons avec leurs intermédiaires.

# R

## RADIS

***Raphanus sativus*. RADIS NOIR *Raphanus niger*. RAIFORT SAUVAGE *Raphanus rusticanus* ou *Cochlearia armorica*.** *Moutarde de capucin ou des Allemands, moutardelle, cran de Bretagne, cran des Anglais, cranson, herbe au scorbut, herbe aux cuillères, cochléaire, radis de cheval.*

Qu'il soit cultivé ou sauvage, rose ou noir, les radis a les mêmes propriétés mais à des degrés variables et c'est pourquoi chaque espèce se voit attribuer un rôle différent aussi bien en gastronomie qu'en thérapeutique.

Le rose — qui se croque en début de repas pour ses vertus apéritives, sans être toutefois toujours bien supporté par l'estomac ! — est conseillé le matin à jeun contre la jaunisse et l'urticaire, au cours de la journée contre la coqueluche.

Le noir — qui figure également parmi les hors-d'œuvre, soit coupé en rondelles, soit râpé — a une saveur plus prononcée et une action plus marquée sur les bronches, le foie et le sang. On l'emploie donc en dehors de la table pour soigner différentes affections.

Comme expectorant et tonique respiratoire, contre la toux, la coqueluche, les catarrhes pulmonaires, l'engorgement des voies respiratoires : couper le radis noir en rondelles fines, saupoudrer de sucre et laisser macérer vingt-quatre heures ; passer en exprimant à travers un linge ; une cuillerée à soupe toutes les heures ou au moment des quintes (on peut aussi écraser le radis avec une quantité égale de sucre et, quand le sucre est totalement fondu au contact du jus, passer en exprimant).

Comme stimulant hépatique et véritable spécifique des affections de la vésicule biliaire, contre les troubles du foie, les insuffisances hépatiques, la cholécystite, les coliques hépatiques : 20 à 40 g de suc fraîchement extrait le matin à jeun (l'extrait de radis noir est vendu en pharmacie sous le nom de *raphanus ;* il a l'avantage d'être stabilisé et mieux supporté que le jus frais ; je lui dois d'ignorer mon foie depuis ma seule et unique crise de coliques hépatiques, il y a une douzaine d'années[1], et de nombreux correspondants m'ont remercié de le leur avoir fait connaître).

Comme diurétique et sédatif nerveux, contre les rhumatismes, la goutte, la gravelle, les douleurs sciatiques, les maladies de la peau : faire macérer pendant dix à quinze jours 30 à 40 g de radis noir, coupé en petits cubes, dans un litre de vin blanc ou de bière ; passer en exprimant ; 2 verres à bordeaux dans la journée avant les repas.

Le raifort, cultivé ou sauvage, a une saveur si piquante qu'elle le fait classer comme condiment (très apprécié en Alsace, en Allemagne, en Suisse où il remplace la moutarde). Il est le plus énergique des antiscorbutiques et est utilisé, comme ses frères rose et noir, contre les engorgements des voies respiratoires, l'asthme humide, les rhumatismes, la goutte : soit en infusion légère (20 à 30 g de racine fraîche pour un litre d'eau ; chauffer doucement jusqu'à ébullition ; ne pas faire bouillir ; laisser infuser vingt minutes ; 2 ou 3 tasses par jour), soit en macération (20 à 30 g de racine fraîche pour un litre de vin ou de bière ; faire macérer dix à quinze jours ; 2 ou 3 verres à bordeaux par jour).

Le raifort sauvage pousse sur les bords des ruisseaux, dans les fossés, presque partout en France et surtout en Bretagne. Sa racine charnue, blanc jaunâtre à l'extérieur, blanche à l'intérieur, peut atteindre 60 cm de long et 5 cm de diamètre ; ses feuilles sont ovales, d'un beau vert brillant, un peu ondulées, avec des bords crénelés ; celles de la base sont très grandes (30 à

1. Voir *Tous les espoirs de guérir.*

80 cm de long) ; celles de la tige florale — qui atteint 1 m à 1,50 m — sont petites et plus pointues, sans dentelures ; les fleurs (mai à juillet) sont blanches, petites, avec 4 pétales en forme de croix (le radis est une crucifère), en grappes formant un épi terminal.

## RÉGLISSE

***Glycyrrhiza glabra.*** *Bois de réglisse, bois doux, bois sucré, racine douce, racine bonne.*

« L'usage de cette racine est si commun, qu'on ne fait point de tisane où la réglisse n'entre, soit pour corriger par sa douceur la saveur désagréable des autres ingrédients, soit pour lui communiquer la vertu particulière qu'elle a d'adoucir l'âcreté des humeurs qui excitent la toux. »

Ces lignes tirées d'une vieille pharmacopée ont le mérite de préciser l'essentiel sur cet arbrisseau, à savoir que la partie utilisée est la racine et qu'elle est un agréable édulcorant en même temps qu'un excellent béchique. Cette indication était connue des Grecs et des Romains, de Théophraste et sainte Hildegarde qui employaient la réglisse pour dégager les bronches et clarifier la voix — on l'appelait alors souvent « scythique » parce que les Anciens affirmaient que les Scythes, ces redoutables guerriers de l'Antiquité, pouvaient, en la mâchant, rester dix jours sans manger ni boire car elle calme la faim et la soif.

Légende ou réalité ? Ce qui est certain, c'est que la réglisse pousse spontanément dans les régions méridionales au sol siliceux d'Europe (France, Espagne, Italie, Russie) et du Moyen-Orient, c'est-à-dire dans le Caucase de l'Iran précisément occupés par les Scythes, et qu'elle est désaltérante : combinée à l'orge et au chiendent, elle était l'ingrédient principal de la tisane des hôpitaux dite « bonne à tout » dont chaque malade avait naguère un pot en permanence sur sa table de nuit ; elle servait aussi à fabriquer la fameuse boisson populaire connue sous le nom de coco (semble-t-il parce qu'elle fut d'abord vendue dans des tasses faites de noix de coco) que des marchands ambulants proposaient dans les jardins publics jusqu'aux premières années de notre siècle et que le concierge de mon lycée, vers 1930, débitait encore à un tarif défiant toute concurrence : deux sous le verre… (il offrait également à notre gourmandise la réglisse sous forme d'extrait solide : bâtons et rubans noirs dont nous faisions clandestinement nos délices pendant les cours).

Vous aurez peu de chance de rencontrer cet arbuste à l'état sauvage. Je ne ferai donc qu'esquisser son portrait — 1 m à 1,50 m de haut, feuilles à nombreuses folioles ressemblant à celles de l'acacia, petites fleurs rougeâtres en épis donnant des gousses garnies de graines — pour passer sans plus attendre à l'utilisation domestique et thérapeutique de sa racine séchée vendue en herboristerie ou en épicerie sous le nom de « bois de réglisse », en vous précisant toutefois qu'il est préférable de la débarrasser, au moment de l'emploi, de son écorce qui est amère.

Elle est recommandée contre le rhume, la bronchite, les catarrhes pulmonaires, les maux de gorge, la laryngite, les gastrites, les ulcères de l'estomac, en décoction (40 à 50 g pour un litre d'eau ; faire bouillir dix à quinze minutes ; à boire à volonté). En bains de bouche, la décoction concentrée (200 g pour 1 l) est indiquée en cas de glossite, lorsque la muqueuse de la langue est écarlate, couverte de taches et fissures très douloureuses.

En dehors du coco — qui se prépare soit avec de la poudre vendue dans le commerce, soit en faisant macérer 50 g de racine par litre d'eau pendant vingt-quatre heures avec une pincée de graines d'anis ou de fenouil et quelques rondelles de citron —, vous pourrez obtenir une excellente boisson rafraîchissante qui convient aussi bien aux malades qu'aux bien-portants (bue très fraîche en été, elle désaltère mieux que n'importe quelle autre mixture commerciale) en opérant ainsi : d'une part, pendant vingt-quatre heures, faites macérer 30 à 40 g de bois de réglisse (épluché, bien sûr) dans 1 l d'eau froide ; d'autre part, faites bouillir pendant quinze à vingt minutes 20 g de racine de chiendent séchée dans 1 l d'eau ; mélangez les deux tisanes quand la seconde est refroidie et sucrez, au miel de préférence, selon votre goût. Vous pouvez servir en ajoutant une rondelle ou un zeste de citron dans chaque verre — ce n'est pas indispensable, mais c'est plus joli...

## REINE-DES-PRÉS

***Spiraea ulmaria.*** *Spirée ulmaire, ulmaire, barbe de chèvre ou de bouc, pied de bouc, herbe ou fleur aux abeilles, belle des prés, vignette, ormière, herbe du pauvre homme.*

Reine, elle l'est à trois titres.

Elle l'est par son allure : sa haute taille (1 m à 1,50 m) qui la fait dominer toutes les plantes qui l'entourent dans les prairies grasses et humides, au bord des ruisseaux ou dans les fossés où elle pousse ; sa tige mince, anguleuse, souvent teintée de rouge ; ses feuilles pennées comportant sur leur axe des folioles minuscules alternant avec d'autres plus grandes au pourtour finement ciselé, marquées, elles aussi, légèrement de rouge sur leur face supérieure vert foncé tandis que l'inférieure est argentée et velue ; ses fleurs très petites et nombreuses formant des grappes légères qui frémissent au moindre souffle comme une vaporeuse dentelle de couleur crème.

Elle l'est aussi par son parfum. Lourd et enivrant, il éclipse tous les autres. De juin à août, quand le soleil a chauffé les touffes fleuries tout au long du jour, c'est lui qui règne en maître sur la campagne et donne à l'air cette senteur sucrée indéfinissable qui reste pour beaucoup de citadins évadés celle des douces soirées de vacances.

Elle l'est enfin par ses multiples propriétés thérapeutiques qui en font une plante médicinale hors pair, feuilles, fleurs et racine étant utilisées selon les maux que l'on entend soulager.

La clé de cette exceptionnelle efficacité vous sera livrée si vous écrasez entre vos doigts une pincée de fleurs ou une feuille. Vous percevrez alors une franche odeur de salicylate de méthyle. L'huile essentielle élaborée par la plante en contient en effet ainsi que de l'aldéhyde salicylique et ce sont ces produits et leurs dérivés, si généreusement mis à notre disposition par la nature, qui ont une action salutaire.

Le rappel de quelques faits touchant à la chimie et à la pharmacopée vous fera mieux saisir le mécanisme de cette action : 1° c'est dans l'oxydation de l'aldéhyde salicylique (présent dans la reine des prés) qu'en 1838 le médecin et pharmacologue italien Raffaele Piria a découvert l'acide salicylique ; 2° c'est à partir de cet acide salicylique que le chimiste strasbourgeois Charles-Frédéric Gerhardt a découvert en 1853 l'acide acétylsalicylique, dérivé du précédent, qui est le plus répandu de tous les médicaments puisque c'est... l'aspirine ; 3° le nom même de ce médicament évoque les liens étroits qui le rattachent à la reine-des-prés car il lui a emprunté son appellation scientifique en passant de « spirée » à « aspirine ».

Comment s'étonner dès lors que cette plante exerce les mêmes effets et possède les mêmes indications — plus quelques autres non négligeables — que l'aspirine, avec l'avantage sur elle d'être naturelle ? Lorsqu'on la fait sécher, le salicylate de méthyle se transforme en acide salicylique et en salicylates de sodium, de potassium, de magnésium, etc. Or, ces sels sont les principaux antidotes : d'une part, de l'acide urique qui, en se déposant sous forme de cristaux dans les articulations, est responsable de la goutte, et, d'autre part, de l'acide oxalique lequel est un des constituants — avec aussi l'acide urique — des calculs rénaux et urinaires.

Par conséquent, comme l'aspirine — et sans craindre les effets secondaires que celle-ci provoque souvent sur les muqueuses gastriques — la reine-des-prés sera conseillée contre les affections fébriles telles que la grippe et les refroidissements, contre le rhumatisme articulaire et la goutte, mais également, en raison de ses vertus diurétiques, dans les troubles des reins et de la vessie (gravelle, cystite, en particulier), dans l'hydropisie, l'œdème et la cellulite laquelle est, en fait, selon la définition d'un spécialiste, « une maladie caractérisée par un œdème qui inonde le tissu cellulaire et durcit les fibres conjonctives », d'où l'opinion d'un de ses confrères qui considère la reine-des-prés comme « le meilleur agent thérapeutique de la cellulite, le médicament du tissu conjonctif et de l'adipose ».

Dans tous ces cas — ainsi que dans les troubles cardiaques, l'artériosclérose, le nervosisme, l'insomnie —, on utilise les fleurs, récoltées dès qu'elles sont complètement ouvertes et séchées à l'ombre (au-dessous de 40°) après avoir été séparées des tiges, soit à la main, soit avec un peigne ; elles se prennent en infusion (40 à 50 g pour 1 l d'eau presque bouillante — à 90° car la vapeur d'eau entraînerait l'acide salicylique ; laisser infuser couvert dix minutes ; 3 ou 4 tasses par jour, entre les repas). En ce qui concerne plus particulièrement les douleurs articulaires, on recommande une cure de trois semaines, à la même cadence mais en prenant la première tasse de la journée le matin à jeun. J'ajoute que des compresses imprégnées de cette infusion ou des cataplasmes confectionnés avec les fleurs qui ont servi à la préparer, calment la douleur lorsqu'on les applique directement sur les articulations touchées par le rhumatisme.

Naturellement, la reine-des-prés est un remède courant en homéopathie : *Spirea* convient aux arthritiques à prédisposition urique accentuée, aux rhumatisants chroniques et aux sujets enclins aux manifestations goutteuses.

Le « thé de feuilles », toujours séchées à l'ombre (même préparation, mêmes doses) est souverain contre la diarrhée. La racine enfin, en forte décoction (30 à 40 g pour un 1/2 l d'eau ; chauffer doucement et faire bouillir cinq à dix minutes ; laisser infuser autant) est un excellent détersif pour laver les plaies et les ulcères dont elle accélère l'assèchement en raison du tanin qu'elle contient.

## RENOUÉE

***Polygonum aviculare.*** *Renouée des oiseaux, aviculaire, herbe aux cents nœuds, traînasse, traînante, herbe de pourceau, herbe aux cochons, tire-goret, langue de passereau, herniole, centinode, herbe des Saints-Innocents.*

Elle appartient à la même famille que la bistorte[1] ; elle en a les mêmes propriétés, donc les mêmes indications, mais elle a sur elle l'avantage de s'accommoder de tous les sols et de tous les climats, si bien qu'elle est répandue sur la terre entière (en Chine et au Japon, on extrayait de ses feuilles une teinture bleue comparable à l'indigo) et qu'on l'a partout à la portée de la main.

Cent fois vous l'avez piétinée sur les chemins, les cours et les rues peu fréquentées (elle pousse même entre les pavés !) sans lui prêter attention car elle n'a rien pour attirer l'œil. Elle traîne sur le sol des tiges grêles présentant des nodosités à l'aisselle des feuilles qui sont alternes, petites, étroites et pointues ; ses fleurs, blanches ou rougeâtres, sont réunies par groupe de 2 à 4 à l'aisselle des feuilles et peu voyantes.

Ce sont les tiges — dont les oiseaux sont friands — que l'on cueille au moment de la floraison (juin-septembre) et qu'on utilise fraîches ou séchées à l'ombre, tant en médecine humaine que vétérinaire (les éleveurs s'en servent avec succès contre la diarrhée des porcs et de tous les animaux de ferme).

Les Anciens vantaient la renouée contre les crachements de

1. Voir p. 82.

sang et la tenaient déjà pour le spécifique des « cours de ventre », opinion confirmée par plusieurs auteurs modernes qui s'accordent à reconnaître que les diarrhées ayant résisté à tous les remèdes cèdent rapidement grâce à son intervention, ce que les gens de la campagne ont toujours su.

La décoction (20 à 30 g de plante fraîche ou 50 g de plante séchée pour un litre d'eau ; faire bouillir dix à quinze minutes ; laisser infuser autant ; 4 ou 5 tasses, soit un demi-litre environ, par jour) est préconisée contre la diarrhée, la dysenterie, l'entérite, les catarrhes des voies respiratoires, digestives et urinaires, la cystite calculeuse (la renouée est aussi un bon diurétique), la goutte, les maladies de la peau, les troubles arthritiques, les règles trop prolongées ou trop abondantes, les crachements de sang, les hémorragies dues à des ulcères gastriques, les troubles congestifs de la circulation (varices, hémorroïdes, phlébite) ; elle est recommandée également comme fortifiant dans la tuberculose pulmonaire.

A l'extérieur, des cataplasmes de renouée écrasée (lavée auparavant à l'eau bouillie) arrêtent les hémorragies dues à une blessure et accélèrent la guérison des plaies (la plante est riche en tanin et en acide silicique).

## RHUBARBE

***Rheum officinalis, Rheum palmatum.***

Elle est entrée dans la médecine par sa racine qui venait de Chine où elle pousse spontanément (d'où son nom de *rhabarbarum :* racine barbare) et elle y tenait une telle place qu'un auteur n'a pas hésité à lui consacrer un traité entier. On la prescrivait pour « rétablir le ressort des fibres intestinales trop relâchées par des flux de ventre », pour fortifier l'estomac, faciliter la digestion, « détruire les matières vermineuses » et surtout « purger avec douceur les humeurs bilieuses », ce qui la faisait baptiser « thériaque du foie » ou « cœur du foie ».

On réussit à l'acclimater en Europe et la multiplication se faisant aisément en dédoublant les racines, depuis fort longtemps tout jardin digne de ce nom en compte un ou plusieurs pieds qui fournissent la matière première (les pétioles — ou queues — vert rougeâtre des énormes feuilles — qui, elles, sont toxiques) pour des compotes, confitures et tartes — délicieuses ! — spécialement indiquées aux personnes qui manquent d'appétit, ont des problèmes avec leur foie ou se plaignent de la paresse de leur intestin. Toutefois, il ne faut pas abuser de la rhubarbe car elle exerce, par ses acides, une action décalcifiante sur l'organisme (pensez qu'un des « trucs » de ménagère pour faire disparaître les dépôts calcaires dans les bouilloires et casseroles consiste à faire bouillir dans de l'eau quelques morceaux de pétiole !).

Cet inconvénient n'est pas à craindre avec la racine qui a cependant les mêmes propriétés — elle est tonique, elle fait évacuer la bile et est un purgatif doux ne donnant pas de colique. Vous pouvez donc la récolter à l'automne, sur des pieds de quatre à cinq ans (elle peut atteindre alors 60 cm de long et être plus grosse que le bras) et la faire sécher, après l'avoir coupée en morceaux de la grosseur du poing (elle a une belle couleur jaune évoquant celle de la bile), d'abord sur une claie, en la retournant plusieurs fois par jour, puis enfilée sur une ficelle dans un endroit aéré et à l'ombre (la dessiccation demande de six semaines à deux mois et lui fait perdre facilement les deux tiers de son poids).

Elle s'emploie soit concassée en infusion (5 à 10 g pour un litre d'eau bouillante ; laisser infuser quinze à vingt minutes ; un verre avant les repas), soit réduite en poudre (1 à 3 g délayés dans un verre d'eau tiède ou 1 à 3 g mélangés à du miel ou de la confiture ; à un repas ou aux deux selon l'effet recherché et les réactions personnelles).

Elle s'utilise également sous forme de vin (faire macérer pendant quarante-huit heures dans un litre de bon vin rouge ou blanc, 60 à 80 g de racine de rhubarbe concassée, 10 à 15 g de racine de gentiane, 8 à 10 g de racine d'angélique ; passer en exprimant à travers un linge) dont on use à la dose de 15 à 30 g par jour comme tonique et de 60 à 120 g comme purgatif.

En teinture, associée à la gentiane (faire macérer pendant huit jours, dans 3/4 de litre d'alcool à 45°, 50 g de racine de rhubarbe et 150 g de racine de gentiane ; filtrer), elle guérit les crampes d'estomac : trois fois par jour, 15 à 30 gouttes dans un peu d'eau.

L'homéopathie prescrit la rhubarbe, *Rheum palmatum,* dans les diarrhées infantiles, selon la loi de similitude : « Les semblables sont guéris par les semblables. »

## RIZ

***Oryza sativa.***

« A l'égard de ses usages en Médecine, lit-on dans un ouvrage, paru sous Louis XV, sur les drogues indigènes et étrangères (il était alors rangé parmi ces dernières), c'est une nourriture très utile aux personnes épuisées par les hémorragies, aux femmes qui ont souffert de pertes excessives, aux pulmoniques et aux étiques. Nous avons peu d'aliment plus capable d'adoucir l'âcreté du sang et de le tempérer... »

Aujourd'hui, il est l'élément de base de la plupart des régimes prônés par les ténors de la diététique et il est intéressant de noter qu'il retient l'attention du corps médical moderne précisément pour son action sur le sang puisqu'on le prescrit contre l'hypertension et l'azotémie ou rétention sanguine de produits azotés dont l'urée.

Cependant, on a tendance à oublier sa plus populaire indication, l'eau de riz qui a été longtemps et est encore maintenant à la campagne le remède classique contre la diarrhée (ce traitement n'agit pas parce qu'il « resserre » comme on le croit souvent, mais parce qu'il calme l'irritation intestinale).

L'eau de riz se prépare en faisant bouillir pendant une demi-heure au moins, 20 à 30 g de riz dans un litre d'eau ; on passe ensuite à travers un linge ; on sucre éventuellement avec du miel et on boit à volonté par petites tasses.

On peut aussi avoir recours à une technique plus raffinée — mais qui ne donne pas pour autant de meilleurs résultats — consistant à faire griller du riz comme le café, à le moudre et à le préparer comme le café.

Le riz — réduit en poudre au moulin, ou la farine de riz —, délayé dans l'eau ou le lait, fournit des cataplasmes émollients recommandés dans les maladies de la peau et les inflammations cutanées.

## ROMARIN

***Rosmarinus officinalis.*** *Rose-marine, encensier, herbe des troubadours, herbe aux couronnes.*

On ne saura jamais si c'est à un ermite féru de botanique ou à un ange envoyé par le ciel qu'on doit la recette de la fameuse « eau de la Reine de Hongrie » que tant de femmes ont rêvé de faire figurer dans l'arsenal secret de leur beauté ; mais ce que l'on sait avec certitude, c'est que l'élément principal en est le romarin.

Depuis la fin du XIV$^{e}$ siècle, époque à laquelle elle fut communiquée — assez mystérieusement, ainsi que vous pourrez en juger — à la souveraine, chaque fois qu'il est question du romarin dans un traité, elle est immanquablement évoquée avec un si grand nombre de variantes qu'on finit par s'y perdre. La version la plus ancienne est sans doute la plus proche de la vérité : je la recopie, telle que je l'ai rencontrée dans un vénérable ouvrage, me bornant seulement à en moderniser l'orthographe pour en faciliter la lecture :

« En la cité de Bude, au royaume de Hongrie, s'est trouvée écrite la présente recette dans les Heures de la Sérénissime princesse Donna Izabella, reine de Hongrie :

« Moi Donna Izabella, Reine de Hongrie, âgée de soixante et douze ans, infirme des membres et goutteuse, ai usé un an entier de la présente Recette, laquelle me donna un Hermite que je n'avais jamais vu, et n'ai su voir depuis, qui fit tant d'effet sur moi, qu'à même temps je guéris et recouvrai les forces, en sorte que paraissant belle à un chacun, le Roi de Pologne me voulut épouser ; ce que je refusai pour l'amour de Notre Seigneur Jésus-Christ, croyant que cette Recette m'avait été donnée par un Ange : « Prenez de l'esprit de vin distillé quatre fois (alcool rectifié) 30 onces (environ 950 g), des fleurs de romarin 20 onces (environ 600 g) ; mettez le tout dans un vase bien bouché l'espace de cinquante heures, puis distillez dans un alambic au bain-marie. En prenez le matin une fois la semaine une dragme (environ 4 g) avec quelqu'autre liqueur ou boisson, ou bien avec de la viande (nourriture), et en lavez le visage tous les matins, et en frottez le mal des membres infirmes. »

Pour le cas où vous seriez tenté d'expérimenter ce prodigieux élixir et où vous n'auriez pas la possibilité de procéder à la distillation finale, je vous signale que la plupart des variantes proposées au cours des siècles esquivent cette opération, conseillant à sa place de faire macérer (toujours dans l'alcool) les fleurs ou les sommités fleuries de romarin dans un flacon de verre, bien bouché, exposé au soleil pendant un mois au moins et agité fréquemment, puis de passer le tout en exprimant à travers un linge fin. Une autre formule — donnée, bien entendu, comme étant celle de l'authentique « eau de la Reine de Hongrie » ! — est également à même de vous séduire : elle consiste à respecter les consignes précédentes, mais en mettant pour 2 litres d'alcool, 2 bonnes poignées de sommités fleuries de romarin, une poignée de thym fleuri, une demi-poignée de feuilles de marjolaine et une demi-poignée de feuilles de sauge.

Si la merveilleuse cure de Donna Izabella a « lancé » le romarin, celui-ci n'était pourtant pas un inconnu. Pour les Romains, il était une herbe sacrée qui portait bonheur aux vivants et assurait aux morts un séjour paisible dans l'au-delà. Ils en tressaient donc des couronnes qu'ils coiffaient pour certaines fêtes (les mariages, en particulier) et qu'ils déposaient sur les tombeaux ; ils en faisaient brûler aussi dans les cérémonies religieuses en guise d'encens. Plus tard, les chrétiens l'associèrent à la Vierge Marie qui se serait reposée au pied d'un buisson de romarin pendant la fuite en Égypte ou qui aurait étendu sur ses rameaux les langes de l'Enfant Jésus, « et c'est de ce jour, dit la légende, que ses fleurs ont la couleur du ciel et apparaissent le jour de la Passion » ; c'est aussi pourquoi les familles qui en parfument leur maison bénéficient, croit-on, d'une protection spéciale.

Cependant, cela ne l'empêchait pas d'être largement utilisé en cuisine et en médecine. On savait — mieux qu'aujourd'hui — qu'il est « bon pour accoutrer les viandes et faire les sauces » ; on le faisait entrer dans de nombreux baumes destinés à guérir les blessures et les douleurs ; il était le remède contre la jaunisse, les lassitudes, les vertiges, la perte de mémoire ; ses fleurs « confites en sucre » passaient pour « singulières contre la peste » et pour aiguiser la vue si on les mangeait à la croque au sel le matin à jeun avec « leurs feuilles les plus prochaines ».

Or, il est établi maintenant que le romarin est cicatrisant, antirhumatismal et antinévralgique, antiseptique, stimulant général et cardiotonique, qu'il modifie la bile, l'éclaircit et augmente sa quantité (vérifié par tubage).

A l'intérieur, il est par conséquent recommandé dans les affections grippales et pulmonaires, le surmenage physique ou intellectuel, l'anémie, l'abattement qui survient après les maladies graves, la dyspepsie, les fermentations intestinales (ballonnements, gaz), l'insuffisance hépatique, la jaunisse, la cholécystite, la cirrhose, les calculs biliaires, les rhumatismes, la goutte, l'insuffisance rénale, la rétention d'urine, l'hydropisie, l'œdème, l'obésité, les règles douloureuses, les troubles cardiaques d'origine nerveuse (palpitations), les vertiges, les syncopes, les migraines ; en infusion de sommités fleuries, fraîches ou séchées : 30 à 50 g pour un litre d'eau bouillante ; laisser infuser, couvert, dix minutes : une tasse après les repas, sauf lorsqu'il s'agit de troubles intéressant le foie : dans ce cas, une tasse à jeun le matin et avant les repas.

On en fait également un excellent vin qui est fortifiant, digestif, antispasmodique et très diurétique (surtout s'il est préparé avec du vin blanc) : 200 g de feuilles fraîches ou 60 g de feuilles séchées pour 1 litre de vin ; laisser macérer quinze jours en agitant de temps en temps ; filtrer ; sucrer ou non selon votre goût ; un verre à madère après ou entre les repas.

L'eau de la Reine de Hongrie — c'est-à-dire l'alcoolat de romarin — est conseillée tout spécialement en cas de malaise d'origine digestive ou nerveuse : 10 à 20 gouttes sur un morceau de sucre.

A l'extérieur, elle sert à faire des massages ou des compresses en cas de douleurs rhumatismales, de contusions ; en lotions, une fois par jour, elle entretient la fraîcheur de la peau, fait disparaître les poches gonflées sous les yeux et, en frictions, fortifie le cuir chevelu, ce qui empêche la chute des cheveux.

Enfin, la décoction de fleurs ou de sommités fleuries (50 g pour un 1/2 litre d'eau ou de vin blanc ; faire bouillir deux minutes et laisser infuser quinze minutes), en lotions biquotidiennes du visage, est réputée pour combattre les rides et « corriger le teint gâté de lentilles », autrement dit faire disparaître les taches de rousseur. (Annie Cordy a confié à un magazine spécialisé qu'elle entretient son teint par des pulvérisations d'eau de romarin.)

## RONCE

***Rubus fructicosus.*** *Mûrier des haies, mûrier sauvage, ronce noire, roumi, catimuron.*

Elle est un exemple supplémentaire de la sagesse de la nature et de l'harmonie de la création : ses feuilles fraîches, écrasées entre les doigts et frottées sur la peau, arrêtent immédiatement le saignement des égratignures que peuvent faire ses épines ; elle pousse en abondance dans les bois et les forestiers l'ont surnommée « la mère du chêne » car cet arbre « ne réussit vraiment bien dans sa jeunesse que sous le couvert et l'abri qu'elle lui donne ».

Avant tout, elle est la bienfaitrice de nos muqueuses, tant par ses feuilles à 3 ou 5 folioles — dotées d'aiguillons crochus, comme ses longues tiges souples — que par ses fruits appétissants et noirs bien connus des enfants. Pline vantait déjà ses effets sur les inflammations de l'intestin et de la bouche, remarquant que la nature ne l'a pas « créée seulement pour nuire à l'homme » et sainte Hildegarde la conseillait contre « les hémorragies du fondement ». Quant aux savants modernes, ils ont découvert avec émerveillement que l'on pouvait cultiver la ronce dans un tube à essai (un minuscule fragment de 80 milligrammes, placé sur de la gélose nutritive, arrive, au bout de sept à huit mois, à mesurer 5 à 6 cm et à peser une dizaine de grammes !) et que le jus de ronce est capable de stimuler la culture d'autres tissus végétaux...

Il n'est pas exclu que cette extraordinaire « puissance vitale » récemment mise en évidence ait aussi sa part dans la triple action — astringente, tonique et reconstituante — qu'elle exerce sur les muqueuses, soit en décoction, soit sous forme de confiture, sirop ou teinture.

La décoction se prépare avec des feuilles séchées (elles sont ainsi plus aromatiques que fraîches) : 40 à 50 g pour 1 litre d'eau ; faire bouillir cinq minutes et laisser infuser dix minutes. Elle se prend à raison de 3 ou 4 tasses par jour, entre les repas, en cas d'inflammation de la bouche, de la gorge et des muqueuses des voies digestives (gastrite, entérite, diarrhée chronique, dysenterie) ; elles est conseillée également dans le traitement des hémorroïdes, des affections génito-urinaires (cystite notamment) et des troubles congestifs des organes féminins. Elle s'emploie encore en gargarismes et bains de bouche (l'adjonction de miel accroît son effet adoucissant) contre les maux de gorge, angine, affections des muqueuses buccales (aphtes, ulcérations, gonflement des gencives) ; en injections tièdes contre les pertes blanches, la vaginite, la métrite.

Je vous signale en passant que les feuilles séchées, seules ou de préférence mélangées à des feuilles d'aspérule odorante[1], donnent un excellent thé qui peut remplacer le thé de Chine (il se prépare comme celui-ci, c'est-à-dire en infusion).

La confiture de mûres (même recette que pour la confiture de fraises) fournit un délicieux dessert pour les bien-portants, mais sert aussi à soigner, de façon spécialement agréable, tous les maux de gorge, les enrouements et l'irritation des cordes vocales et des voies respiratoires supérieures, la diarrhée, l'entérite : une cuillerée à soupe, dégustée très lentement, plusieurs fois par jour.

Le sirop de mûres (faire cuire jusqu'à consistance sirupeuse un poids égal de jus — obtenu en exprimant les baies, cueillies avant leur pleine maturité, ce qui leur confère une saveur un peu acide dont doit être doté le sirop — et de sucre) est indiqué, à la dose de 2 ou 3 cuillerées à soupe par jour, contre les catarrhes des bronches, les maux de gorge ; une cuillerée à soupe dans un verre d'eau donne une boisson rafraîchissante pour les malades et les convalescents.

Quant à la teinture de mûres (une bonne poignée de baies pour 1 litre d'alcool à 45° ; laisser macérer au soleil ou près d'un fourneau pendant trois semaines, en agitant de temps en temps ; filtrer et ajouter du miel selon le goût personnel, elle est considérée comme un fortifiant de l'estomac : un petit verre à liqueur chaque jour.

## ROSE TRÉMIÈRE

***Alcea rosea.*** *Alcée rose, guimauve rose, passerose, herbe de Siméon, rose d'outre-mer, mauve arborée, bâton de Moïse.*

Parce qu'elle nous est venue de Syrie et que ses fleurs rappellent celles de la reine des fleurs, elle fut d'abord appelée « rose d'outre-mer », qui se déforma en « rose de trémière » ou « trémier » pour donner enfin son nom actuel.

Elle n'a guère inspiré les poètes — je ne vois que Verlaine

1. Voir p. 67.

pour y avoir fait allusion dans ses *Poèmes saturniens :* « Baiser ! rose trémière au jardin des caresses, Vif accompagnement sur le clavier des dents ! » — et le rôle qui lui revient en médecine est celui de remplaçante : en effet, elle n'est pas autre chose qu'une variété plus grande et plus robuste de mauve et ses indications sont celles de cette dernière[1], ce que bien des gens ignorent alors qu'ils la cultivent dans leur jardin — pour sa beauté, il est vrai...

L'infusion de fleurs, récoltées par temps sec lorsqu'elles sont pleinement épanouies et séchées à l'ombre au-dessous de 55° (30 à 40 g pour 1 litre d'eau bouillante ; laisser infuser dix minutes) s'emploie en boisson (à volonté) contre la toux, la bronchite ; en gargarismes et bains de bouche contre les aphtes et ulcérations des muqueuses buccales ; en lotions répétées pour faire disparaître les rougeurs du visage et la couperose.

Les fleurs violet foncé servent à colorer le vin, mais aujourd'hui, hélas ! on leur préfère des colorants chimiques...

## ROSIER

***Rosa gallica.*** *Rosier français, rosier rouge, rose de Provins, rose de Champagne.*

Sur plus de 10 000 variétés existant à l'heure actuelle, une seule a la cote en médecine, la rose rouge de Damas devenue le « rosier français » ou « rose de Provins » depuis qu'elle a été rapportée des croisades par Thibaut de Champagne.

La longue histoire de la « reine des fleurs » se mêle étroitement à celle de l'humanité et c'est un livre entier qu'il faudrait lui consacrer. On pense qu'elle est la première fleur que l'homme ait cultivée ; elle est associée à la plupart des religions, des anciens rites sacrés de l'Inde au christianisme en passant par les Grecs, les Romains et les Gaulois, lesquels pour montrer leur mépris du trépas allaient souvent au combat sans autre casque qu'une couronne de roses.

Elle ne reste étrangère ni à la politique — témoin la guerre

1. Voir p. 219.

des Deux-Roses qui déchira l'Angleterre au XV^e siècle — ni à la gastronomie (dans la Rome de la décadence, on mangeait des gâteaux de rose, de la confiture de roses, des plats assaisonnés d'extrait de roses broyées au pilon ; on buvait du vin dans lequel avaient macéré des sachets de roses) ou à la cosmétologie (les « beautés » de l'Antiquité, après le bain, se frottaient le corps avec de la poudre de rose, se mettaient de l'huile de rose pour faire briller leurs paupières et pour avoir — déjà — l'haleine fraîche croquaient des pastilles faites de myrrhe et de pétales de roses broyés avec du miel).

Les premiers à l'utiliser en thérapeutique furent les médecins arabes qui en faisaient le spécifique de la tuberculose et des affections pulmonaires. Avicenne rapporte qu'une phtisique, dont on avait déjà préparé les funérailles, recouvra la santé grâce à de la conserve de roses. Matthiole dit que les boutons de rose « aident à ceux qui crachent le sang » et plusieurs traités font état de la guérison spectaculaire de la femme d'un vice-roi du Portugal qui fut non seulement sauvée en sept mois par une consommation massive de conserve de roses mais y gagna une beauté nouvelle du fait qu'« on voyait se refléter sur son visage le vif éclat des roses ».

Ce médicament figura donc au Codex (il se préparait avec des pétales de roses rouges séchés et pulvérisés), mais le docteur Leclerc considérait qu'il s'agissait là d'« un cambouis brunâtre, à la fois écœurant et acerbe » et proposa à sa place la recette ancienne avec des roses fraîches que voici : broyer dans un mortier des pétales de roses (rouges, bien entendu) encore en boutons et débarrassés de leur onglet, c'est-à-dire de leur partie inférieure rétrécie, avec le triple de leur poids de sucre et une quantité suffisante d'infusion de roses pour obtenir une pâte ayant la consistance du miel ; à absorber à la dose de 50 à 100 g par jour. (On s'étonne moins de l'efficacité de ce remède depuis que des travaux ont prouvé sa teneur en principes antibiotiques...).

La décoction de feuilles (30 à 40 g pour 1 litre d'eau ; faire bouillir deux à trois minutes ; laisser infuser dix minutes ; 2 ou 3 tasses par jour) est conseillée contre la diarrhée, la dysenterie.

Le miel rosat (faire bouillir pendant dix minutes 20 g de pétales de roses — toujours pris sur des boutons et débarrassés de l'onglet — dans 100 g de miel ; passer en exprimant à travers un linge fin) est souverain — par cuillerées à café — contre les maux de gorge et les inflammations des muqueuses buccales.

L'infusion de pétales séchés (40 à 50 g pour un litre d'eau bouillante ; laisser infuser dix à quinze minutes) s'emploie en lotions et compresses contre l'ophtalmie et la conjonctivite.

On obtient enfin un très bon vinaigre de toilette en opérant ainsi : remplir un bocal de pétales, cueillis le matin, avant que le soleil ait dissipé les substances essentielles concentrées pendant la nuit, et privés de leur onglet ; recouvrir de bon vinaigre blanc ; laisser macérer au soleil pendant vingt jours ; filtrer.

# S

## SALICAIRE

***Lythrum salicaria.*** *Lysimaque ou lysimachie rouge, salicaire à épis.*

Si vous êtes pêcheur, vous l'avez rencontrée souvent car elle fréquente comme vous le bord des rivières et des étangs (également les endroits marécageux et humides). C'est une plante robuste, de 60 cm à 1 m de haut, aux tiges quadrangulaires, garnies de longues feuilles opposées lancéolées, qui, de juin à fin août, porte de longs épis de fleurs pourpres à 6 pétales dans lesquels il vous arrive parfois de prendre votre fil lorsque vous vous glissez sous les saules (son nom vient d'ailleurs de *salix :* saule, parce qu'elle pousse la plupart du temps à leur pied).

Cueillez donc ses sommités fleuries et faites-les sécher au soleil ou à l'étuve. Elles vous rendront service par leurs propriétés astringentes à action hémostatique puissante et rapide qui en font, depuis des millénaires, le remède des inflammations aiguës ou chroniques de la muqueuse gastro-intestinale.

A l'intérieur, la décoction (40 à 50 g de plante séchée ou 150 g de plante fraîche pour 1 l d'eau ; faire bouillir cinq minutes et laisser infuser dix ; 3 à 5 tasses par jour, entre les repas ou un quart d'heure avant) est indiquée en cas de diarrhée (sanglante ou non), de dysenterie bacillaire, de crachements de sang, d'hémorragie interne, de règles trop abondantes, de saignements de nez fréquents (épistaxis), de douleurs d'estomac.

A l'extérieur, la décoction plus concentrée (100 g pour 1 l d'eau) s'emploie en compresses contre les affections de la peau (eczéma, intertrigo, démangeaisons) ; en injections tièdes contre la vaginite, le prurit vulvaire, les pertes blanches. Elle agit également sur les ulcères variqueux, mais il est préférable alors de la préparer avec du vin rouge.

## SANICLE

***Sanicula europœa.*** *Sanicle d'Europe, herbe de Saint-Laurent, herbe du Deffaut, herbe aux vaches.*

On la tint pour une panacée, comme le démontrent son nom dérivé de *sanus :* sain, et ce distique, passé dans les dictons d'autrefois :

*Qui a la bugle et la sanicle*
*Fait aux chirurgiens la nique.*

Puis on l'abandonna parce qu'on lui avait attribué des vertus qu'elle n'avait pas, négligeant du même coup de mettre à profit celles qu'elle possède effectivement.

Je vous la présente d'abord : c'est une petite ombellifère très commune dans les bois, les haies, les lieux humides ombragés ; ses feuilles, d'un beau vert brillant sur le dessus, plus pâle dessous, ont de longs pétioles ; elles sont divisées en 3 ou 5 lobes irrégulièrement dentelés à leur extrémité ; ses petites fleurs, blanches ou un peu rougeâtres, sont disposées en ombelle au sommet d'une tige grêle ne dépassant guère 40 à 50 cm de haut.

On emploie les sommités fleuries et surtout les feuilles, récoltées au moment de la floraison (mai-juillet) et séchées à l'ombre ; riches en tanin, en résine et en huile essentielle, elles ont une action tonique, antiseptique, anti-inflammatoire, stomachique, astringente et hémostatique.

A la campagne, les feuilles fraîches servent aux bêtes et aux gens : aux vaches qui viennent de vêler, pour favoriser l'expulsion de l'arrière-faix ou placenta ; aux habitants de la ferme contre les hémorragies, les crachements de sang et autres troubles sanguins, la dysenterie chronique et la diarrhée. Après avoir froissé entre les doigts une poignée de sanicle, on la fait infuser à froid toute la nuit dans un verre de vin blanc ; le matin, on passe le tout à travers un linge en exprimant le plus possible et on boit cette mixture à jeun.

Mais la plupart du temps, c'est à la décoction de plante sèche qu'on a recours : à l'intérieur (40 à 50 g pour 1 l d'eau ; faire tremper à froid quelques minutes, chauffer à feu doux jusqu'à ébullition ; laisser bouillir deux minutes et infuser dix à quinze minutes ; 3 ou 4 tasses par jour, entre les repas), elle est recommandée contre la diarrhée, la dysenterie, les ulcères de l'estomac, les hémorragies passives, la leucorrhée, les hémorroïdes, les varices et autres troubles circulatoires ; à l'extérieur (100 g par litre d'eau), en lavages et compresses, on l'utilise sur les plaies, les contusions, les ecchymoses, les ulcères variqueux, les dartres ; également, en gargarismes et bains de bouche, contre les ulcérations des muqueuses, les aphtes, les inflammations des gencives et de la gorge.

## SAPONAIRE

***Saponaria officinalis.*** *Savonnière, saponière, savonaire, herbe au savon, savon de fossé, herbe à foulon.*

Indiscutablement, ainsi que le laissent prévoir ses noms et surnoms, elle nettoie. Tout : le linge avec lequel on la met à bouillir en guise de savon, les étoffes de laine avant teinture, les tissus aux couleurs délicates et l'organisme humain lorsqu'il est victime d'engorgements ou surchargé de toxines qui cherchent une porte de sortie à travers la peau (l'homéopathie considère *Saponaria* comme un remède de drainage dans toutes les affections cutanées, rejoignant ainsi les médecins arabes qui la prescrivaient contre les dartres, les ulcères et la lèpre).

Elle est une des herbes de base de la médecine populaire qui l'utilise d'autant plus volontiers qu'elle pousse à peu près partout (au bord des rivières et des ruisseaux, dans les bois et les haies, sur les décombres et les talus où elle forme d'importantes colonies) et qu'elle est facile à identifier : ses tiges, de 30 à

70 cm de haut, sont cylindriques et dures ; elles portent des feuilles opposées, vert tendre, pointues et sillonnées par 3 nervures longitudinales ; ses fleurs rose tendre sont groupées en petits bouquets au sommet des tiges ; elles ont 5 pétales et un délicat parfum.

On peut employer les tiges et les feuilles, mais généralement on leur préfère la racine (c'est un rhizome blanc jaunâtre, très ramifié, de la grosseur du doigt) récoltée soit au printemps, soit en automne, séchée au soleil et coupée en petits morceaux.

Elle se prépare en décoction (40 à 50 g pour 1 l d'eau ; faire bouillir cinq minutes et passer immédiatement sans laisser macérer en raison des effets secondaires — tremblements, paralysie partielle de la langue, sécheresse de la bouche — qui seraient alors à craindre ; 2 ou 3 tasses par jour une demi-heure avant les repas) et est recommandée contre les maladies de la peau (dartres, acné, boutons, urticaire, etc.), les rhumatismes, la goutte, la gravelle, les troubles du foie (jaunisse, notamment), les engorgements lymphatiques ou des bronches (bronchite), l'œdème, l'obésité, ainsi que pour éliminer les toxines à la suite d'une maladie infectieuse.

L'herboriste suisse Jos. Triponez signale[1] une petite indication supplémentaire qui peut rendre service : quand, après un repas copieux, on ressent une indisposition gastrique, intestinale ou hépatique, lorsque le visage est rouge, congestionné et boursouflé, une tasse de simple décoction de racine (5 g pour 100 cc ; faire bouillir cinq minutes et boire chaud sans laisser infuser) sera « le remède adéquat, simple et rapide ».

En gargarismes, la même décoction est préconisée en cas d'angine, surtout celle de Vincent, et en lavages ou compresses contre les éruptions cutanées.

## SAUGE

***Salvia officinalis.*** *Grande sauge, herbe sacrée, salel, sauge franche, thé sacré, thé de la Grèce, thé de France, thé de Provence.*

Elle est sans conteste la reine des plantes médicinales comme la rose est celle des fleurs d'agrément. Son nom est déjà une sorte de diplôme d'efficacité puisque *salvia* vient du latin *salvare* qui signifie « sauver », « guérir » ; mais elle a aussi à son actif le plus beau palmarès de citations à l'ordre de la santé qu'on puisse imaginer.

Pour les romains, elle est l'« herbe sacrée » qui se récolte avec un cérémonial spécial, sans l'intervention d'outils de fer (or, on sait maintenant que les sels de fer sont une substance incompatible avec la sauge !), « en tunique blanche, les pieds nus et bien lavés », après avoir sacrifié au préalable avec du pain et du vin. Ils sont persuadés que non seulement elle protège la vie mais qu'elle aide à la donner ; « elle retient ce qui est conçu et le vivifie », disent-ils, en foi de quoi ils la conseillent aux femmes enceintes et à celles qui souhaitent le devenir : elles

1. *Op. cit.*

doivent demeurer quatre jours sans partager la couche conjugale, boire une bonne ration de jus de sauge, puis « habiter charnellement avec l'homme » et, infailliblement, elles concevront (à l'appui de cette recette est cité le cas d'une ville d'Égypte où les femmes furent contraintes « par ceux qui restèrent d'une grande peste qui y advint » d'ingurgiter la même potion et « par ce moyen ladite ville fut incontinent repeuplée d'enfants »).

Pendant tout le Moyen Age, elle entre obligatoirement dans la composition des préparations aux noms évocateurs qui tiennent la vedette en pharmacopée : Eau d'arquebusade, Eau céleste, Eau impériale, etc. et un axiome proclame : « Pourquoi mourrait-on lorsqu'on cultive la sauge, si ce n'est qu'aucune plante des jardins n'est assez forte contre la mort ? »

Plus tard encore, les traités médicaux lui accordent une place considérable. On y lit des phrases comme celles-ci : « Le désir de la sauge est de rendre l'homme immortel », « Elle a tant de vertus qu'elle passe dans l'esprit de plusieurs pour une plante universelle et propre à tous maux » ; et certains d'entre eux publient cette recette de la dernière chance : « Lorsqu'un bébé, abandonné du médecin, est perdu et que personne ne comprend la maladie qui va l'emporter, préparer une décoction de sauge et la lui faire prendre par petites cuillerées toutes les cinq minutes ; on assistera à la résurrection de l'enfant. » Enfin, plus près de nous, l'abbé Kneipp fait cette recommandation : « Aucun propriétaire de jardin n'oubliera, en le cultivant, d'y planter un pied de sauge... »

La sauge, en effet, ne pousse pas spontanément dans nos régions comme en Europe méridionale qui est sa zone d'origine, mais elle s'y acclimate fort bien (j'en ai une dizaine de pieds, en bordure d'allée et dans une rocaille, qui supportent parfaitement les rigueurs du climat auvergnat) et constitue un élément décoratif d'autant plus appréciable que ses feuilles persistent pendant l'hiver.

La taille de ce sous-arbrisseau vivace — qu'il ne faut évidemment pas confondre avec la sauge à fleurs écarlates que l'on sème chaque année et qui orne tant de plates-bandes en été — varie entre 30 et 60 cm ; la partie inférieure est ligneuse alors que la partie supérieure est formée de tiges quadrangulaires velues et feutrées ; les feuilles sont opposées, ovales, allongées, gris verdâtre et feutrées ; les fleurs — très fréquentées par les abeilles — sont bleu-violet, petites, groupées en bouquets à l'extrémité des tiges ; elles apparaissent en juin-juillet, période où l'on récolte les feuilles qui doivent sécher à l'ombre à une température inférieure à 35° si l'on ne veut pas qu'elles perdent leur parfum aromatique — ce qui serait dommage car il est spécialement agréable — et surtout leurs propriétés, ce qui serait pire car elles sont aussi nombreuses qu'utiles.

En premier lieu, la sauge est digestive : en infusion qui remplace le café (2 ou 3 feuilles fraîches ou séchées pour une tasse d'eau bouillante ; laisser infuser — couvert — cinq minutes), elle stimule les estomacs paresseux et « fait passer » les repas copieux et lourds. On peut aussi — c'est un petit « truc » qui m'a été donné, en même temps que le premier pied de sauge que j'ai planté dans mon jardin, par un ami chimiste — en mâcher une feuille ou deux avant de déguster un mets qu'on aime mais dont on redoute les effets ultérieurs (des sardines à l'huile, par exemple) et alors le régal ne comporte aucune suite désagréable.

Cette remarquable action explique d'ailleurs pourquoi, dans les pays méridionaux, on larde de feuilles de sauge fraîche les rôtis de porc ou de veau (ils ont ainsi une saveur exquise et sont plus légers à l'estomac) ; elle explique aussi la place de la sauge parmi les condiments : elle empêche la putréfaction en luttant contre la toxine redoutable qu'est la cadavérine. Cependant, comme le dit si joliment Robert Landry[1], « dans ce grand opéra qu'est la cuisine, la sauge représente une diva susceptible et capricieuse. Elle exige de demeurer seule ou presque en scène »... Cordons-bleus, ne commettez donc pas l'erreur de l'associer à d'autres plantes aromatiques telles que le persil ou le cerfeuil qui nuiraient à la pureté de sa note culinaire !

Elle est encore apéritive et tonique ; elle stimule le système nerveux vago-moteur, active la circulation, soutient le cœur et, de ce fait, est particulièrement indiquée aux convalescents, aux surmenés et déprimés, aux femmes mal réglées ou en période de ménopause, soit en infusion (2 ou 3 tasses par jour à la même dose que ci-dessus), soit sous la forme d'un « vin de sauge », plus pratique et plus apprécié des gourmets : faire macérer huit à dix jours, 80 à 100 g de feuilles de sauge (fraîches de préférence) dans 1 l de bon vin blanc ; sucrer au miel selon les goûts ; passer en exprimant à travers un linge fin ; un verre à madère avant les deux repas. Ce vin est aussi recommandé contre les bronchites chroniques, les sueurs nocturnes et les vertiges.

La décoction de sauge (15 g de feuilles pour 1 l d'eau ; faire bouillir cinq minutes au moins et laisser infuser autant) est d'une exceptionnelle efficacité en gargarismes répétés (chauds) contre les maux de gorge et angines ; en bains de bouche, elle guérit les diverses ulcérations ou inflammations de la bouche (aphtes, gencives irritées, abcès dentaires) à tel point que les Anciens disaient : « La sauge redonne la parole à celui qui l'a perdue. »

1. *Op. cit.*

A dose plus forte (100 g pour 1 l d'eau), en compresses, elle fait disparaître l'eczéma, les dartres, les boutons et cicatrise les plaies guérissant mal ; mêlée à du rhum, en proportions égales, et appliquée en friction quotidienne, elle arrête la chute des cheveux et combat les pellicules.

Vous pourrez également avoir recours à l'onguent de sauge (pilez dans un mortier 5 bonnes poignées de feuilles fraîches ; mêlez-les à 500 g de saindoux non salé ou de beurre frais et faites bouillir à feu très doux jusqu'à ce que l'humidité de la plante soit évaporée ; passez — encore chaud — en exprimant à travers un linge fin ; gardez, bien fermé, dans un pot de grès ou de verre) ; des massages matin et soir, en faisant bien pénétrer l'onguent dans la peau, fortifient les nerfs, assouplissent les articulations et sont indiqués en cas de rhumatismes, goutte, sciatique et douleurs musculaires.

Sachez enfin que : 1° des feuilles de sauge séchées et fumées en guise de tabac soulagent les asthmatiques ; 2° une pincée de feuilles de sauge infusées (cinq minutes) dans une tasse de lait bouillant fait avorter le rhume à son début ; 3° l'infusion de sauge (froide) est indiquée contre la diarrhée des nourrissons ; 4° des feuilles de sauge brûlées sur des braises ou mises à bouillir dans une casserole découverte (comme pour l'eucalyptus) désinfectent les locaux où des malades graves ont séjourné ; 5° le vin chaud à la sauge remplace avantageusement le vin chaud à la cannelle.

Devant tant de vertus s'ajoutant encore à la finesse de son arôme, on comprend que les Chinois se soient longtemps étonnés de voir les Européens venir chercher du thé dans leur pays alors qu'ils possèdent la sauge chez eux et qu'à l'époque du troc commercial, ils allèrent jusqu'à donner deux caisses de leur thé contre une du nôtre...

## SARRIETTE

***Satureia hortensis*** ou ***Satureia montana****. Sauriette, sadrée, savorée, herbe de Saint-Julien, poivre d'âne.*

Que vous la semiez chaque année dans votre jardin ou que vous profitiez de vos vacances pour la cueillir dans les garrigues de Provence où elle est vivace et spontanée, cette petite plante aromatique dont l'odeur et l'aspect rappellent le thym devrait avoir sa place chez vous.

Incorporée aux salades, sauces, marinades, légumes (spécialement aux haricots comme l'indique son nom allemand de *Bohnenkraut :* herbe aux haricots), elle les parfumera délicieusement mais surtout facilitera leur digestion. En effet, bien qu'on semble l'avoir quelque peu oublié aujourd'hui pour ne la considérer que comme un simple aromate, elle possède de remarquables propriétés thérapeutiques qui s'exercent tout particulièrement sur l'estomac et l'intestin et qui lui ont valu jadis une renommée justifiée en médecine.

Il est d'ailleurs symptomatique que la plupart des traités passent sous silence les vertus aphrodisiaques qu'on lui a primitivement attribuées (son nom les signalait clairement puisqu'il vient du latin *satyrus*) pour ne vanter que son rôle exceptionnellement bénéfique sur l'appareil digestif, lequel l'a fait baptiser la « sauce aux pauvres gens ». Ce rôle tient au fait qu'elle stimule l'estomac, apaise les spasmes et régularise les contractions intestinales, empêche les fermentations de l'intestin (elle est antiseptique) et favorise l'évacuation des gaz.

Elle est donc recommandée en infusion (50 g pour 1 l d'eau bouillante ; laisser infuser cinq à dix minutes ; 3 tasses par jour, après les repas) contre les digestions difficiles, les douleurs d'estomac, la diarrhée chronique, les ballonnements (on l'a employée également comme vermifuge : une tasse, très concentrée, le matin à jeun).

A l'extérieur, des lotions matin et soir et des compresses avec une infusion à forte concentration (80 g par l) sont indiquées en cas d'affections de la peau. Des sachets de toile contenant de la sarriette chassent les mites.

## SAULE

***Salix alba.*** *Saule ou osier blanc, aubier, saule argenté, vinsier, sausse.*

Les fièvres, les douleurs et l'excitation génitale excessive sont ses trois grandes indications, connues depuis l'Antiquité et largement vérifiées en médecine populaire, bien avant que l'analyse chimique les justifie scientifiquement en faisant état de la présence dans l'écorce et les feuilles de salicine et acide salicylique[1] — lequel doit son nom au nom latin du saule *salix* —, de tanin et de substances calmantes.

D'instinct — ou peut-être parce qu'ils pensaient que Dieu a toujours placé le remède à côté du mal —, les paysans des régions marécageuses, où les fièvres sont fréquentes et les saules abondants puisqu'ils aiment les terrains humides, ont de tout temps utilisé l'écorce en tisane ou en macération dans la boisson locale (vin, bière ou cidre) pour combattre ou prévenir leurs accès, mettant même parfois dans leur lit — et autour — des feuilles dont Matthiole disait qu'elles « sont profitables à ceux qui sont en fièvre ».

Les médecins qui, comme le docteur Cazin ou le docteur Leclerc, se sont intéressés aux « remèdes de bonne femme » tant méprisés par leurs confrères se sont ralliés, eux aussi, à l'écorce de saule en reconnaissant qu'« elle est, de toutes les écorces des arbres d'Europe, celle qui se rapproche le plus du quinquina » et ils n'ont pas hésité à reprendre dans leurs prescriptions les doses et les techniques des empiriques.

L'écorce se prélève au printemps (époque où elle se détache facilement) ou à l'automne sur des rameaux n'ayant pas plus de cinq ans. Elle se fait sécher rapidement au soleil ou à l'ombre. On l'emploie contre les fièvres intermittentes et grippales, les diarrhées chroniques, les douleurs d'estomac, la dyspepsie, les hémorragies passives, les manifestations rhumatismales et arthritiques, le rhumatisme articulaire aigu (le professeur Binet appelait d'ailleurs le saule « l'arbre contre la douleur »), soit en décoction (20 à 30 g pour 1 l d'eau ; faire tremper à froid cinq minutes ; chauffer à feu doux ; faire bouillir deux minutes ; laisser infuser dix minutes ; 3 tasses par jour avant les repas), soit en macération (50 g pour 1 l de vin, bière ou cidre ; laisser macérer quarante-huit heures au moins ; passer ; un verre à madère avant ou après les deux grands repas).

Mais c'est aux feuilles et chatons, non à l'écorce, qu'on fait appel, frais ou séchés, pour la troisième indication du saule : ils

1. Voir REINE-DES-PRÉS p. 301.

ont, en effet, une action sédative très marquée surtout sur les organes génitaux, tant chez l'homme que chez la femme. Dioscoride l'a signalé « pour arrêter les ardeurs de Vénus » ; l'École de Salerne déclarait que « prise dans l'eau, sa fleur éteint la flamme impure qu'allume la lubricité » tandis que Dalechamps affirmait : « Les feuilles pilées et prises en breuvage refroidissent ceux qui sont trop échauffés au jeu d'amour, et même à qui continuerait d'en prendre, elles rendraient la personne du tout inhabile à ce métier. »

Là encore, le docteur Leclerc a confirmé ces remarques et préconise l'infusion de feuilles ou de chatons (5 g pour 1 tasse d'eau bouillante (100 cc) ; laisser infuser cinq minutes ; trois fois par jour, avant les repas) contre les douleurs pelviennes au moment des règles, l'éréthisme génital, l'insomnie et l'angoisse.

A l'extérieur, l'écorce de saule est utilisée en décoction (100 g pour 1 l d'eau ; faire tremper à froid cinq à dix minutes ; chauffer doucement jusqu'à ébullition ; faire bouillir trois à quatre minutes ; laisser infuser quinze minutes) en lavages et compresses pour les plaies guérissant mal, les ulcères variqueux. La feuille, macérée vingt-quatre heures dans du vinaigre, s'applique sur les cors et les durillons, comme la feuille de lierre[1].

## SCOLOPENDRE

***Asplenium scolopendrium*** ou ***Scolopendrium officinale.*** *Langue de cerf, langue de bœuf, herbe hépatique, herbe à la rate.*

Sa racine faisait, il y a quatre siècles, le même office que notre « pilule » : arrachée de nuit lorsque la lune n'éclairait pas et portée suspendue au cou, seule ou avec un morceau de rate d'un mulet, elle passait pour « engarder de concevoir ».

Cependant, il est probable que les effets attendus de ses feuilles étaient plus certains : on la disait bonne « à ceux qui ne peuvent pisser que goutte à goutte » et elle était tenue pour « servir grandement à la jaunisse et à l'obstruction de la rate »,

1. Voir p. 202.

indications qui ont été confirmées par une longue expérimentation populaire et qui sont encore valables aujourd'hui où l'infusion de scolopendre (30 à 40 g de feuilles fraîches ou séchées à l'ombre en automne pour 1 l d'eau bouillante ; laisser infuser cinq à dix minutes ; 3 tasses par jour, entre les repas) est préconisée contre les affections du foie et de la rate, la catarrhe pulmonaire, la gravelle, la néphrite, le rhumatisme, la diarrhée.

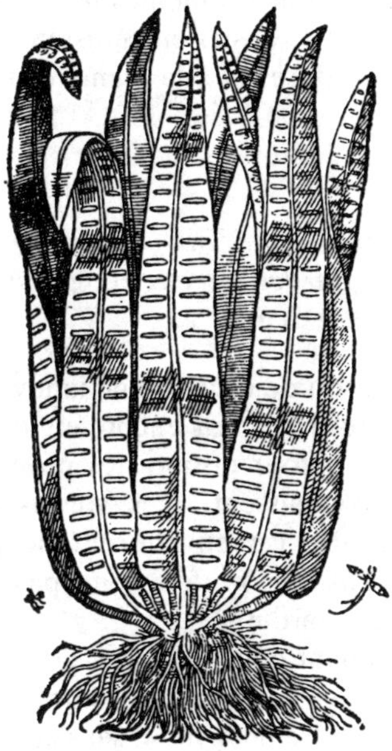

Son homonymie avec le mille-pattes n'est sans doute pas faite pour vous aider à la cataloguer ; pourtant, vous l'avez vue souvent et vous allez immédiatement la situer lorsque je vous aurai précisé qu'elle pousse dans les fentes des rochers humides, les puits, les citernes, au bord des sources, et que ses feuilles ont la forme de lanières ou de langues allongées, échancrées en cœur à la base, avec sur leurs envers de nombreux groupes de petits grains bruns encadrant la nervure médiane (ils contiennent les spores destinés à la reproduction car la scolopendre appartient à la famille des fougères).

Vous pourrez d'ailleurs utiliser également une de ses proches parentes, avec laquelle on la confond parfois. Cette autre fougère s'appelle doradille *(Asplenium ceterach)* et a de nombreux surnoms : cétérach officinal ou vrai, scolopendre, rue des murailles, dorade, herbe dorée. Elle pousse exactement aux mêmes endroits, mais ses feuilles sont découpées et les grains qu'elles portent sur leurs envers brillent comme des paillettes d'or. Ses indications sont les mêmes que celles de la scolopendre ; elle se prend, elle aussi, en infusion (feuilles fraîches ou séchées) aux mêmes doses et à la même cadence.

## SÉNEÇON

***Senecio vulgaris.*** *Herbe aux oiseaux, herbe des chardonnerets, tête de poule, séneçon des oiseaux, érigeron des anciens, herbe aux charpentiers, toute-venue.*

Emerson a eu raison de dire qu'une mauvaise herbe est « une plante dont les vertus n'ont pas encore été découvertes ». Je l'ai vérifié en signalant autour de moi les propriétés du séneçon : depuis qu'ils les connaissent, mes voisins non seulement ne maugréent plus contre cet envahisseur de plates-bandes mais c'est tout juste s'ils ne se félicitent pas de le trouver en abondance dans leur jardin...

Ils savent maintenant qu'ils ont sous la main un des meilleurs — sinon le meilleur — des remèdes contre les troubles féminins puisque, sans la moindre nocivité et sans aucun effet secondaire, il régularise et provoque les règles, calme les spasmes douloureux qui les accompagnent et convient aussi bien aux jeunes filles traversant la difficile période de la puberté qu'aux femmes qui, chaque mois, sont victimes de malaises à peine supportables — indications empiriques pleinement confirmées par l'homéopathie qui prescrit *Senecio* dans le retard des règles et leur suppression totale ainsi qu'en cas de règles douloureuses et irrégulières des jeunes filles.

La décoction se prépare à la dose de 40 à 50 g de plante fraîche ou séchée (éliminer les fleurs déjà transformées en duvet blanc) pour 1 l d'eau ; faire bouillir deux à trois minutes ; laisser infuser dix à quinze minutes ; 4 ou 5 demi-tasses dans la journée.

Le séneçon est très répandu dans les jardins, les vignes, les champs labourés. Sa taille varie entre 15 et 30 cm de haut ; ses tiges sont striées et assez ramifiées (de l'aisselle de chaque feuille part une branche terminée par un bouquet de fleurs) ; ses feuilles sont alternes, profondément découpées (elles rappellent celles du pissenlit) ; les fleurs sont petites, jaunes et groupées en cymes à l'extrémité des tiges ; ce sont des capitules comprenant un grand nombre de fleurons qui donnent une graine dotée d'une aigrette soyeuse (c'est à ces aigrettes qu'il doit son nom latin *senecio* dérivé de *senex* : vieillard, par allusion à leurs poils blancs et son nom d'érigeron, signifiant en grec « vieillard au printemps » car elles sont souvent formées dès cette époque).

Autrefois, il a été employé contre l'épilepsie, le choléra, la jaunisse ; cuit dans le lait, on en faisait des cataplasmes contre les hémorroïdes, les furoncles et l'engorgement laiteux du sein. Il avait aussi une indication dentaire — qui relevait davantage de la magie que de la médecine ; je vous la livre telle qu'un auteur ancien l'a transcrite de Pline : si on arrache cette herbe sans se servir d'outil et que l'ayant arrachée on touche trois fois la dent qui fait mal en crachant toujours en terre à chaque fois qu'on l'aura touchée, puis qu'on la remette en place et qu'elle y reprenne, jamais la dent ne fera mal...

## SOUCI

***Calendula officinalis*** ou ***Calendula arvensis.*** *Souci des jardins, fleur de tous les mois.*

Olivier de Serres recommandait aux sujets du bon roi Henri IV de parer leurs jardins de soucis parce que « ce sont des plantes gardant leurs fleurs bien avant dans l'hiver » et il déplorait que ces fleurs fussent « peu usitées en médecine malgré toutes les propriétés qu'on leur a attribuées ».

Il pourrait encore exprimer le même regret aujourd'hui car, en dehors de l'homéopathie qui lui réserve une place de choix tant en usage interne qu'externe (*Calendula* est surnommé « l'antiseptique homéopathique »), le souci n'est guère utilisé qu'en médecine populaire, ce qui désolait le docteur Cazin qui, ayant pu vérifier son efficacité à maintes reprises, constatait mélancoliquement : « Si les Anciens ont exagéré les vertus du souci, les modernes les ont trop dépréciées. »

Ces vertus — dont on a dit qu'elles « sont aussi brillantes que la couleur de ses capitules floraux » — dictent son emploi dans de nombreuses affections : comme sudorifique et diurétique contre la grippe, la fièvre, les douleurs rhumatismales, la goutte ; comme anti-inflammatoire et cicatrisant contre les gastrites, l'entérite, les ulcérations des muqueuses de l'estomac et de l'intestin ; comme stimulant et décongestionnant contre les troubles hépatiques, l'insuffisance biliaire, les calculs, la jaunisse (il facilite l'écoulement de la bile) ; comme emménagogue et antispasmodique contre les règles irrégulières et douloureuses, l'hystérie, les troubles de la ménopause et de l'obésité (pour faciliter les règles, commencer le traitement une semaine avant la date de leur apparition).

Dans tous ces cas, on utilise les fleurs, fraîches de préférence ou séchées à l'ombre (on peut soit les détacher de leur calice vert, soit garder les capitules floraux entiers) en infusion (30 à 40 g pour 1 litre d'eau bouillante ; laisser infuser de dix à quinze minutes ; 3 ou 4 tasses par jour).

A l'extérieur, les fleurs sont indiquées, en lotions et compresses, contre les brûlures (elles calment la douleur), les blessures (les chirurgiens américains s'en servaient pendant la guerre de Sécession), les croûtes de lait et l'impétigo du cuir chevelu (sainte Hildegarde mentionne déjà cette usage dans son traité de médecine au XIIᵉ siècle).

On les emploie soit fraîches, hachées (éventuellement avec les tiges et les feuilles), en cataplasmes ; soit en décoction (50 à 100 g de plante pour 1 litre d'eau ; faire bouillir cinq minutes ; laisser infuser dix minutes) ; soit en alcoolat (faire macérer pendant une quinzaine de jours 200 g de fleurs fraîches dans 1 litre d'alcool à 70 ou 90° ; passer en exprimant à travers un linge ; à employer tel ou dans de l'eau bouillie sur plaies et blessures) ; soit en onguent (faire bouillir doucement, pendant au moins deux heures, 200 g de fleurs fraîches dans 600 g d'eau ; ajouter 400 g de saindoux et faire bouillir de nouveau jusqu'à évaporation complète de l'eau ; passer en exprimant à travers un linge ; conserver, bouché, dans un pot de verre ou de grès).

Elles constituent également un excellent traitement des engelures : à titre curatif : faire des bains prolongés dans une décoction à 37° (100 g pour 1 litre d'eau), puis recouvrir les engelures ulcérées d'un cataplasme fait avec les fleurs bouillies ou les enduire d'onguent ; à titre préventif : dès les premiers froids, baigner chaque jour les mains ou les pieds sujets aux engelures (bain prolongé, toujours à 37°) dans 2 litres de décoction à laquelle on a ajouté 2 ou 3 grosses poignées de sel marin (cette préparation peut servir deux fois).

Les feuilles fraîches écrasées (ou leur suc) sont aussi efficaces contre les verrues que le suc de chélidoine[1] avec l'avantage sur celui-ci de n'être pas toxique. Elles suppriment également les cors et les durillons (applications matin et soir).

Le fait que le souci fleurit aux calendes de chaque mois et que ses fleurs s'ouvrent et se ferment en fonction du soleil lui a valu, d'une part, ses noms savants — *Calendula* — et commun — souci, déformation du latin *Solsequia* : qui suit le soleil ; d'autre part, d'être considéré, à un certain degré, comme une plante magique : le roi Jean d'Aragon, conformément aux directives des sorciers espagnols, conseillait à ses sujets de porter sur eux un talisman consistant en fleur de souci, cueillie quand le soleil entre dans le signe de la Vierge, enveloppée avec une dent de loup dans des feuilles de laurier.

La fleur de souci séchée a enfin sa place en cuisine dans certaines régions d'Angleterre et d'Allemagne, surtout dans les potages ; elle a servi également à colorer le beurre et à blondir les cheveux.

## SUREAU

***Sambucus nigra.*** *Sureau noir, sambequier, seuillet, seur, sogon, suin, sambuc.*

« Dans les bons vieux temps, le pied de sureau se trouvait tout à côté de la maison. De nos jours, on extirpe un peu

1. Voir p. 119.

partout cet arbrisseau, et cependant il mérite de redevenir et de rester le voisin le plus proche de chaque maison, attendu que tout en lui peut servir : les feuilles, les fleurs, l'écorce et les racines. »

Il y aura bientôt cent ans que l'abbé Kneipp écrivait ces lignes[1] et, contrairement à ce qu'il souhaitait : voir remettre en honneur ce « fidèle ami de la maison », le massacre a été en s'accentuant, aggravé encore par la mode des résidences secondaires car, bien entendu, il n'est pas question de conserver sous les yeux un arbuste aussi banal quand on peut le remplacer par quelque conifère rare et coûteux...

Je ne me fais aucune illusion : pas plus que le brave abbé, je ne réussirai à arrêter cette hécatombe (si seulement le sureau était exotique, cher et fragile, mais il est « bien de chez nous », gratuit et robuste !) ; cependant, il n'est pas interdit d'espérer qu'un certain nombre de pieds seront épargnés lorsqu'on saura à quel point ils sont utiles.

FEUILLES — Diurétiques et dépuratives, voici comment l'abbé Kneipp les conseille : « Voulez-vous, au printemps, purifier les humeurs et le sang, évacuer d'une manière facile et naturelle les éléments morbides ? Prenez 6 ou 8 feuilles de sureau, coupez-les en petits morceaux, comme on le fait avec le tabac, et faites bouillir pendant environ dix minutes. Tous les matins, une heure avant votre déjeuner, vous prendrez une tasse de ce thé pendant toute la durée de votre cure printanière. Ce simple thé dépuratif nettoie la machine du corps humain d'une manière excellente... »

Ce thé est, bien entendu, indiqué contre les affections de la peau (il semble plus actif que l'infusion de fleurs mais il est plus désagréable au palais — les médecins de l'École de Salerne n'usaient que de la fleur, disant « la feuille sent mauvais et la fleur sent bon »).

Les feuilles fraîches, broyées avec de l'huile d'olive, du beurre ou du saindoux et appliquées sur les hémorroïdes, apaisent les douleurs.

FLEURS — De fin mai à juillet, elles forment de fausses ombelles blanches au parfum douceâtre. On les récolte lorsqu'elles sont bien épanouies et on les fait sécher à l'ombre le

1. *Op. cit.*

plus rapidement possible (au-dessous de 30°) afin d'éviter qu'elles noircissent. Elles sont sudorifiques, diurétiques, fébrifuges et antirhumatismales.

En infusion (10 à 20 g pour 1 litre d'eau bouillante ; laisser infuser cinq à dix minutes ; 3 ou 5 tasses par jour), elles sont conseillées dans les affections catarrhales pulmonaires, la bronchite, les fièvres éruptives (rougeole, scarlatine, etc.), les rhumatismes, la goutte. Un des meilleurs remèdes pour faire avorter une grippe ou un rhume est, dès les premiers frissons, de prendre une tasse de cette infusion — au besoin un peu plus corsée (30 g par litre), bien chaude, en se mettant au lit avec une confortable provision de couvertures, ce qui a pour résultat de « faire suer trois ou quatre chemises » comme on dit à la campagne.

Pour « avoir bonne voix », plusieurs auteurs anciens suggèrent de boire, le matin à jeun, 1/2 verre de vin blanc dans lequel on a fait macérer toute la nuit une dragme (environ 4 g) de fleurs de sureau en poudre.

A l'extérieur, la décoction (50 g de fleurs séchées pour un litre d'eau ; faire bouillir cinq minutes et laisser infuser cinq à dix minutes) s'emploie en inhalations contre le rhume de cerveau, l'enrouement, la laryngite ; en lotions contre la conjonctivite, en compresses contre les engelures et l'érysipèle.

Les fleurs de sureau servent aussi à parfumer le vin (mêlées au moût, elles lui communiquent une saveur de muscat) et le cidre ; elles transforment de même le goût des pommes qui sont conservées à leur contact ; elles donnent enfin un excellent vinaigre de ménage, appelé « vinaigre surard », qui est « moins contraire à l'estomac et plus sain que le commun » (Chomel *dixit*) et qui, surtout, est un raffinement pour gourmet.

En voici la recette : dans un bocal de verre, mettre ensemble 500 g de fleurs de sureau récemment séchées et un 1/2 litre de vinaigre de vin ; boucher hermétiquement et faire « digérer » ce mélange au soleil pendant huit à dix jours ; passer avec forte expression à travers un linge fin ; filtrer ensuite à travers un papier-filtre et conserver en bouteille bien fermée (j'ajoute que vous pourrez préparer de la même façon des vinaigres avec des fleurs de sauge, de romarin, d'œillets, de roses rouges et des feuilles d'estragon).

Écorce — Soit au printemps avant la floraison, soit à l'automne au moment de la chute des feuilles, on gratte légèrement au couteau, sur les jeunes branches, l'écorce extérieure grise et on prélève par lambeaux l'écorce verte qui se trouve en dessous.

On l'emploie, de préférence fraîche (elle est plus active), pour ses propriétés fortement diurétiques et légèrement laxatives, en décoction (2 poignées par litre d'eau que l'on fait bouillir jusqu'à réduction de moitié ; à boire en trois fois le matin à jeun) contre l'hydropisie, la rétention d'urine, la néphrite aiguë avec œdème, les coliques néphrétiques, les rhumatismes, la goutte.

Dans ces mêmes affections, elle peut être remplacée par du vin d'écorce : sur 150 g de seconde écorce fraîche, verser 1 litre de vin bouillant ; couvrir et laisser infuser pendant quarante-huit heures ; passer et sucrer éventuellement ; un verre à bordeaux un quart d'heure avant le repas, midi et soir.

Baies — Les Romains les ont utilisées pour teindre les cheveux. Fraîches, desséchées ou en confiture, elles sont purgatives (une cuillerée à soupe par jour). Dans certaines régions, on les fait macérer dans de l'eau-de-vie ou de l'alcool à 45° (60 à 100 g de baies fraîches pour 1 litre ; laisser macérer une quinzaine de jours ; passer en exprimant à travers un linge) et on prend cette teinture comme purgatif à la dose de 15 à 30 g, trois fois par jour.

Racine — C'est également la seconde écorce qu'on utilise, dans les mêmes proportions et les mêmes indications que plus haut.

L'homéopathie prescrit le sureau, *Sambucus*, tout spécialement contre le spasme de la glotte.

Il existe une autre variété de sureau, plus petite (rarement plus de 2 m de haut alors que le sureau atteint jusqu'à 8 m) qui a sensiblement les mêmes indications (on utilise surtout sa racine : 20 à 30 g par litre d'eau ; tremper à froid une heure ; faire bouillir une minute ; laisser infuser dix à quinze minutes ; 3 à 5 demi-tasses par jour). Il s'agit de l'hièble ou yèble *(Sambucus ebulus)* appelé encore sureau nain, sureau sauvage, sureau en herbe.

# T

## TANAISIE

***Tanacetum vulgare.*** *Herbe aux vers, herbe du bon chasseur, herbe de Saint-Marc, barbotine, barbaline, athanase, albanose, herbe amère, tenacée, sent-bon.*

Elle appartient à la même famille — celle des composées — que l'absinthe[1], dégage comme elle une forte odeur aromatique, possède à peu de choses près les mêmes propriétés et les mêmes indications, assorties du même avertissement quant à la durée du traitement et aux doses à respecter pour éviter tout accident (vertiges, crampes).

Elle se rencontre au bord des chemins, en lisière de forêt, dans les prairies et les terrains incultes un peu humides. On la cultive aussi dans les jardins comme plante d'ornement et, dans les pays anglo-saxons, comme aromate (en Angleterre, le pudding à la tanaisie marquait traditionnellement la fin du carême).

Ses tiges, qui dépassent souvent 1 m de haut, sont garnies de feuilles alternes finement découpées, d'un beau vert, légèrement cotonneuses en dessous ; ses fleurs jaune d'or sont des capitules d'environ 1 cm de diamètre, groupés en ombelles presque plates très décoratives. La floraison s'étend de juin à août, période pendant laquelle on récolte les sommités fleuries et les feuilles

1. Voir p. 51.

qu'on fait sécher à l'ombre (les graines sont également actives mais d'un usage moins courant).

Depuis des siècles, elle est avant tout connue comme vermifuge — ascaris et oxyures (les Allemands l'appellent « herbe aux lombrics »). Le traitement consiste pendant plusieurs jours consécutifs, soit à boire le matin à jeun et avant l'un des deux repas, une infusion de feuilles ou sommités fleuries

(5 g pour une tasse (100 cc) d'eau bouillante ; laisser infuser cinq minutes), soit à administrer un lavement (15 à 30 g en infusion pour 1 litre d'eau bouillante salée ; laisser infuser vingt minutes).

Les feuilles fraîches pilées et appliquées en cataplasme sur le ventre des enfants suffisent souvent à leur faire évacuer les vers intestinaux. Elles passent aussi, fraîches ou sèches, pour chasser les puces et les punaises lorsqu'on les met entre le drap et le matelas ; mêlées à la paille dans la niche des chiens, elles les délivreraient des puces.

La tanaisie se signale encore par son action tonique et stimulante sur les organes digestifs ainsi que ses effets antiseptiques et diurétiques. Elle est donc recommandée dans l'anémie, la chlorose, la dyspepsie, les rhumatismes, la goutte, soit en infusion (5 g pour une tasse ; 2 ou 3 tasses dans la journée avant les repas), soit en vin (faire macérer 50 à 80 g de plante dans un litre de bon vin pendant huit jours ; passer en exprimant ; un verre à bordeaux après le repas, midi et soir).

## THÉ

***Thea sinensis.***

Je n'innove pas en rangeant le thé parmi nos plantes médicinales. C'est comme telle qu'il fut introduit chez nous au XVII^e^ siècle et maintenant qu'il a cessé d'être une denrée exceptionnelle, nous aurions tort d'oublier de faire appel à lui en cas de besoin sous prétexte qu'il est d'usage commun.

A titre d'exemple des éloges délirants dont il a été l'objet, je citerai quelques passages d'un ouvrage de médecine paru pourtant plus d'un siècle après son arrivée en France :

« La plupart des auteurs modernes exaltent beaucoup les rares qualités du thé qu'ils regardent comme un remède universel... L'infusion de thé, prise avec discrétion, est capable de détruire les mauvais levains des premières voies, de dissoudre ces matières visqueuses qui, se rencontrant dans l'estomac, corrompent et altèrent le chyle... Le thé n'est pas moins propre aux maladies du cerveau et de la poitrine qu'à celles du bas-ventre ; car il apaise la migraine, réveille les esprits, dissipe les vapeurs, les étourdissements et l'assoupissement ; rétablit la mémoire, rend l'esprit plus libre et prévient l'apoplexie, la paralysie et le catarrhe. Il est utile aussi aux asthmatiques, aux phtisiques et aux pulmoniques pris avec le lait. En un mot, il entretient dans le sang cette fluidité naturelle dans laquelle consiste la santé. »

Certes, nous n'en sommes plus là ; mais il n'en reste pas moins que, grâce à sa théine, réplique de la caféine, et à son fort pourcentage en tanin, le thé peut rendre service comme toni-cardiaque et antidiarrhéique.

Donc, en cas de dérangement intestinal et si vous n'avez pas mieux sous la main, vous pourrez appliquer cette recette populaire éprouvée : boire toutes les cinq minutes une ou deux gorgées d'une forte infusion de thé — de Ceylan, de préférence (laisser infuser un quart d'heure ou même faire bouillir quelques minutes) à laquelle vous aurez ajouté une cuillerée à café de rhum par tasse, ce qui en renforce l'effet.

## THYM

***Thymus vulgaris.*** *Thym commun, thym des jardins, pote, frigoule, barigoule, farigoule, mignotise des Genevois.*
**SERPOLET, *Thymus serpyllum.*** *Thym sauvage ou bâtard, thym rouge, serpoule, pouliet, pillolet, poleur.*

Il est certain qu'il existe entre ces deux frères des nuances dont peuvent débattre pendant des heures les spécialistes de la table ou de la chimie (leurs composants n'étant pas rigoureusement identiques, leurs vertus gastronomiques et thérapeutiques ne le sont pas non plus) ; mais ces variantes sont si subtiles que je les abandonnerai auxdits spécialistes et me bornerai à parler du thym, en vous précisant que tout ce que vous allez lire s'applique également au serpolet — autrement dit, vous pouvez utiliser indifféremment l'un ou l'autre pour les mêmes indications et aux mêmes doses, comme vous pouvez les permuter en cuisine.

La légende veut que le thym soit né des larmes de la Belle Hélène. Il pousse spontanément dans les pays du pourtour méditerranéen et est connu depuis la plus lointaine Antiquité : les Égyptiens et les Étrusques le faisaient entrer dans les préparations servant à l'embaumement de leurs morts ; les Grecs en brûlaient devant l'autel de leurs dieux et en mettaient aussi dans leurs plats ; les Romains faisaient de même ; quant aux femmes, elles l'employaient en eau de toilette et onguent pour entretenir leur beauté.

Or, on sait maintenant qu'il est un puissant antiseptique, l'« ennemi de la toxine » disait Trousseau (des expériences récentes ont confirmé qu'un bacille ne résistait pas plus de trente-cinq à quarante minutes à l'action de l'essence de thym), qu'il est un stimulant des fonctions respiratoires, digestives et circulatoires, qu'il exerce une action tonique sur les centres nerveux, qu'il est vermifuge, antispasmodique, diurétique, etc., bref qu'il est une sorte de panacée...

D'où une série impressionnante d'indications sous forme d'infusion (20 à 30 g de sommités fleuries — fraîches ou séchées — pour 1 litre d'eau bouillante ; laisser infuser cinq à dix minutes ; ou 1 ou 2 branches par tasse (100 cc) ; 3 ou 4 tasses par jour, après ou entre les repas) : digestion pénible, fermentations intestinales, gaz, ballonnements, manque d'appétit, faiblesse cardiaque, anémie, fatigue physique et intellectuelle, angoisses, neurasthénie, toux convulsive, affections des bronches (asthme, bronchite), grippe, refroidissements, insomnie, troubles hépatiques ou de la menstruation, infections des voies urinaires.

Contre la coqueluche et les crises de toux quinteuse : une poignée de plante (fraîche ou séchée) pour 1 litre d'eau ; faire bouillir jusqu'à réduction de moitié et sucrer au miel ; une cuillerée à bouche toutes les deux heures ou au moment des quintes.

Contre les ascaris et oxyures : trois jours de suite, boire le matin à jeun, une demi-heure avant le petit déjeuner, l'infusion suivante : une cuillerée à soupe de plante fraîche ou séchée coupée en menus morceaux pour 150 cc d'eau bouillante ; laisser infuser dix minutes.

A l'extérieur, l'infusion (au besoin plus corsée) est indiquée en gargarismes contre les maux de gorge et angine ; en lotions et compresses pour laver les plaies suppurées, les ulcères et soulager les douleurs articulaires.

La décoction (500 g de plante dans un sachet de toile pour 4 litres d'eau ; faire bouillir quelques minutes et laisser infuser dix minutes), ajoutée à l'eau du bain, stimule les fonctions circulatoires et cutanées ; elle est recommandée aux enfants débiles, aux convalescents, aux rhumatisants et aux sujets atteints de maladies de la peau.

La même décoction que pour la coqueluche — mais, bien entendu, sans sucre ! — est, en lotions et frictions quotidiennes, un excellent tonique du cuir chevelu qui empêche ou arrête la chute des cheveux.

Les feuilles de thym (ou de serpolet, je le rappelle) séchées et réduites en poudre, prisées comme le tabac, dégagent les voies respiratoires et arrêtent les hémorragies nasales.

## TILLEUL

***Tilia europaea.*** *Tillet, tillau, til.*

C'était dans une tasse de tilleul que la tante de Proust qui habitait Combray trempait la fameuse madeleine dont la saveur allait jouer un si grand rôle dans le mécanisme mnémotechnique de l'écrivain ; ce qui nous a valu une page éblouissante[1] sur l'aspect de la plante prête à être mise dans l'eau bouillante. En voici quelques lignes que vous découvrirez — ou relirez — certainement avec le même plaisir que j'ai à les citer :

« Le dessèchement des tiges les avait incurvées en un précieux treillage dans les entrelacs duquel s'ouvraient les fleurs pâles, comme si un peintre les eût arrangées, les eût fait poser de la façon la plus ornementale. Les feuilles, ayant perdu ou changé leur aspect, avaient l'air des choses les plus disparates, d'une aile transparente de mouche, de l'envers blanc d'une étiquette, d'un pétale de rose, mais qui eussent été empilées, concassées ou tressées comme dans la confection d'un nid... »

Dédié à Vénus, le tilleul est utilisé depuis toujours en médecine aussi bien qu'en sorcellerie : Pline mentionne les heureux effets du vinaigre d'écorce sur les vices de la peau ; sainte Hildegarde conjurait les pestilences au moyen d'un anneau décoré d'une pierre verte sous laquelle se trouvait une parcelle de tilleul entourée d'une toile d'araignée et de nombreux traités vantent son action sur l'épilepsie (certains affirment même que l'ombre de l'arbre suffit à la guérir !), la paralysie, les vertiges et les œdèmes. Son importance était telle

1. *Du côté de chez Swann*, N.R.F.

qu'une ordonnance royale prescrivait de planter les routes de tilleuls et d'en réserver la récolte pour l'usage des hôpitaux.

Les fleurs, récoltées au moment de leur plein épanouissement (juin-juillet) et séchées à l'ombre au-dessous de 35°, sont connues pour leurs propriétés calmantes, rafraîchissantes et antispasmodiques. En infusion (une bonne pincée par tasse (100 cc) d'eau bouillante ; laisser infuser cinq à dix minutes ; trois fois par jour, après les repas), elles sont indiquées contre les troubles digestifs d'origine nerveuse, les migraines, les palpitations, les vertiges et angoisses, le nervosisme, l'insomnie ; elles sont la boisson des fiévreux assoiffés.

Elles ont aussi leur place, selon le docteur Leclerc, dans le traitement de l'artériosclérose, pour rendre le sang plus fluide et faciliter sa circulation dans les vaisseaux : quatre fois par jour, entre les repas, une tasse d'infusion (même dose).

A l'extérieur, la décoction (40 à 50 g de fleurs séchées pour un litre d'eau ; faire bouillir à feu doux quinze à vingt minutes) en lotions quotidiennes fait disparaître les impuretés de la peau, « ôte les rides et les taches de rousseur du visage », favorise la croissance des cheveux. Ajoutée au bain (200 g pour 2 litres d'eau), elle est calmante pour les enfants nerveux et agités.

L'aubier de tilleul — c'est-à-dire la partie du tronc ou des branches comprise entre le bois dur et l'écorce — est également utilisé ; il constitue un remarquable draineur naturel qui donne d'excellents résultats dans les cas suivants : calculs (reins, vessie, foie), coliques néphrétiques ou hépatiques, rhumatismes, goutte, sciatique, urée, albumine, cholestérol et diabète. Des études ont établi que le produit le plus actif est celui que fournissent les tilleuls sauvages du Roussillon[1] car, pour les tisanes comme pour le vin, la nature du sol joue un rôle essentiel.

## TUSSILAGE

***Tussilago farfara.*** *Pas d'âne, pas de cheval, pied de baudet, pied de poulain, chasse-toux, taconnet, herbe de Saint-Quirin ou de Saint-Guérin, procheton, plisson, béchion, racine de peste, chou de vigne.*

1. Voir *Tous les espoirs de guérir.*

Porté aux nues par les médecins de l'Antiquité, couramment utilisé par leurs successeurs, il tomba dans l'oubli à l'avènement de la chimie ; « mais, écrivait il y a cent ans un de ses défenseurs, il y a de grosses raisons pour qu'on y revienne ».

Cette prophétie ne s'est pas encore réalisée ; cependant ceux qui lui étaient restés attachés en dépit des fluctuations de la mode thérapeutique — aussi changeante que l'autre ! — sont plus que jamais des usagers fidèles ; je veux parler des gens de la

campagne qui en font régulièrement une réserve chaque printemps en prévision des mois d'hiver et des homéopathes pour qui *Tussilago* est un décongestionnant et un draineur de la cavité thoracique. Suivez leur exemple ; vous ne le regretterez pas.

Vous trouverez le tussilage sans beaucoup de difficulté. Il pousse partout sur les sols argileux et sablonneux ; on le voit au bord des cours d'eau, dans les fossés, en lisière des bois, sur les talus, les terrains incultes et même en montagne dans les éboulis et les pierriers jusqu'à plus de 2 000 m. Il forme souvent d'importantes colonies car il se propage rapidement grâce à ses racines rampantes.

Ses fleurs jaune d'or, qui ressemblent à celles du pissenlit, apparaissent dès les premiers beaux jours, perchées chacune sur une tige de 15 à 20 cm de haut, recouverte de fines écailles rougeâtres. Les feuilles n'apparaissent que bien plus tard, quand les fleurs sont déjà fanées et transformées en duvet, particularité assez exceptionnelle qui a valu au tussilage d'être baptisé au Moyen Age *filius ante patrem,* c'est-à-dire « le fils avant le père ». Ces feuilles retardataires sont très caractéristiques : leur face supérieure est d'un beau vert éclatant alors que la face inférieure est cotonneuse, comme enfarinée (ce que signale *farfara*) ; leur forme évoque l'empreinte d'un sabot d'âne ou de cheval, toutefois les bords sont largement dentelés avec de petites pointes.

Les fleurs et les feuilles contiennent les mêmes principes actifs (mucilage, tanin, résine, sels minéraux) ; par conséquent, vous pourrez indifféremment récolter soit les premières en mars (séchage à l'ombre), soit les secondes de mai à juillet (séchage au soleil), leur emploi étant identique : 30 à 40 g de fleurs ou de feuilles séchées pour un litre d'eau ; tremper à froid pendant cinq minutes ; porter à ébullition ; faire bouillir une à deux minutes ; laisser infuser dix minutes ; passer à travers un linge ou du coton pour éliminer le duvet qui serait irritant ; 3 à 5 petites tasses par jour, sucrer de préférence avec du miel.

Cette décoction est pectorale et calmante ; elle facilite l'expectoration et est un reconstituant des muqueuses enflammées et ulcérées ; d'où son indication dans tous les cas de refroidissement des voies respiratoires : trachéites, laryngites, bronchites, rhumes, suite de grippe, catarrhes aigus ou chroniques, toux des fumeurs. Elle peut rendre aussi d'appréciables services dans des affections comme la gastrite et l'entérite en raison de son action sur les muqueuses.

A l'extérieur, les feuilles séchées, fumées en cigarette, soulagent les asthmatiques (jadis, on les brûlait sur des braises pour en faire respirer la fumée « à ceux qui ne peuvent avoir leur souffle sans tenir le col droit ») ; mélangées à de l'aspérule[1], elles donnent un excellent tabac considéré comme fortifiant de la poitrine et des poumons.

Fraîches, broyées avec un peu de miel pour former un cataplasme, elles conviennent aux plaies guérissant mal, aux ulcères, à l'érysipèle ; longtemps, on les a utilisées en emplâtres fréquents contre les écrouelles, ces tumeurs suppurées du cou que le roi de France guérissait en les touchant le jour de son sacre : en somme, le pas d'âne remplaçait la main du roi...

1. Voir p. 67.

# V

## VALÉRIANE

***Valeriana officinalis.*** *Herbe aux chats, herbe à la femme meurtrie ou à la meurtrie, herbe à la menstrue, herbe du loup, herbe de Saint-Georges.*

Sa renommée n'est plus à faire et dès qu'on en parle reviennent des formules comme « le plus parfait des calmants végétaux », « la seule plante à indiquer pour les gens nerveux », « la plus ancienne méthode pour soigner les névroses ».

Commune au bord des rivières et des ruisseaux, dans les prairies un peu humides, les bois et les taillis, sur les talus en plaine et en montagne, elle est décorative avec ses tiges cannelées un peu duveteuses atteignant jusqu'à 1,50 m de haut, ses feuilles opposées à folioles lancéolées et dentelées, ses petites fleurs roses, rarement blanches, groupées en cymes terminales ressemblant à des ombelles (floraison de juin à août).

La seule partie utilisée est la racine, qui est, en réalité, un rhizome de 2 à 3 cm de long, jaunâtre à l'extérieur, blanchâtre à l'intérieur, garni de nombreuses radicelles mesurant de 10 à 20 cm. Elle se récolte en septembre-octobre et on la fait sécher à l'ombre ; cependant il est établi que la dessiccation la prive d'une partie de ses principes actifs et c'est pourquoi on l'emploie souvent sous forme de teinture ; elle a — est-ce utile de le rappeler ? — une odeur caractéristique peu agréable pour nous mais qui est si appréciée des chats qu'elle déclenche chez eux une sorte de frénésie.

Pline l'a déjà signalée comme le remède des contractions nerveuses et plusieurs auteurs des XVIIe et XVIIIe siècles la considèrent comme le spécifique de l'épilepsie. De nos jours, elle est conseillée comme calmant dans les troubles d'origine nerveuse rencontrés fréquemment chez les femmes : vapeurs, spasmes, vertiges, migraines, palpitations, angoisses précordiales, étouffements, contractions nerveuses de l'estomac, nervosité excessive, crises de nerfs, insomnie, etc. ; on la prescrit également dans l'hystérie, les convulsions des enfants, la danse de Saint-Guy, les douleurs de la menstruation, les crampes d'estomac et d'intestin, en raison de son action antispasmodique.

La racine séchée se prépare en macération à froid (10 g pour 100 cc d'eau ; faire macérer pendant douze heures) et se prend à cette dose deux ou trois fois par jour, un quart d'heure avant les repas, ou, selon les cas, une seule fois par jour, le soir, une heure avant le coucher. (Pour atténuer son odeur, il n'est pas interdit de parfumer avec d'autres plantes : aspérule, verveine, mélisse.)

On peut l'utiliser également en poudre (1 ou 2 g dans une cuillerée de soupe, un peu d'eau ou dans du miel, deux à trois fois par jour), ou lui préférer la teinture (200 g de racine fraîche coupée en morceaux pour un litre d'alcool à 45° ; faire macérer une huitaine de jours ; passer en exprimant à travers un linge) qui se prend à la dose de 20 à 30 gouttes, deux à trois fois par jour, dans un demi-verre d'eau légèrement sucrée ou dans une tisane (camomille, verveine, mélisse).

## VERGE DOR

***Solidago virga aurea.*** *Solidago, verge dorée, gerbe d'or, herbe des Juifs.*

Dans les conseils pratiques qu'il donne à ses confrères allopathes qui souhaitent s'initier à l'homéopathie, le docteur André Thibault écrit[1] : « Par un retour heureux à l'hippocra-

1. *Op. cit.*

tisme, l'homéopathie donne une importance capitale à la médication de terrain et, par suite, à la médication éliminatrice. Aussi *Solidago* est-il appelé à jouer un rôle fréquent dans votre pratique journalière car ce remède constitue un stimulant hépatique et rénal de premier ordre. Vous devrez considérer *Solidago* comme un draineur universel qui s'applique à tous les cas dans lesquels vous verrez la nécessité d'un drainage. »

Et voilà pourquoi ce traitement à consonance espagnole (il rime si bien avec *fandango* et *hidalgo !*) revient tellement souvent dans les ordonnances homéopathiques.

Les vertus diurétiques et vulnéraires de la verge d'or l'ont fait classer de longue date parmi les meilleures drogues végétales à conseiller en cas de rétention d'urine et d'inflammation des organes génito-urinaires ou digestifs. S'il n'est pas confirmé que la recette donnée au XVIe siècle par le médecin alchimiste

Arnauld de Villeneuve (deux gros — 8 g — de plante pulvérisée infusés toute la nuit dans quatre onces — un verre — de vin blanc, à boire un peu chaud le matin à jeun pendant dix à quinze jours) « brise infailliblement la pierre dans la vessie », il est indiscutable que la verge d'or est fort utile contre la gravelle, la néphrite calculeuse, les maladies des reins et de la vessie, l'hydropisie, l'albuminurie, la cystite, l'entérite ; et que son action de drainage la recommande aussi bien pour l'insuffisance hépatique que pour les affections rhumatismales et arthritiques (plusieurs auteurs la préconisent même comme dépuratif en cas de maladies de la peau).

Elle se prépare soit en décoction (50 g de plante séchée pour un litre d'eau ; tremper à froid cinq minutes ; faire bouillir cinq minutes ; laisser infuser quinze minutes ; 3 ou 4 tasses par jour, entre les repas), soit en sirop (100 g de plante pour un litre d'eau ; faire bouillir dix minutes ; laisser infuser douze heures ; passer en exprimant à travers un linge ; faire dissoudre, à feu doux ou au bain-marie, 100 à 200 g de sucre ; 2 cuillerées à café par jour, entre les repas). Il est préférable de procéder à de petites cures de huit à dix jours avec arrêt de même durée afin d'éviter de fatiguer les reins.

Ce sont les sommités fleuries, récoltées au début de la floraison (juillet-août) que l'on utilise après séchage à l'ombre. La verge d'or pousse dans les buissons, les bois clairsemés et les clairières, les pâturages secs et sur les talus. Elle se signale par ses tiges dressées (40 à 80 cm de haut), rougeâtres à la base, vertes et légèrement velues vers le sommet, qui ne se ramifient que dans la partie fleurie ; ses feuilles alternes sont lancéolées, légèrement velues, plus claires en dessous ; les fleurs couleur d'or sont disposées en grappes à l'extrémité des tiges.

## VÉRONIQUE

***Veronica officinalis.*** *Véronique mâle, thé d'Europe, herbe aux ladres.*

A voir cette charmante petite plante, si discrète et si pure dans sa parure couleur de ciel, on a quelques difficulté à admettre qu'elle ait fait l'objet d'âpres querelles qui se voulaient strictement scientifiques ou gastronomiques mais sur lesquelles plane un relent de nationalisme.

Parce que ce sont les Allemands qui s'en sont faits les champions et ont publié plusieurs traités entièrement consacrés à exalter ses vertus, les Français n'ont pas manqué de réagir, disant par exemple : « Vantée par P. Hoffmann, pour remplacer le thé de la Chine, cette plante a peut-être flatté des palais allemands, malgré son âpreté, mais en France nous avons vainement cherché dans sa préparation cette saveur aromatique, ce parfum spécial, qui caractérise la plante exotique. »

De toute évidence, la véronique n'est pas une panacée et il est douteux qu'à elle seule, elle soit parvenue à guérir la phtisie comme l'affirment plusieurs auteurs d'outre-Rhin, mais elle a néanmoins de précieuses indications qui doivent nous empêcher de la négliger.

On la trouve dans toutes nos régions le long des haies, à la lisière des bois, dans les clairières et les prairies. Ses tiges grêles, légèrement velues, rampent sur le sol ; seules les tiges florales sont dressées ; ses feuilles sont opposées, ovales, un peu velues, avec des bords dentelés ; ses fleurs, groupées en épis étirés souvent réunis par deux sur la même tige, sont petites, d'un bleu violacé très pâle, avec un calice à 4 lobes inégaux en forme de croix.

C'est la plante fleurie (elle l'est de juin à août) qu'on récolte et fait sécher à l'ombre pour l'utiliser en décoction légère (40 à 50 g pour un litre d'eau froide ; faire tremper puis chauffer doucement ; laisser bouillir seulement quelques secondes ; faire infuser dix à quinze minutes, 3 tasses par jour, entre les repas ou une demi-heure avant) pour ses propriétés diurétiques et vulnéraires, son action calmante, expectorante et reconstituante sur les muqueuses : bronchite, engorgement des voies respiratoires, coqueluche, trachéite, atonie digestive, aérophagie, indigestion, gastro-entérite, gravelle, goutte, rhumatismes, troubles du foie.

## VERVEINE

***Verbena officinalis.*** *Verveine officinale, verveine commune ou des champs, herbe aux sorciers, herbe aux enchantements, herbe* *sacrée, herbe à tous les maux, guérit-tout, herbe du foie, herbe du sang.*

Elle a été, partout et longtemps, la plante magique par excellence. Si bien que Matthiole était encore en droit d'écrire à la fin du XVI^e siècle :

« Les magiciens perdent leur sens et entendement à l'endroit de cette herbe. Car ils disent que ceux qui s'en seraient frottés obtiendront tout ce qu'ils demanderont, ayant opinion que cette herbe guérit des fièvres et fait aimer la personne et, en somme, qu'elle guérit de toutes les maladies et de plusieurs autres. »

Les Romains l'avaient dédiée à Vénus (ils l'appelaient *Veneris herba :* herbe de Vénus ou *Veneris vena :* veine de Vénus) car ils la croyaient propre à rallumer les feux d'un amour près de s'éteindre ; ils en offraient des bouquets porte-bonheur pour le nouvel an, la mettaient à tremper dans de l'eau dont ils arrosaient les salles de banquet afin de réjouir le cœur des convives. Les druides, avant le sacrifice, lavaient leurs autels avec de l'infusion de fleurs de verveine. Chez les Germains, les prêtresses s'en couronnaient.

Plus tard, elle entra dans la confection de la plupart des philtres (surtout ceux d'amour), servit à prédire l'avenir, à jeter des sorts ou à les lever (par exemple, le chasseur, qui pensait qu'il ratait son gibier parce qu'on avait ensorcelé son fusil, annulait le « mauvais œil » en frottant son arme avec de la verveine), à protéger les maisons contre les esprits malins (on en accrochait une branche à la porte) et aujourd'hui encore, dans différentes régions, on dit d'un enfant qui en portera sur lui qu'il « sera bien élevé, éveillé, de bonne humeur et aimera les sciences ».

La verveine associée à tous ces prodiges est, bien entendu, l'espèce indigène qui pousse spontanément en Europe depuis toujours, car il existe une autre variété, généralement plus connue, originaire d'Amérique du Sud — vraisemblablement du Chili — qui n'a été acclimatée puis cultivée chez nous qu'après l'époque des grands navigateurs découvreurs de terres nouvelles.

Quoi qu'en disent certains auteurs, c'est la première, la sauvage offerte gratuitement par la nature, qui possède les vertus les plus marquées — d'ailleurs, c'est elle qui est « officinale » tandis que sa sœur venue du Nouveau Monde est connue des botanistes sous les noms de *Verbena triphylla* (parce que ses feuilles sont groupées par trois sur sa tige) et *Verbena citriodora* (parce qu'elle dégage une odeur citronnée qui lui vaut d'être baptisée aussi « citronnelle »).

La verveine des champs pousse au bord des chemins et des fossés, en lisière des forêts, dans les prés sablonneux. Elle ne dépasse guère 40 à 60 cm de haut ; ses tiges principales sont quadrangulaires ; ses feuilles sont opposées deux par deux, élégantes car très découpées en lobes inégaux, le terminal était beaucoup plus grand ; ses fleurs sont petites, mauve pâle, avec un calice à cinq lobes, disposées au sommet des rameaux en épis assez allongés ; elle est légèrement aromatique quand on l'écrase.

L'autre verveine, au contraire, se fait remarquer par sa forte odeur qui lui vaut d'être désignée communément sous l'étiquette parlante de « verveine odorante » et qui la fait employer aussi bien en parfumerie que pour masquer le goût désagréable de certaines tisanes. Cultivée dans les régions méditerranéennes, c'est un véritable arbuste qui atteint souvent la taille d'un homme ; ses feuilles sont en forme de lance et ses fleurs — petites, rose violacé, en épis terminaux — sont en fait son seul point commun avec sa sœur.

Différentes dans leur aspect, les deux verveines le sont également dans leurs composants. L'analyse a démontré que la première est de loin la plus riche ; elle contient notamment un glucoside amer, la verbénaline, qui agit sur le foie et qui est tenu pour tonique, digestif, antinévralgique et fébrifuge. C'est pourquoi, lorsqu'on le peut, il est conseillé de lui accorder la préférence.

A l'intérieur, la verveine se prend en décoction légère : 50 g de plante séchée (sommités fleuries et feuilles séchées à l'ombre le plus rapidement possible afin de leur conserver leurs couleurs) pour un litre d'eau ; tremper à froid pendant dix à quinze minutes ; chauffer et faire bouillir seulement quelques secondes ; laisser infuser dix minutes, 3 ou 4 tasses par jour.

Elle est indiquée contre les maladies du foie (jaunisse en particulier), de la rate (congestion) et des reins (c'est un excellent diurétique), les digestions difficiles, la diarrhée, les gaz intestinaux, la gravelle, la faiblesse générale, les affections fébriles (on a comparé son action à celle de la quinine), les règles douloureuses et irrégulières, surtout lorsqu'elles sont accompagnées de migraine.

A l'extérieur, la même décoction (au besoin un peu plus corsée en augmentant la dose de plante) s'applique en compresses pour nettoyer et cicatriser les plaies et les ulcères, pour soulager la douleur en cas de foulure, d'ecchymoses et de névralgies faciales ; elle est indiquée en gargarismes contre les maux de gorge, en bains de bouche contre l'inflammation des gencives et la mauvaise haleine ; badigeonnée sur le front et les tempes, elle calme les maux de tête.

Une décoction concentrée (un sachet de 200 g pour 2 litres d'eau) ajoutée à l'eau de la baignoire procure un bain délassant et réparateur.

Les cataplasmes de verveine (deux grosses poignées de plante fraîche écrasée ou de plante séchée trempée à froid dix minutes, puis bouillies quelques secondes dans le minimum de vinaigre de vin), appliqués le plus chauds possible, s'emploient couramment à la campagne en cas de lumbago et de points de côté douloureux.

## VIOLETTE

***Viola odorata.*** *Violette odorante, violette de mars, violette ou fleur de carême, violier commun, viole de carême, violette des haies.*

Tout est utile dans ce végétal si discret qu'on en a fait l'emblème de la modestie.

Les fleurs — qui entrent dans la composition classique des « fleurs pectorales » — sont indiquées contre les rhumes, les bronchites, la coqueluche et les irritations des voies respiratoires, soit en décoction légère (5 à 10 g de fleurs séchées pour 1 l d'eau ; tremper à froid quelques minutes, porter à ébullition et laisser infuser dix minutes ; 3 ou 4 tasses par jour, entre les repas), soit en sirop ou miel violat (sur 150 à 200 g de pétales frais, placés dans un récipient de verre ou de faïence, versez 1 l d'eau bouillante et laisser macérer, couvert, pendant dix à douze heures ; passer en exprimant à travers un linge ; laisser décanter ou filtrer à travers un papier-filtre ; ajouter au liquide ainsi obtenu deux fois son poids de sucre ou de miel ; faire épaissir au bain-marie jusqu'à consistance de sirop en ayant soin d'écumer (pour le miel surtout) et conserver dans un flacon bouché ; 3 ou 4 cuillerées à café par jour, entre les repas — cette préparation est non seulement expectorante et calmante contre la toux, mais aussi légèrement laxative, ce qui la fait recommander en cas de constipation, spécialement pour les enfants).

La décoction rend également service pour les maux de tête et les « grands échauffements de la tête » (Kneipp *dixit*), accompagnée de compresses qui en sont imprégnées et que l'on applique sur le front, indication qui remonte à l'Antiquité et à l'École de Salerne qui déclarait : « Pour dissiper l'ivresse et chasser la migraine, La violette est souveraine : D'une tête pesante elle ôte le fardeau, Et d'un rhume fâcheux délivre le cerveau. »

Les feuilles fraîches, écrasées et posées en emplâtre, ont été préconisées pour les tumeurs bénignes et les gerçures du sein. Bouillies cinq minutes dans du vinaigre (une poignée pour un 1/2 l), elles donnent une décoction qui sert à faire des compresses conseillées en cas d'attaque de goutte.

La racine en décoction (10 g pour 300 g d'eau ; faire bouillir jusqu'à réduction à 100 g) est vomitive et peut remplacer l'ipéca.

## 5

# DES « COCKTAILS » A LA CARTE ET DES « SECRETS » QUI N'EN SERONT PLUS

Chaque plante a ses indications, mais heureusement plusieurs ont sensiblement les mêmes, ce qui permet, selon la saison ou les circonstances, d'employer tantôt l'une, tantôt l'autre pour combattre un trouble donné — l'index-répertoire qui figure à la fin de ce volume[1] vous aidera dans votre choix puisqu'il indique pour chaque affection les pages où elle est mentionnée, c'est-à-dire vous renvoie à son traitement par les différentes « herbes à soigner » qui agissent dans ce cas.

Cette similitude d'action permet aussi d'associer un certain nombre de végétaux dans un but déterminé, d'élaborer en quelque sorte de véritables cocktails de plantes qui ont constitué, jusqu'à l'apparition de la chimie, la base même de la thérapeutique (les thériaques, baumes, élixirs, « eaux merveilleuses », onguents, etc., des apothicaires et herboristes du passé n'étaient pas autre chose qu'un savant dosage de simples agissant dans le même sens et rassemblés en une mixture composée). On peut dire qu'autrefois chaque famille avait ses « recettes-maison » propres à guérir la plupart des maladies courantes, formules élaborées d'ailleurs de la même façon que les recettes de cuisine, petit à petit, par tâtonnements successifs vérifiés par l'observation des résultats, et c'est donc par milliers que se comptent ces mélanges aux effets salutaires.

Beaucoup d'entre eux ont été commercialisés et sont devenus des spécialités vendues en pharmacie sous le nom du prêtre qui

1. Voir p. 451.

en a été le promoteur ou celui du laboratoire qui en assure la préparation. Ils ont leur clientèle fidèle car, indiscutablement, ils soulagent et apportent souvent une solution idéale — parce que naturelle et sans contrecoup dangereux — à des problèmes de santé jusque-là restés insolubles.

Mais il en existe de nombreux autres qui n'ont pas eu le privilège d'être remarqués et exploités, ce qui ne diminue en rien leur valeur, et c'est parmi eux que j'ai choisi pour vous une petite sélection de « tisanes-cocktails » dont l'efficacité est éprouvée et la préparation aisée puisque les plantes entrant dans leurs formules sont des plus communes. Elles sont, si l'on veut, des « spécifiques » des divers troubles de santé auxquels on doit faire face le plus souvent.

*TISANES ASTRINGENTES* (diarrhée, hémorragies, hémoptysie, pertes blanches, etc.)

• Quantités égales de : aspérule odorante, ortie, ortie blanche, potentille ansérine, serpolet, feuilles de chêne, eucalyptus, le tout coupé en petits morceaux. Une poignée pour 1 l ; faire bouillir dix minutes ; infuser autant ; 3 tasses par jour avant les repas.

• Quantités égales de : bistorte, bourse à pasteur, ortie, renouée des oiseaux, tormentille, sanicle. 50 g pour 1 l ; faire bouillir cinq minutes, laisser infuser dix ; 3 ou 4 tasses par jour entre les repas.

*TISANES POUR LA CIRCULATION* (troubles circulatoires en général, varices, artériosclérose, règles)

• Contre l'artériosclérose : mélange de : ail 10 g, aubépine 20 g, cassis 20 g, gui 10 g, prêle 20 g, valériane 20 g. Une cuillerée à café du mélange pour une tasse (100 cc) d'eau bouillante ; laisser infuser dix minutes ; 3 tasses par jour, une le matin à jeun, les autres entre les repas.

• Règles douloureuses ou insuffisantes : armoise 30 g, millefeuille 15 g, sauge 10 g, séneçon 30 g, souci (fleurs) 20 g. Une cuillerée à café pour une tasse d'eau bouillante ; laisser infuser dix minutes ; trois fois par jour (matin à jeun et loin des repas) pendant les huit jours qui précèdent les règles.

• Règles trop abondantes : bourse à pasteur 20 g, fraisier

(racine) 20 g, menthe 10 g, ortie blanche 20 g, séneçon 20 g, tormentille 10 g. Une cuillerée à café pour une tasse ; faire bouillir deux à trois minutes ; laisser infuser cinq minutes ; trois fois par jour (matin à jeun et loin des repas).

• Pour faciliter les règles au moment de la puberté : quantités égales d'armoise, marrube, mélilot, mélisse, millefeuille, potentille ansérine, séneçon. 40 à 50 g pour 1 l ; faire bouillir deux à trois minutes ; laisser infuser quinze minutes ; 4 ou 5 demi-tasses dans la journée, en dehors des repas.

• Ménopause, retour d'âge : absinthe 10 g, armoise 20 g, bourse à pasteur 10 g, millefeuille 20 g, séneçon 20 g, souci (fleurs) 20 g. Une cuillerée à café pour une tasse d'eau bouillante ; laisser infuser cinq à dix minutes ; 3 tasses par jour (matin à jeun et entre les repas).

*TISANE CONTRE LA CONSTIPATION OPINIATRE*

• Bourdaine 20 g, bryone (racine) 10 g, fenouil (semences) 10 g, graines de lin 20 g, pensée sauvage 20 g, réglisse 20 g. Une ou 2 cuillerées à soupe pour 1/2 l d'eau ; faire tremper à froid pendant une heure ; porter à ébullition et laisser infuser quinze minutes ; 3 ou 4 demi-tasses dans la journée.

*TISANES DÉPURATIVES* (maladies de la peau, furonculose, teint brouillé)

• Quantités égales : bardane (racine), bouleau (écorce), bourdaine, ortie, pensée sauvage, 2 ou 3 cuillerées à soupe pour un 1/2 l d'eau ; faire tremper à froid pendant deux heures ; porter à ébullition, faire bouillir quelques secondes et laisser infuser quinze minutes ; 3 ou 4 tasses par jour.

• Quantités égales : bardane (racine), chiendent (racine), fumeterre, noyer (feuilles), pensée sauvage, saponaire (racine). 2 cuillerées à soupe pour 1/2 l d'eau ; tremper à froid une heure ; chauffer doucement, laisser bouillir deux minutes et infuser quinze ; 3 ou 4 petites tasses par jour.

*TISANES DIGESTIVES* (spasmes digestifs, gastro-entérite, lourdeurs d'estomac, repas trop copieux)

• Mélange de : laurier 20 g, mélisse 20 g, menthe 20 g, millepertuis 10 g, serpolet ou thym 10 g, tilleul 20 g, sauge

20 g. Une cuillerée à café du mélange coupé fin pour une tasse d'eau bouillante ; laisser infuser dix minutes ; une tasse après le repas.

• Quantités égales : absinthe, angélique, petite centaurée, fenouil, mélisse, menthe. Une cuillerée à café pour une tasse d'eau bouillante ; laisser infuser dix minutes ; une demi-heure après le repas.

*TISANES DIURÉTIQUES* (rétention d'urine, rhumatismes, goutte, œdème, hydropisie, obésité, gravelle, etc.)

• Quantités égales : cassis, frêne (feuilles), barbe de maïs, pariétaire, reine-des-prés, verge d'or, coupés en petits morceaux. Une poignée pour 1 l d'eau bouillante ; laisser infuser dix à quinze minutes ; à boire à volonté.

• Mélange de : cosses de haricots 20 g, barbe de maïs 20 g, pariétaire 20 g, prêle 20 g, valériane 10 g. Une cuillerée à café pour une tasse d'eau bouillante ; laisser infuser dix minutes ; trois fois par jour (à jeun ou entre les repas).

*TISANES POUR LE FOIE* (insuffisance hépatique, calculs, coliques hépatiques)

• Quantités égales : bourdaine, genêt, pissenlit (racine), piloselle, verveine. Deux cuillerées à soupe pour un 1/2 l d'eau ; faire tremper à froid pendant deux heures ; porter à ébullition et laisser infuser quinze minutes ; une tasse après les repas.

• Quantités égales : absinthe, bourdaine, chicorée (racine), millepertuis, myrtilles (feuilles), noyer (feuilles), pissenlit (racine), verveine. Deux cuillerées à soupe pour 1/2 l d'eau ; faire tremper à froid trois à quatre heures ; porter à ébullition et laisser infuser quinze minutes ; 4 ou 5 demi-tasses par jour.

*TISANES CONTRE LA GRIPPE ET LES REFROIDISSEMENTS*

• Quantités égales : bourrache, pulmonaire, reine-des-prés, sureau (fleurs), tilleul. Une cuillerée à café pour une tasse d'eau bouillante ; laisser infuser dix minutes ; à boire au coucher en ajoutant éventuellement du rhum ou du cognac.

• Mélange de : bouillon blanc 30 g, serpolet ou thym 20 g, sureau (fleurs) 30 g, tussilage 30 g. Une cuillerée à soupe pour

1 tasse d'eau bouillante ; laisser infuser dix minutes ; à boire au coucher, avec ou sans alcool.

*TISANE LAXATIVE ET RAFRAICHISSANTE*

• Quantités égales : bourdaine, chiendent (racine), douce-amère, guimauve (racine), réglisse. Une poignée pour 1 l d'eau ; faire bouillir quinze minutes et infuser dix ; 2 ou 3 tasses par jour, avant les repas.

*TISANE CONTRE LA MIGRAINE*

• Mélange de : lierre terrestre 20 g, mélisse 10 g, menthe 10 g, millefeuille 20 g, souci (fleurs) 20 g, valériane 20 g. Une cuillerée à café par tasse d'eau bouillante, laisser infuser dix minutes ; 3 tasses par jour (à jeun et loin des repas).

*TISANES PECTORALES* (toux, bronchite, pleurésie, pneumonie, etc.)

• Mélange de : coquelicot (fleurs) 25 g, eucalyptus 25 g, genêt (fleurs) 25 g, guimauve (fleurs) 25 g, hysope 50 g, lierre terrestre 25 g, mélisse 25 g, sapin (bourgeons) 25 g, scolopendre (feuilles) 50 g, serpolet ou thym 25 g. Une cuillerée à soupe pour une tasse d'eau bouillante ; laisser infuser dix minutes ; 3 ou 4 tasses par jour.

• Mélange de : bouillon-blanc 20 g, coquelicot (fleurs) 10 g, lierre terrestre 20 g, pulmonaire 20 g, serpolet ou thym 10 g, sureau (fleurs) 20 g. Une cuillerée à café par tasse d'eau bouillante ; laisser infuser dix minutes ; 3 ou 4 tasses par jour, sucrer de préférence avec du miel.

*TISANE SUDORIFIQUE*

• Mélange de : bardane (racine) 200 g, bourrache 100 g, coquelicot (fleurs) 50 g, réglisse 50 g, sureau (fleurs) 200 g. Une poignée pour 1 l d'eau ; faire bouillir dix minutes ; infuser autant ; à boire à volonté.

*TISANES CONTRE LES TROUBLES NERVEUX* (spasmes, palpitations, insomnie, etc.)

• Quantités égales : aubépine, houblon, mélilot, mélisse,

oranger (fleurs), tilleul, valériane, violette. Une cuillerée à café pour une tasse d'eau bouillante ; laisser infuser dix minutes ; 2 ou 3 tasses par jour, dont une au coucher.

• Quantités égales : aubépine, benoîte, genêt, passiflore, romarin. Une cuillerée à café pour une tasse d'eau bouillante ; laisser infuser dix minutes ; même posologie que pour la précédente.

• Contre l'insomnie : Mélange de mélisse 20 g, menthe 10 g, oranger (feuilles) 20 g, thym ou serpolet 10 g, valériane 20 g. Une cuillerée à café pour une tasse d'eau bouillante, laisser infuser dix minutes ; le soir au coucher.

*THÉ DES FAMILLES* (pouvant remplacer le café, le thé ; digestif et calmant)

• Quantités égales : aspérule odorante, feuilles de fraisier, feuilles de framboisier, mélisse, feuilles de ronce, tilleul. Une cuillerée à café pour une tasse d'eau bouillante ; infuser cinq à dix minutes ; sucrer au miel de préférence.

A cette carte de « tisanes-cocktails », j'ajouterai quelques recettes, externes celles-là, qui, j'en suis sûr, vous seront également utiles :

• *Fumigations* (« très-excellentes », comme disaient les Anciens) *en cas d'affections des voies respiratoires* (rhumes, catarrhes, bronchites, etc.) : quantités égales de feuilles d'eucalyptus, de thym, d'hysope, de sauge et de bourgeons de sapin ; une poignée du mélange pour 1/2 l d'eau bouillante ; plusieurs fois par jour, la tête sous une serviette.

• *Contre les affections des yeux* (ophtalmie, irritation des paupières, orgelets, etc.) : quantités égales (10 g de chaque) fleurs de bleuet, de sureau, de mélilot, pétales de rose, euphraise, plantain ; lavages — ou compresses, ou les deux —, plusieurs fois par jour, avec infusion (dix minutes) d'une cuillerée à soupe du mélange pour une tasse d'eau bouillante (donc bouillie).

• *Compresses contre les douleurs* (arthrite, névrite, contusions, etc.) : quantités égales de graines ou jeunes rameaux de genévrier, géranium robert, romarin, sauge, serpolet ou thym, écorce de saule ; faire tremper dans le minimum d'eau pendant une demi-heure ; chauffer jusqu'à ébullition et laisser infuser quinze à vingt minutes ; à appliquer, le plus chaud possible, sur les parties intéressées, plusieurs fois par jour.

• *Compresses contre les attaques de goutte et de rhumatismes :* faire bouillir dans 1/4 de l de vinaigre de vin, avec une demi-poignée de gros sel, une poignée de fleurs sèches de sureau et une poignée de fleurs de camomille ; appliquée en compresses chaudes (jus et plantes), cette préparation favorise la transpiration et abrège la durée de la crise ; à renouveler trois fois par jour.

Enfin — et c'est là un véritable cadeau de la Providence —, je vous livrerai quelques-uns des « trucs » qui ont traversé les siècles, faisant probablement la fortune de ceux qui les appliquaient et certainement le bonheur de ceux qui en bénéficiaient car souvent ils furent leur planche de salut.

Le hasard a voulu — mais le hasard existe-t-il vraiment ? — que je fasse connaissance, au moment où je commençais à préparer ce livre, d'une remarquable radiesthésiste. Remarquable par son « don » de pendulisante, qui la place au premier rang de tous ceux qu'il m'a été donné d'apprécier au cours de l'enquête que j'ai faite, il y a quelque vingt ans, sur les guérisseurs (ce « don », c'est le Père Bourdoux, lui-même radiesthésiste exceptionnel, qui l'a découvert chez elle et le lui a révélé, lui inculquant ensuite personnellement les techniques indispensables à son plein épanouissement) ; remarquable également par sa bonté et l'esprit d'abnégation dont elle fait preuve.

Parce que, au cours de nos entretiens où elle égrenait les souvenirs de sa longue carrière, elle avait fait état de tel ou tel procédé aussi étrange qu'efficace ; parce que, aussi, ses propos m'avaient montré que sa préoccupation majeure était de porter secours à ceux qui souffrent, je lui demandai si elle ne verrait pas d'inconvénient à ce que j'indique certains des « trucs » qu'elle avait glanés ici et là, contrôlés d'abord au pendule puis expérimentés avec succès.

— Publiez tout ce que vous estimerez susceptible d'aider les malades ! me répondit-elle avec enthousiasme. Je n'ai pas de « secrets » que je tienne à garder. Je n'exerce pas un métier ; je ne suis qu'un instrument : si je soulage et guéris, c'est Dieu qui l'a voulu ; c'est lui qui me guide ; moi, je ne suis là que pour servir d'intermédiaire et c'est lui que les malades doivent remercier, pas moi ! Plus de gens pourront utiliser ce que Dieu a mis à notre disposition pour combattre la maladie, plus je serai heureuse ! Je ne mets qu'une condition : que vous me gardiez l'anonymat...

Comme la plupart des radiesthésistes, elle fait confiance aux plantes, soit en les employant sous forme de tisane, teinture ou cataplasmes, soit sous leur présentation homéopathique. Ainsi que vous le constaterez, elle conseille souvent, avant ou après l'application de ses préparations, le recours à une pommade homéopathique (à base de souci — *Calendula* —, de bryone — *Bryonia* — et d'une plante exotique — *Phytolacca decandra* —) qui est un baume décongestionnant, antiseptique et cicatrisant indiqué pour les brûlures, les plaies et les irritations de la peau.

Voici donc ces recettes — dont certains souriront peut-être mais qui se jugent sur leurs résultats — qu'elle vous offre de grand cœur avec le merveilleux sourire de ceux que l'esprit de Dieu habite.

*Contusions, coups, chutes, accidents (de voiture, notamment) avec traumatismes :* le plus tôt possible, prendre soit une dose homéopathique d'*Arnica 9 CH*, soit dans un peu d'eau ou sur un sucre, des gouttes de teinture-mère d'arnica (3 à 5 gouttes pour les enfants, 9 ou 10 gouttes pour les adultes), *traitement interne qui évite la formation de dépôts sanguins pouvant avoir des suites parfois graves*. A l'extérieur, sur les parties touchées, pommade, puis application d'un cataplasme juste tiède fait de mie de pain imbibée de vin rouge, à garder au moins une heure et à renouveler, toujours après onction avec la pommade.

*Reins bloqués (rétention d'urine), pleurite, pleurésie, congestion :* faire cuire quatre à cinq minutes dans une casserole émaillée, avec un verre de vinaigre d'alcool, une tasse à thé d'oignon haché grossièrement, une tasse à thé de poireau haché, une tasse à thé de feuilles vertes de chou hachées également ; enlever du feu et incorporer à la préparation de la mie de pain pour former un cataplasme ; mettre dans un linge et appliquer sur le dos (au niveau des reins ou des poumons) après avoir enduit de pommade ; à garder quarante-cinq minutes à une heure ; trois soirs de suite et plusieurs fois dans la journée s'il s'agit d'un cas grave.

*Phlébite, paraphlébite, varices :* appliquer d'abord et garder de vingt à vingt-cinq minutes, des compresses de coton imbibé de l'urine du malade (je rappelle que pendant des millénaires — de l'Égypte des Pharaons au XVIII^e siècle — l'urine du malade faisait partie de la thérapeutique et que de nos jours certaines médecines, dont celle des Chinois, l'utilisent encore) ; ensuite, appliquer des cataplasmes, tièdes, de mie de pain imprégnée de vin rouge à maintenir en place trois à quatre heures.

*Congestion cérébrale, maux de tête violents :* 1° bain de pieds avec, dans l'eau, un verre de vinaigre d'alcool ou friction des mollets avec vinaigre d'alcool, puis application de la pommade ; 2° préparer un cataplasme : un œuf cru entier, plus un jaune d'œuf, plus 2 cuillerées à soupe de jus de citron, plus 2 cuillerées à soupe de rhum (blanc de préférence) ; délayer le tout avec de la farine de froment comme si l'on confectionnait une pâte à tarte ; étendre cette pâte sur un linge et l'appliquer derrière la tête (sur le cervelet) ou même devant ; à garder en place trois à quatre heures. (En même temps, on peut placer aussi une rondelle de citron ou une tranche d'oignon sous la plante du pied gauche.)

*Affection des yeux (ophtalmie, conjonctivite) :* mettre le soir et garder toute la nuit un emplâtre préparé en délayant de la farine de froment dans un jaune d'œuf.

*Pour vider la vésicule biliaire engorgée par de la boue :* à l'extérieur, appliquer un sachet de toile contenant soit du séneçon grossièrement haché mis à macérer quinze à vingt minutes dans une quantité suffisante de jus de séneçon (écraser la plante et l'exprimer à travers un linge), soit de l'avoine grise chauffée à sec au four ; à l'intérieur, prendre tous les matins une cuillerée à café d'une solution obtenue en faisant macérer pendant huit jours dans de l'alcool à 60° (1/4 de l) une grosse poignée de séneçon frais ; passer en exprimant à travers un linge fin.

*Pour activer une convalescence, lutter contre les anémies graves :* prendre des épinards (poussés, évidemment, sans engrais chimiques), les laver, les hacher fin ou les passer à la moulinette à légumes, et exprimer le jus à travers un linge ; verser un verre de ce jus frais dans un litre qu'on finit de remplir avec du vin de Bordeaux dans lequel on a fait dissoudre 3 grosses cuillerées à soupe de miel. On peut en préparer plusieurs bouteilles d'avance qu'on garde, bien bouchées, à la cave. La bouteille entamée doit être conservée au refrigérateur. Deux verres à madère par jour.

*Coqueluche :* couper aussi fin que possible un gros oignon ou deux moyens ; ajouter 200 g de sucre de canne ou de sucre candi ; bien mélanger et laisser macérer plusieurs heures. On obtient ainsi un « sirop d'oignon » dont on donne, selon l'âge de l'enfant, 10 à 20 cuillerées à café par vingt-quatre heures.

J'ajoute que ce traitement, d'une innocuité totale, donne de si étonnants résultats qu'il a valu à mon amie radiesthésiste le plus spectaculaire témoignage de gratitude qu'elle ait jamais reçu : elle avait eu l'occasion de soigner un membre d'une tribu de gitans et celui-ci songea à avoir encore recours à elle lorsque, quelque part en France, toute la génération montante de la communauté fut atteinte d'une épidémie de coqueluche. Appelée au téléphone, mon amie communiqua sa recette et n'y pensa plus. Jusqu'au jour où sous ses fenêtres, le long de son jardin fleuri, s'arrêta une longue colonne de roulottes dans un tintamarre de grelots, de chansons et de cris d'enfants : c'était la tribu au grand complet qui venait la remercier d'avoir guéri en quelques jours les héritiers itinérants du dernier royaume de la liberté...

6

# LE MIEL : UN ALIMENT ET UN REMÈDE

Ce n'est pas par hasard que les peuples de l'Antiquité, des Égyptiens aux Hindous, des Grecs aux Scandinaves, des Romains aux Celtes, associaient l'abeille à leurs dieux et considéraient le miel comme un don du ciel : sans en avoir, et pour cause, les mêmes preuves scientifiques que nous, ils avaient compris avec plusieurs millénaires d'avance que l'abeille est un insecte exceptionnel et le miel un bienfait pour l'homme.

On peut sourire de leurs croyances qui faisaient naître ces butineuses sacrées des larmes d'une divinité et qui poussaient Pline à écrire : « Le miel vient de l'air et surtout au lever de certains astres (...) soit donc que cela soit une sueur du Ciel ou quelque excrément ou salive des astres. » Mais ces légendes sont à peine plus fantastiques que la réalité que nous n'avons pas encore fini de découvrir.

On sait, en effet, maintenant qu'une abeille ne fabrique en une journée qu'une goutte de miel d'un dixième de gramme et que pour en amasser une livre les abeilles accomplissent un trajet total variant entre 50 000 et 65 000 km, soit presque une fois et demie le tour de la terre. On sait aussi que les abeilles ont un langage — unique dans le règne animal — qui leur permet de communiquer entre elles. Il s'agit de figures de danse grâce auxquelles la butineuse, qui a découvert une nouvelle source de nourriture, alerte le « commando opérationnel » toujours en réserve dans la ruche et lui indique avec une extraordinaire précision la direction et la distance du but vers lequel il doit foncer pour être le premier à en tirer profit. On sait encore que l'abeille est dotée d'un remarquable système d'orientation, qu'elle est capable de compenser (grâce à ce qu'on appelle des « automatismes », sur lesquels il serait d'ailleurs bon de méditer) la dérive du vent ou les détours que des obstacles — maison, arbre, rocher — lui imposent sur l'itinéraire qui lui a été communiqué.

Si bien que l'on finit par se demander si les Anciens n'ont pas fait preuve dans leurs mythes d'une bouleversante prescience. En tout cas, celle-ci est évidente quant aux vertus qu'ils attribuaient au miel, puisqu'ils le considéraient comme un élixir de vie dont ils tiraient l'hydromel — bien antérieur au vin — et que les recherches modernes ont non seulement révélé les pouvoirs stimulants et régénérateurs du pollen et de la gelée royale, mais ont établi que le miel possède tous les éléments indispensables au fonctionnement et à l'entretien de notre organisme.

Cependant, cela ne l'empêche pas d'être totalement passé sous silence ou violemment critiqué par certains théoriciens d'une alimentation qui se dit « rationnelle » parce qu'elle reste dans les limites de ce que mangeaient nos tout premiers ancêtres. Avec une passion derrière laquelle se devinent parfois des intérêts particuliers, ils l'accusent de nombreux méfaits et tirent sur lui à boulets rouges.

Je dois dire que, personnellement, je ne trouve pas leurs arguments très convaincants — peut-être parce que je suis gourmand et dijonnais, deux facteurs qui font que je suis resté fidèle au miel dont ma grand-mère garnissait copieusement les tartines de mes goûters et au pain d'épice (fait, on le sait, de farine de seigle et de miel) qui, avec la moutarde et le cassis, est une spécialité de ma ville natale.

Certes, ainsi qu'ils le soulignent, les premiers hommes ne faisaient pas l'élevage des abeilles ; mais ils ne cultivaient pas non plus les céréales ou les fruits, ce qui ne les empêchait pas d'en manger. Il est probable qu'ils faisaient de même pour le miel quand ils découvraient, dans le creux d'un arbre ou d'un rocher, les gâteaux gaufrés fabriqués par des essaims sauvages ; sans quoi, plus tard, comment auraient-ils eu l'idée de domestiquer les abeilles après qu'ils eurent soumis les végétaux à leurs besoins ?

Autre argument : le miel n'est pas un produit naturel ; il est, en quelque sorte, de l'« excrément » d'abeilles — Pline parlait bien d'« excrément d'astres » ! —, celles-ci recueillant le nectar des fleurs dans leur jabot où il subit une transformation profonde due à des sécrétions diastasiques animales. En réalité, le miel peut difficilement être assimilé à un « excrément » : il est tout au plus l'élaboration d'un insecte comme le lait est l'élaboration de la femelle des mammifères, et c'est uniquement à ce titre qu'il peut être condamné — comme le lait, le fromage ou les œufs — par les partisans d'une nourriture strictement végétale.

Reste enfin le fait qu'il ne convient pas à tout le monde et qu'il peut déclencher certains troubles ou aggraver ceux qui existent déjà. D'où un ultime argument, en forme de syllogisme, qui souligne sa nocivité et son caractère artificiel : quand un produit est naturel, il ne nuit pas à l'organisme ; or, le miel est nocif pour certaines personnes ; donc le miel n'est pas un produit naturel.

Ce raisonnement serait irréfutable si d'autres produits naturels, préconisés par les mêmes théoriciens d'une alimentation « rationnelle », ne provoquaient pas, eux aussi, des réactions défavorables chez des sujets donnés. Vous connaissez certainement, comme moi, des gens qui ne supportent pas le riz ou le sarrasin, les haricots verts ou les radis, les pommes ou les fraises, même quand ces denrées — pourtant intégralement végétales ! — sont cultivées de façon biologique, sans engrais ni insecticides chimiques ; ce qui ne conduit pas logiquement à conclure qu'il faut les interdire à tout le monde...

Trop individualiste et épris de liberté pour suivre lesdits théoriciens sur des terrains minés de contrevérités, je crois qu'il faut se garder de porter des jugements définitifs sur le miel — ni sur quoi que ce soit d'ailleurs ! Parce que chacun réagit selon son propre tempérament, ses propres problèmes et ses propres convictions dépendant de son hérédité, de ses faiblesses, de sa formation, de son milieu et de son mode de vie, il est aussi stupide de considérer le miel comme un poison que de le présenter comme une panacée, car il peut être, selon les cas, tantôt l'un tantôt l'autre.

Deux médecins, qui ont eu le mérite d'aborder les questions

de diététique sans céder aux pressions doctrinales des diverses chapelles du culte alimentaire, nous apportent à ce sujet de précieux enseignements.

« Le miel, écrit le docteur Carton[1], avec ses sucres encore associés à des sels minéraux, à des diastases agissantes, à des énergies florales vitalisées, est donc bien un aliment vivant et un excitant physiologique, dont l'usage pourrait être beaucoup plus répandu car il est bien plus dynamogène et nourrissant que le sucre chimique. Aussi devrait-il reprendre dans l'alimentation la place importante qu'il occupait avant la découverte du sucre chimique...

« Toutefois, après avoir montré toutes les supériorités du miel sur le sucre, il importe de faire remarquer, qu'aliment concentré précieux pour les individus sains, il devient comme tel d'un emploi délicat pour les malades... Il y a des restrictions qu'il est dans l'intérêt de tous de ne pas cacher. Chez les sujets aux voies digestives fragiles pour lesquels toutes les concentrations énergétiques sont nocives, même les plus naturelles, il est capable d'entraîner les inconvénients suivants : fermentations et brûlures d'estomac, baisse de l'appétit, pesanteurs, constipation, douleurs épigastriques, bouffées congestives du visage, démangeaisons et éruptions cutanées, urines laiteuses, insomnies, etc.

« Excellent aliment pour les gens normaux, le miel est indiscutablement un produit trop fort pour un grand nombre de malades. Les moins touchés, qui ne pourront se déshabituer des sucreries, devront préférer le miel au sucre, le prendre dilué, après l'avoir fait bouillir (ce qui fait s'évaporer des produits volatils irritants) ou bien sous forme de confiture ou mieux encore de pain d'épice au miel véritable. Dans ce dernier cas, l'adjonction de farine de seigle le rend plus assimilable... »

Quant au docteur Oudinot, il déclare[2] également :

« Il existe, en toute certitude, des sujets que le miel incommode plus ou moins sérieusement. Il peut provoquer des douleurs d'estomac, des brûlures, des fermentations, des diarrhées. Chez quelques hypersensibles qui ne peuvent le méta-

1. *Op. cit.*
2. *Op. cit.*

boliser, il occasionne des arthrites et, plus rarement, des dermatoses.

« Nous pensons que ces accidents — assez rares — sont dus en majeure partie à la présence de l'acide formique, puissant désinfectant mais capable aussi de se montrer irritant comme peuvent l'être tous les acides, pour des organismes fragiles.

« Les questions de doses et de dilutions interviennent aussi grandement. Tel qui ne supporte pas une cuillerée à soupe de miel ingéré pur, le tolère parfaitement à la dose d'une cuillerée à café dans une infusion.

« En conclusion, sauf intolérance dont il faut toujours tenir compte et prévoir la possibilité, nous conseillons l'usage du miel, volontiers au petit déjeuner où il remplace avec bien des avantages le beurre habituel, au goûter, en dessert au lieu et place de confiture, et surtout en remplacement du sucre industriel chaque fois que faire se pourra... »

De ces textes, il découle que le miel est, comme la langue d'Esope, la meilleure et la pire des choses suivant chaque cas particulier, et aussi — on l'oublie trop souvent — sa qualité. D'une année à l'autre, en fonction des conditions météorologiques qui modifient de façon sensible sa composition ; d'une région à l'autre et même d'une saison à l'autre, selon la nature de la flore locale (sainfoin, acacia, bruyère, lavande, romarin, sapin, etc.) explorée par les abeilles, il est plus ou moins doux, donc plus ou moins irritant et plus ou moins toléré.

A ces facteurs naturels qui jouent sur sa valeur diététique sans qu'on puisse y rien changer, s'en ajoutent d'autres — dont nous sommes entièrement responsables puisqu'ils sont d'ordre économique ou commercial — qui font encore varier plus profondément et plus dangereusement sa substance.

Il existe des miels provenant d'abeilles nourries au sucre ou à la mélasse, des miels de fantaisie fabriqués au glucose ou à la dextrine, des miels provenant de plantes cultivées (avec engrais chimiques, bien sûr) en vue de fournir aux abeilles une matière première à grand rendement. Le mode d'extraction intervient également pour donner des miels de pression, des miels centrifugés, des miels coulés, des miels chauffés, à quoi s'ajoutent encore éventuellement la pasteurisation et la stérilisation qui visent à retarder ou empêcher la cristallisation due au vieillissement.

Il est donc évident qu'il n'y a plus grand-chose de commun entre ces miels marqués par l'empreinte du progrès chimico-mécanique et le miel en rayon butiné sur des fleurs sauvages ; ce qui concourt à embrouiller d'autant le débat sur les bienfaits ou les méfaits du miel car celui-ci se présente sous tant d'espèces (et de compositions) différentes qu'on finit par discuter sur des produits qui n'ont d'identique que le nom.

Heureusement, il se trouve toujours ici et là, en plus grand nombre qu'on le suppose, des apiculteurs qui respectent la matière vivante qu'est le miel et s'attachent à le livrer dans son intégrité aux consommateurs. L'un d'entre eux, M. Henri Muller, partant d'une série de travaux internationaux (professeur Chauvin en France, docteur Jarvis aux États-Unis, Ioiriche en U.R.S.S., Spottel et Büdel en Allemagne, docteur Koch en Suisse) a même entrepris depuis quelques années, avec quelques-uns de ses collègues du Tarn, d'en revenir au miel originel présenté en petits rayons. Dans un important ouvrage, en quatre tomes, *Les abeilles enseignent...*[1], il fait le point, dans le tome III intitulé *Retour aux sources avec les arômes du miel en rayon,* sur ce que lui ont appris plus de trente années d'expérience en apiculture et avance des théories qui, même si elles peuvent être discutées — et elles le seront, c'est certain —, offrent des vues nouvelles permettant de mieux comprendre ce que représente le miel en tant que facteur de santé.

Se fondant sur de nombreuses observations, il affirme que l'abeille n'est qu'une cellule d'un être « pensant », l'essaim (qu'il baptise la « grappe ») qui, à l'intérieur de la ruche, forme un tout dont chaque partie est adaptée à une fonction bien définie. Il fait remarquer également que la « grappe » passe par les deux stades — croissance et dégénérescence — qui caractérisent les êtres vivants ; l'essaim bourdonnant qui cherche à se fixer serait en quelque sorte l'embryon de cet être qui, après une période de croissance et de multiplication, vieillit, est attaqué par les vers de la fausse teigne et meurt.

De là, la recherche des conditions qui sont susceptibles de

1. Chez l'auteur, 95, rue Croix de la Paix, 81-Albi.

freiner ce vieillissement, c'est-à-dire le choix, pour la ruche, d'un emplacement permettant à la « grappe » de retrouver un authentique milieu naturel, la mauvaise santé des plantes butinées ne pouvant que transmettre de la mauvaise qualité de vie.

La qualité du miel est évidemment liée aussi à l'environnement et à la qualité des plantes. Elle dépend également de ce que M. Muller appelle une « charge de Temps ». Il estime, en effet, que tout ce qui vit est doté, au départ, d'un potentiel d'énergie qui correspond à la durée de son existence et que ce potentiel, cette charge, diminue au fur et à mesure que cet élément vivant va vers sa fin, un peu comme la charge d'une batterie électrique ; d'où il déduit que lorsqu'on consomme un végétal ou un animal jeune, n'ayant pas encore beaucoup entamé son capital « charge de Temps », on s'enrichit de celui-ci.

Pour concrétiser cette conception, il donne l'exemple d'un chat qui mange une souris qu'il vient de tuer : le Temps de la souris, c'est-à-dire celui qui lui restait à vivre, passe dans le chat qui s'en sert pour régénérer son corps ; si la souris était vieille et n'avait plus que huit jours de vie, ce n'est qu'un Temps de huit jours qu'elle transmet. « En diététique, ajoute-t-il, l'âge du produit tué compte et son vieillissement ultérieur compte aussi. »

Cette notion — qui est strictement hypothétique et peut sembler relever de la pure imagination — rejoint cependant ce qu'un savant italien, le professeur Giuseppe Tallarico, exprimait déjà en 1947 dans son ouvrage *La vie des aliments*[1] quand, après avoir énuméré les divers éléments dont la science moderne de la nutrition tient compte pour chaque aliment (composants chimiques, acides aminés, vitamines, enzymes, oligo-éléments, etc.), il écrivait :

« Ce sont là les principes fondamentaux. Mais nous serons probablement obligés de considérer dans l'aliment quelque chose qui, pour le moment du moins, échappe à l'éprouvette du chimiste, à la balance du physicien, aux lentilles du microscope et au bistouri de l'anatomiste, quelque chose qui existe cependant, et qui a de la valeur, puisque cela confère à l'aliment une

1. Éd. Denoël, Paris.

puissance constructive plus élevée, dont l'importance est incontestable dans la croissance et le développement de l'individu.

« Pour nous, ce quelque chose est dû à l'état biologique où se trouve l'aliment ; je dirais presque à l'essence spirituelle enfermée dans sa personnalité matérielle. Car, au fond de toute chose matérielle réside toujours quelque chose de mystérieux qui, parfois, a une action décisive, sans cependant pouvoir encore être pesé et évalué. Une puissance qui s'exerce sur la vie, mais qui reste invisible, sans poids, sans forme, sans consistance, comme peut l'être « l'esprit » de l'aliment. »

On retrouve la même idée sous la plume du docteur Carton[1] qui évoque les « forces vitales » contenues dans les produits vivants que nous mangeons. « Dans la nourriture que nous absorbons, dit-il, il n'y a pas que des corps chimiques, il n'y a pas que des matériaux réparateurs et combustibles. L'aliment est également pour nous une source de vie. »

J'ajouterai qu'il existe tout de même une preuve matérielle de l'existence de cette « force vitale », de cet « esprit » des aliments, assimilable à la « charge de Temps » à laquelle se réfère Henri Muller. Ce sont les expériences effectuées par les savants anthroposophes, disciples de Rudolf Steiner, expériences qui ont servi de base à une méthode de dépistage précoce du cancer[2]. Le principe en est simple : en ajoutant de petites dilutions de sève de plante à une solution de chlorure de cuivre, celle-ci au lieu de cristalliser en formant un amas chaotique de cristaux dans le centre de la plaque, donne une image dans laquelle les cristaux s'ordonnent en prenant une configuration spéciale.

Si la plante est saine, autrement dit en pleine « force vitale », une multitude de rayons partent d'une sorte de centre d'explosion et s'épanouissent harmonieusement en direction des bords de la plaque ; mais si la plante est malade ou arrachée depuis longtemps, l'harmonie est rompue : les cristaux sont collés, rassemblés en paquets, l'image est comme effacée. Conclusion : les éléments qui vont vers la vie se traduisent par un intense rayonnement d'aiguilles cristallines qui semblent poussées par

1. *Les lois de la vie saine.*
2. Voir *Tous les espoirs de guérir.*

une force intérieure, tandis que les éléments qui vont vers la mort ne possèdent plus la force d'imposer une forme aux groupes de cristaux.

Or, les milliers d'expériences poursuivies par M$^{me}$ F. Bessenich dans le cadre de la section « Sciences naturelles » de l'université libre de Dornach, en Suisse, montrent de façon indiscutable que les « forces vitales » d'une pomme, d'une carotte, de haricots verts, d'épinards, d'une pomme de terre, etc., diminuent au fur et à mesure que s'éloigne l'époque où ils ont été récoltés, comme aussi elles s'appauvrissent considérablement si on en fait des conserves.

Si je me suis attardé aussi longuement sur cette question de potentiel d'énergie impondérable, c'est qu'elle touche l'ensemble du problème de notre alimentation (sur lequel je reviendrai dans un autre chapitre) en soulignant un aspect essentiel ignoré par les spécialistes de la diététique, et qu'elle met en lumière la valeur de l'argumentation de M. Muller sur le miel.

Celui-ci explique dans son livre que non seulement il a modifié ses méthodes apiculturales en choisissant un environnement sauvage biologique pour la « grappe », mais aussi sa façon de « récolter » le miel et de le conserver en rayon, en mettant au rancart l'extracteur à miel.

« Le miel en rayon, dit-il, est différent du miel récolté par extraction tout comme le lait, au sein de la mère et le lait bouilli, caillé et fermenté sont différents. Lait et miel, *à la source* (tout comme l'eau bue directement à la source) ont quelque chose de plus qui se fait d'ailleurs sentir au palais, au goût, à l'odeur... »

Il rappelle qu'autrefois, faute de machines, « les miels se consommaient jeunes, dans leur état organique naturel, en rayon, tels qu'on les avait récoltés » ; ils étaient alors liquides car rares sont les miels qui cristallisent franchement dans leurs cellules operculées.

« La cristallisation des miels extraits, poursuit-il, peut se comparer à la coagulation du sang au contact de l'air ou au caillage du lait exposé à l'ambiance. Inutile de souligner que ces transformations constituent une dégradation du produit. Cela ne le rend pas inconsommable (le lait caillé ne l'est pas non plus), mais cela le dégrade sur l'échelle des valeurs (n'est pas vautour qui veut) et de la vie originelle, du Temps qui lui reste à vivre avant de mériter la définition de substance morte. »

Pour profiter intégralement de toutes les vertus du miel qui font sa réputation millénaire, il est donc conseillé de le manger dans son enveloppe naturelle qui le maintient en vie (elle est la véritable conservatrice de la « charge de Temps »), en mâchant longuement la cire, élaborée elle aussi par les abeilles et qui, selon Henri Muller, « contient de la vitamine A en plus forte proportion que la viande de bœuf ». Du gâteau, pour reprendre sa formule, « s'écoule le liquide, comme si on ouvrait une veine de sang ; on entame sa vie à l'instant même où l'on « croque » le rayon »...

Mais le miel n'est pas seulement un remarquable aliment complet pour les individus sains, et cela depuis la plus lointaine Antiquité (Dioscoride l'appelait le « baume de la vie » et disait que pour vivre longtemps « il faut s'arroser par dedans de miel et s'oindre d'huile par dehors »). Il est aussi, dès la même époque, un remède employé dans de nombreux cas.

Les Égyptiens — qui, soit dit en passant, n'avaient pas domestiqué les abeilles et ne connaissaient que le miel sauvage — l'utilisaient couramment en pharmacie soit en usage interne, soit en usage externe, contre la toux, les maladies des yeux, du tube digestif, des reins, pour guérir les blessures, et aussi en magie où il était présenté comme « quelque chose de doux pour les hommes, mais quelque chose d'amer pour les démons ». Les Grecs et les Romains s'en servaient dans les cas d'infections intestinales, d'empoisonnements, de fistules, de plaies infectées, etc. Et, au fil des siècles, partout où il y a des abeilles, on retrouvera sensiblement les mêmes indications dans les traités médicaux, jusqu'au moment où la chimie le détrônera et où il ne sera plus d'un « remède populaire » avec tout ce que cette formule comporte de péjoratif.

L'abbé Kneipp fut un des premiers à essayer d'attirer l'attention du grand public sur ces recettes d'« une efficacité excellente ».

« Les gens de la campagne, écrit-il[1], savent fort bien appliquer le miel comme onguent sur les abcès et ulcères externes...

1. *Op. cit.*

La préparation en est bien simple : prenez moitié miel, moitié farine ; ajoutez un peu d'eau et agitez la mixtion comme il faut. Cet onguent ne doit pas être fluide, mais passablement compact, comme de la pâte... »

Autres recettes, reprises et complétées par ses disciples comme le docteur Schalle ou Oertel-Bauer[1] : une cuillerée à café de miel, bouillie pendant cinq minutes dans 1/4 de litre d'eau, donne un excellent gargarisme contre les inflammations de la gorge, les douleurs de la déglutition et maux similaires (l'abbé en recommandait spécialement l'usage aux chantres). La même décoction fournit une eau ophtalmique « purifiante et fortifiante » qui, en lavages, trois fois par jour, est indiquée contre les affections des yeux et, en compresses appliquées pendant la nuit, fortifie les yeux.

Le miel soulage et résout les tuméfactions des rhumatismes : on l'étend, comme un onguent ordinaire, sur un morceau de toile qu'on applique ensuite sur la partie malade « en ayant soin de l'entourer d'une étoffe de laine » ; on renouvelle cet emplâtre toutes les deux heures.

Cependant, l'homme qui a le plus œuvré pour réhabiliter le miel en tant que médicament, est un médecin américain, le docteur Jarvis, dont le livre *Ces vieux remèdes qui guérissent*[2] a connu des tirages considérables en France, en Allemagne et surtout aux États-Unis (plus de 1 200 000 exemplaires !).

Médecin de campagne depuis 1909 dans le petit État du Vermont, à la frontière du Canada, il décida d'étudier en détail la médecine populaire pour tenter d'en dégager les origines et finit, comme il le dit lui-même, par « suivre des prescriptions qui, pendant des générations, avaient fait la preuve d'une efficacité supérieure à celle des médicaments de la médecine orthodoxe », en s'appuyant sur deux éléments principaux : le vinaigre de cidre et le miel.

Il considère que celui-ci doit tenir une place importante dans tout régime alimentaire bien compris parce qu'il contient « juste assez de sels minéraux pour assurer l'équilibre du métabolisme de notre organisme » et toutes les vitamines indispensables. Il

1. *Op. cit.*
2. Éd. Robert Laffont.

souligne aussi son remarquable pouvoir bactéricide mis en évidence par les expériences d'un bactériologue réputé, le professeur W. G. Sackett, qui mit du miel dans des éprouvettes où se développaient différents virus.

« Le résultat fut stupéfiant, écrit-il. En quelques jours, souvent même en quelques heures, tous les microbes succombèrent. Le virus de la typhoïde résista quarante-huit heures, ceux des paratyphoïdes A et B vingt-quatre heures seulement. Le microbe de la broncho-pneumonie était détruit le quatrième jour. Il en fut de même pour ceux de la péritonite et de la pleurésie. » (Il est intéressant de signaler que des expériences parallèles ont été effectuées en U.R.S.S. dont celle-ci, rapportée par Henri Muller[1] d'après Ioiriche : on a créé une sorte de miel artificiel avec du glucose, du levulose, etc., dans lequel on a introduit des produits organiques (graines et fragments de viande) ; on a fait la même opération avec du vrai miel ; dans celui-ci, ces produits se sont parfaitement conservés pendant plusieurs années alors que dans le miel composé artificiellement des signes d'altération, de la viande notamment, se sont montrés dès le cinquième jour.)

« Sédatif sans rival, dit encore le docteur Jarvis, le miel procure aux individus les plus nerveux la détente nécessaire et cela sans contrepartie (...). Pour les vieillards, le miel est excellent. Les gens me disent souvent que le miel est plus cher que le sucre raffiné. Il faudrait tout de même savoir ce que l'on veut ! La santé se paie. Ce que vous économisez chez l'épicier, vous serez vite obligé de le dépenser chez le pharmacien. En payant son prix une nourriture saine, on fait des économies de drogues... »

Sur cette réflexion de bon sens — oublié trop souvent aujourd'hui — le docteur Jarvis passe ensuite en revue ce qu'il appelle « les mille et un usages du miel ». En voici quelques-uns résumés sommairement :

INCONTINENCE D'URINE : donner à l'enfant, au moment de se coucher, une cuillerée à café de miel : « tout d'abord cela calme le système nerveux et ensuite le miel retient pendant le sommeil l'eau qui est en excès dans l'organisme, donc soulage les reins ».

1. *Op. cit.*

Insomnie : une cuillerée à soupe de miel au dîner ; si cela ne suffit pas, préparer un mélange de 2 cuillerées à café de vinaigre de cidre et 2 cuillerées à café de miel pour un verre d'eau ; prendre 2 cuillerées à café de ce mélange en se couchant ; recommencer toutes les heures jusqu'à ce qu'on trouve le sommeil, « mais il est rare qu'on ait besoin de le faire plus de deux ou trois fois ».

Toux : dans un verre, verser le jus d'un gros citron ; ajouter deux cuillerées à soupe de glycérine ; remuer et compléter avec du miel ; une cuillerée à café de ce sirop au moment des quintes ou encore une au lever, une dans la matinée, une dans l'après-midi et une au coucher.

Crampes : (musculaires ou tics des paupières ou de la bouche) : deux cuillerées à café de miel à chaque repas ; en moins d'une semaine, ces troubles auront disparu.

Brûlures : des applications de miel soulagent, empêchent la formation des cloques et favorisent une cicatrisation rapide.

Après ces emplois du miel proprement dit (lequel, je le rappelle, pour donner les résultats qu'on en escompte, doit être jeune, biologique et non falsifié), le docteur Jarvis consacre une partie de son ouvrage au miel en rayon qui est « particulièrement efficace dans le traitement de certains troubles des voies respiratoires » et qui « possède une action antiallergique », vraisemblablement grâce aux propriétés — non encore définies scientifiquement — de la cire vierge qu'on mastique comme du chewing-gum.

*Pour dégager les muqueuses nasales (nez bouché) et contre la sinusite,* il recommande de prendre toutes les heures un morceau de gâteau de miel et de le mastiquer avec énergie pendant un quart d'heure. « Au bout de ce laps de temps, dit-il, crachez ce qui vous reste dans la bouche. En général, une journée de régime suffit à vaincre la sinusite la plus tenace. Pour plus de sûreté, je conseille de renouveler le traitement pendant une semaine, afin d'éviter toute offensive du mal. » En ce qui concerne le nez bouché, la plupart du temps le résultat est obtenu au bout de cinq minutes.

*Enfin, pour combattre le rhume des foins* (qui est, on le sait, une forme d'allergie), il préconise, à titre préventif, de mâcher une ou deux fois par jour du miel en rayon pendant les deux mois qui précèdent l'époque où l'affection se déclare habituellement (« Si l'on prend cette précaution, dit-il, il arrive que la crise ne se déclenche pas ou bien qu'elle revête un caractère inoffensif ») ; à titre curatif, de mâcher cinq fois par jour du miel en rayon, cela pendant les deux premiers jours ; ensuite, de se contenter de trois fois jusqu'à ce que l'affection ait complètement disparu, ajoutant qu'à la rigueur on peut remplacer le miel en rayon par deux cuillerées de miel liquide.

« J'ai pu constater, conclut-il, qu'à ce régime, 1° en moins de trois minutes, l'excès de sécrétion lacrymale avait disparu ; 2° cinq à six minutes suffisaient pour dégager les narines ; 3° dans le même laps de temps, le nez avait cessé de couler ; 4° l'irritation de la gorge, elle aussi, disparaissait aussitôt. »

C'est à propos de ce traitement, expérimenté sur les patients d'un hôpital militaire du Texas, qu'une revue médicale publia en mai 1937 le commentaire suivant : « De tous les remèdes proposés contre le rhume des foins, un seul est apparu comme véritablement efficace. »

# 7

# LES MAUX QU'IL EST DANGEREUX DE GUÉRIR

Le premier médecin qui m'a ouvert les yeux sur le rôle bénéfique de certaines de nos « petites misères » et le danger que peut présenter leur guérison est le docteur Julien Besançon, célèbre il y a une vingtaine d'années pour son non-conformisme, son esprit et son bon sens.

Quelque temps après la guerre, j'étais allé l'interviewer à l'occasion de la sortie d'un de ses livres et nous avions immédiatement sympathisé malgré le demi-siècle qui nous séparait ; si bien que jusqu'à sa mort — presque centenaire, ce qui plaide indiscutablement en faveur de ses théories ! — je venais parfois bavarder avec lui dans son petit appartement proche du cimetière de Montmartre.

Bavarder n'est pas le terme exact ; je devrais plutôt dire écouter car lorsqu'on se trouve devant un personnage aussi extraordinaire et aussi riche en souvenirs que l'était le docteur Besançon, on le laisse parler. Ce n'est pas tous les jours, en effet, qu'il est donné de rencontrer quelqu'un qui vous déclare tranquillement : « Quand j'ai connu Littré » ou « J'assistais au banquet au cours duquel Victor Hugo a lancé sa fameuse formule... », quelqu'un qui a vu Napoléon III et l'impératrice Eugénie inaugurer le port de commerce de Brest, qui a eu le père de Marcel Proust comme professeur d'hygiène, qui a soigné Yvette Guilbert, a été l'ami de Maurice Barrès, a passé des « tuyaux » pour les courses au polémiste Henri de Rochefort et a dégusté le vin du dernier grand vignoble de Paris situé près de l'actuelle gare de Lyon...

Tandis que sa jeune femme (« Veuf, avec un tendron, tu te remarieras » était un de ses préceptes) — qui devait publier plus tard un émouvant témoignage sur les dix années qu'elle a passées à ses côtés[1] — l'approvisionnait en tasses de café, assis à sa table de travail, coiffé de son éternel béret et l'œil vif derrière ses lunettes (je dis « l'œil » car il avait perdu le droit à la suite d'un accident survenu aux travaux pratiques de la Faculté de médecine quand il avait dix-neuf ans, en 1880, et, depuis il le cachait sous un verre opaque noir), il pensait tout haut avec l'accent rugueux de sa Bretagne natale — « Quand je ne parle pas, je ne pense pas », disait-il — bourrant sa pipe ou puisant à petites doses dans sa tabatière de corne.

Tout y passait : des images d'une époque où les lycéens étaient tellement gavés de latin que c'est en vers latins que lui, le jeune Julien, fit sa première déclaration d'amour ; des réflexions sur la médecine, les régimes, le vin, la table, les femmes, la vie ; une somme immense d'expériences et d'observations, émaillée d'anecdotes, de calembours, de formules à l'emporte-pièce et ponctuée de grands éclats de rire. C'est ainsi qu'un jour il en vint à aborder un des problèmes qui lui tenaient particulièrement à cœur et sur lequel il a insisté à maintes reprises dans ses écrits, celui des « maladies de relais ».

— Jadis, me dit-il, les médecins gagnaient de grandes batailles avec de petits fusils : des tisanes, des vins composés, des élixirs, des cautères, des sangsues et des purges, quelques bons vieux médicaments de derrière les fagots. Aujourd'hui, la cure d'une rougeole ou de quelques boutons se prépare comme un Trafalgar. On soigne trop à bras raccourcis. On voit des forcenés qui, dans leur frénésie d'exterminer les parasites, mettent le feu au lit pour chasser les punaises du matelas, des ours qui tuent les microbes à coups de pavés, des pompiers de théâtre qui ferment les portes de sortie…

« Aujourd'hui, un jeune médecin se précipite sur un front qui coule, sur un eczéma qui suinte, une hémorroïde qui saigne comme un jeune taureau sur la cape du torero. Le taureau n'est pas responsable puisque sa fureur est aveugle ; mais c'est le

1. Hélène Besançon, *Dans l'intimité du Docteur Besançon*, éd. de l'Arabesque, Paris.

malade qui reçoit un coup de corne dans le ventre. Il faudrait guérir cette furie de guérir... »

Longuement, avec sa verve souvent féroce, il m'avait exposé sa théorie sur les « bonnes maladies dont il faut se méfier de guérir », les « maladies de relais », celles qui, selon sa définition, « arrêtent le cours des ans, comme les acomptes qu'on paie au percepteur retardent l'envoi de la feuille jaune ». Pour lui, l'eczéma, l'acné, la gravelle, les fistules, les ulcères variqueux, les flux intestinaux fréquents, les hémorroïdes sont autant de robinets de secours, de soupapes de sûreté qu'il est dangereux de fermer car c'est courir le risque de voir s'installer des affections autrement plus graves et parfois mortelles.

— N'a pas qui veut et ne garde pas qui veut les maladies de relais, déclarait-il. On ne remplace pas un exutoire naturel. On a des hémorroïdes parce qu'on doit en avoir et c'est pain bénit qu'on ait des hémorroïdes. La nature sait ce qu'elle fait. Bonnes gens, gardez vos bonnes misères ! Que le médecin vous soulage, soit. Mais prenez garde qu'il enferme le loup dans la bergerie.

Ce qu'il a repris, une fois encore, dans les dix commandements — assez particuliers ! — qui terminent son fameux ouvrage, *Ne pas dételer*[1], pour lequel il reçut le premier Prix Scarron en 1949 :

« Cinquième commandement : Si l'humeur sort du corps, pour toi c'est débarras.

« Remerciez les saints du Paradis quand une humeur vous sort de l'organisme. Notre corps est un poêle à combustion lente et continue. Il y a toujours danger que les cendres s'y accumulent. Acceptez donc du sort ces bienfaits qu'il vous offre d'une main qui vous semble brutale et qui sont des maux pour le bien... »

Souvent, au cours de mes enquêtes sur les méthodes de traitement non classiques, j'ai songé aux conseils du vieux docteur Besançon qui me confiait encore, entre deux rations de tabac à priser : « Malheureusement, les malades sont bêtes, et quand ils ont un exutoire qui les gêne, ils courent chez le

1. La Clé d'Or, Paris.

médecin ; et celui-ci, qui est fait pour satisfaire ses clients, est d'habitude assez faible pour fermer la soupape de sûreté. Dieu merci, il n'y réussit pas toujours... » Chez plusieurs de ses confrères, j'ai retrouvé le même souci de ne pas nuire en guérissant des maux nécessaires ; je l'ai retrouvé aussi dans des livres qui me sont tombés sous la main dans ma retraite auvergnate.

C'est pourquoi je crois bon de soumettre à votre réflexion une sorte de florilège de citations susceptibles de vous préserver contre des erreurs que nos grand-mères, précisément, ne commettaient pas, elles qui, ainsi que l'a rappelé le docteur Besançon, « n'étaient pas plus bêtes que nous », puisqu'elles s'efforçaient d'imiter la nature en entretenant sur leurs bras et leurs jambes des vésicatoires permanents (entre autres, les fameux cautères dont la suppuration était maintenue grâce à un pois d'iris) ou en ayant fréquemment recours aux sangsues que l'on trouvait alors dans toutes les pharmacies.

Je tiens à ce propos à souligner derechef que je n'entends en aucune façon jouer les directeurs de conscience ni me substituer à ceux qui ont choisi la charge de veiller sur notre santé. Je l'ai déjà dit au début de ce livre : à chacun d'opter pour la solution qui lui paraît conforme à son bonheur, cela en fonction des éléments d'information qu'il possède sur les voies différentes — voire divergentes — qui s'offrent à lui. Ce sont ces informations que j'essaie d'apporter ; à vous d'en tirer les conclusions qui vous sont propres.

Les premiers extraits que je vous propose sont tirés d'un ouvrage de plus de 500 pages que j'ai découvert dans le capharnaüm poussiéreux d'un bouquiniste. Son titre est suffisamment explicite : *Traité des maladies qu'il est dangereux de guérir*[1], renforcé par le sous-titre suivant : « Ouvrage utile et nécessaire aux médecins et aux personnes sujettes à des incommodités habituelles, avec des Observations nouvelles et intéressantes. » Son auteur est « M. Dominique Raymond, Docteur en Médecine de la Faculté de Montpellier, Doyen de l'Agrégation de Marseille, Pensionnaire du Roi, Président Trésorier Général de France », ce qui fait supposer qu'il a paru

1. Chez Léopold Colin, Libraire, Paris.

avant la Révolution, la nouvelle édition — qui est maintenant dans ma bibliothèque — datant de 1808 et étant « augmentée de notes » par « M. Giraudy, Docteur en Médecine de l'École de Paris, Professeur de Thérapeutique générale, Secrétaire perpétuel de la Société de Médecine pratique, etc. ».

Celui-ci commence ainsi son « Discours préliminaire » : « Une des erreurs les plus dangereuses en médecine, c'est de vouloir guérir toutes les maladies. Les moyens que l'on emploie pour cela violentent nécessairement la nature, s'opposent à son travail, et donnent lieu à des accidents plus ou moins fâcheux. Si l'on obtient une guérison, elle ne peut être que très incomplète : on n'a fait que déplacer ou cacher la maladie. Or, l'expérience confirme tous les jours que cette prétendue guérison laisse le germe d'une autre maladie souvent plus grave que la première, ou tout au moins qu'elle rend la constitution plus faible, la santé moins solide, et qu'elle abrège ainsi le cours de la vie... »

Si l'on progresse plus avant dans ce texte que le docteur Julien Besançon n'aurait pas hésité à signer, on y trouve la caution d'Hippocrate avec cette citation : « Il est des maladies qu'on ne peut pas guérir et d'*autres dont il vaut mieux ne pas tenter la guérison,* car on s'exposerait à occasionner le transport de la matière morbifique sur des parties qui en seraient lésées, et la nature pourrait y succomber » et des remarques comme celles-ci qui s'appliquent aux maladies de la peau, hémorroïdes, hémorragies, diarrhées spontanées, etc. :

« La nature s'étant ouvert cette voie pour délivrer le corps de ce qui pouvait lui nuire, ce serait vouloir la déranger que d'interrompre le bien qu'elle nous fait... Il ne faut pas lui fermer un chemin qu'elle a su ouvrir pour notre conservation lorsqu'elle n'a pas pu trouver convenables les voies naturelles de nos évacuations... »

« C'est souvent un grand remède que de n'en point faire... »

« Les malades doivent endurer avec patience une incommodité puisqu'elle les préserve souvent de quelque plus fâcheux état, souvent funeste. »

Près d'un millénaire plus tôt, les médecins de l'École de Salerne allaient exactement dans le même sens lorsqu'ils déclaraient dans leurs *Préceptes généraux de santé :*

*Quand vous sentez que la nature*
*Veut vous débarrasser d'une matière impure,*
*Écoutez ses conseils ; secondez ses efforts ;*
*Loin de vous retenir, vite de cette ordure,*
*Le plutôt qu'il se peut, délivrez votre corps.*

Quant au docteur Paul Carton, il rejoint, lui aussi, les conceptions du docteur Besançon — avec qui pourtant il présentait peu de points communs puisqu'il s'était fait l'apôtre d'un mode de vie naturiste et végétarienne alors que l'auteur de *Ne pas dételer* avait gueuletonné allégrement toute sa vie dans les meilleurs restaurants de Paris. Voici quelques extraits significatifs tirés de son monumental *Traité de Médecine, d'Alimentation et d'Hygiène Naturistes*[1] :

« C'est le passage de déchets irritants qui engendre au niveau de la peau les poussées d'herpès, de furoncles, les érythèmes, eczémas, etc. *Toute infection cutanée traduit bien plus la mise en décharge de déchets malfaisants PAR la peau qu'une contamination microbienne pure et simple...*

« Dès que, pour une cause ou une autre, les émonctoires principaux et complémentaires fonctionnent d'une façon insuffisante, l'économie en crée d'artificiels pour se délivrer des « humeurs peccantes » (...). C'est pourquoi, la plupart du temps, *la suppression de lésions ulcéreuses chroniques, par des soins purement locaux, fait courir de sérieux risques de rétention toxique et d'apparition d'autres altérations de la santé plus graves,* si l'on ne prend pas le soin d'opérer corrélativement des corrections dans les conditions d'alimentation, d'hygiène et d'*élimination* du sujet traité...

« Au fond, la plupart de ces hémorragies (saignements de nez, flux hémorroïdaires) sont plus bienfaisantes que nocives et constituent des avertissements d'une surcharge toxique sanguine. *Elles sont l'œuvre de la nature médicatrice, qui s'efforce de délivrer un malade de ses poisons circulants et de sa pléthore...* Combien d'individus, par exemple, sont ainsi protégés d'accidents majeurs grâce au retour mensuel ou périodique de saignements hémorroïdaires ! »

1. Éd. Norbert Maloine, Paris.

Ne croyez pas que le docteur Carton exagère. L'auteur du *Traité des maladies qu'il est dangereux de guérir* termine certaines de ses observations par cette petite phrase éloquente : « Le malade fut enlevé de ce monde », et sous la plume de médecins sincères, on relève maints exemples des effets désastreux de l'intervention « des pompiers de théâtre qui ferment les portes des sorties de secours ».

Si donc vous êtes victime d'un de ces maux qu'il est dangereux de guérir — ou plutôt de guérir d'une certaine façon, sans envisager les conséquences qui peuvent en résulter —, n'entreprenez pas à la légère des traitements dont les résultats peuvent être redoutables à plus ou moins brève échéance. C'est d'ailleurs ce souci d'éviter les lendemains qui déchantent qui a toujours guidé mes enquêtes sur les moyens de guérir : la plupart d'entre eux consistent en un drainage ou, ne se limitant pas à l'action d'un agent externe, s'accompagnent en même temps d'un traitement interne dépuratif destiné à nettoyer l'organisme.

Pensez à l'homéopathie[1] qui est indiscutablement une médecine de bon sens avec sa notion de « terrain » et son recours à des draineurs destinés précisément à améliorer ce « terrain ». Pensez aux plantes dont beaucoup sont de remarquables draineurs naturels qui débarrassent l'organisme de ses déchets, lui évitant ainsi de le faire lui-même en cherchant des portes de sortie autres que celles que la nature a prévues.

Pensez aussi au texte par lequel je terminerai ce chapitre et que je vous invite à relire et à méditer. Il est tiré d'une brochure d'une centaine de pages, parue en 1952[2] sous un titre ultra-court *Et,* qui contraste avec sa richesse en idées. Son auteur est le docteur Pierre Joannon, professeur d'Hygiène et de Médecine préventive à la faculté de Médecine de Paris :

« ... Que le succès qu'on obtient par une certaine manœuvre n'entraîne pas de désordres périphériques ou profonds, cachés ou manifestes, ou qu'on tâche de s'en apercevoir à temps.

« Dans certains cas, le problème est plus délicat encore. *Tel symptôme durable est à respecter parce qu'il est de deux maux le moindre.* Tel autre, épisodique, est l'effet d'*une assurance contre*

1. Voir *Tous les espoirs de guérir.*
2. J. Peyronnet & Cie, édit., Paris.

un mal pire, une mesure préventive à ne pas prendre à la légère, pour « tout le mal » ou pour « un mal en soi », le devoir étant de s'attaquer à sa cause.

« En 1948, à Vittel, le président du premier Congrès de longévité a mis en garde ses auditeurs contre une interprétation trop simpliste, parce que trop lourdement péjorative, de certains signes, qui, pour morbides qu'ils soient, représentent *une protection à ne pas supprimer tant que dure le trouble qu'elle atténue ou le péril qu'elle conjure.* Un fusible saute là-haut, dans un coin. L'éclair et l'étincelle font peur. L'obscurité règne. C'est pathologique cela. On allume une bougie et on va voir. Le « plomb » a sauté. C'est une lésion. Que pour l'éviter désormais, on mette un gros fil incapable de fondre et qu'on s'en aille, content de cette réparation, le propriétaire de l'installation électrique en donnera des nouvelles... »

Qui, averti des risques, souhaiterait être ce propriétaire ?

## 8

## NOUS SOMMES TOUS DES ASPHYXIÉS

Une des joies de mes vacances de lycéen — invariablement passées au pays berceau de la famille — était de feuilleter le « cahier de chansons » qui avait appartenu, je crois, à mon grand-oncle. Rangé avec les livres de messe des disparus et le guide pratique ancestral sur le bon emploi des plantes des champs, il se trouvait dans la grande armoire de noyer où reposaient, comme embaumés par la senteur de violette des sachets de racine d'iris, les trésors intouchés de plusieurs trousseaux, et c'est de ce coffre-fort aux souvenirs que je le tirais pour me désennuyer pendant les jours de pluie.

Y figuraient, calligraphiés à la plume « sergent-major » ou « baïonnette » qui permettait de respecter le jeu délicat des pleins et des déliés enseigné par le maître d'école, des textes de chansons, allant des mélodies tendres de Delmet (comme les *Stances à Manon* ou *Les petits pavés*) aux couplets paysanno-philosophiques de Dupont *(Les bœufs* ou *La chanson des blés d'or)* en passant par les rengaines de Mayol *(Viens poupoule, Les mains de femmes, Cousine),* le répertoire folklorique de Botrel *(La Paimpolaise, Fleur de blé noir)* et des refrains gaillards ou subtilement libertins comme *La boiteuse, Elle vendait des petits gâteaux* et *Ils sont dans les vignes les moineaux ;* bref, de quoi charmer longuement des auditoires aussi variés que ceux de la fenaison ou des vendanges, des noces et baptêmes, des banquets de pompiers ou de conscrits, des veillées d'hiver entre voisins.

Car, du temps de nos grand-mères, on chantait pour tout et

pour rien ; pour terminer une fête en vidant force bouteilles puisqu'on buvait à la santé de chaque interprète et que chacun poussait sa chansonnette ; pour endormir un enfant ; pour meubler les longs trajets à pied ou en charrette quand on allait aux champs ou à la foire ; pour se donner du cœur à l'ouvrage lorsqu'on maniait la faux, le râteau, la serpette ou le battoir à linge ; pour soutenir le chantre de l'église ou faire monter des cantiques vers le ciel pendant les processions...

Cela créait, il faut l'avouer, des liens autrement fraternels et riches de chaleur humaine que d'écouter en groupe, autour d'un transistor ou devant l'écran de la télévision, les vedettes — fugitives — de l'heure ; surtout cela favorisait, inconsciemment mais efficacement, l'exercice d'une des fonctions les plus importantes de la vie, la respiration.

En effet, lancer la note ou encore lire à haute voix ainsi qu'on le faisait autrefois le soir dans de nombreuses familles, oblige à contrôler son souffle, à régler son rythme respiratoire sur le rythme des sons ou des phrases, autrement dit à pratiquer une gymnastique éducative et à découvrir du même coup une réalité qui échappe à trop d'humains, à savoir que, de toutes les grandes fonctions de notre organisme, la fonction respiratoire est la seule sur laquelle notre volonté a une action.

Or, c'est au moment où les citadins sont plongés dans une véritable boue atmosphérique, où les spécialistes s'accordent pour déclarer que « le civilisé est presque toujours un asphyxié chronique par insuffisance respiratoire », où nous aurions donc plus que jamais besoin d'apprendre à utiliser au mieux nos poumons, qu'on se borne à écouter la voix des autres, comme on se borne aussi, à l'heure où l'effort physique serait une nécessité salutaire, à regarder, applaudir ou critiquer quelques douzaines de champions.

Cependant, s'il semble difficile de rendre au chant sa vogue de naguère — il y a les disques, la radio, et aussi sans doute cette fameuse « morosité » qu'on détecte périodiquement ! —, il existe différentes techniques, aussi simples qu'aisées à exécuter, qui peuvent vous permettre d'éduquer votre respiration, de l'améliorer pour en tirer une santé meilleure et éventuellement une plus grande joie de vivre.

Elles portent des noms variés : « respiration profonde »,

« respiration rythmée », « respiration consciente », « gymnastique respiratoire ou aortique », etc., mais elles reposent toutes sur les mêmes évidences tant physiologiques que spirituelles.

Physiologiques : il n'est aucune de nos activités vitales qui ne relève directement de l'activité respiratoire ; l'alimentation en oxygène de tout être vivant, animal ou végétal, est plus capitale pour son existence que l'alimentation en substances nutritives. « Durant le sommeil, note le docteur René Lacroix dans son excellent cours de rééducation respiratoire intitulé *Savoir respirer*[1], notre système nerveux est inactif, notre tube digestif fonctionne à peine et peut ne pas fonctionner du tout. L'homme peut vivre plusieurs jours, et de nombreux jours s'il se soumet à un entraînement spécial, sans manger et sans dormir. Il ne saurait vivre cinq minutes sans respirer. Pas de vie sans respiration. »

On sait aussi maintenant que le poumon joue un rôle dans la digestion des graisses, qu'il exerce une fonction antitoxique de défense, qu'il a des liens étroits avec le système nerveux, le foie, la rate. Selon plusieurs savants, le passage de l'air à travers les fosses nasales aurait une action non négligeable sur les terminaisons des rameaux du sympathique qui s'y trouvent et les mouvements rythmés du diaphragme stimuleraient le plexus solaire.

Spirituelles : l'énergie cosmique, le souffle divin qui régit et anime l'univers, fait partie de notre atmosphère et ce n'est donc pas seulement de l'oxygène qu'on absorbe en respirant, mais aussi de la force vitale atmosphérique ; avec l'air entre en nous une fraction de l'énergie universelle, une parcelle de la Création. « C'est cette force, écrit le docteur Carton[2], que les auteurs hindous nomment *Prana* atmosphérique et qu'Hippocrate appelle *« souffle atmosphérique »* ou « principe de vie que nous prenons dans l'air ».

Partant de cette notion de « principe vital » contenu dans l'air et tenant compte du rôle essentiel de la respiration dans le fonctionnement de l'organisme, la plupart des religions de

1. Éditions J. Olivien, Paris.
2. *Op. cit.*

l'Antiquité ont inscrit dans leurs rites des exercices ayant pour but de favoriser ces échanges physiques et immatériels entre l'homme et le cosmos, qu'il s'agisse de danses sacrées voisines des mouvements de notre culture physique, de chœurs ryhmés ou de postures (des auteurs affirment que les statuettes et les bas-reliefs découverts dans les tombeaux égyptiens n'étaient pas uniquement une représentation matérielle des diverses divinités mais une sorte de répertoire des poses de la gymnastique respiratoire préventive et curative prescrite par les prêtres-médecins).

Ce qui est certain, c'est que l'éducation de la respiration a le double avantage de servir la marche harmonieuse de nos organes et d'être un instrument de connaissance conduisant à un dépassement de soi-même ; d'où la place qu'elle occupe dans de nombreuses doctrines médicales, philosophiques ou religieuses comme le naturisme, la Science Mazdéenne, l'anthroposophie ou le yoga.

Trois textes vous éclaireront sur sa portée véritable. Le premier est tiré de *L'art de la respiration* d'après le docteur Hanish, adapté par Germaine et Carlos Bungé[1] :

« La respiration fut, est et restera, à la fois la source, le moyen et le soutien constant qui donne, conduit, dirige, gouverne, vie matérielle et de pensée. Tout aspire, expire, tout vibre, qui existe dans la création. C'est seulement chez l'être humain que ce naturel processus d'inspiration, d'expiration, qui est commencement, fin et éternel recommencement vital, devient fonction, non plus machinale, mais peut et doit être parfaitement contrôlé et conscient. La respiration est alors la clé, la voie, qui conduit à une évolution normale, aisée et volontairement accélérée. »

Le second est extrait du célèbre ouvrage de Lanza del Vasto *Le pèlerinage aux sources*[2] :

« La respiration est de toutes les fonctions du corps la seule qui soit volontaire ou involontaire à volonté. Il s'agit de la rendre volontaire et de s'en emparer. C'est par là qu'on a prise, de fil en fil, sur les autres fonctions. Et qui dit volonté dit

1. Éd. Mazdéennes, Paris.
2. Éd. Denoël, Paris.

connaissance. Pour qui veut connaître son corps du dedans, c'est la corde du puits.

« Or notre corps est le résumé de toute la création, le seul objet que nous puissions connaître en même temps du dedans que du dehors. Le connaissant, on connaît tout le reste. Le contrôle du souffle est donc la pierre philosophale et le principe des transformations. C'est grâce au contrôle du souffle que les Yogis parviennent à pénétrer leur chair de tant d'air vital qu'elle se soulève d'elle-même et flotte comme une nuée ; à exalter leur chaleur au point qu'ils brûlent comme des braises sur les glaces de l'Himalaya ; ou bien à se réduire à l'état de pierre, à se faire enterrer et à ressusciter au jour prescrit. »

Le troisième enfin est emprunté au précieux petit livre *Les clés de la santé*[1] de Georges Barbarin qui, quelques semaines avant sa mort, m'écrivait pour me dire sa joie de me savoir, comme lui, revenu à la nature et qui périt tragiquement avec sa femme, il y a quelques années, dans un des incendies de forêt de la Côte d'Azur :

« L'acte de respiration s'accomplit inconsciemment, c'est-à-dire que vous vous en remettez à votre « bête » du soin de faire le nécessaire. Comment vous étonner, dans ces conditions, que la partie de vous-même qui est inconsciente n'accomplisse sa tâche qu'imparfaitement !... Il en résulte une sous-alimentation permanente non seulement du sang brassé dans les alvéoles pulmonaires mais aussi du système nerveux et du réseau magnétique où la conscience intime de l'homme se meut.

« Car, ne vous le dissimulez pas, la respiration, comme l'alimentation, a une double fonction et son rôle est à deux étages. Le premier (le plus élevé) consiste à porter directement le fluide vital dans les plexus éthériques par l'intermédiaire des terminaisons nerveuses du nez (...). Le deuxième (et le moins élevé) consiste à envoyer dans les poumons l'air destiné à favoriser l'émulsion sanguine. Dans un cas comme dans l'autre, une respiration insuffisamment étendue prive le sujet d'une part de ses éléments primordiaux...

« Comme la Nature est prévoyante, elle a imaginé, là comme ailleurs, une sonnerie et une soupape. Quand l'organisme a

1. Librairie Astra édit., Paris.

faim, a soif ou veut dormir, la bouche bâille, la langue sèche et les yeux se ferment de sommeil. Quand votre respiration est demeurée trop longtemps faible, courte, insuffisante, ne vous arrive-t-il pas de redresser votre poitrine et de pousser, malgré vous, deux ou trois profonds soupirs ?

« Le soupir est la cloche d'alarme qui dit : « La surface des poumons n'a pas été complètement irriguée. Il y a menace dans la partie de l'arbre qui n'est jamais ouverte » — je veux parler des sommets. Le soupir dit encore : « Je n'ai pas encore emmagasiné mon compte de *Prana.* Les papilles fluidiques de mon nez fonctionnent au ralenti et les échanges se raréfient. » Or, qu'est-ce que la Vie, sous toutes ses formes, sinon un échange perpétuel ? »

Il n'est pas dans mes intentions, cela va de soi, de me substituer aux professeurs de yoga ou des autres méthodes de respiration contrôlée. Je n'entrerai donc pas dans le détail des exercices visant à emplir tantôt la base, tantôt le sommet des poumons, à varier les positions de la langue, des bras, des jambes et du tronc, etc. Je me bornerai à dégager des règles générales communes à la plupart d'entre elles et qui vous fourniront une base de départ qu'il vous appartiendra d'élargir ou non :

1° Il faut effectuer une inspiration lente et profonde ; marquer un temps d'arrêt, en gardant l'air dans les poumons ; puis procéder à une expiration lente et complète, suivie d'un nouveau temps de repos avant d'inspirer de nouveau.

2° L'inspiration et l'expiration *se font exclusivement par le nez,* la bouche restant fermée.

3° Le rythme de l'exercice varie selon les méthodes et l'entraînement du sujet ; au début, il peut être de 4-2-4-2 (c'est-à-dire quatre secondes pour l'inspiration, deux secondes pour le maintien de l'air dans les poumons, quatre secondes pour l'expiration, deux secondes pour le repos, poumons vides) pour passer à 7-4-7-4 (Georges Barbarin était partisan du rythme 2-8-4 — donc sans temps de repos — qui progressait à 3-12-6 au bout d'un mois pour atteindre un niveau plafond de 4-16-8 après soixante jours, alors que le docteur Carton partait de 3-1-3-2 pour ne pas dépasser 5-2-5-3).

4° L'exercice dure trois minutes et doit normalement être effectué trois fois par jour (matin, midi et soir).

5° Il s'exécute soit immobile devant la fenêtre ouverte (à condition que celle-ci ne donne pas sur une rue empuantie par les gaz d'échappement des voitures), soit en marchant (à condition que ce soit dans un espace aéré et non à travers la chappe asphyxiante qui couvre à certaines heures la plupart des villes).

6° Si on l'effectue en marchant, le rythme — quel qu'il soit — doit être synchronisé avec le rythme de la marche : une seconde, un pas.

7° Pour ceux qui font une place à la spiritualité, il est conseillé d'associer leur pensée au rythme respiratoire (ce qui contribue au développement de pouvoirs supérieurs) en répétant mentalement une phrase dont chaque syllabe correspond à un temps du rythme, comme les syllabes des comptines enfantines du genre *Am stram gram,* etc., marquent la cadence. La longueur de la phrase est commandée évidemment par le rythme adopté et son sens doit, bien entendu, se rapprocher d'une prière, par exemple broder autour de l'idée que c'est le souffle universel ou l'énergie vitale qu'on aspire et qu'on en est fortifié corps et âme, ou encore remercier Dieu d'apporter ainsi en vous sa force créatrice pour le soutien de la chair et de l'esprit.

A côté de ces méthodes, dans lesquelles s'intègrent — plus ou moins — des facteurs spirituels, en existe une autre, baptisée « gymnastique aortique », dont les bases sont strictement physiques et médicales puisqu'elle a été mise au point pour aider les cardiaques. Elle donne effectivement de remarquables résultats dans le traitement de l'infarctus, de l'angine de poitrine, de troubles pulmonaires et circulatoires (et même, semble-t-il, dans certains cas de leucémie). J'ai contribué d'ailleurs à la faire connaître par mes articles et mes livres et je reçois encore, de temps à autre, des lettres de malades guéris me confirmant ses bienfaits.

Mais elle est aussi une excellente technique pour améliorer la respiration et c'est sous cet angle qu'elle peut vous intéresser. En voici donc les données essentielles.

C'est un cardiologue allemand, le docteur Fahrenkamp, qui

en fixa les principes — et lui donna son nom — en préconisant des exercices de respiration profonde destinés à soulager ses patients dont les troubles, disait-il, résultaient d'une façon de respirer superficielle et défectueuse. Cependant, c'est un Belge, professeur diplômé de l'École Normale de Gymnastique et d'Escrime, M. Louis Husson, qui s'en est fait l'ardent propagandiste, après l'avoir perfectionnée grâce à ses études sur la physiologie appliquée aux mouvements.

Quand j'ai connu M. Husson, il avait quatre-vingt-trois ans — il est né en juin 1877 — et il était encore capable, quand il avait manqué le tramway qui le conduisait chaque matin de Louvain (où il habite) à Bruxelles, de courir dix minutes pour le rattraper de l'autre côté de la ville. C'est dire avec quelle fougue et quel enthousiasme, il m'avait exposé comment il avait conjugué la méthode du docteur Fahrenkamp avec celle qu'il avait élaborée en partant des notions suivantes : 1° une pompe ne fonctionne qu'en vertu de la pression atmosphérique ; 2° les organes de la circulation et de la respiration forment en nous « une pompe magnifique ».

— L'inspiration, dit-il, est favorable à la circulation veineuse tandis que l'expiration favorise la circulation artérielle. La respiration influençant — comme une pompe — la vitesse circulatoire, il ne restait plus qu'à trouver le moyen de produire dans le poumon une pression beaucoup plus forte et variable à volonté. Cela me fut donné par le freinage de l'air, grâce auquel on peut obtenir une pression de 3 ou 4 mm de mercure en plus ou en moins dans le poumon.

D'où la méthode qu'il a décrite dans une brochure intitulée *La gymnastique aortique*[1]. Elle consiste, d'une part, en une inspiration avec obstacle; d'autre part, en une expiration modulée.

— L'obstacle, déclare-t-il, est constitué par le voile du palais, aidé par le talon de la langue. Ces organes ferment, à volonté, les ouvertures des fosses nasales situées dans l'arrière-bouche. Il se produit alors un bruit qui n'est, en somme, qu'un reniflement prolongé mais uniforme. Ce grognement est indispensable parce qu'il sert aussi bien de guide à l'élève qu'au professeur;

1. Chez l'auteur, 44, boulevard de Jodoigne, 3000 Louvain (Belgique).

autrement, il n'est pas possible que le sujet puisse inspirer en conservant toujours la même intensité. Des inspirations de ce genre peuvent être maintenues, suivant la corpulence de l'intéressé, pendant une durée de plus en plus longue, dans le but de développer la cage thoracique et de porter la capacité vitale à son maximum possible.

« L'expiration a aussi son importance. Elle doit se faire « à la chanteur », c'est-à-dire qu'elle doit être continue et modulée, comme si on cherchait à siffloter du bout des lèvres. Pour apprendre cette technique, on peut utiliser un tuyau de caoutchouc ayant quatre millimètres de diamètre intérieur et soixante centimètres de long, dont l'extrémité est plongée dans une bouteille remplie d'eau un peu plus qu'à moitié. Assis devant la table sur laquelle est posée la bouteille, les intéressés apprendront à souffler par le tube dans la bouteille, de manière que cette expiration fasse entendre un bouillonnement régulier sans solution de continuité ; après un certain entraînement, on peut arriver à une expiration pouvant atteindre une durée de soixante secondes et sans avoir besoin de faire intervenir le contrôle de la bouteille... »

M. Husson conseille, à titre d'entretien, de pratiquer deux séances d'exercices par jour. La première se fait le matin, au lit, avant de se lever, en état complet de relaxation ; elle comporte trois séries de respirations aortiques, chacune se composant de six inspirations consécutives de vingt-cinq secondes et d'autant d'expirations modulées de huit à dix secondes (la première série s'exécute en freinant l'inspiration par le voile du palais et le talon de la langue ; la seconde en freinant de la même manière mais en comprimant aussi légèrement les ailes du nez avec les doigts ; la troisième en freinant encore pareillement et en bouchant alternativement une aile du nez puis l'autre avec les doigts). La seconde séance a lieu le soir avant le coucher ; elle dure dix minutes et s'opère assis en se servant du tuyau et de la bouteille.

Faut-il préciser que si M. Louis Husson a dépassé le cap des quatre-vingt-dix printemps en conservant toute sa lucidité et sans autre gêne physique que celle que lui a laissée une blessure de guerre (un éclat d'obus récolté en 14-18), il déclare le devoir à la méthode qu'il prêche infatigablement depuis un demi-siècle au cours d'innombrables conférences et qu'enseigne également une fidèle assistante (j'ajoute que sa femme a, elle aussi, plus de quatre-vingt-dix ans et que c'est elle qui reçoit les visiteurs !).

— La débilité sénile, proclame-t-il, n'est pas une nécessité. C'est une maladie, et une maladie provoquée par de mauvaises habitudes ou de coupables négligences.

« Par notre faute, nous ne donnons pas aux cellules les matériaux qui leur sont nécessaires pour se développer et vivre normalement ; nous fatiguons inutilement notre cœur et nous laissons notre foie s'encrasser par suite d'une irrigation imparfaite. Tous les auteurs sérieux sont d'accord pour reconnaître que le moyen le plus sûr de rester en bonne santé et d'échapper aux inconvénients de la vieillesse est d'avoir une bonne circulation car le sang est à la fois le fleuve nourricier et l'égout collecteur de notre organisme...

« Si chaque individu voulait bien s'astreindre à pratiquer chaque jour des exercices fort simples et à la portée de tout le monde, il serait à l'abri non seulement de nombreux malaises d'origine mal définie, mais aussi de divers ennuis qui accompagnent généralement la vieillesse... »

## 9

# LE JEUNE : UNE PARTIE DE CHAISE LONGUE POUR NOTRE ORGANISME

Depuis que j'ai trouvé le temps de réfléchir, il me paraît que le problème du jeûne a été exposé de telle façon qu'il prête à équivoque et que cette équivoque est pour beaucoup dans la désaffection actuelle à l'égard de cette pratique.

Je m'explique : on nous a répété sur tous les tons que les fondateurs des grandes religions étaient des hygiénistes avertis qui avaient inscrit le jeûne parmi les observances rituelles pour obliger leurs fidèles à défendre — presque malgré eux — leur santé en même temps qu'ils leur imposaient une facile mortification purificatrice ; or, je suis convaincu qu'il en a été autrement : c'est la nature qui a inventé le jeûne dans les premiers âges de l'humanité et c'est la religion qui l'a codifié parce que, quelle qu'elle soit, elle sait que les lois de l'univers sont bien faites et que les respecter est déjà rendre hommage à leur créateur[1].

Si cette réalité était plus connue, si on savait qu'abandonner le jeûne parce qu'on abandonne la religion n'est pas un péché contre celle-ci mais contre les règles de la nature, il est probable qu'on le négligerait moins.

L'erreur, qui est à l'origine de son déclin, est de l'avoir

1. Il semble que ce soit aussi l'avis d'Alexis Carrel qui déplore qu'on laisse inutilisée « une fonction qui a joué un rôle considérable dans la survie des races humaines, l'adaptation au manque de nourriture » et qui déclare : « Dans la vie primitive, les hommes étaient soumis à des périodes de jeûne. Quand la disette ne les y obligeait pas, ils se soumettaient à cette épreuve de façon volontaire. Toutes les religions ont insisté sur la nécessité du jeûne. » (*L'homme, cet inconnu*, Librairie Plon).

présenté comme un signe d'obéissance à une croyance et une sorte de punition infligée pour le rachat de l'âme. Il n'est ni l'un ni l'autre, mais une loi primitive que les grands initiés, conscients du rôle capital qu'elle jouait dans la protection du corps, ont cherché à maintenir lorsqu'elle n'a plus été inéluctable, les progrès de la civilisation ayant permis à l'homme d'améliorer sa condition ; ce qui ne diminue en rien, au contraire, les mérites de la religion mais débarrasse le jeûne du caractère mystique qu'on lui attribue pour le montrer sous son jour véritable : un principe salutaire directement lié aux fins profondes de la nature.

Celle-ci, je l'ai déjà dit, ne fait rien par hasard ; chacun de ses rouages en commande un autre, chacune de ses actions correspond à un but précis ; tout s'enchaîne dans une harmonie — qui ne nous est pas toujours évidente ! — pour bâtir un merveilleux équilibre dont la réalité devrait suffire à confondre quiconque nie l'existence de Dieu. Il est donc permis de penser que c'est elle qui a institué le jeûne grâce au jeu des saisons pour des raisons qui nous sont claires aujourd'hui.

Nous savons, en effet, que la machine humaine s'encrasse progressivement par les produits de sa combustion. Les travaux de Carrel sur la culture de fragments de tissus vivants ont montré, par exemple, qu'au bout d'un certain temps la croissance de ces tissus se ralentissait puis s'arrêtait parce que le liquide nourricier dans lequel ils étaient plongés se chargeait des produits de désassimilation des cellules ; en lavant les tissus dans du sérum physiologique et en renouvelant le liquide nourricier, on relançait la croissance. Notre organisme a besoin, lui aussi, d'être nettoyé périodiquement pour relancer son fonctionnement et il se trouve qu'un des meilleurs moyens d'effectuer ce ramonage est de réduire considérablement ou de supprimer totalement pendant un certain temps son combustible ; il entreprend alors une autodestruction de ses propres déchets qui le remet en parfait état de marche.

Ce mécanisme de rénovation est remarquable, mais encore faut-il le déclencher. La nature y a également veillé : avec l'été et l'automne, elle a livré aux premiers hommes des graines et des fruits destinés à assurer leur nourriture pour l'année ; si bien qu'à la fin de l'hiver, les provisions étaient pratiquement épuisées et que le printemps était marqué par une période de disette, de jeûne forcé, et cela, il faut le noter, précisément au moment où l'organisme doit être remis dans les conditions idéales pour tirer le profit maximal des forces vitales qui vont être mises à sa disposition.

Les Hounza, ce peuple de l'Himalaya « qui ignore la maladie », connaissent toujours cette dure règle. Dans le livre[1] qu'il a consacré à cette civilisation de la « lumière blanche » afin que nous puissions « puiser directement à la source de vie et d'expérience qui y coule encore intacte », Ralph Bircher évoque longuement le « printemps aux joues creuses », la « saison de la faim » où un très grand nombre de familles ne se maintiennent en vie qu'en arrachant des mauvaises herbes dans les champs car la réserve de blé, d'orge, de pommes de terre, d'abricots secs est épuisée, et il est certain que cette période difficile se conjugue à leur alimentation surtout végétarienne, sans engrais chimiques, et à leur spiritualité tranquille pour donner aux Hounza cette « santé éclatante » dont nous nous étonnons.

C'est donc cette règle, dictée par les lois naturelles garantes de l'harmonie du monde, que les religions se sont attachées à sauvegarder au moment où, déjà, par les progrès de leur intelligence, les hommes étaient enclins à s'y soustraire puisqu'ils commençaient, grâce à des rudiments d'agriculture, à ne plus dépendre intégralement du bon vouloir de la nature sauvage. Pour leurs fondateurs et leurs prêtres — qui étaient, ne l'oublions pas, des sortes de médecins-guérisseurs comme le sont de nos jours les sorciers des tribus primitives — le jeûne constituait un précieux atout pour protéger le corps contre la maladie et l'usure.

Qu'il ait été également un élément de purification parce qu'en purifiant le corps on purifie l'esprit — et vice versa ; qu'il soit devenu, ainsi que tant d'auteurs l'ont répété, « une pénitence que l'on s'inflige pour ses fautes passées » en même temps qu'« un paiement pour les péchés perpétrés aux dépens de l'hygiène corporelle » ; qu'il serve aux mystiques à se libérer des liens de la chair et les prépare à mieux entendre le message divin (Moïse, Bouddha, Jésus, Mahomet ont pratiqué de longues

1. *Les Hounza*, éd. Victor Attinger, Paris.

périodes de jeûne ; de nombreux saints aussi, et aussi les yogis), c'est certain.

Mais vouloir le limiter à ce rôle purement spirituel serait trahir la vérité car ce n'est sûrement pas une simple coïncidence si le Carême des Catholiques et le Purim des Juifs se situent précisément au printemps, époque où il est important de faire le ménage de l'organisme. En tout cas, l'associer obligatoirement à un concept religieux, c'est trahir sa valeur thérapeutique.

Celle-ci me fut révélée il y a environ vingt ans par un médecin suisse, le docteur Édouard Bertholet. Dans sa villa de Pully, sur le bord du lac Léman, il m'avait longuement exposé les principes de la méthode qui lui valait de recevoir dans sa clinique des malades venus du monde entier.

Drapé dans la robe blanche des Rose-Croix auxquels il appartenait, tantôt debout devant un grand crucifix et des statues de saints en bois polychrome, tantôt assis entre un énorme Bouddha et des plaques de bronze reproduisant des versets du Coran disposées autour d'un chandelier à sept branches, celui que ses compatriotes avaient surnommé le « mage de Pully » à cause de sa barbe de prophète et de sa vie d'ascète en rapport avec la « synthèse de religions » qu'illustrait le décor où il vivait, m'avait dit :

— Vous vous demandez sans doute comment j'en suis arrivé au jeûne ? C'est aussi ce que se sont demandé mes confrères qui n'ont pas compris qu'étant ce qu'ils appellent un « esprit tout à fait scientifique » — j'ai été pendant cinq ans chef de laboratoire d'anatomie pathologique —, j'aie pu décider un beau jour de rompre les ponts et de me lancer dans la voie que je suis depuis près d'un demi-siècle. La raison de ma nouvelle orientation est pourtant simple : elle vient de ce que j'ai constaté, jour après jour et dans un certain nombre de cas, le peu d'efficacité des moyens classiques.

« C'est la lecture d'un livre du docteur E. H. Dewey intitulé *Le jeûne qui guérit* qui m'a ouvert les yeux. Jusqu'alors, j'étais imbu de l'idée académique que le malade doit être « soutenu », c'est-à-dire fortifié à tout prix par une bonne et copieuse nourriture. Cette conviction fut sensiblement ébranlée par les arguments si logiques présentés par Dewey, et surtout par ses nombreux exemples de guérisons de cas graves, voire désespérés. J'ai réfléchi et j'ai décidé de jeûner personnellement. Je me suis alors rendu compte que ce n'était pas aussi dangereux que mes confrères le prétendaient. Je dois avouer que j'avais tout de même une certaine appréhension et que j'ai procédé avec prudence. Tout d'abord, j'ai supprimé mon petit déjeuner auquel je tenais beaucoup et que je pensais être tout à fait indispensable pour me préparer au travail de la journée. A mon grand étonnement, je constatai au bout de quelques jours que ce traitement si simple améliorait considérablement les troubles arthritiques et gastro-intestinaux dont j'étais affligé et que j'avais en vain essayé de supprimer par les traitements habituels.

« Encouragé par ce premier succès, je fis un essai de un, puis de deux jours de jeûne complet, sans en ressentir d'autres malaises qu'une courbature générale avec maux de tête passagers ; par contre, les troubles arthritiques disparurent comme par enchantement. Un état de bien-être et une vigueur nouvelle furent la suite de cette cure.

« Arrivé à ce point de mes expériences, le sort — qui fait parfois bien les choses — me fit rencontrer le livre du docteur Guelpa sur la façon de désintoxiquer et de renouveler notre organisme. Aussitôt, je fis l'essai de sa cure avec purgation copieuse et jeûne par périodes alternées de trois à six jours. Cette cure se révéla beaucoup plus facile à supporter que celle du docteur Dewey, du moins durant les premiers jours du traitement, car la purge supprimait en grande partie l'état nauséeux et les maux de tête qui marquent fréquemment le début de la désintoxication.

« L'occasion se présenta alors de faire sur moi-même une observation tout à fait convaincante de l'excellence du jeûne. A la suite d'un refroidissement, je fus totalement immobilisé par un fort lumbago. Au lieu de le traiter comme il est d'usage par des préparations salicylées, j'eus recours uniquement au jeûne. Au bout de vingt-quatre heures, les douleurs intolérables qui m'interdisaient tout mouvement avaient presque totalement disparu. Après le deuxième jour de cure, toute trace de douleur s'était évanouie, le rétablissement était complet. Or, dans un cas identique survenu quelque temps auparavant, il m'avait fallu une dizaine de jours de traitement salicylé intensif pour me débarrasser de mes douleurs et recouvrer un état voisin de la santé.

« De plus en plus convaincu de l'excellence de la méthode, je me suis livré ensuite à plusieurs jeûnes expérimentaux allant de dix à quinze jours et j'ai pu constater que la cure ne gênait en rien l'activité physique : je continuais à visiter mes malades et parcourais à bicyclette de six à quinze kilomètres par jour et cela à travers un pays accidenté ; je dois même dire que mon cœur fonctionnait mieux et que je grimpais les côtes assez raides sans être essoufflé. J'ai constaté également qu'elle apportait une sensation d'euphorie et une lucidité cérébrale exceptionnelle dues à la désintoxication rapide de la cellule nerveuse.

« C'est ainsi que j'ai acquis la certitude inébranlable — parce que vécue personnellement — que la cure de jeûne non seulement n'est pas nuisible à l'organisme mais que nous avons en elle, au contraire, une méthode curative merveilleuse, simple et supérieure à toutes les autres. J'ai donc décidé de l'employer sur mes malades et je dois avouer que les résultats ont dépassé mon attente car j'ai pu voir des cas désespérés céder à l'application de ce traitement miraculeux, lequel, cela va de soi, donne des succès beaucoup plus rapides et plus radicaux lorsqu'on a affaire à des maladies moins graves et lorsque les forces de l'organisme sont encore vives. J'en suis d'ailleurs arrivé à cette conclusion que ce que le jeûne ne guérit pas, rien ne peut le guérir... »

Pour étayer cette profession de foi catégorique, le docteur Bertholet m'avait communiqué de nombreuses observations portant aussi bien sur des maladies aiguës fébriles que sur des maladies chroniques, m'expliquant que, pour les premières, « l'énergie vitale, épargnée par la suppression du travail de digestion d'assimilation alimentaire, peut être utilisée en totalité par l'organisme pour se défendre contre les agents infectieux » et que, pour les secondes, « l'organisme est désintoxiqué, décrassé de tous les poisons qui nuisent à son bon fonctionnement ».

Naturellement, ce jeûne — dont on a dit très justement qu'il correspond à « une opération sans couteau » — ne doit être employé que *sous le contrôle d'un médecin* qui en détermine rythme et durée selon les réactions du sujet, et surtout veille tout spécialement sur la reprise alimentaire assez délicate puisqu'elle est assimilable à une sorte de convalescence.

Mais il est une autre forme de jeûne que chacun peut suivre sans le moindre risque, le jeûne d'entretien que prescrivent toutes les religions, celui que respectaient nos grand-mères et dont les effets, pour être moins brutaux que ceux que je viens d'évoquer, n'en sont pas moins profitables au maintien de la santé.

Plusieurs solutions sont à envisager. La plus simple et la plus facile à appliquer rejoint les règles du Carême et a reçu la bénédiction de spécialistes de la médecine naturelle tels que le docteur Carton et le docteur Oudinot. Elle consiste en la suppression de l'un des trois repas habituels, soit le petit déjeuner du matin, soit le repas du soir, et à son remplacement par un grand verre d'eau pure, non bouillie, qui minéralise sans nourrir.

« Cette cure, écrit le docteur Oudinot[1], peut être facilement poursuivie aussi longtemps que l'on veut, au minimum huit jours, et reprise de temps en temps. Elle ne demande qu'un minimum de bonne volonté et donne de bons résultats chez les arthritiques et les intoxiqués de toutes catégories. »

De son côté, à propos de la suppression du petit déjeuner du matin qu'il conseille plus particulièrement, le docteur Carton note[2] :

« Ordonné un jour sur deux, puis par séries entrecoupées d'un retour d'alimentation matinale de temps à autre, ce jeûne bref procure des regains de vitalité, des réveils extraordinaires de l'appétit et des fonctions digestives, des aiguisements des sensations matérielles et intellectuelles comparables à ceux qu'on observe à la suite d'une maladie aiguë. Souvent même le malade en ressent un tel bien-être que s'il est assez gros mangeur et peut absorber des rations copieuses, il s'achemine peu à peu vers le système des deux repas et ne prend plus d'aliments qu'à midi et le soir.

« Appliqué de cette manière, le jeûne du matin peut être considéré comme l'un des moyens thérapeutiques les plus

1. *Op. cit.*
2. *Op. cit.*

efficaces dont la médecine puisse disposer. Nous connaissons un certains nombre de gros mangeurs qui commettent des fautes d'hygiène et qui pourtant arrivent à éviter pendant fort longtemps l'éclosion d'accidents sérieux, parce qu'ils ne prennent qu'un verre d'eau le matin. »

Le printemps est évidemment le moment de l'année le plus favorable pour pratiquer cette cure de jeûne relatif. Dans un de ses livres[1], le bon docteur Besançon le souligne en évoquant les techniques éprouvées qu'utilisaient nos aïeux pour rester en santé, disant : « Comme c'est au printemps, quand la sève monte, qu'une petite secousse fait tomber le bonhomme sur sa descente de lit, on observait le carême », à quoi son confrère Carton fait écho en situant ladite cure « pendant les six semaines qui précèdent Pâques » parce que « pour mieux bénéficier de l'élan vital qui se déclare au printemps et mieux profiter de la force vitale des aliments nouvellement poussés, il convient que l'organisme se purifie d'abord des déchets accumulés à la faveur du froid, de l'inertie et des aliments concentrés de l'hiver, et, en même temps, se repose pour entrer plus facilement en grande activité dans les mois d'été ».

Bien entendu, vous renforcerez les effets de cette cure de désintoxication si, plusieurs fois par semaine, vous inscrivez au menu de l'un de vos deux repas quotidiens une grande assiettée des bonnes soupes vertes qui sont devenues pour moi le symbole du renouveau. Elles se préparent de la même façon que la soupe aux poireaux et pommes de terre, mais on réduit la ration de poireaux et l'on ajoute une forte dose de feuilles de pissenlit, de plantain, de ronce, de fraisier, d'ortie ; le tout passé à la moulinette, une fois cuit, et saupoudré éventuellement, au moment de servir, de cerfeuil finement haché.

Une seconde solution, recommandée aux victimes d'affections du foie, des organes digestifs, des voies urinaires, de rhumatismes chroniques, réside en une période de jeûne intégral d'au moins vingt-quatre heures, cela à intervalles plus ou moins espacés.

« Une formule assez commode, dit le docteur Oudinot, est le jeûne de trente-six heures par suppression du repas du soir et

1. *Confiance !* La Clé d'Or, Paris.

des 3 repas du lendemain. Les pusillanimes, les angoissés, les phobiques de la « faiblesse » qui craignent de tomber d'inanition dans la rue peuvent profiter du dimanche pour se soigner, tout en gardant la chambre. Pour les autres, il n'y a aucun inconvénient à se promener et à se livrer aux occupations habituelles. »

Pour être efficace, ce jeûne doit être absolu, seules sont autorisées l'eau pure et des tisanes de plantes aux vertus diurétiques (cassis, pissenlit, chiendent, genévrier, prêle, etc.) qui assurent l'élimination des déchets dont se débarrasse l'organisme, *tisanes non sucrées,* cela va de soi. Mais le docteur Oudinot ajoute :

« Tout jeûne d'au moins vingt-quatre heures doit être complété par un lavage sérieux des voies digestives, car il est indispensable de balayer les toxines excrétées au niveau des intestins (et même de l'estomac). Ce nettoyage est réalisé au mieux par une purgation copieuse. Nous insistons sur ce dernier mot, car une purge légère ne donne que des résultats imparfaits tout en provocant des douleurs abdominales désagréables.

« Disons enfin, et ceci est très important, qu'*il est absolument contre-indiqué de reprendre la plus petite parcelle de nourriture moins de vingt-quatre heures au minimum après une purgation,* comme cela se fait le plus souvent. Ce délai est indispensable pour permettre une réfection convenable de la muqueuse digestive. Bien des accidents imputés à la purge sont dus en réalité à cette erreur. »

Toutefois, des médecins naturistes, commme le docteur Shelton[1], sont opposés aux purgations qui peuvent déterminer, disent-ils, dans l'organisme, et dans l'intestin en particulier, des dégâts importants, nuisibles à la santé et aux bienfaits du jeûne. Là encore, c'est une question de choix et surtout de réaction individuelle car il ne fait aucun doute que ce n'est pas par pure fantaisie ou pour soutenir un point de vue diamétralement opposé à celui de leurs confrères que des praticiens sont avec tant de force pour ou contre la purgation ; c'est parce qu'ils s'appuient sur des observations qui les ont fait opter pour l'une

1. *Le jeûne,* Courrier du Livre, Paris.

ou l'autre voie, donc que l'une ou l'autre voie peut être bonne ou mauvaise suivant les individus...

Contrairement à ce que certains prétendent, cette cure n'est pas débilitante. Des expériences effectuées sur des lapins ont prouvé que le jeûne intégral, même prolongé, non seulement ne portait pas atteinte aux forces de l'organisme mais les renforçait : les animaux qui avaient été privés totalement de nourriture pendant une semaine puis alimentés de nouveau normalement pendant plusieurs jours, résistèrent victorieusement à des inoculations de colibacilles qui tuèrent en très peu de temps les animaux témoins.

Cette immunité s'explique par le fait que l'organisme, débarrassé des éléments (déchets, toxines) qui ralentissaient ou contrariaient la marche de ses différents rouages, a retrouvé la plénitude de ses moyens de défense. Selon la formule imagée d'une de ses patientes que le docteur Bertholet m'a rapportée, « le jeûne est une partie de chaise longue accordée à tous nos organes » : quand ceux-ci se sont reposés, se sont rénovés parce qu'ils ont été délivrés du travail considérable que représente pour eux l'opération compliquée qu'est la digestion à tous ses stades, ils sont mieux en mesure de résister à une agression quelle qu'elle soit.

C'est d'ailleurs pourquoi le jeûne devrait être la première parade à opposer à la maladie. Les Anciens le savaient : « Dans les redoublements morbides, déclarait Hippocrate, on doit retrancher de la nourriture ; ce serait un mal d'en ajouter. Plus vous nourrissez un corps chargé d'humeurs, plus le mal augmente. » Nos grand-mères le savaient : la mienne, au premier symptôme d'une affection quelconque, décrétait : « Au lit et à la tisane ! Je ne remettrai ton assiette que quand tu te sentiras mieux ! » Nous l'avons malheureusement oublié, d'où ce commentaire du docteur Oudinot :

« Que fait instinctivement un animal lorsqu'il est malade ? Il se met dans un coin, se couche, refuse toute nourriture et se contente de boire de l'eau jusqu'à guérison. Jeûne et repos sont en effet les deux plus puissants agents de cure. Mais, ce que l'homme accorde volontiers à son chien, il se le refuse à lui-même. »

Ce qui confirme une fois de plus cette vérité, si souvent

répétée et si rarement entendue : le pire ennemi de l'homme est l'homme lui-même...

Montaigne — dont on a fini par dissimuler le solide bon sens à force de ratiociner sur ses conceptions philosophiques, politiques ou religieuses — nous a laissé sur la santé et le jeûne des conseils de sagesse que nous aurions bénéfice à relire de temps à autre.

« Quand je suis malade, écrit-il, je réponds à ceux qui me pressent de prendre médecine, qu'ils attendent au moins que je sois rendu à mes forces et à ma santé, pour avoir plus de moyen de soutenir l'effort et le hasard de leur breuvage. Je laisse faire nature et présuppose qu'elle se soit pourvue de dents et de griffes pour se défendre des assauts qui lui viennent... »

Plus loin, il dit encore : « Laissons faire un peu à nature : elle entend mieux ses affaires que nous » et rapporte, d'après Cicéron, ce qui constitue à mon sens un des plus éloquents témoignages sur les vertus du jeûne :

« Ce Pomponius Atticus (...) étant malade, fit appeler Agrippa, son gendre, et deux ou trois autres de ses amis, et leur dit qu'ayant essayé qu'il ne gagnait rien à se vouloir guérir, et que tout ce qu'il faisait pour allonger sa vie, allongeait aussi et augmentait sa douleur, il était délibéré de mettre fin à l'un et à l'autre, les priant de trouver bonne sa délibération, et, au pis aller, de ne perdre point leur peine à l'en détourner. Or, ayant choisi de se tuer par abstinence, voilà sa maladie guérie par accident : ce remède qu'il avait employé pour se défaire le remet en santé... »

## 10

## LE « SOMMEIL NATUREL »

Sans le savoir, comme M. Jourdain faisait de la prose, nos grand-mères pratiquaient une remarquable méthode pour la défense de la santé, le « sommeil naturel ».

Je n'ignore pas ce qu'il y a de paradoxal à parler de sommeil naturel au moment où le sommeil devient de plus en plus artificiel puisque l'insomnie est un mal de notre temps que l'on combat à coups de somnifères et de tranquillisants. Je connais aussi d'avance les objections, nombreuses et justifiées, que vous ne manquerez pas de soulever lorsque vous saurez ce dont il s'agit. J'avoue d'ailleurs sans fausse honte que si, à plusieurs reprises, j'ai eu recours à cette technique pour me remettre d'aplomb après des périodes de grande fatigue physique ou intellectuelle, j'ai, moi aussi, la faiblesse de céder aux sollicitations de la vie moderne et ne suis donc pas un inconditionnel de cette règle de sagesse...

Mais cela ne diminue en rien sa valeur. Ce n'est pas parce qu'une tisane est désagréable à boire ou un régime pénible à respecter qu'il n'en faut pas parler. La liberté est dans le choix, toujours, et pour choisir il faut être informé de ce qui existe. C'est la raison pour laquelle je crois devoir vous signaler le « sommeil naturel » et les bienfaits que vous pouvez en retirer. Son application, vous le verrez, exige des sacrifices ; cependant, aussi gênants qu'ils soient, il est des circonstances où on les consent volontiers, tout dans la vie se ramenant à la question de savoir ce qu'on est décidé à faire pour assurer son propre bonheur.

De toute façon, même si vous ne devenez pas un adepte de cette méthode, vous en tirerez, je pense, des enseignements qui ne sont pas superflus pour le maintien de votre santé, du moins si j'en juge par ma propre expérience.

L'homme qui m'en a révélé l'existence est un médecin allemand, le docteur Georg Alfred Tienes. Il y a une quinzaine d'années, au cours d'une de mes enquêtes à l'étranger, plusieurs de ses confrères m'avaient conseillé d'aller le voir. « Vous ne regretterez pas votre voyage, m'avaient-ils dit, car il est en quelque sorte l'illustration vivante de l'efficacité de sa thérapeutique : à quatre-vingt-deux ans, il est encore capable de faire une centaine de kilomètres à pied en vingt-quatre heures ! »

Je l'avais surpris alors qu'il était occupé à tondre le gazon devant sa confortable villa de Bad Wörishofen, la station thermale où se perpétue le culte de l'abbé Kneipp, et je confesse qu'il m'étonna. Je m'attendais à trouver un vieillard et j'étais en présence d'un dynamique petit bonhomme qui paraissait facilement vingt ans de moins que son âge. Avec son crâne rasé doré par le soleil, sa chemise largement ouverte sur un torse musclé — bronzé lui aussi —, sa courte barbiche blanche, ses joues rebondies et ses yeux pétillants de malice, il me faisait penser aux lutins des légendes, aux nains de Blanche-Neige, à ces personnages fabuleux sur qui les siècles passent sans qu'ils perdent pour autant leur agilité, leur gaieté et leur fougue.

Après m'avoir longuement parlé du traitement qui motivait ma visite, il passa au second élément de sa tactique médicale, au « sommeil naturel » dont j'entendais le nom pour la première fois.

— Le sommeil, me dit-il, est une source de santé trop négligée. Certes, depuis quelques années, la médecine l'a redécouvert et l'utilise soit sous forme de cures telles qu'on les pratique dans les cliniques pour lutter contre les dépressions nerveuses, soit dans l'hibernation artificielle, mais ce n'est pas suffisant.

« Tout d'abord, le sommeil auquel on a ainsi recours est « provoqué » par divers procédés (piqûres, comprimés, hypnose), ce n'est donc qu'une sorte d'ersatz. Ensuite, son emploi se limite à un nombre relativement réduit de cas. En réalité, il y a beaucoup mieux à attendre de lui : il peut apporter un appoint important dans le traitement de toutes les maladies et plus spécialement dans celui des maladies chroniques ; surtout, il peut jouer un rôle capital dans la conservation de l'équilibre qu'on appelle santé et, par voie de conséquence, reculer les méfaits de la vieillesse.

« Si, malgré mes quatre-vingts ans passés, je suis toujours dans une forme physique et intellectuelle qui fait l'étonnement de tout le monde, c'est en grande partie au sommeil que je le dois, mais pas à n'importe quel sommeil, au « sommeil naturel » tel qu'il a été défini et préconisé par le professeur Theodore Stöckmann. Sa définition est fort simple : c'est le sommeil qui commence vers 7 heures du soir et finit vers minuit... »

C'est peu. J'allais le lui faire remarquer, mais il ne m'en laissa pas le temps.

— Ne me dites pas, poursuivit-il, que c'est insuffisant pour être reposé ! Je le pensais aussi, mais l'expérience m'a prouvé que c'est une illusion : cinq heures de sommeil acquises avant minuit procurent un repos total, de loin supérieur à celui qu'on peut attendre d'un sommeil plus long. D'ailleurs, tout le monde est d'accord pour reconnaître que le « premier sommeil », c'est-à-dire généralement la tranche qui va jusqu'à minuit, est le meilleur. Pourquoi ? C'est ce qu'a expliqué le professeur Stöckmann.

« D'après celui-ci, tout doit suivre le mouvement de la terre et du soleil. L'homme, comme le reste du monde, est soumis aux lois de la nature. Le temps solaire agit biologiquement sur les plantes et sur les animaux. Le temps solaire signifie la vie. La loi de la nature est inviolable : le soleil régit le monde comme au temps d'Adam et Ève ; il faut lui obéir. Si l'humanité refuse cette obéissance, elle perd son équilibre. Les maladies physiques ou mentales que l'on constate chez les individus sont la rançon que nous payons parce que nous nous sommes écartés des règles de la nature.

« Or, nous nous sommes écartés de ces règles en ce qui concerne le sommeil. Nous avons pris la mauvaise habitude de veiller assez tard et d'essayer de compenser le repos ainsi gaspillé par un sommeil d'une durée plus longue. C'est une erreur : dix ou douze heures de sommeil en dehors du temps idéal prévu pour notre repos ne vaudront jamais cinq heures de sommeil prises avant minuit. Le professeur Stöckmann estime, en effet, que c'est entre 19 et 24 heures que les radiations invisibles qui baignent la terre exercent une action salutaire sur nos nerfs. C'est le moment où ils rechargent au maximum nos batteries, c'est-à-dire notre système nerveux qui commande le bon fonctionnement de nos organes.

« Qu'il s'agisse là d'une théorie difficilement vérifiable de façon scientifique, c'est possible et on n'a pas manqué de le souligner. Toutefois, il n'en reste pas moins que les faits ont prouvé que Stöckmann était dans le vrai et que les individus qui se pliaient à ce qu'il appelait les « règles solaires » en se couchant à 7 heures du soir — heure solaire, bien entendu, et non pas l'heure officielle fixée par les gouvernements — et en se levant à minuit, voyaient disparaître la plupart de leurs malaises et jouissaient d'une santé exceptionnelle.

« Il n'y a rien là d'extraordinaire si l'on songe que ce sont nos nerfs qui contrôlent automatiquement la bonne marche de notre organisme grâce à notre système neuro-végétatif et si l'on admet que ces nerfs sont maintenus en parfait état par les radiations évoquées tout à l'heure... »

Je n'ai jamais su cacher mes sentiments. Aussi mon scepticisme devait-il « se voir comme le nez au milieu de la figure » selon la formule chère à ma grand-mère, et le docteur Tienes entreprit-il de le vaincre.

— Il y a plus de trente ans, me dit-il, que j'associe cette méthode aux traitements que j'ordonne à mes patients et les observations que j'ai accumulées ne permettent pas le moindre doute sur son efficacité. Il est évident que les remèdes médicaux ne peuvent avoir un effet salutaire que si l'organisme du malade est assez fort pour les utiliser. Or, le « sommeil naturel » renforce l'organisme et, par conséquent, lui permet de profiter au maximum de l'aide qu'on lui apporte.

« Croyez bien que je n'invente rien. Si je défends à fond le « sommeil naturel », c'est que je suis certain du rôle qu'il peut jouer. Je me suis livré à de nombreuses expériences et celles-ci ont toujours été concluantes.

« Ainsi, j'ai traité simultanément deux groupes de malades chroniques, souffrant de l'estomac et du foie. Les remèdes que j'ai ordonnés aux deux groupes étaient les mêmes, mais tandis que l'un continuait à dormir comme par le passé, l'autre appliquait le « sommeil naturel ». Je ne pouvais espérer des résultats plus démonstratifs : au bout de quinze jours à trois semaines, tous les patients ayant pratiqué la méthode du professeur Stöckmann avaient vu disparaître tous leurs malaises, alors que ceux de l'autre groupe n'avaient enregistré que de légères atténuations de leurs symptômes.

« J'ai fait mieux encore. J'ai tenté de traiter des patients uniquement avec le « sommeil naturel », sans aucun remède, et j'ai constaté des améliorations spectaculaires. En voici un exemple : un ouvrier de trente-six ans, qui avait été soigné depuis des années sans aucun succès pour des douleurs de l'estomac et de l'intestin si violentes que le malheureux s'évanouissait au moment de ses crises, accepta de tenter un essai de six semaines de « sommeil naturel ». Au bout de six jours, ses douleurs disparurent et, s'estimant guéri à la fin des six semaines, il m'annonça qu'il allait recommencer à « dormir comme tout le monde ». Je lui conseillai de continuer, lui disant que, s'il abandonnait, ses douleurs reviendraient. Il ne voulut pas m'écouter, mais quelques jours plus tard, il était de nouveau dans mon cabinet. « Dès la première nuit, me raconta-t-il, mes douleurs ont recommencé. Aussi, le lendemain, je suis revenu au coucher à 7 heures du soir et au lever à minuit, et tout est rentré dans l'ordre. Vous aviez raison ! »

Le docteur Tienes me lut également des observations publiées par plusieurs de ses confrères ; entre autres, celle d'un médecin d'un sanatorium autrichien qui avait appliqué le « sommeil naturel » à une partie de ses malades et avait constaté chez ceux-ci « une nette amélioration de leur état général et un accroissement notable de l'appétit » ou encore celle d'un praticien dont une des patientes, atteinte de troubles cardiaques rebelles à toute médication, avait essayé de son propre chef la méthode du professeur Stöckmann. « J'ai revu cette malade après deux mois, notait-il, et j'ai été étonné du changement intervenu dans son état. Elle m'en a indiqué l'origine et m'a précisé qu'au bout d'une semaine de « sommeil naturel » ses sensations d'angoisse avaient disparu. J'ai donc décidé de conseiller cette méthode à deux autres de mes cardiaques et j'ai pu constater, chez eux comme chez la cliente qui m'avait révélé l'existence de cette technique spéciale, un changement radical, tant au point de vue état général qu'au point de vue des malaises proprement dits. »

En conclusion, le docteur Tienes me déclara :

— La meilleure façon de convaincre les sceptiques est de leur conseiller d'essayer. Que mes confrères qui hausseront les épaules devant une méthode qu'ils jugeront sûrement d'une puérilité ridicule acceptent de l'appliquer. Ils seront, comme je l'ai été moi-même au début, stupéfiés par les résultats qu'ils obtiendront.

« J'entends d'ici la litanie de leurs arguments « contre » : ils diront qu'il est difficile d'imposer à un patient de se mettre au lit à 7 heures du soir, que celui-ci ne trouvera pas le sommeil, qu'il s'énervera inutilement, qu'il sera encore plus difficile d'obtenir qu'il se lève à minuit, etc.

« Tout cela est parfaitement exact, mais personne n'a jamais pensé à obliger quelqu'un à modifier brusquement ses habitudes. Une période de transition est nécessaire ; elle peut aller de deux à huit jours. Le meilleur moyen de conduire un individu à dormir en se couchant à 19 heures est de le faire lever tôt. S'il commence sa journée à 5 heures du matin, puis à 4 heures, s'il renonce à tous les excitants tels que le café, le tabac, le thé, l'alcool, s'il prend un peu d'exercice, il sera enchanté de se mettre au lit à l'heure qu'on lui indique !

« Il faut déconseiller également les lits trop mous ou trop chauds ; de plus, la tête doit être orientée vers le nord — je sais, cela aussi pourra paraître ridicule, mais c'est ainsi : on dort mieux si l'on a la tête au nord et les pieds au sud ! ; l'heure du dernier repas doit être aussi calculée en fonction du coucher ; il faut donc le prendre plus tôt et assez léger pour que la digestion soit faite avant de s'allonger.

« J'ajouterai que je n'ai pas d'exemple d'échec : tout le monde parvient au « sommeil naturel » à condition de vouloir vraiment y parvenir. Cela prend plus ou moins de temps, se fait plus ou moins progressivement selon la nature de l'intéressé. Le mieux serait évidemment de former les gens à cette discipline dès l'adolescence. Les expériences réalisées à ce sujet dans les collèges ont montré que c'était chose facile à obtenir et on a pu constater que les élèves se portaient mieux, subissaient moins les fatigues des études, qu'avant la mise en œuvre du « sommeil naturel ».

« Croyez-moi, le plus gros écueil à surmonter est la civilisation actuelle qui ne tient aucun compte des impératifs de la nature. Mais contre cela, contre les heures de bureau mal réparties, contre la tentation des plaisirs du cinéma et de la vie nocturne, contre des habitudes néfastes, je ne peux rien. Je me borne donc à dire ce que je crois bon et salutaire pour vivre plus longtemps et en bonne santé. Que ceux que cela intéresse et qui en ont la possibilité en fassent leur profit... »

J'ai, bien entendu, fait état du « sommeil naturel » dans mon enquête sur les moyens de guérir, mais je dois reconnaître qu'il n'a pas déclenché grand enthousiasme tant il est difficile dans notre monde où la facilité est reine d'aller à contre-courant. Toutefois, dans les mois qui suivirent, une vingtaine de lettres me confirmèrent son efficacité en m'apportant les remerciements de ceux qui avaient eu le courage de l'expérimenter uniquement parce que — ils ne le cachaient pas —, traînant leurs maux depuis des années malgré d'innombrables traitements, ils étaient prêts à faire n'importe quoi pour retrouver la santé.

Je doute fort cependant qu'ils l'aient continué longtemps une fois guéris, à moins qu'ils ne se soient trouvés dans le même cas que l'ouvrier dont m'avait parlé le docteur Tienes, car il est indéniable que pour la majorité d'entre nous il est matériellement impossible de se plier à une telle discipline de façon permanente. Il faudrait être un saint pour renoncer de gaieté de cœur à des plaisirs qui participent à notre joie de vivre : aux soirées en famille ou avec des amis, à la télévision, au cinéma, au théâtre (je ne cite pas la lecture puisqu'il est loisible de s'y adonner en toute quiétude au réveil, après minuit, alors qu'on imagine mal de convier des amis à venir partager notre petit déjeuner à une heure du matin...).

Pourtant, rien n'empêche lorsqu'on en éprouve le besoin et que les circonstances le permettent — en week-end par exemple ou pendant les vacances — de tâter du « sommeil naturel » sans qu'il devienne pour autant une règle ou une corvée. Je l'ai fait à diverses reprises et m'en suis toujours bien trouvé, notamment au cours de nos randonnées à pied en montagne, ce qui, je l'avoue, est l'occasion rêvée : la fatigue est là après dix heures de marche sac au dos ; en septembre, les jours sont courts et dans la plupart des refuges, on s'éclaire à la bougie qu'il faut économiser, si bien qu'à 8 heures au plus tard, chacun est glissé dans son sac de couchage et dort en dépit de l'inconfort traditionnel, non jusqu'à minuit (que pourrait-on faire alors en attendant le jour ?) mais jusqu'au petit matin.

Car — et c'est là où je voulais en venir —, il en est du « sommeil naturel » comme du jeûne ou de l'alimentation qui font l'objet d'autres chapitres : s'il existe des cas où la rigueur s'impose parce qu'elle répond à un but thérapeutique, le reste du temps il nous appartient non pas de suivre aveuglément les principes idéaux (ou présentés comme tels) qu'on nous propose mais d'en tirer certains enseignements pour la conduite de notre vie.

Ainsi, des théories du professeur Stöckmann, il faut d'abord retenir que l'homme n'échappe pas plus que tout ce qui vit à la surface du globe au rythme solaire. Il fait partie de toute évidence des créatures diurnes et devrait donc, comme elles, se reposer la nuit, plus longtemps en hiver qu'en été puisque le lever et le coucher du soleil sont ses guides. Il devrait également prendre en considération le fait, si souvent remarqué qu'il est presque devenu un dicton, qu' « une heure de sommeil avant minuit en vaut deux après » et, par conséquent, éviter de veiller tard, du moins tous les soirs. Autre observation qu'il ne devrait pas négliger : l'orientation du lit par rapport au magnétisme terrestre (tête au nord, pieds au sud) joue un rôle dans l'apparition du sommeil et dans sa qualité.

Cela posé, et compte tenu du fait que la quantité de sommeil indispensable pour être en forme varie selon les individus et l'âge (cinq heures suffisent aux uns tandis que d'autres en réclament neuf, les enfants devant, en général, dormir dix à douze heures pour se bien porter), vous pourrez parfaitement accommoder à votre gré l'horaire du « sommeil naturel », c'est-à-dire vous coucher entre 8 et 9 heures (vous le ferez d'autant plus volontiers et trouverez d'autant plus facilement le sommeil que vous aurez eu une journée épuisante) sans être dans l'obligation de vous arracher du lit au bout de cinq à six heures. En effet, la limite de minuit préconisée par le docteur Tienes n'a pour justification, d'une part que les cinq heures avant minuit équivalent au double d'un sommeil courant, d'autre part que le sujet étant suffisamment reposé, ce serait lui faire gaspiller son temps que de le maintenir inutilement au repos — tant de gens se plaignent déjà de consacrer un tiers de leur existence à ce qu'ils appellent, à tort, une « mort temporaire » ! Cependant, si j'en juge par mon cas personnel, il est probable que vous serez debout, frais et dispos, à une heure si matinale que vous en serez le premier étonné...

Je terminerai ce plaidoyer en faveur de ce moyen si simple de préserver sa santé dont nos aïeux profitaient sans en être probablement conscients — ils n'avaient guère d'autre choix n'ayant guère de tentations ! — en vous citant un exemple particulièrement probant.

Je reçus il y a quelques années une lettre d'un étudiant qui terminait sa médecine en province. Me croyant à Paris et devant s'y rendre pendant ses vacances, il me demandait si je pouvais lui fixer un rendez-vous : il avait lu mes livres et souhaitait obtenir des compléments d'information sur plusieurs des traitements qui y étaient signalés.

Je lui appris que nous étions presque voisins et l'invitai à pousser un jour jusqu'à mon moulin où nous pourrions bavarder devant une bouteille de vin du pays. Il vint et ses premières paroles furent pour me remercier de lui avoir fait découvrir le « sommeil naturel ».

— En lisant le chapitre que vous lui avez consacré, me dit-il, j'ai eu envie de l'essayer. J'en ai éprouvé un si grand bien tant sur le plan physique qu'intellectuel que, depuis deux ans, je me couche chaque soir aux environs de 8 heures et me lève à 2 heures du matin pour préparer mes cours. Et comme vous pouvez le constater (il avait effectivement le visage reposé et le teint frais, ce qui n'est pas souvent de règle chez ceux qui « bûchent » leurs examens), je suis en excellente forme et je dois reconnaître que je travaille avec plus de facilité qu'autrefois. Il est vrai que lorsque je reprends mes bouquins, c'est le silence total dans la Cité universitaire où j'ai ma chambre ; quant au soir, aucun problème pour m'endormir malgré le bruit : quand on est debout depuis dix-huit longues heures, on n'a pas besoin d'être bercé ! Ma vie en est transformée et moi aussi...

# 11

# L'ALIMENTATION : SAVOIR « FAIRE ALCHIMIE AVEC LES DENTS »

On a tout dit sur l'alimentation, y compris bon nombre de bêtises. J'essayerai donc d'en rectifier quelques-unes — si possible sans en ajouter d'autres — en vous faisant part des enseignements que j'ai pu tirer de ma propre expérience et des contacts que mes enquêtes m'ont conduit à avoir avec les militants des principales doctrines de « vérité alimentaire », chaque méthode ayant, bien entendu, la sienne qui diffère de la vérité de sa voisine...

Je ne vous étonnerai pas en vous déclarant que, dans ce domaine encore, nos grand-mères me semblent avoir eu raison. Leur bon sens valait bien les brillantes théories de nos diététiciens et, pour elles, une bonne nourriture était « ce qu'on a envie de manger ; ce qui passe ; ce qui profite et ce qui est de saison » ; autrement dit, ce que notre instinct — qu'on oublie trop ! — nous pousse à choisir parce que nous en avons un besoin inconscient ; ce qui convient à notre tempérament particulier puisque l'organisme ne manifeste aucune gêne à l'accepter ; ce qui est assimilé correctement puisque notre corps ne dépérit pas et fonctionne sans troubles ; enfin, ce qui répond au meilleur choix du moment puisque, comme le notait déjà Sénèque, « ce qu'elle exige, la nature y pourvoit » et qu'elle met précisément à notre disposition tout au long de l'année ce qui nous est nécessaire (c'est d'ailleurs pourquoi elle a prévu une période de disette qui correspond au jeûne[1] indispensable au maintien de la santé !).

1. Voir chapitre 9.

Dans le fond, le problème de l'alimentation serait simple si on ne l'avait compliqué de notions métaphysiques, philosophiques et scientifiques qui en bouleversent les données et si, au nom du progrès et des lois économiques qu'il impose, on ne s'était écarté des règles d'équilibre qui gouvernent l'univers.

Carrel, avec sa lucidité qui lui a valu tant d'inimitiés et de coups bas, a mis le doigt sur la plaie quand il a dit[1] : « Ce n'est pas la science qui est responsable de notre état. Seuls, nous sommes coupables. Nous n'avons pas su distinguer le défendu du permis. Nous avons enfreint les lois naturelles. Nous avons ainsi commis le péché suprême, le péché qui est toujours puni. »

Il y a les théories, les constructions idéales parce que abstraites. Puis il y a chaque individu qui réagit selon sa propre réalité et son libre arbitre. Ce qui est bon pour l'un ne le sera pas obligatoirement pour l'autre ; ce que Paul tiendra pour juste sera jugé déraisonnable par Pierre. Nous avons la liberté du choix, si nous n'avons pas celle d'échapper aux conséquences que ce choix comporte quand il n'est pas conforme aux lois naturelles...

Par conséquent, c'est à chacun d'entre nous de choisir ce qui lui convient, d'établir sa petite diététique personnelle par auto-observation et tâtonnements successifs : l'organisme n'est pas muet, il dispose de sonnettes d'alarme pour signaler ce qui le dérègle et si vous constatez que le chocolat secoue votre foie ou que les sauces relevées mettent votre tube digestif en capilotade, vous êtes bien placé pour vous les interdire.

La règle de Montaigne est toujours actuelle. « J'étudie tout : ce qu'il me faut fuir, ce qu'il me faut suivre », écrivait-il, ajoutant : « Tibère disait que quiconque avait vécu vingt ans se devait répondre des choses qui lui étaient nuisibles ou salutaires et se savoir conduire sans médecine. Et le pouvait avoir appris de Socrate, lequel, conseillant à ses disciples, soigneusement et comme un très principal étude, l'étude de leur santé, ajoutait qu'il était malaisé qu'un homme d'entendement, prenant garde à ses exercices, à son boire et à son manger, ne discernât mieux que tout médecin ce qui lui était bon ou mauvais... »

C'est l'idée qu'on retrouve dans l'excellent guide de techni-

1. *Op. cit.*

ques alimentaires *Nous sommes ce que nous mangeons*[1], de Germaine Désir et Maurice Poyet qui insistent tout spécialement sur la nécessité de cette auto-observation. « Le danger, disent-ils, pour celui qui, délibérément, ne veut pas faire attention aux réactions qu'il accuse, pensant ainsi endurcir son corps, est qu'elles s'inscrivent en profondeur, silencieusement, jusqu'au moment où le seuil pathologique est atteint et c'est alors le désastre. En termes imagés, le corps est comme un récipient dont le fond, noirci à l'usage et jamais nettoyé, s'oxyde sournoisement et qui, un beau jour, se révèle soudain irrémédiablement percé. »

Le docteur Besançon — qui était « revenu des régimes, comme des petits cachets et des petites piqûres » — estimait, lui aussi, qu'il n'y a pas de formule standard pour parvenir à une allègre vieillesse comme l'était la sienne. « J'ai pas mal d'amis qui sont de la même cuvée que moi, me confia-t-il une fois, et il n'y en a pas deux qui aient vécu de la même façon. » D'où le conseil qu'il m'a souvent répété : « Suivez la nature et moquez-vous du reste ! »

Mais c'est là qu'interviennent des conceptions opposées et que se livre le grand combat autour de la question : la nature a-t-elle conçu l'homme comme un carnivore, un herbivore ou un omnivore ?

Pour les végétariens, il ne fait aucun doute que, physiologiquement, l'homme n'a pas été fabriqué pour se nourrir de chair ; ses dents ne sont pas faites pour la déchirer ni son intestin pour la digérer car celui des carnivores est beaucoup plus court afin qu'une évacuation accélérée évite les fermentations. Ils en concluent qu'en « mangeant du cadavre », nous nous intoxiquons en permanence. Ils condamnent aussi beaucoup d'autres choses, selon la chapelle à laquelle ils appartiennent, car le végétarisme est loin d'être « un et indivisible » : certains rejettent tout ce qui est d'origine animale (lait et ses dérivés, œufs et même poisson) ; d'autres conseillent la cuisson ou au contraire les crudités, sont contre les fruits de telle espèce ou de telle couleur, contre les légumineuses, l'avoine, la banane, le miel, etc.

1. Édité par les auteurs, 210 *bis*, boulevard Pereire, Paris (17ᵉ).

A quoi les partisans du régime carné répliquent que vouloir classer l'homme parmi les herbivores en mesurant la longueur de ses dents et de ses tripes est une aimable fantaisie car les omnivores présentent précisément des caractéristiques empruntées aux deux catégories. D'ailleurs, si l'on veut se référer, comme le font souvent les défenseurs du végétarisme, à l'exemple vivant des tribus primitives qui existent encore de nos jours, on s'aperçoit qu'elles ne se nourrissent pas exclusivement de fruits et de racines mais se régalent à l'occasion d'insectes, de larves, de gibier et n'abandonnent pas toujours aux charognards ou aux fourmis le cadavre de leurs ennemis ; ce qui porte à penser que nos lointains ancêtres ne crachaient pas non plus sur le steak de mammouth ou la cuisse de combattant vaincu...

Personnellement, ce n'est pas dans la confrontation des arguments — qui se veulent décisifs ! — échangés de part et d'autre que j'ai trouvé ma solution à ce problème, c'est en regardant les oiseaux qui vivent autour de mon moulin.

En effet, si, l'été, seuls les moineaux viennent picorer le pain que j'émiette sur la fenêtre de notre salle à manger, l'hiver, les mésanges noires, jaunes ou bleues, qui sont pourtant fichées comme « carnassières », et les rouges-gorges, tenus pour de redoutables insectivores, leur disputent âprement cette pitance. La nature, qui ne les a pas créés végétariens, nous prouve donc bien qu'*il n'y a de vérité en alimentation que celle qu'on se fait soi-même.* A chacun de trouver la sienne dans un juste dosage de produits d'origine animale et végétale.

L'abbé Kneipp était de cet avis. Il déclarait :

« Je recommande toujours la voie d'or, celle du juste milieu, foin des extrêmes ! ils sont toujours nuisibles. Il y a des gens que l'on appelle végétariens dont le régime alimentaire est exclusivement végétal et qui, donc, rejettent rigoureusement la viande. Je ne suis pas, personnellement, pour le végétalisme et je ne le conseille pas non plus. Au point où nous en sommes, je considère que l'alimentation variée est de toutes la meilleure.

« Dieu, qui a créé les animaux et les plantes pour les hommes, les leur a destinés, afin qu'ils s'en nourrissent. Le sage Créateur qui a tout donné pour notre utilité ne peut pas vouloir que les animaux disparaissent et aient manqué à leur fin, sinon on pourrait croire que Dieu s'est trompé dans ses desseins ; mais ce que Dieu nous offre est sûrement bon pour nous. »

Cela dit, je m'empresse de préciser que je conçois parfaitement qu'on soit végétarien, soit par respect d'idées philosophiques ou religieuses qui interdisent de tuer pour vivre (encore que manger une salade ou une galette de blé est aussi supprimer une matière vivante...), soit par souci de santé. D'ailleurs, un changement de mode de vie se traduit également par un changement de régime alimentaire, ce qui prouve bien que l'homme réagit en fonction de son milieu et non de théories plus ou moins logiques.

Quand j'étais à Paris, je mangeais de la viande une fois par jour, souvent deux, ce que j'ai continué à faire lorsque je suis venu au calme de l'Auvergne ; puis, petit à petit, j'ai eu moins envie de viande, si bien que, depuis des années, elle n'est plus au menu qu'une ou deux fois par semaine — ce qui, soit dit en passant, m'a permis de vérifier que les végétariens sont dans le vrai quand ils proclament que la viande n'est pas indispensable pour soutenir un effort physique (ils citent, bien sûr, en exemple le bœuf et l'éléphant réputés pour leur force musculaire, ainsi que de nombreux athlètes) car je peux témoigner que je suis capable de faire des journées de huit à dix heures de jardinage sans « carburant » carné...

Si, de la nature des aliments — origine végétale ou animale — nous passons à leur quantité, nous nous trouvons, encore une fois, devant un problème que l'on croit avoir résolu en jouant les technocrates avant la lettre, mais qui est loin de l'être lorsqu'il est confronté avec la réalité particulière que présente chaque individu.

Pour établir quelle est la ration alimentaire nécessaire et suffisante à un sujet donné, on a pris pour base la valeur énergétique et nutritive de chaque aliment ; et pour déterminer cette valeur, on s'est appuyé sur le dégagement de chaleur résultant de sa combustion puisqu'elle correspond à la quantité d'énergie qu'il peut fournir à l'organisme. D'où la fameuse théorie des calories qui est la « tarte à la crème » des diététiciens, le thème de conversation favori des femmes soucieuses de leur ligne... et le point de départ de nombreuses fautes alimentaires.

J'en rappelle le principe car il est bien souvent assez vague, même pour ceux qui n'ont que ce mot à la bouche : une calorie est la quantité de chaleur nécessaire pour élever de un degré centigrade la température d'un kilogramme d'eau en vingt-quatre heures. Par conséquent, lorsqu'on vous dit que quelqu'un prend une ration alimentaire quotidienne de 2 000 calories, cela signifie qu'il absorbe une somme d'aliments qui, après digestion et combustion parfaite, fournit à son organisme une quantité d'énergie correspondant à une quantité de chaleur susceptible d'élever la température de 2 000 kilos d'eau de un degré en vingt-quatre heures, ce qui sur le plan pratique est une notion qui laisse perplexe le commun des mortels lequel fait difficilement le rapport entre 2 000 kilos d'eau et son propre poids...

On a donc mesuré, d'une part, la valeur calorimétrique de chaque espèce d'aliment et, d'autre part, les dépenses calorimétriques quotidiennes de l'organisme humain en fonction de la taille, du poids et de l'activité physique du sujet. En foi de quoi, avec une logique apparente, on a déclaré qu'il est simple de fixer la ration alimentaire normale d'un individu puisque celle-ci doit lui apporter la somme de calories qu'il dépense chaque jour, en tenant compte naturellement du fait que cette ration doit comporter un dosage des différents éléments (protéines ou matières azotées, glucides ou hydrates de carbone, lipides ou corps gras) indispensables au bon fonctionnement de l'organisme, avec les sels minéraux et les vitamines.

Ainsi furent dressées des tables idéales, qui sont loin d'être celles de la Loi car elles présentent, suivant leurs auteurs, des variations considérables, et surtout laissent dans l'ombre un facteur important : celui de la machine qui est chargée de transformer ce carburant en énergie.

Déjà Montaigne faisait remarquer : « Que nous sert-il d'avoir la panse pleine de viande (mot qui, à l'époque, désignait les aliments en général, tout ce qui fait « vivre » comme on dit maintenant « des vivres ») si elle ne se digère, *si elle ne se transforme en nous ?* » C'est le bon sens même : *on se nourrit de ce qu'on digère et non de ce qu'on ingère,* et comme dans la digestion interviennent de nombreux éléments qui varient suivant les individus (par exemple, la durée de la mastication, le travail de l'estomac, de sécrétion des sucs digestifs, le degré d'assimilation par les villosités intestinales), la même ration alimentaire qui suralimentera un sujet en affamera un autre de poids identique et de même activité physique parce que tel aliment qui sera totalement digéré par l'un restera pratiquement inassimilable pour l'autre. Ce qui explique qu'un régime de calories calculées fera maigrir votre voisin alors qu'il ne vous fera pas perdre un gramme ou inversement.

Comme toutes les théories, celle des calories est sans doute valable pour un nombre important d'individus mais pas pour tous parce que les théories négligent obligatoirement les cas particuliers et que chaque individu en est un ; d'où pour chacun la nécessité de choisir sa voie, c'est-à-dire son régime.

De toute façon, il est un fait sur lequel s'accordent les diététiciens sérieux : en général, nous mangeons trop ; autrement dit, nous absorbons plus de calories que nous n'en dépensons, ce qui nous donne en permanence un budget nutritif excédentaire et un poids qui l'est aussi car l'organisme, toujours prévoyant, fait des réserves et stocke sous forme de graisse ce dont il n'a pas un besoin immédiat.

Cette suralimentation est due à différentes raisons qui se conjuguent et rendent si difficile la lutte contre l'embonpoint. Nous sommes à la fois victimes de notre hérédité et de nos habitudes. La France est le pays du bien manger ; nous sommes « de la gueule », comme l'étaient nos ancêtres et savons mal résister aux tentations de la chère lorsqu'elle est bonne.

Pour se bien porter et être raisonnable, il faudrait sortir de table non pas avec une sensation de faim — ce qui serait trop demander ! — mais avec l'impression de pouvoir encore manger quelque chose ; or, il faut avouer que c'est rarement notre cas et que le plus souvent nous avons plutôt l'impression d'avoir mangé quelque chose de trop ! L'estomac s'est habitué à ces rations pléthoriques — « la fonction crée l'organe » c'est bien connu —, il s'est dilaté, si bien qu'il crie famine dès qu'on le garnit un peu moins : c'est la « fausse faim » dont sont victimes les gros mangeurs qui décident de tempérer leur coup de fourchette, le prétexte qu'ils invoquent pour céder à leur péché mignon disant que « si l'estomac réclame, c'est qu'il traduit la demande de l'organisme » alors que celui-ci dispose indiscutablement de réserves suffisantes pour tenir pendant des jours et que cette manifestation stomacale n'est qu'un réflexe consécutif à des habitudes...

Habitude encore de nous mettre à table même si nous n'avons pas faim. Là, nous devrions écouter notre estomac et sauter un repas s'il se contente de ce qu'on lui a fourni quelques heures plus tôt ; mais nous préférons écouter notre gourmandise et la célèbre formule « l'appétit vient en mangeant », laquelle se vérifie, malheureusement, pour notre plus grand dommage.

Surtout nous mangeons trop parce que la vie moderne a considérablement réduit nos dépenses physiques, donc la transformation en énergie des calories que nous absorbons. Nos aïeux brûlaient leurs calories en marchant, montant des escaliers, cassant du bois, portant des seaux de charbon, faisant le ménage, la lessive, la cuisine ; aujourd'hui, les machines exécutent tout cela à notre place et nous nous trouvons à la tête d'un capital-énergie inemployé qui se place en réserves graisseuses difficilement fondantes...

A nous d'en tenir compte, de « distinguer le défendu du permis » pour reprendre l'expression de Carrel, de manger selon nos besoins et non selon notre gourmandise ou des codes arbitraires oublieux des réalités individuelles. Un de mes amis médecins, quand ses clients — et surtout ses clientes — évoquent devant lui les différents régimes proposés pour maigrir et lui demandent quel est le meilleur, répond : « Le seul régime qui fasse maigrir, à ma connaissance, est le régime hitlérien »

C'est une boutade d'un humour un peu noir, mais elle résume admirablement le problème de la « ligne » : on n'a jamais vu quelqu'un sortir obèse d'un camp de concentration et la seule façon de perdre du poids est de réduire la nourriture ; d'ailleurs, les nombreuses formules de « cures » dont on parle tant reposent toutes sur ce principe et les recettes plus ou moins bizarres qu'elles préconisent visent essentiellement à limiter les calories ingérées soit en conseillant des aliments pauvres en calories, soit en tempérant l'appétit par la monotonie des mets. Il n'y a, en fait qu'une règle pour ne pas grossir : manger moins, et tout le reste est littérature !

Mais cette question de bascule qu'on consulte à tout bout de champ et de tour de taille qu'on mesure aussi souvent a le tort de faire oublier des aspects de l'alimentation qui sont au moins aussi importants.

Si la quantité des aliments absorbés compte, leur qualité compte encore davantage. Tant de cris d'alarme ont été lancés au cours de ces dernières années pour dénoncer la dégradation progressive des produits qui nous sont proposés qu'il me semble superflu de revenir sur ce point : tout le monde a pris maintenant conscience que ce que nous trouvons sur notre table n'a plus qu'un assez lointain rapport avec ce qui figurait sur celle de nos grand-mères. On le constate, on le déplore, mais la plupart du temps on se résigne, en soupirant un slogan qui équivaut à passer ou à jeter l'éponge : « On n'arrête pas le progrès ! »

Or, justement, dans un domaine aussi capital que celui-là, il faut savoir l'arrêter. Il faut savoir faire marche arrière si on est allé trop loin (« Quand on est dans une mauvaise voie, a dit l'abbé de Condillac, plus on avance, plus on s'égare »), corriger les erreurs dont nous constatons chaque jour les conséquences en assistant à la montée irrésistible des troubles chroniques les plus divers. Un jour ou l'autre, les gouvernements seront bien contraints de se coltiner avec cet immense problème à la fois économique et social, car une solution d'ensemble ne peut intervenir qu'au niveau le plus élevé puisqu'elle ébranlera sérieusement la structure actuelle de la société.

Cependant, d'ores et déjà, il existe des possibilités de défendre sa santé avant que l'État se décide enfin à y songer autrement qu'en multipliant les hôpitaux et les vaccinations ou en élevant perpétuellement le plafond de la Sécurité sociale. Ces possibilités s'appellent la défense individuelle.

On ne le sait pas encore assez — parce que, il faut bien le reconnaître, l'information générale ne mène pas grand tapage autour de ces questions —, mais depuis longtemps des hommes se battent pour un retour à une alimentation naturelle et aujourd'hui, grâce à des pionniers comme le docteur E. Pfeiffer en Suisse et aux États-Unis et comme Raoul Lemaire chez nous, la culture biologique a cessé d'être « un rêve pour de doux utopistes », ainsi que l'affirmaient certains à ses débuts. Elle se pratique à grande échelle dans de nombreuses régions, ce qui veut dire que dans la plupart des grandes villes se trouvent des produits qui ont la qualité de ceux d'avant l'ère de la chimie.

Certes, ils se vendent plus cher que les denrées normales comme se vendent plus cher les huiles vierges pressées à froid, les pruneaux non traités, le pain complet, et en général tout ce que proposent les magasins de régime ou de diététique. Mais, souvenez-vous de ce que disait le docteur Jarvis : « Il faut savoir ce que l'on veut ! La santé se paie et ce que vous économiserez chez l'épicier, vous serez vite obligé de le dépenser chez le pharmacien ! » Encore une fois, c'est une question de choix : il est des sacrifices qu'il est nécessaire de consentir et je connais des familles citadines aux revenus modestes qui préfèrent renoncer au cinéma hebdomadaire et au tiercé dominical pour se nourrir convenablement — à chacun son luxe !

Partout, désormais, il est possible de trouver du vrai pain (il ne s'agit pas seulement, comme on le croit souvent, qu'il soit cuit au bois ou complet ; il faut aussi qu'il soit fait avec du vrai blé, de la vraie farine, du vrai levain[1] comme l'était celui qui, durant des siècles, servit de base à l'alimentation des Français), de vrais légumes et de vrais fruits. Vous les procurer sera certainement moins facile que d'acheter des produits courants vendus chez vos commerçants habituels ; ils seront un peu plus coûteux, moins « présentables » peut-être parce qu'ils n'auront pas été « forcés » et « protégés » à grand renfort de substances chimiques ; mais c'est à vous de juger si ces inconvénients sont ou non largement compensés par d'autres avantages.

Pour ceux d'entre vous qui habitent la campagne ou qui possèdent une maison où ils passent leurs week-ends, il est une solution encore plus simple : cultiver vous-même des légumes « comme au bon vieux temps ». C'est ce que je fais depuis une dizaine d'années et je ne vous cacherai pas que si j'en tire des joies et des satisfactions sans prix, cela exige aussi un certain nombre de sacrifices. Il y a l'effort physique, le débours des rééquilibrants naturels destinés au sol, les erreurs, les désillusions, le découragement devant des échecs. Heureusement, il y

1. En une centaine de pages, M. Daniel Pecot a fait excellemment le point sur cette question sous le titre *Le blé, la farine, le pain... et la santé de l'homme*, éd. Agriculture et Vie, 3, rue du Parvis-Saint-Maurice, 49-Angers.

a aussi la récompense : la saveur incomparable des carottes, poireaux, salades, etc., et, par-dessus tout, la certitude que ce que vous mangez est sain parce que vous l'avez fait pousser dans une terre à laquelle vous avez rendu son équilibre biologique. (Il va de soi qu'un guide est nécessaire pour mener à bien cette reconversion ; c'est pourquoi je vous signale le petit livre *Mon jardin sans engrais chimiques*[1] de M. André Biard qui expose d'une façon simple l'application de la méthode Lemaire-Boucher.)

Tout se tient : la culture biologique ne concerne pas seulement la production de céréales, légumes et fruits non « chimiques » ; elle porte aussi sur l'élevage et, auprès des agriculteurs qui la pratiquent, vous trouverez du beurre qui a un goût qu'on avait oublié, des poulets dont la chair ne ressemble pas à de la mie de pain, des œufs que supportent parfaitement les hépatiques parce que les poules qui les ont pondus ne travaillent pas à la chaîne, enfermées dans des boîtes, mais courent en liberté et sont nourries comme autrefois.

Pour le vin également dont Pasteur disait qu'il « peut être, à bon droit, considéré comme la plus saine, la plus hygiénique des boissons », vous pourrez vous procurer des produits qui méritent vraiment ce nom : comme il existe des apiculteurs qui respectent toujours le miel, il existe heureusement encore des viticulteurs qui respectent le jus du raisin et livrent à la consommation ce qui est vraiment « la plus hygiénique des boissons » (c'est le cas notamment de M. Edmond Hérail, du Domaine de Saint-Crescent à Narbonne ou des producteurs qui alimentent la marque « Pro Sain » vendue dans les magasins de diététique). Ces vins, bien entendu, coûtent plus cher que le tout-venant ; la qualité se paie et j'estime quant à moi qu'il est préférable de boire moins, mais sain et bon — car le palais, comme l'organisme, y trouve son compte !

Si ce plaidoyer en faveur d'une alimentation naturelle vous conduit à tenter, vous aussi, l'expérience, n'en attendez pas des transformations miraculeuses du jour au lendemain. Sans doute remarquerez-vous que tel plat que vous digériez mal passe désormais facilement (ce fut le cas pour moi avec le riz : poli et

1. Édition « Agriculture et Vie », Angers.

blanc, je le gardais des heures sur l'estomac ; complet, ou mieux : semi-complet, il est oublié dès que mangé) ou, au contraire, constaterez-vous quelque difficulté à supporter tel aliment, trop riche ou auquel vous n'êtes pas habitué (ainsi, le pain complet ne convient pas à tout le monde) — tout cela est une question de réglage par auto-observation. De toute façon, vous n'éprouverez pas immédiatement le bien-être général que vous escomptez ou n'enregistrerez qu'une légère amélioration de vos troubles habituels ; et vous serez déçu peut-être, puis tenté d'abandonner.

Sachez donc qu'il faut des mois avant que les effets d'un changement de nourriture se fassent sentir. « Nous sommes ce que nous mangeons », c'est vrai parce que c'est avec les matériaux que nous leur fournissons que nos cellules fonctionnent et se construisent, mais leur renouvellement total demande du temps. Par conséquent, c'est progressivement qu'elles élimineront d'abord les toxines et les substances chimiques nocives dont vous les abreuviez, puis laisseront la place à des cellules élaborées à partir d'éléments sains et naturels. Alors vous ferez la différence entre votre condition physique présente et celle d'antan ; alors vous serez étonné de vous apercevoir que la plupart de vos « petites misères » auront disparu simplement parce que votre organisme fonctionne normalement...

Pour le reste, c'est-à-dire le choix des aliments, de nombreuses théories sont proposées qui jonglent avec les taux de protéines, lipides, glucides, avec les vitamines et les sels minéraux. Elles fixent des barêmes, dénoncent des incompatibilités (à un même repas, il ne faut pas manger des acides et des amidons, des protéines et des hydrates de carbone, etc.), prononcent des excommunications. Je ne nie pas qu'elles soient nées des meilleures intentions du monde et qu'elles puissent rendre des services appréciables en signalant certaines erreurs[1], mais on n'est pas forcément enclin à bâtir ses menus avec une règle à calcul et une balance. Aussi me semble-t-il qu'il est plus simple de s'en tenir à la formule du docteur Besançon : « Suivez la nature ! » qui dit l'essentiel en trois mots.

1. Voir, entre autres, *La santé par les combinaisons alimentaires* du docteur Herbert M. Shelton (Gérard Nizet édit., Paris).

La suivre, c'est manger une nourriture variée composée de légumes et de fruits *de saison* parce que ce sont ceux que la nature a prévus pour chaque époque de l'année ; c'est manger ce qui pousse sur le sol *où nous vivons* (un des grands sages chinois, Lao Tseu, conseillait de ne consommer que ce qui venait d'un rayon très restreint autour de la maison où l'on vit) ; c'est ne pas abuser des conserves, des plats trop compliqués (lesquels ne sont pas obligatoirement les meilleurs car une bonne potée ou un vulgaire petit salé aux lentilles éclipsera toujours, pour le véritable gourmet, les plats passe-partout aux noms ronflants destinés à épater le touriste) ; c'est ne pas confondre instinct et gourmandise (le premier, bien émoussé aujourd'hui, permet parfois de faire un écart ; la seconde n'est jamais bonne conseillère et, malheureusement, c'est à elle qu'on obéit car il est plus facile de céder que de résister) ; c'est surtout ne pas s'écarter de la voie d'or, « celle du juste milieu » vantée par l'abbé Kneipp, autrement dit ne pas tomber dans les excès, dans un sens ou dans l'autre, puisque l'équilibre est la loi universelle.

Nos grand-mères ne mangeaient pas des fraises à Noël, ignoraient pratiquement les produits d'importation et ne calquaient pas leurs menus sur ceux des Américains ou des Asiatiques ; elles ne s'interrogeaient pas sur les rations de vitamines, la proportion de protéines et de glucides. Elles faisaient confiance à la nature en accommodant ce que celle-ci mettait à leur disposition et elles ne s'en portaient pas plus mal. Il est vrai que la nature n'avait pas encore été « revue et corrigée » par l'homme...

Il est vrai aussi qu'à leur époque on savait encore qu'un repas est une opération sérieuse — « une action principale de la vie » disait Montaigne — qu'on ne peut bâcler avec n'importe quoi, n'importe où et n'importe comment sous prétexte qu'on ne vit pas pour manger et que le temps passé à table est du temps perdu, d'où la sensation d'en gagner en transformant déjeuner ou dîner en une véritable « course contre la montre ».

Ce qui m'amène à vous donner deux conseils qui, croyez-le, tiennent une place très importante dans le problème de la nutrition car pour aussi sains et naturels qu'ils soient, les aliments manquent leur but essentiel s'ils ne sont pas assimilés par l'organisme : il faut le répéter toujours et encore, ce n'est pas ce qu'on ingère qui compte, mais ce qu'on digère. Or, on ne digère que si les sucs digestifs font leur travail. Donc :

1° Il faut fatiguer vos mâchoires, mastiquer longuement chaque bouchée jusqu'à la rendre liquide (50 à 100 fois préconisent certains diététiciens), même si vous estimez que cela ne s'impose pas quand ce n'est pas indispensable à la déglutition. On prête à Gandhi cette formule qui dit tout avec un minimum de mots : « Vous devez mâcher vos boissons et boire vos aliments. »

La mastication est une phase capitale de la digestion (chez les Romains, des gens enseignaient à mâcher convenablement !). Elle l'est d'abord par l'action mécanique des dents qui broient les aliments en menus morceaux, ce qui permet aux sucs digestifs de les attaquer plus facilement et à l'organisme d'en mieux assimiler les éléments nutritifs ; elle l'est surtout par l'action chimique de la salive dont nous méconnaissons la plupart du temps le rôle essentiel.

Il est établi, en effet, que si les albuminoïdes et les graisses sont transformés par les sucs gastriques et intestinaux, les hydrates de carbone (féculents et sucres) ne sont transformés, eux, que par les sucs salivaires. Ils doivent donc en être suffisamment imprégnés lors de leur passage dans la bouche, sans quoi ils stagnent dans l'estomac en attendant la déglutition d'une dose de salive libératrice. C'est ce qui explique qu'on entend souvent dire que tel plat — comme la purée de pomme de terre ou un potage aux lentilles, aux pois ou aux haricots — est indigeste : par ce qu'il n'exige pas d'être broyé, on l'avale presque sans le mâcher alors qu'il doit être mêlé intimement à la salive en raison de sa richesse en hydrates de carbone. (Il est à noter, à ce propos, que les cordons-bleus qui ont eu l'idée de garnir les purées et potages de croûtons méritent autant de la diététique que de la gastronomie puisque, ainsi, ils obligent les gourmets à mâcher...)

Conclusion : prenez toujours le temps de mastiquer consciencieusement tous vos aliments — les liquides parce qu'il le faut, les solides pour qu'ils deviennent liquides ; si vous êtes pressé, mangez moins plutôt que mal ou sautez carrément un repas, lequel pris dans de mauvaises conditions vous serait plus nuisible qu'utile (puis, cela vous fera une petite expérience de jeûne !).

2° Il faut prendre vos repas dans une atmosphère de détente et de calme.

Vous le savez, le bruit et les émotions exercent une influence sur le système nerveux; or, celui-ci, par l'intermédiaire du sympathique, commande la sécrétion des sucs gastriques et les contractions de l'estomac permettant le brassage des substances alimentaires ainsi que leur progression : troubler le système nerveux équivaut par conséquent à troubler la digestion.

Dans les règles du savoir-vivre d'hier, il était précisé que, lorsqu'on recevait des amis, il fallait chauffer les pièces mais pas trop, prévoir des coussins pour les pieds des dames et surtout bannir de la conversation tout sujet politique, religieux ou autre qui risquerait de déclencher des discussions. C'était la sagesse même puisque c'eût été nuisible à la fois aux bons usages et à la digestion... « On doit laisser ses soucis à la porte de la salle à manger », disait grand-mère.

Ce n'est pas toujours facile. En revanche, il est des erreurs à ne pas commettre en mangeant : ne pas lire, même si vous êtes seul (comment d'ailleurs peut-on apprécier un plat en ayant l'esprit occupé à autre chose et comment peut-on s'intéresser à un roman ou aux nouvelles lorsqu'on « fait alchimie avec les dents » comme disait Rabelais ?) ; ne pas écouter la radio, à moins que ce ne soit de la musique d'ambiance correspondant à ce qu'étaient sous Louis XIV les symphonies pour les dîners du roi ; enfin ne pas regarder la télévision qui vous accapare totalement puisqu'elle mobilise à la fois vos yeux, vos oreilles et votre cerveau, ce qui est particulièrement nocif pour les enfants. Il y a un temps pour tout, pour se distraire et pour procéder à « une action principale de la vie » telle que la nutrition qui conditionne, qu'on le veuille ou non, notre existence et notre santé.

Carrel l'a dit : « Nous sommes traversés par un grand fleuve de matière qui vient du monde extérieur et y retourne. Mais pendant son passage, cette matière cède aux tissus l'énergie dont ils ont besoin, et aussi les éléments chimiques dont se forment les édifices transitoires et fragiles de nos organes et de nos humeurs. » C'est un crime contre nous-même que contrarier en quoi que ce soit la marche et la qualité de ce fleuve vital.

12

# L'HOMME N'EST PAS UN ORPHELIN

« Comment voulez-vous que ça tourne rond et que les gens soient heureux ? On n'a même plus le respect du pain... »

Cette réflexion d'un de mes voisins qui, la veille, en rentrant de ses champs, avait vu des touristes jeter par la portière de leur voiture une baguette entière sur le bas-côté de la route ne traduit pas seulement ce qu'il y a de choquant pour un paysan d'assister au gaspillage du blé qu'il a tant de mal à faire venir. Elle touche à ce qui est peut-être une des principales causes du malaise auquel est en proie notre civilisation : la disparition du sens du sacré.

Ce sens fait partie de l'homme et est, à mon avis, précisément ce qui le différencie des autres créatures, ce pourquoi on considère que Dieu l'a créé à son image. Comme tout ce qui compose l'univers, l'homme a en lui un peu du souffle divin, une parcelle de cet esprit, de cette force intelligente invisible qui est à l'origine de tout et *il le sait.* Du moins, il le savait.

J'en ai suffisamment dit pour que vous deviniez que ce dernier chapitre abordera le problème de la spiritualité. Certains pourront s'en étonner ou y subodorer je ne sais quelle arrière-pensée de propagande ; mais l'ignorer aurait été trahir le dessein même de ce livre qui est de passer en revue des éléments que je crois susceptibles d'aider à trouver le bonheur parce qu'ils ont contribué à bâtir le mien.

Je tiens cependant à vous rassurer : il ne s'agit absolument pas pour moi de jouer les sergents recruteurs — d'ailleurs ils existent déjà — afin de vous embrigader dans telle ou telle forme de croyance et encore moins d'essayer de vous rallier à mes vues. Je ne veux ni prêcher ni convaincre — au nom de quoi le ferais-je, moi qui estime depuis longtemps que le plus précieux des biens est la liberté ? — ; je veux simplement, en vous rapportant quelques-unes des remarques que j'ai pu faire, vous conduire à votre tour à vous poser des questions et à tenter d'y trouver votre propre réponse.

Une chose m'a frappé : c'est que, quelles que soient les époques, quels que soient les pays, la couleur de la peau ou les degrés de culture, partout se voit chez l'homme une sorte de nécessité de se sentir lié à une force supérieure, de rester en contact et de dialoguer avec elle comme l'enfant avec son père. Indiscutablement, ce sens du sacré, ce sens religieux, est un besoin comparable à celui de respirer, de manger et de se reproduire, et si, pour une raison quelconque, il n'est pas satisfait, il en résulte un déséquilibre.

Que nous le reconnaissions ou non, nous sommes formés de matière et d'esprit ; nous faisons partie de l'énorme machine du cosmos ; nous obéissons à ses règles et il n'est pas possible de penser que si l'immense mécanique céleste a été réglée de telle manière que jusque dans le moindre détail elle défie le temps, l'homme ait pu être doté d'activités qui n'ont pas leur raison d'être. « Il n'y a rien d'inutile en nature, non pas l'inutilité même, dit Montaigne ; rien ne s'est ingéré en cet univers qui n'y tienne place opportune. »

Ou bien il faut admettre que l'homme est la seule pièce ratée de la création, le seul élément dans lequel il y a quelque chose à reprendre, à corriger, alors qu'on ne cesse de s'extasier sur la finalité de tout ce qui nous entoure (on est bien obligé de constater que nous ne sommes pas en mesure de faire mieux !) ; ou bien il faut admettre qu'il est aussi réussi que le reste et que s'il porte en lui ce sens inné du sacré, c'est que cela lui est nécessaire, sans quoi il ne l'aurait pas reçu dans son paquetage avec son cœur et ses poumons.

J'opte personnellement pour cette dernière solution en me disant que s'il a toujours prié, c'est qu'il doit en être ainsi et qu'il s'agit sans doute là d'une fonction indispensable à son plein épanouissement. C'est le sentiment de Dieu — quelle que soit la conception qu'on se fait de celui-ci et l'image qu'on en donne — qui est le propre de l'homme, beaucoup plus que le rire que nous partageons avec le singe. S'il le perd, il se crée en lui un vide qu'il tentera en vain de combler ; faute de chercher Dieu parce que, inconsciemment, il l'a déjà trouvé, il se cherche lui-même et, privé du contrepoids précieux de la foi, il se sent en déséquilibre grâce à la vie, ce qui le pousse à la condamner ou à vouloir l'oublier.

Au nom d'une formule qu'on a empruntée à Karl Marx : « La religion est l'opium du peuple », on a combattu la religion sans se demander si elle n'est pas indispensable au peuple. Le résultat est sous nos yeux : on a remplacé l'opium des prêtres par celui des trafiquants, les cérémonies religieuses par les réunions de « drogue communautaire », les prières par le L.S.D. ou la marijuana. Il est difficile d'affirmer que ce soit une victoire pour l'humanité.

D'ailleurs, si l'on se reporte à la citation exacte de Marx, la prise de position de ce dieu du socialisme est loin d'être aussi nette qu'on veut bien le dire. « La religion, écrit-il, est le soupir de la créature accablée, le cœur d'un monde sans cœur, comme elle est l'esprit d'une époque sans esprit. Elle est l'opium du peuple. » Pourquoi ne serait-elle pas précisément ce « cœur » et cet « esprit » placés par le Créateur dans chaque « créature » pour qu'elle cesse d'être « accablée » ? Il est tout aussi légitime et logique de le penser que de soutenir le contraire, ce qui conduit à conclure qu'en détruisant chez l'homme le sens du sacré, c'est ce cœur et cet esprit qu'on détruit pour le laisser à son accablement.

S'il n'a plus en lui ce moteur qui commande ses actions, s'il n'a plus le sentiment de participer à cette prodigieuse aventure cosmique qu'est la création (les Anciens disaient « Tout est dans un et un est dans tout »), s'il se rend lui-même orphelin en affirmant qu'il est né de père inconnu, d'une rencontre de hasard entre deux molécules baladeuses, il en vient à se demander ce qu'il fait sur terre.

Pendant un temps, il peut s'accrocher à la conquête d'un mieux-être, à améliorer ses conditions de vie, à travailler moins, à manger plus, à posséder tout ce dont il a rêvé ; mais quand il a tout sous forme de cette « société de consommation » qu'il a voulue, il la condamne parce qu'elle ne lui a pas apporté la raison de vivre après quoi il aspire.

On ne vit pas pour se déplacer toujours plus vite ou pour étendre indéfiniment le temps de ses loisirs. La preuve en est que lorsqu'on est arrivé, on se sent aussi insatisfait qu'avant et qu'on a été obligé de créer des Maisons de la Culture pour meubler la liberté conquise, comme si les musées, les théâtres et les salles de concert n'existaient pas et n'étaient pas là pour cela...

Il n'est pas vrai que l'homme d'aujourd'hui soit moins heureux que celui d'hier. Il l'est indiscutablement davantage si l'on veut bien se donner la peine de regarder en arrière. Ce qu'on appelle les « conquêtes sociales » ont transformé ses conditions de travail ; ce qu'on appelle le « progrès » a amélioré son mode d'existence.

Mais si ses prédécesseurs pouvaient se fixer pour idéal le « bonheur pour demain », celui qu'ils voulaient édifier pour leurs enfants, lui n'a plus devant lui cette « carotte ». Ce bonheur matériel, il l'a et c'est alors qu'il découvre que le vrai bonheur est autre chose puisque la vie lui pèse plus qu'à ses devanciers, qu'il se sent moins bien qu'eux dans sa peau. Ses enfants, à leur tour, sont pris d'un vertige devant une existence dont ils n'attendent plus rien car tout leur est donné tout de suite : l'instruction, le confort, la liberté (politique ou sexuelle) et certains ne voient d'autres issues à leur triste destin sans idéal que de détruire la société dont ils profitent ou de se détruire eux-mêmes en se réfugiant au paradis artificiel de la drogue.

Dans les procès d'assises, quand l'accusé est un orphelin, on invoque ce motif pour expliquer son crime. L'homme de notre temps est aussi un orphelin : il a tué en lui-même la parcelle de la force intelligente qui est le père de l'univers et il est comme un enfant abandonné. Il interroge et personne ne lui répond. La merveille qu'est la vie — la sienne d'abord — il ne la voit pas. Rien n'a plus de sens, tout paraît un colossal chaos, un vide immense à la mesure du vide intérieur laissé par la destruction du sens du sacré.

Or, ce sens, tout homme l'a en lui, sans quoi des philosophes et des savants « matérialistes » ne se seraient pas donné autant de mal pour essayer de le lui faire oublier. S'il s'y trouve — que ce soit chez les astronautes qui, dans leur cabine *Apollo,* récitent des prières qu'un micro retransmet à la terre entière ou chez les plus primitifs des aborigènes d'Australie qui sont encore à l'heure de la préhistoire et prient nus au pied d'un arbre — c'est qu'il a son rôle à jouer.

Cela a été dit par plus qualifiés que moi, entre autres Carrel dans *La prière*[1] qui aurait dû connaître un aussi grand retentissement que *L'homme, cet inconnu* car c'en est le prolongement. En voici quelques passages :

« En vérité, le sens du sacré paraît être une impulsion venue du plus profond de la nature, *une activité fondamentale...* C'est à cette partie si importante de nous-même que nous avons permis de s'atrophier et souvent de disparaître.

« Il faut se souvenir que l'homme ne peut pas sans danger se conduire au gré de sa fantaisie. Pour réussir, la vie doit être menée suivant les règles invariables qui dépendent de sa structure même. *Nous courons un risque grave quand nous laissons mourir en nous quelque activité fondamentale, qu'elle soit d'ordre physiologique, intellectuel ou spirituel... De toute évidence, la suppression d'activités mentales voulues par la nature est incompatible avec la réussite de la vie...*

« ... Le corps vivant n'est pas entièrement compris dans le continuum physique. Il se compose d'esprit aussi bien que de matière. Et, l'esprit, quoique résidant dans nos organes, se prolonge hors des quatre dimensions de l'espace et du temps. Ne nous est-il pas permis de croire que nous habitons à la fois le monde cosmique et un milieu intangible, invisible, immatériel, d'une nature ressemblant à celle de la conscience et dont nous ne réussissons pas plus à nous passer sans dommage que de l'univers matériel et humain ? Ce milieu ne serait autre que l'être immanent dans tous les êtres, et les transcendant tous, que nous appelons Dieu. On pourrait donc comparer le sens du sacré au besoin d'oxygène. Et la prière aurait quelque analogie avec la fonction respiratoire...

« Nous ne devons pas prendre la prière pour un acte auquel seuls se livrent les faibles d'esprit, les mendiants ou les lâches. « Il est honteux de prier », écrivait Nietzsche. En fait, il n'est

1. Plon, Paris.

pas plus honteux de prier que de boire ou de respirer. L'homme a besoin de Dieu comme il a besoin d'eau ou d'oxygène. »

Que ses besoins matériels restent insatisfaits, la partie matérielle de lui-même meurt et comme cette privation est palpable, matérielle, il fait en sorte de ne pas avoir à la subir ; que son besoin spirituel reste, lui aussi, insatisfait, c'est la partie spirituelle de lui-même qui meurt, mais comme cette privation ne se répercute pas sur le plan physique, il s'en désintéresse. Il est cependant amputé d'une fraction de son intégrité ; il est frappé d'une infirmité qui le déséquilibre ; il devient un bancal qui n'est plus capable de supporter le poids de la vie.

Pourtant, en dehors de toutes les dialectiques qui ne sont que jongleries brillantes de mots et d'idées, il existe des faits qui devraient porter à réfléchir sur le rôle de l'esprit et de sa puissance sur la matière, sur la force de la foi. Laissant de côté les miracles et les expériences de parapsychologie dont on peut débattre à perte de vue sans pour autant déboucher sur une évidence concrète incontestable, je n'évoquerai que le « phénomène placebo », lequel est reconnu par les plus matérialistes des savants matérialistes.

Vous savez peut-être en quoi il consiste : en médecine, afin de vérifier l'efficacité réelle d'un remède, on l'administre effectivement à un groupe de malades tandis qu'à un autre groupe de malades, on ne donne qu'un produit qui, en apparence, est identique mais ne contient que des substances médicalement neutres, le « placebo » ; au bout d'un certain temps, on compare les résultats enregistrés sur les deux groupes et on voit si le remède a fait mieux que le « placebo » car *celui-ci — et c'est là le point important —, bien que totalement dépourvu de propriétés thérapeutiques, entraîne, lui aussi, des améliorations ou des guérisons.*

Pourquoi ? Parce que le malade lui fait confiance, « croit » qu'il absorbe une drogue qui va le soulager, et, parce qu'il le croit dans son esprit, son esprit agit sur la matière, sur son corps. Bien entendu, cette démonstration de l'influence de l'esprit ne peut être assimilée à la foi, mais elle fait présager ce que celle-ci est à même de réaliser et pourquoi on dit d'elle qu'elle « peut déplacer des montagnes ».

Carrel, qui s'est penché sur le problème en médecin et en

biologiste, constate : « Ce que nous savons déjà de façon sûre, c'est que la prière produit des effets tangibles. Quelque étrange que la chose puisse paraître, nous devons considérer comme vrai que quiconque demande reçoit, et qu'on ouvre à celui qui frappe... En somme, tout se passe comme si Dieu écoutait l'homme et lui répondait. »

Mais il ne faut pas avoir volontairement saboté le standard téléphonique qui nous permet de l'appeler, c'est-à-dire avoir détruit le sens du sacré, le sentiment religieux que nous portons tous en nous, sous prétexte que c'est un dispositif dont doit se débarrasser un homme intelligent doté du bien suprême qu'est la raison. Comme l'a dit encore Carrel : « A nous, hommes d'Occident, la raison semble être supérieure à l'intuition. Nous préférons de beaucoup l'intelligence au sentiment. La science rayonne, tandis que la religion s'éteint. Nous suivons Descartes, et délaissons Pascal. »

Dieu ne s'analyse pas, il se sent « comme la chaleur du soleil ou le parfum d'une fleur » et je crois que nous le sentons tous, mais certains voient dans ce sentiment même une sorte d'esclavage qu'ils veulent secouer. Cela les regarde et la seule question qui se pose est de savoir s'ils en sont plus heureux ?

« Nous ne raisonnons guère en métaphysique que sur des probabilités, notait Voltaire[1], nous nageons tous dans une mer dont nous n'avons jamais vu le rivage. Malheur à ceux qui se battent en nageant ! Abordera qui pourra ; mais celui qui me crie : Vous nagez en vain, il n'y a point de port, me décourage et m'ôte toutes mes forces. »

C'est parce qu'on leur a crié que le port n'existe pas que tant de gens se noient aujourd'hui et c'est cette noyade collective — j'allais dire collectiviste — qui me semble absurde.

Personne n'a jamais pu démontrer mathématiquement, aussi clairement que « un et un font deux », que Dieu — ou plutôt une force intelligente universelle — n'existait pas ; pas plus d'ailleurs que personne n'a pu démontrer de façon aussi irréfutable qu'il existait. D'un côté, des savants matérialistes ont échafaudé de séduisantes et acrobatiques théories pour prouver que l'univers est né d'un hasard comme la vie elle-même, cela

1. *Dictionnaire philosophique.*

parce que, sous la lentille de leurs microscopes, ils sont parvenus à fabriquer de la vie ; mais l'essentiel est de l'organiser pour qu'elle dure, se perpétue en un ensemble cohérent et harmonieux, et là, ils restent muets. D'un autre côté, des savants aussi couverts de titres de gloire et de lauriers internationaux disent, au contraire, avoir rencontré la certitude de Dieu à l'autre bout de leurs lorgnettes de travail.

Ce qui est indéniable, d'après ce que nous voyons autour de nous, c'est que « le spirituel se montre aussi indispensable à la réussite de la vie que l'intellectuel et le matériel ». On paraît, de divers côtés, s'en rendre compte et chercher à ressusciter chez l'homme une « activité fondamentale » qui est finalement la clé de son bonheur.

En Europe, c'est surtout à travers le yoga que certains retrouvent la spiritualité qui s'est concrétisée dans la pensée bouddhique, ce qui, dans le fond, est la démarche normale : quand on veut renouer avec le sens du sacré, on va le chercher là où il s'est conservé intact, qu'on s'appelle Lanza del Vasto ou Arnaud Desjardins.

L'essentiel est qu'on le retrouve, car en perdant le respect de Dieu, on perd souvent celui du pain, de la vie et de soi-même.

Montaigne — qui m'a tant appris dans le domaine du bonheur — dit à propos des livres : « Je n'y cherche que la science qui traite de la connaissance de moi-même, et qui m'instruise à bien mourir et à bien vivre. »

Puisse celui-ci, en toute modestie, remplir pour vous le même office !

# BIBLIOGRAPHIE


ANGLADE J., *La vie quotidienne dans le Massif Central au XIX<sup>e</sup> siècle,* Hachette, Paris, 1971.

AUBERT E., *Histoire des plantes,* André Fils, Paris, 1903.

BARBARIN G., *Les clés de la santé,* Librairie Astra, Paris, 1947.

BAUMÉ, *Éléments de pharmacie théorique et pratique,* Paris, 1783.

BEAUVILLARD, *Le médecin des pauvres,* Paris, 1930.

BERTHOLET E., *Le retour à la santé par le jeûne,* Delachaux et Niestlé, Neuchâtel, 1951.

BESANÇON J., *Les jours de l'homme,* Vigot Frères, Paris, 1946.

— *Ma médecine,* La Clé d'Or, Paris, 1948.

— *Ne pas dételer,* La Clé d'Or, Paris, 1949.

— *Confiance !* La Clé d'Or, Paris, 1950.

BIARD A., *Mon jardin sans engrais chimiques,* Agriculture et Vie, Angers, 1971.

BINET L., *Leçons de biologie dans un parc,* Magnard, Paris, 1961.

— *Les plantes et la santé des hommes,* Maloine, Paris, 1965.

BIRCHER R., *Les Hounza,* Victor Attinger, Neuchâtel, 1952.

BONNIER G. et de LAYENS G., *Flore complète de la France et de la Suisse,* Librairie générale de l'enseignement, Paris, 1908.

BUCQUET, *Introduction à l'étude des corps naturels tirés du règne végétal,* Heissant, Paris, 1778.

BUNGÉ G. et C., *L'art de la respiration d'après le docteur Hanish,* Éditions Mazdéennes, Paris, 1947.

CARLIER L., *Les légumes et les fruits qui guérissent,* La Diffusion Nouvelle du Livre, Soissons, 1953.

CARREL A., *L'homme, cet inconnu,* Plon, Paris, 1935.

— *La prière,* Plon, Paris, 1944.

CARTON P., *Bienheureux ceux qui souffrent,* Maloine, Paris, 1929.
— *Traité de Médecine, d'Alimentation et d'Hygiène Naturistes,* Maloine, Paris, 1931.
— *Les lois de la vie saine,* Carton, Brévannes, 1937.
CAZIN, *Traité pratique et raisonné des plantes médicinales indigènes et acclimatées,* Asselin & Houzeau, Paris, 1886.
CHOMEL J. B., *Abrégé de l'histoire des plantes usuelles,* Nyon Fils, Paris, 1738.
CLAIR C., *Dictionnaire des herbes et des épices,* Denoël, Paris, 1961.
COMPAIN M., *Guide de l'herboriste-droguiste,* Compain, Limoges, 1939.
CONILL L., *Botanique catalane pratique,* Comet, Perpignan, 1910.
DALECHAMPS J., *Histoire générale des plantes,* Rouillé, Lyon, 1615.
DEGLOS A., *Les merveilleux secrets des plantes,* La Diffusion Nouvelle du Livre, Soissons, 1954.
DÉSIR G. et POYET M., *Nous sommes ce que nous mangeons,* Désir et Poyet, Paris, 1952.
DROZ C., *Les plantes bienfaisantes,* Delachaux & Niestlé, Neuchâtel, 1926.
DUBOIS O., *La médecine nouvelle,* Paris, 1909.
DURVILLE H., *Le bréviaire de la santé ou la médecine par les simples,* H. Durville, Paris, 1923.
ÉMERY d', *Pharmacopée universelle,* d'Haury, Paris, 1697.
— *Nouveau recueil de secrets et de curiosités,* Amsterdam, 1709.
— *Amusements de la campagne,* Paris, 1709.
EWANS T., *Le bon médecin dans la famille,* Yvetot, 1931.
FISCHER E., *Plantes médicinales,* Payot, Lausanne.
FLÜCK H., *Nos plantes médicinales,* Ott-Verlag, Thoune, 1942.
FOINARD S., *Merveilleuses vertus des plantes, des animaux et des minéraux,* Sainte-Rita, Nice, 1951.
FOURNIER P., *Que faire en attendant le docteur,* Laffont, Paris, 1970.
FRUICTIER P., *Guide pratique de phytothérapie,* Les monographies médicales, Paris, 1958-1960.
GIRAULT M., *Essai sur l'emploi d'une thérapeutique phyto et aromathérapique en pratique gynécologique et chirurgicale,* Cahiers de biothérapie, 1971.
HUBBARD L. RON, *Dianetics, the modern science of mental health,* 1950.
JARVIS C., *Ces vieux remèdes qui guérissent,* Laffont, Paris, 1958.
— *Je suis utile, Almanach magazine,* Syndicat des grandes pharmacies françaises, 1907.
JOANNON P., *Et,* Peyronnet, Paris, 1952.
KERVRAN C. L., *Transmutations biologiques,* Maloine, Paris, 1965.
— *Transmutations naturelles non radioactives,* Maloine, Paris, 1966.

— *Preuves relatives à l'existence des transmutations biologiques,* Maloine, Paris, 1968.
— *Transmutation biologique en agronomie,* Maloine, Paris, 1970.
KNEIPP S., *Ma cure d'eau,* Retaux & Fils, Paris, 1891.
KUHNE L., *La nouvelle science de guérir,* Leipzig, 1892.
KUNZLÉ J., *100 plantes médicinales,* Otto Walter, Olten.
L... et de B..., *Dictionnaire portatif de santé,* Paris, 1764.
LACROIX R., *Savoir respirer,* J. Oliven, Paris, 1951.
LANDRY R., *Les soleils de la cuisine,* Laffont, Paris, 1967.
LANZA del VASTO, *Le pèlerinage aux sources,* Denoël, Paris, 1943.
LECLERC H., *Précis de phytothérapie,* Masson, Paris, 1935.
LEFBVRE G., *Essai sur la médecine égyptienne de l'époque pharaonique,* Presses Universitaires de France, Paris, 1956.
MADEUF, *La santé pour tous ou la médecine naturelle et normale,* 1895.
MARY J., *L'armoire aux herbes,* Les Écrits de France, Paris, 1966.
MATTHIOLE, *Les commentaires de M. André Matthiole, médecin siénois, sur les six livres de matière médicale de Dioscoride Anazarbeen, traduits de latin en français,* Veuve Cottier, Lyon, 1567.
MENAULT E. et ROUSSEAU H., *Les plantes nuisibles en agriculture et en horticulture,* Doin, Paris, 1902.
MONTAIGNE, *Essais,* 1580.
MULLER H., *Les abeilles enseignent...* Vie et Action, Marcq-Lille, 1972.
NEUVILLE P., *Petit dictionnaire médical pratique,* Éditions de la Pensée Moderne, Paris, 1968.
OERTEL-BAUER, *La santé par les plantes,* Alsatia, Colmar, 1959.
OUDINOT P., *La conquête de la santé,* Dangles, Paris, 1957.
PALAISEUL J., *Tous les espoirs de guérir,* Laffont, Paris, 1970.
PECOT D., *Le blé, la farine, le pain... et la santé de l'homme,* Agriculture et Vie, Angers, 1969.
PROUST M., *A la recherche du temps perdu,* Gallimard, 1930.
RABELAIS, *Œuvres complètes,* 1564.
RAWTON O. de, *Les plantes qui guérissent et les plantes qui tuent,* Jouvet et Cie, Paris, 1888.
RÉAUX J., *Le bon médecin de famille,* 1910.
ROUSSEAU J.-J., *Les confessions,* 1781.
RUFFAT A., *La superstition à travers les âges,* Payot, Paris, 1951.
SCHALLE A., *La cure Kneipp, celle de la réussite,* Alsatia, Colmar, 1959.
SCHNELL R., *L'être humain dans l'univers,* Colmar, 1968.
SHELTON H., *La santé par les combinaisons alimentaires,* Gérard Nizet, Paris, 1955.
— *Le jeûne,* Le Courrier du Livre, Paris, 1959.
THIBAULT A., *Initiation pratique à l'homéopathie,* Éditions Farnèse, Paris, 1958.

TOUCHAIS C. et CHÉRÉ M., *Guide-dictionnaire, « Les plantes médicinales »,* Château-Gontier, 1936.
TRIPONEZ J., *Trésors au bord du chemin,* Cherix et Filanosa, Nyon, 1957.
TROUARD RIOLLE, *Les plantes médicinales,* Flammarion, Paris, 1942.
VALNET J., *Aromathérapie,* Maloine, Paris, 1964.
— *Thérapeutique journalière par les fruits et les légumes,* Maloine, Paris, 1967.
— *Docteur Nature,* Fayard, Paris, 1971.
WALKER A. et SILLANS R., *Les plantes utiles du Gabon,* Paul Lechevalier, Paris, 1961.

# INDEX

*Index alphabétique des plantes (noms communs et noms scientifiques) et des affections pour lesquelles elles sont indiquées (les chiffrent renvoient aux pages).*

**B**



**C**

**D**

**E**



**F**

## G



## H - I

**J**



**L**



**M**

**N**



**O**



**P**

**Q**



**R**

**S**

**Y**



**Z**

Achevé d'imprimer
le 24-11-1982
par Mohndruck Gütersloh
pour France Loisirs
N° d'éditeur 7558
Dépôt légal: Novembre 1982
Imprimé en R.F.A.